海外中国哲学研究译丛

[美] 万百安 著　张丽丽　陈志伟 译

早期中国哲学中的美德伦理与后果主义

Virtue Ethics and Consequentialism
in Early Chinese Philosophy

Bryan W. Van Norden

西北大学出版社

·西安·

著作权合同登记号：陕版出图字 25 - 2022 - 094

图书在版编目（CIP）数据

早期中国哲学中的美德伦理与后果主义/（美）万百安著；张丽丽，陈志伟译. —西安：西北大学出版社，2022. 11

（海外中国哲学研究译丛）/赵卫国主编.

书名原文：Virtue Ethics and Consequentialism in Early Chinese Philosophy

ISBN 978 - 7 - 5604 - 4975 - 3

Ⅰ. ①早… Ⅱ. ①万… ②张… ③陈… Ⅲ. ①哲学—研究—中国 Ⅳ. ①B2

中国版本图书馆 CIP 数据核字（2022）第 143401 号

This is a Simplified-Chinese translation of the following title published by Cambridge University Press：Virtue Ethics and Consequentialism in Early Chinese Philosophy
ISBN 9781107407329
© Bryan W. Van Norden 2007
This Simplified-Chinese translation for the People's Republic of China（excluding Hong Kong, Macau and Taiwan）is published by arrangement with the Press Syndicate of the University of Cambridge, Cambridge, United Kingdom.
© Northwest University Press Co., Ltd., 2022
This Simplified-Chinese translation is authorized for sale in the People's Republic of China（excluding Hong Kong, Macau and Taiwan）only. Unauthorised export of this Simplified-Chinese translation is a violation of the Copyright Act. No part of this publication may be reproduced or distributed by any means, or stored in a database or retrieval system, without the prior written permission of Cambridge University Press and Northwest University Press Co., Ltd.
Copies of this book sold without a Cambridge University Press sticker on the cover are unauthorized and illegal.
本书封面贴有 Cambridge University Press 防伪标签，无标签者不得销售。

早期中国哲学中的美德伦理与后果主义

[美] 万百安　著　张丽丽　陈志伟　译

出版发行：西北大学出版社

（西北大学校内　邮编：710069　电话：029 - 88302621　88303593）

| 经　　销：全国新华书店 |
| 印　　装：陕西博文印务有限公司 |
| 开　　本：880 毫米×1194 毫米　1/32 |
| 印　　张：20.75 |
| 版　　次：2022 年 11 月第 1 版 |
| 印　　次：2022 年 11 月第 1 次印刷 |
| 字　　数：450 千字 |
| 书　　号：ISBN 978 - 7 - 5604 - 4975 - 3 |
| 定　　价：138.00 元 |

本版图书如有印装质量问题，请拨打电话 029 - 88302966 予以调换。

海外中国哲学研究译丛

主　编

赵卫国

执行主编

陈志伟

编　委

杨国荣	梁　涛	万百安	李晨阳	陈志伟
朱锋刚	王　珏	宋宽锋	刘梁剑	张　蓬
林乐昌	贡华南	陈　赟	江求流	苏晓冰
张美宏	吴晓番	张　磊	王海成	刘旲娇
顾　毳	陈　鑫	张丽丽		

丛书受到教育部哲学社会科学研究重大课题攻关项目"海外汉学中的中国哲学文献翻译与研究"（项目编号：18JZD014）经费资助。

总　序

赵卫国　陈志伟

哲学"生"于对话,"死"于独白。哲学的对话,既体现为同一文化传统内部不同思想流派、人物之间的对辩机锋,也体现为不同文化传统之间的互摄互融。特别是在走向全球一体化的当今时代,不同文化传统之间的互相理解与尊重、彼此交流与融合,显得尤为迫切和必要。鉴此,从哲学层面推动中西文明传统之间的理解与交流,以"他山之石"攻"本土之玉",就成为我们理解外来文化、审度本土文化、实现本土思想文化创造性转化和创新性发展的一条必经之路。

在中国传统哲学的发展历程中,有过数次因外来文化传入而导致的与不同传统之间的互通,传统哲学因此而转向新的思想路径,比如佛教传入中国,引发了儒学在宋明时期的新发展。16世纪西方传教士进入中国,一方面中国人开始接触西方文化和哲学,另一方面,西方人也开始了解中国的儒释道传统,中西方思想的沟通交流由此拉开了崭新的序幕。这一过程大体上经历了三个阶段,即耶稣会传教士阶段、新教传教士阶段和专业性的经院汉学阶段。而自从汉学最先在法国,后来在荷兰、德国、英国、美国确立以来,西方人对中国哲学的理解和诠释可谓日新月异,逐渐形成了海外汉学中国哲学研究的新天地。特别是从20世纪80年代开始,海外汉学家的中国哲学研究与国内哲学家、哲学史家的中国哲学研究两相呼应,一些极富代表性的海外中国哲学研究成果相继译出,这也就为当代中国哲学研究提供了一些新的理论视角和方法。

海外汉学是不同传统之间对话的结果,其范围涵盖众多的学科门类。其中中国文学、史学、民族学、人类学等领域的海外汉学研究成果,已得到了系统化、规模化的译介和评注。与之相较,海外汉学中的中国哲学研究论著,虽已有所译介和研究,但仍处于一种游散状态,尚未形成自觉而有系统的研究态势,从而难以满足国内学界的学术研究需要。因此应在前人工作的基础上,将更多优秀的海外汉学中国哲学研究成果,包括海外华人学者以西方哲学视角对中国哲学的研究成果,迻译进来,以更为集中地供国内学者参考、借鉴。正是出于这样的考虑,我们借助教育部哲学社会科学研究重大课题攻关项目"海外汉学中的中国哲学文献翻译与研究"(18JZD014)立项之机,策划设计了"海外中国哲学研究译丛",并希望将此作为一项长期的工作持续进行下去。

当今之世,中国哲学正以崭新的面貌走向世界哲学的舞台,地域性的中国哲学正在以世界哲学的姿态焕发新机。与此同时,用开放的他者眼光来反观和审视中国哲学,将会更加凸显中国哲学的地域性特色与普遍性意义,并丰富其研究内涵和范式。我们希望通过此项丛书的翻译,使得海外中国哲学研究作为一面来自他者的镜子,为当代中国哲学研究提供新的方法论和概念框架的参考,助力中国哲学未来之路的持续拓展。

献给贝基

后来她打开一本诗集
又递给了我
一个意大利诗人写的诗
来自13世纪
字字句句都那么真实
仿佛燃烧的煤炭,灼热夺目
每一页纸都闪着光芒
就像从我灵魂深处
写给你的一样……

——鲍勃·迪伦(Bob Dylan)①

---

①作者万百安引自鲍勃·迪伦《心乱如麻》(Tangled Up In Blue)。——译注

目　录

中译本序 ·· 1
前言 ··· 13
致谢 ··· 15
凡例 ··· 18

第1章　导论 ··· 1
第2章　孔子和儒家 ····································· 97
第3章　墨子与早期墨家 ································ 207
第4章　孟子 ·· 297
第5章　多元化的儒家 ·································· 463
附录　不同的声音 ····································· 529

参考文献 ·· 562
人名和关键词索引 ···································· 595
经典文本章节索引 ···································· 622

译后记 ·· 632

中译本序

万百安

我的书为以下三个主题辩护。第一,儒学与西方美德伦理学有很多相似点。特别是它们都对生活方式感兴趣,对该生活方式所需要的人格特质感兴趣,在考虑到人性之所是的前提下,它们都关注如何成功地培养这些品质。第二,墨家更强调行为及其后果,而不是品格与修养。在这一点上,墨家类似于西方的后果主义。(这几点与认识到中西方美德伦理学与后果主义之间在大量细节问题上的巨大差异是完全一致的。事实上,根据这些相同之处,我们能够更好地欣赏其中的差异。)第三,墨家和儒家对他们的观点都提供了非常值得称颂的论证。

我的导师,斯坦福大学教授李耶理(Lee H. Yearley)在1990年出版了《孟子与阿奎那:美德理论与勇敢概念》(*Mencius and Aquinas: Theories of Virtue and Conceptions of Courage*)一书,他的观点即儒家可被解释为美德伦理学的一种形式,在当时还很新颖且富有争议。① 当我在2007年的《早期中国哲学中的美德伦理与后果主义》一书(即本书)中捍卫这一观点时,它仍然处于某种争议之中。然而,已然很明显的是,对儒家的美德伦理的阐释正逐步获得支持。比如,就在同一年,余纪元出版了《德性之镜:孔子与亚里士多德的伦理学》(*The Ethics of Confucius and Aristotle: Mirrors of Virtue*),沈美华(May Sim)也出版了《重塑道德:以亚里士多德孔子为借镜》(*Remastering Morals with Aristotle and Confucius*)。尽管我们在很多重要的细节上存在分歧,但我们三个都看到了美德伦理概念是从儒学中获得理解和伦理洞见的有用框架。

在随后的几年里,作为儒家解释框架的美德伦理学越来越流行。② 如今在英语学界中,对儒家有两个主要的解释框架,

---

① 1993年,李耶理的另一个学生艾文贺(Philip J. Ivanhoe)(也是我的学长和朋友),出版了《儒家的道德自我修养》(*Confucian Moral Self Cultivation*)一书的初版。尽管艾文贺的书没有明确地为一种"美德伦理学"解读进行辩护,但那本书也强调不同的人性概念如何导致不同的道德修养概念,而这非常符合李耶理所开创道路的基本精神。参见艾文贺:《儒家的道德自我修养》,第2版(Indianapolis: Hackett Publishing, 2000),初版是艾文贺:《儒家的道德自我修养》(New York: Peter Lang, 1993)。

② 当我在1996年左右第一次向安靖如(Stephen C. Angle)解释关于儒家的一种美德伦理解读时,他对此是多么感兴趣,不出几年就看到他出版了自己的著作,满怀热情地为他早些时候拒绝的那些同样概念进行辩护,直到现在我还愉快地保留着那个美好的回忆。参见安靖如:《圣境:宋明理学的当代意义》(*Sagehood: The Contemporary Significance of Neo-Confucian Philosophy*)(New York: Oxford University Press, 2009),另参见我给他写的书评,万百安:《评安靖如的〈圣境〉》("Review of Angle, Sagehood"),

其一是美德伦理学的进路,另一是安乐哲(Roger Ames)的后现代进路。安乐哲的一些学生反对把他归为后现代主义者。①然而,安乐哲与他后来的合作者郝大维(David Hall)把他们的进路与尼采、萨特和罗蒂加以比较,甚至明确地认同后现代主义。②即使他们没有明确支持后现代主义,后现代主义也是郝大维和安乐哲对超验性加以拒绝的必然结果。让-弗朗索瓦·利奥塔在其《后现代状态》(*The Postmodern Condition*)(1979)一书中把后现代主义描述为"对元话语叙述的怀疑(incredulity toward metanarratives)",一种"元话语叙述"是证明低级话语具有合理性的高级话语:因此,"元话语叙述"就只是一种"超验原则(transcendent principle)"。正如郝大维和安乐哲不断宣称的,如果根本不存在超验原则,那么就不可能有任何"元话语叙述"。

Notre Dame Philosophical Reviews (17 February 2010), https://ndpr. nd. edu/reviews/sagehood-the-contemporary-significance-of-neo-confucian-philosophy/。

①江文思(Jim Behuniak):《评森舸澜〈早期中国的身、心概念〉》("Review of Slingerland, *Mind and Body in Early China*"), *Dao* (2019) 18:305—312,但还可参见森舸澜:《对江文思的回应》("Response to Jim Behuniak"), *Dao* (2019) 18:485—488。

②关于萨特、尼采和罗蒂,参见郝大维和安乐哲:《通过孔子而思》(*Thinking through Confucius*),分别参见第82—83页,第115页,以及第315页。关于他们对后现代主义的支持,参见同上,第333页以下。罗蒂和尼采(还有德里达)也因其"后现代情感"而受到郝大维和安乐哲的赞美,《期待中国》(*Anticipating China*)(Albany:State University of New York Press, 1995),第xviii页。

我们应该如何理解安乐哲在其儒家解释中对超验原则的拒绝呢？任何费心去阅读儒家文献的人都知道他们对超验原则的反复认可：

> 君子务本，本立而道生。孝弟也者，其为仁之本与！（《论语·学而第一》）
> 述而不作，信而好古。（《论语·述而第七》）
> 尽其心者，知其性也。知其性，则知天矣。（《孟子·尽心上》）
> 天命之谓性，率性之谓道，修道之谓教。（《礼记·中庸》）
> 形而上者谓之道，形而下者谓之器。（《周易·系辞上》）

当然，存在着不同类别和不同程度的超验（transcendence）。最极端的一种超验形式是柏拉图主义，它深刻影响了犹太教的亚伯拉罕传统、基督教和伊斯兰教。曾经有些解释者（错误地）将柏拉图主义的解释投射到中国思想上去。或许最重要的是，冯友兰在美国学习哲学期间受到当时对美国哲学极具影响力的罗素式的柏拉图主义的影响。如果我们对照罗素的《哲学问题》（*The Problems of Philosophy*）（1912）来阅读冯友兰的《中国哲学史》（1931，1934）的话，不难发现冯友兰非常明显地受到罗素的影响。冯友兰也深受胡适的影响，后者在其《先秦名学史》（*The Logical Method in Ancient China*）（1922）的前言中承认，他的诠释动力来自意图在中国古代哲学中发现他最仰慕的西方哲学的对应概念的欲望。胡适和冯友兰的柏拉图式解释误导了一代又一代学者。

对柏拉图(Plato)的解释方式多种多样,但历史上大多数柏拉图主义者都相信有一个超脱于时空之外的独立世界,也就是说,某种意义上要比在时空中的物理对象世界"更真实"的世界。在柏拉图主义者的更高世界中,有数、几何对象以及像仁爱、正义与善之类普遍之物的理想型式,而物理世界里却只有对这些事物的具体模仿(比如"这个不完美的三角形"或"那个有缺陷的人")。知识是对这些型式的先天把握,而道德就是尽可能地将自己从身体中解脱出来,以使我们的灵魂在死亡的那一刻得到净化,并准备升入型式的世界。当然,这听起来一点也不像中国的哲学家(肯定也不像任何儒家哲学家)。幸运的是,在英语学界中,像赫伯特·芬格莱特(Herbert Fingarette)(《孔子:即凡而圣》*Confucius—The Secular as Sacred*[1972])和葛瑞汉(A. C. Graham)(《后期墨家的逻辑、伦理和科学》*Later Mohist Logic, Ethics, and Science*[1978])这样学者的作品很早以前就已经揭穿了那种对中国传统的柏拉图主义的解读。假如安乐哲的洞见可被归结为"儒家不是柏拉图主义者"!那么,我们只能祝贺他表达了其他西方学者在20世纪70年代就已经知道的东西。

不过,除了柏拉图的超验之外,还有很多种类和程度的超验,例如,柏拉图的学生亚里士多德(Aristotle)就拒绝了柏拉图形而上学中特别是支持形式是内在的那种极端超验(这在拉斐尔的名画《雅典学园》中有象征意义,其中柏拉图和亚里士多德被置于辩论中心,柏拉图手指向上,而亚里士多德则手指向下)。后来,亚里士多德学派对亚里士多德形式的确切性质及其与具体事物的关系进行了激烈而微妙的辩论，为形而上学提供了广泛的选择。类似地，朱熹以其下述言论挑起了关于理及其呈现之间关系的微妙争论：

> 理未尝离乎气。然理形而上者，气形而下者。自形而上下言，岂无先后！①

我建议任何被"超越"和"内在"简单的二分法所诱惑的人都应该去读一读朱熹与陆象山关于这一主题的通信，以便获得对超越性问题进行真正复杂的讨论所需要的微妙的概念性工具。

但是我们为什么需要超验形式，即使是温和的那种？事实就在于，正如汉娜·阿伦特（Hannah Arendt）提醒我们的，人类思想不可避免地会涉及某种类型的超验。② 考虑一下这样几个简单的句子："放于利而行，多怨"，或"不幸短命死矣"。为了表达或理解这些陈述，我们的思考必须超越特殊事物。"放于利而行，多怨"：这将不仅发生于我们当前的这个或这些情况之下，而且也会发生于未来的情况之中。"不幸短命死矣"：我们面前的这个事例是颜渊短命，但是我们应该思考，如果发生的是另一种结果，而不是呈现给我们的这种结果，这个世界将会更好。简言之，取决于人们如何解读安乐哲对超验的拒

---

①朱熹：《朱子语类》，重印本，文津出版社，第1卷，第3页。
②汉娜·阿伦特：《思与道德关切：一个演讲》（"Thinking and Moral Considerations: A Lecture"），*Social Research* 38:3 (Autumn 1971):417—446。

绝,要么它是正确但微不足道的(是的,我们都知道儒家不同于柏拉图主义者),要么它虽然不是微不足道但却明显是错误的(显然,任何从事思考的人都以某种方式超越了常识所呈现的现象)。①

可能会令某些读者感到惊奇的是,"新儒家"特别是像唐君毅和牟宗三这样的伟大哲学家的思想,在当代英语学界没有发挥更大的作用。事实上,新儒家在三个方面说服了几乎所有西方儒学学者。(1)与新文化运动更为极端的支持者不同,儒家思想不应该被扔进历史的垃圾箱。恰恰相反,儒家思想——就像亚里士多德学说、佛学思想、道家思想、黑格尔学说、印度教思想、马克思主义学说、柏拉图学说和亚伯拉罕宗教哲学一样——有必要在新的社会、经济和技术环境中适应并蓬勃发展其深度和灵活性。尤其是,(2)儒家思想可以与现代自然科学相一致(亚里士多德学说没有灭亡于对地心说的拒斥,儒家思想也不必只是因为我们不再使用"五行"理论去做化学而随之灭绝),并且(3)儒家思想可以与民主相一致(尽管我们可以明智地争论民主最合适的形式是什么)。以上这三点已被西方见多识广的哲学家广泛接受,所以很少有机会特别指出,新儒

---

① 在英语中,我们将会说安乐哲犯了莫特和贝利谬误(the motte-and-bailey fallacy)(参见 https://en.wikipedia.org/wiki/Motte-and-bailey_fallacy)。莫特和贝利(Motte-and-bailey)谬误指的是争论一个容易辩护的、通常是常识性的陈述(Motte),以避免批评人士提出一个难以辩护的、更有争议的陈述(bailey)。该术语由斯科特·亚历山大(Scott Alexander)推广,并在 *All in All, Another Brick in the Motte* 一书中进行了解释。参见 https://www.zhihu.com/question/384453977/answer/1235349214。——译注

家成为这些观点的早期捍卫者,由于这一点,我们应该对他们表示感谢。①

在我看来,更多的问题是,某些新儒家认同我在早先曾描述为"方法论上的二元论(methodological dualism)"的立场。"方法论上的二元论"的错误在于只关注两个哲学家或传统之间的极端差异,而忽视真正的相似之处,也忽视真正伟大的哲学家在形成他们的观点时所使用的全部微妙之处。正如李耶理在《孟子与阿奎那》一书中所说,比较哲学最好的方法不仅要关注表面的相似或差异,而且要寻找"异中之同,以及同中之异"。

显然,最精妙的新儒家通常不会屈服于方法论上的二元论,但是我们确实在经典的《为中国文化敬告世界人士宣言》(以下简称《宣言》[1958])中看到了这种错误的证据,而且有时候在蒋庆这样的当代新儒家代表人物的作品中也能发现类似的证据。②《宣言》争辩说,西方人的一个缺点(与"东方人"

---

①另参见万百安:《评南乐山〈波士顿儒家〉》("Review of Neville, *Boston Confucianism*"),*Philosophy East and West* 53:3 (July 2003):413—417。

②我已故的杰出同事余纪元指出,具有讽刺意味的是,《宣言》的作者们并没有因为安斯康姆(G. E. M. Anscombe)在同一年发表了她的开创性论文《现代道德哲学》(这篇论文开启了美德伦理的复兴)而意识到美德伦理和儒家思想之间的相似之处。参见余纪元:《新儒学的〈宣言〉与德性伦理学的复兴》(The "Manifesto" of New-Confucianism and the Revival of Virtue Ethics),*Frontiers of Philosophy in China*,vol. 3,no. 3 (2008):317—334。[余纪元的这篇文章的中文版最初发表于《山东大学学报(哲学社会科学版)》,2007 年第 1 期。——译注]

相对照)是它倾向于假设"用以衡量人人之抽象标准、成见、习见"①。但《宣言》本身不正是通过对比东西方优缺点的抽象列表来做到这一点的吗?例如,《宣言》主张西方思想家(与东方思想家相对照)将形而上学看作是与伦理学相分离,并认为上帝是完全超越自我的东西。然而,对像柏拉图、亚里士多德、阿维罗伊(Averroes)、阿维森纳(Avicenna)、迈蒙尼德(Maimonides)、奥古斯丁(Augustine)和阿奎那(Aquinas)这些哲学家进行细致研究,就会揭示他们每一位都把伦理学和形而上学看作是拥有密切的关系,认为实在的较高领域总是与较低领域相互渗透。奥古斯丁可能是比任何主要的基督教思想家都更强调物质世界与上帝之间的鸿沟,尽管如此,他还是以个人方式称呼上帝,祈祷说,"你幽邃沉潜,在我心坎深处之外,你又高不可及,超越我心灵之巅"②。

《宣言》也过度简化了"东方"的复杂性,宣称中国历代思想家对"心性之学"有一以贯之的共同认识(第6节)。然而,儒家思想与其他伟大的思想传统相类似,也是一场在历史上延伸的争论,在这场争论中,参与者都被联结在一起,不是由在具体结论的实质性清单上的一致性所联结,而是由对具体文本、

---

①牟宗三、徐复观、张君劢、唐君毅:《为中国文化敬告世界人士宣言》,最初发表于1958年,由Eirik L. Harris 英译, Hackett Publishing website, https://www.hackettpublishing.com/mou_zongsan_manifesto,第11节。

②奥古斯丁:《忏悔录》(Confessions)第3卷,第6章。[中译本参见奥古斯丁:《忏悔录》,周士良译,北京:商务印书馆,1963,第43页。——译注]

主题和概念之重要性的共同承诺所联结,所有这些内容的意义一直处在争议之中。① 即使我们把自己限制在儒家思想家那里,我们也会发现孔子、孟子、荀子、董仲舒、二程兄弟、朱熹、陆象山、王阳明、黄宗羲、章学诚、戴震以及其他人,在有关美德、心、人性、理、气和学与思在道德修养中的作用等方面,都持有不同的观点。② 这些概念显然被历史上的儒家思想家所共享;然而,它们都是加利(W. B. Gallie)(在另一种语境下)所称的"本质上有争议的概念"。③ 简言之,新儒家思想中许多有价值的思想已经被其他学派所吸收,而新儒家思想中更多有

---

①我认为思想传统不是静态的,而是不断演变的争辩,我的这种理解受到解释学传统的影响。例如,参见汉斯-格奥尔格·伽达默尔(Hans-Georg Gadamer):《真理与方法》(*Truth and Method*),第二版,Joel Weinsheimer 和 Donald G. Marshall 英译(New York: Continuum, 2004),阿拉斯戴尔·麦金太尔(Alasdair MacIntyre):《谁之正义? 何种合理性?》(*Whose Justice? Which Rationality?*):University of Notre Dame Press, 1988,以及麦金太尔:《三种对立的道德探究观》(*Three Rival Versions of Moral Enquiry*), University of Notre Dame Press, 1994。

②欣赏儒家传统中的多样性的重要性,是我从艾文贺那里学到的一课。特别参见艾文贺:《儒家的道德自我修养》(前揭),以及艾文贺:《三个支流》(*Three Streams*), Oxford University Press, 2016。艾文贺的文章:《谁之孔子? 何种〈论语〉?》("Whose Confucius? Which *Analects*?"), *New Essays* (New York: Oxford University Press, 2002,第119—133页),这篇论文明显受到麦金太尔的《谁之正义? 何种合理性?》的影响。

③加利(W. B. Gallie):《本质上有争议的概念》("Essentially Contested Concepts"), *Proceedings of the Aristotelian Society*, 56, (1956): 167—198。

问题的面向,像其方法论上的二元论,却被大多数学派所排斥。①

我坚持《早期中国哲学中的美德伦理与后果主义》一书中的主张。然而,第五章"多元化的儒家"中概述的立场,可以在我最近的《儒学与亚里士多德主义的综合》("Toward a Synthesis of Confucianism and Aristotelianism")与《关于价值的人类中心主义实在论》("Anthropocentric Realism about Values")这两篇文章中找到一种更为细致的版本。② 我希望在一本即将出版的书中,对受儒家思想启发的美德伦理学的多元形式进行详细辩护。

我的一个真正的遗憾是,在写这本书之前,我对黄宗羲的《明夷待访录》尚不太熟悉。我认为,任何对儒家思想在当今世界还会继续发挥作用这一点拥有严肃兴趣的人,都应该仔细阅读黄宗羲的作品。

---

①"方法论上的二元论"倾向在安乐哲的著作中被保留下来,他试图将盎格鲁-欧洲和东亚传统的巨大复杂性简化为理性与审美、超越性与内在性、二元论与一元论的简单二分法。

②参见万百安:《关于价值的人类中心主义实在论》("Anthropocentric Realism about Values"),载李晨阳和倪培民主编:《道德修养与儒家品格:迷人的乔尔·J·考普曼》(*Moral Cultivation and Confucian Character: Engaging Joel J. Kupperman*),State University of New York Press,2014,第65—96页,以及万百安:《儒学与亚里士多德主义的综合》("Toward a Synthesis of Confucianism and Aristotelianism"),载安靖如(Stephen C. Angle)和迈克尔·斯洛特(Michael Slote)主编:《美德伦理与儒家思想》(*Virtue Ethics and Confucianism*),New York:Routledge,2013,第56—65页。

但最后同样重要的是,我希望向本书的译者陈志伟和张丽丽表达我最诚挚的感谢。书中很多复杂的句子及我所热衷的不寻常的表达方式和文字游戏,即便是对我的那些受过高等教育的、以英语为母语的同事来讲也是高难度的挑战。因此我绝不会"嫉妒"译者们出色地完成了这项艰巨的任务。我同样非常感谢赵卫国教授,他与西北大学出版社合作组织了这套丛书,我的这本书忝列其中。如果我的书提供了任何微小的见解,请感谢他们使我的作品更容易理解;但其中的任何错误都由我负责。

前　言

本书使用特殊的哲学方法考察了孔子《论语》、早期墨家和孟子的学说。我明确地将孔子和孟子解释为美德伦理学家,将墨子解释为后果主义者。我还特别关注他们在维护自身立场并驳斥敌对观点中所呈现的哲学论辩(尤其是早期墨家和孟子的案例中)。我希望之后能够将该方法扩展到覆盖"名家"(公孙龙子和惠子)、"道家"(庄子和《道德经》的作者)、新墨家、儒家的荀子及其弟子"法家"韩非子的解读上。①

我的目标是写出一部使受限于哲学知识的汉学家和受限于中国文化知识的哲学家都能够理解的作品。我尽量将此书写得对那些没有专业哲学背景的人也容易理解。如果我对哲学术语和问题的阐述在某些方面似乎太过初级,我希望读者们记住上面这一点。没有哲学背景的读者如果仍然发现我使用

---

① 我用双引号标注出来的各家各派的名称只是松散联系的思想者群体的便利标签。儒家和墨家都是(由各种学派)组织起来的运动,而其他人在先秦期间还没有被组织成学派。

的哲学术语较难理解,那么可以参考罗伯特·欧吉(Robert Audi)编写的《剑桥哲学词典》(*The Cambridge Dictionary of Philosophy*)。没有中国文化背景的读者会发现我编辑的《孔子与〈论语〉:新文集》(*Confucius and the Analects: New Essays*)的前言是很有帮助的。对早期中国历史和文化更广泛的介绍,可查阅鲁惟一(Michael Loewe)和夏含夷(Edward Shaughnessy)编写的《剑桥中国上古史》(*Cambridge History of Ancient China*)。

致　谢

我非常感谢以下出版商和期刊惠允重印部分已发表过的文章:《普世研究杂志》(*Journal of Ecumenical Studies*)(2003 冬春季号)第 137—150 页刊发的"孟子与美德伦理(Menzi and Virtue Ethics)";牟博编辑的《中国哲学比较研究》(*Comparative Approaches to Chinese Philosophy*)(伦敦:阿什盖特出版社,2003)一书第 99—121 页所载"美德伦理与儒家(Virtue Ethics and Confucianism)";庄锦章(Kim-chong Chong)、陈素芬(Sor-hoon Tan)和秦柳天(Chin Liew Ten)编辑的《道德圈子与自我》(*The Moral Circle and the Self*)(芝加哥:开庭书局,2003)一书第 41—58 页所载"对墨家'兼爱'中论辩的一个回应(A Response to the Mohist Arguments in 'Impartial Caring')";黄百锐(David Wong)和信广来(Kwong-loi Shun)主编的《儒家伦理学:关于自我、自治与社群的比较研究》(*Confucian Ethics:A Comparative Study of Self,Autonomy,and Communyty*)(纽约:剑桥大学出版社,2004)一书第 148—182 页所载鲍勃·迪伦拥有版权的《心乱如麻》("Tangled Up in Blue")歌词是由公羊角音

乐（Ram's Horn Music）提供的。

剑桥大学出版社的编辑 Beatrice Rehl 给予我很多支持，Aptara 公司我的联络员 Peter Katsirubas 不厌其烦地回答我关于排版过程的问题，文字编辑 Brian Bowles 捕捉到大量很可能令人尴尬的错误，对此我都深表感谢。同时也非常感谢以下学者对本书手稿的各个部分给予评论或提供建议，他们是：何艾克（Eric Hutton）、迈克尔·麦卡锡（Michael McCarthy）、方岚生（Franklin Perkins）、菲利普·奎因（Philip Quinn）、克里斯汀·雷诺（Christine Reno）、苏源熙（Haun Saussy）和埃里克·施瓦茨戈贝尔（Eric Schwitzgebel）。金鹏程（Paul Rakita Goldin）对本书提供了延伸讨论的特殊方向并给予有益的评论。在完成本书手稿部分章节时，我在中国台湾获得了富布莱特奖学金和美国国家人文基金会的资助。在中国台湾时，苏珊·布雷克（Susan Blake）和郝令吉（Eirik Harris）自愿逐章阅读并讨论了该书手稿。我非常感激我们在茶室、咖啡馆还有台北小巷子里的饭店中一起度过的愉快且富有成效的时光。

在此承认很多无法回报的人情债是合适的：感谢中西传统中的哲学家，特别是（按我遇到他们的时间顺序排列）柏拉图、亚里士多德、库恩、孔子、阿奎那、孟子、麦金太尔；感谢我初中和高中的老师，尤其是 Wonetta Crouse 女士和 James J. Seabol 先生；感谢我的大学老师，特别是 Charles Kahn、Nathan Sivin 和 James Ros；陈汉生（Chad Hansen）的著作最早影响并激励尚读本科的我；感谢我研究生期间的老师，特别是李耶理（Lee H. Yearley）、倪德卫（David S. Nivison）和艾文贺（Philip J. Ivanhoe）；感谢 Gail Pease、Hubert Kauffman 博士和纽约沃平杰斯福尔斯小镇"保持简单"团契提供的情感支持;感谢这些年来支持我的同事,特别是 Arthur Kuflick、Margaret Holland、Jennifer Church,以及 Douglas Winblad。还要特别感谢我的先祖;许多我未提到的朋友,我的兄弟姐妹,我的父母 Helen K. 和 Charles R. Van Norden;我的孩子 Charles 和 Melissa,我的前妻 Sarah Rebecca "Becky" Thomas。

凡 例

本书的纪年标准采用公元(即 B. C. E. 和 C. E.)而非西元(即 B. C. 和 A. D.)。其中 C. E. 代表公元(Common Era)而 B. C. E. 代表公元前(Before Common Era)。采用该纪年方式是因为其能够普遍适用于基督教、犹太教和世界范围内的其他宗教。需要说明的是,这种有意识的纪年选择并非要淡化基督教的重要性,只是为了提供一种非基督徒也能感到舒服的用法。

除非另有说明,否则书中所使用的《墨子》《孟子》《道德经》《庄子》《荀子》《韩非子》和《庄子·盗跖》的英文翻译都改编自艾文贺和万百安主编的《中国古代哲学读本》(*Readings in Classical Chinese Philosophy*)的第二次修订版。书中引文部分的末尾均标有那个文本各章的编号(对于《孟子》的长篇引文,我不仅提供了卷数和章数,而且也根据理雅各翻译的《孟子》对各个小节标注号码)。文中《论语》的翻译遵循森舸澜(Edward Slingerland)英译《孔子:论语》的章节编码。有些时候,我会对引自《中国古代哲学读本》和森舸澜《论语》的翻译进行修改,因此我在本书中的任何引文翻译错误都与原来的译者无关。

除下述情况之外，本书一律采用罗马拼音：标题的引用、其他作品的引文以及选择自己罗马拼音的个人专有名称。罗马拼音的音调标注会在该字首次出现时使用（如果翻译中出现额外增加的音调标注，则不必视为对原来译文的修订）。

本书讨论的两个最著名的哲学家"孔子（Confucius）"和"孟子（Mencius）"的译名在西方广为人知。然而，这两个译名实际上是耶稣会士的拉丁化。此外，"Confucius"是一个思想家名字的极为罕见的拉丁化形式。① 对于在英语写作中保留拉丁化名字来说，它给出了一个好例子（毕竟，我肯定不会将柏拉图写为"Platôn"）。然而，随着世界变得越来越小，在与其他文化进行交流的过程中能够使用自己的术语也越来越重要。因此，代替 Confucius 和 Mencius，我将使用更忠实于原文的 Kongzi 和 Mengzi。另一个西方常用的词汇 Confucianism（"儒家"）也可能会引起很大的误解。它对应的中文术语"儒"从词源学上来看与孔子这个名字并无关联。② 这一事实有时会使得 Confucian 的译法相当行不通（例如《论语》6.13）。更重要的是，要是我继续使用术语 Confucian 却不再使用"Confucius（孔子）"的名字则似乎看起来很怪异。因此，冒着看起来古怪

---

① 关于这些观点，参见詹启华（Lionel Jensen）:《制造儒家》（*Manufacturing Confucianism*）。

② 参见詹启华:《制造儒家》，还有伊若泊（Robert Eno）:《儒家之天的创造》（*The Confucian Creation of Heaven*）"附录 B"，以及左飞（Nocolas Zufferey）:《儒家的起源》（*To the Origins of Confucianism*）等著作中关于这一令人为难的术语的讨论。

的风险,我将写成"Ruism"和"Ruist"以分别代替"Confucianism"和"Confucian"。

在我的注释里,我使用了简短的引用格式,即提供作者的姓氏和具有足够辨识度的作品名称。本书末尾亦提供了完整的参考文献信息。与很多传统引用格式相比,该引用格式拥有一个优势。在注释中提供完整的文献信息会因信息冗长而显得杂乱。一个读者在注释中读到"Nivison(1980c)"(即使他的记忆力很好),很可能记不住所引用的文章或著作是什么。类似地,像"Nivison,第739—761页"这样的标注,它可能会迫使读者回头去翻查该作品的首次参考(有时很容易找到,但有时候却很难)。然而,任何熟悉二手文献的人都会知道"倪德卫,'二本',还是'一本'?"指的是哪篇论文。

Chapter one
Introduction

第 1 章
导论

四海之内,皆兄弟也。

——子夏

我是一个人,对我来说没有什么人是陌生的。

——泰伦斯

I. 方法论

I. A. 概述

中国的"子"学究竟是不是"真正的哲学",这个问题常常被学界讨论。① 这是一个极具争议的话题,因为解决它的关键有赖于对一般而言的哲学是什么的问题的裁断。在本书中,我打算回避该议题并从一种独特的哲学角度来阐述孔子、早期墨家和孟子的学说。人们可以从哲学的角度考察几乎任何文本,

---

① 参考例如 Hatton 的《中国哲学抑或"哲学"》("Chinese Philosophy or 'Philosophy'?"),伊若泊(Robert Eno):《儒家之天的创造》,第 1—13 页;郝大维(David Hall)与安乐哲(Roger T. Ames):《通过孔子而思》(Thinking through Confucius),第 313—316 页;所罗门(Solomon):《什么是哲学》("What Is Philosophy?"),戴卡琳(Carine Defoort):《究竟有无中国哲学》("Is There Such a Thing as Chinese Philosophy?")

无论那些文本是否被视为"真正的哲学"。当然,将一种哲学角度应用于一个文本可能或多或少是富有成效的。但对于结果是否确实富有成效,则可能存在分歧。例如,大多数当代哲学家似乎认为,从哲学的角度审视赫西俄德(Hesiod)的作品时,其价值不大——尽管对古希腊宇宙论感兴趣的任何人来说,它们都是重要的解读背景——但是少数学者认为某些哲学问题揭示了赫西俄德作品的某些重要方面。① 我相信我们能够通过将哲学视角运用于中国"子"学而学到更多。

哲学家使用专业术语并关心专业问题。其他知识学科(社会历史、人类学、社会学、文学批评等)的学者可能从其他角度进入同一文本——这样的研究同样是有价值的。实际上,其他哲学家将会使用不同的专业术语并关心不同的问题。

我将要运用的独特的哲学视角有两个特征:因为没有更好的术语,所以它可以说是"分析的",并诉诸"美德伦理(virtue ethics)"来帮助阐明儒家思想("Confucianism")。"美德伦理"是西方伦理学家耳熟能详的短语。我将在第 II 部分更为详细地讨论美德伦理,但这里先简单作一说明:美德伦理关注一个人应该成为什么样的人,以及应该过何种生活。尽管它不是一

---

① 主流的观点明显呈现在 Kirk 等人编写的《前苏格拉底哲学家》(Presocratic Philosophers)(尽管甚至在这里赫西俄德比荷马更系统且更具有批判性也是得到承认的,参考该书边码第 7 页和第 34 页)。另一方面,米切尔·H·米勒(Mitchell H. Miller)发现了从一种哲学进路研究赫西俄德的更多价值(《赫西俄德宇宙论隐含的逻辑》("Implicit Logic of Hesiod's Cosmogony",特别是第 131—132 页)。另参见米勒,《"起初":论赫西俄德宇宙论的语义学和伦理学》("'First of All': On the Semantics and Ethics of Hesiod's Cosmogony")。

个中文术语,我仍然认为儒家算是美德伦理学的一种类型——但它是在很多方面与西方主流的美德伦理学类型不同的一种。这些不同很可能会对我们形成挑战,并通过使我们意识到美德和值得过的生活方式的新观念而带来持续的哲学争论(第5章第Ⅱ–Ⅲ部分将讨论儒家对当代美德伦理的可能贡献)。此外,我相信运用美德伦理学的专业词汇可以使儒家思想中很多原本未被注意到的有趣方面被阐发出来。

西方哲学中"分析"哲学和"非分析"哲学之间的区别并不清晰可辨。然而,当我说我在使用分析哲学的视角时,我的意思是,我尤其注重以下几点:在文本中寻找、解读和评断各种论证;通过讲清楚各种解释的可能选项,并且考察是否某种解读比其他解读能更好地解释文本,继而澄清文本的含义;探讨每个文本是否自洽。

其他知识学科领域的学者可能似乎令人不安地对"分析"的方法毫不熟悉,这至少是三个原因导致的:首先,一些汉学家深受"后现代主义"的影响(例如伯纳德·佛尔[Bernard Faure]的《禅的洞见与溢见:禅宗传统的认识论批判》[*Chan Insights and Oversights*])。"后现代主义"是另一个松散且仅在某些时候有用的标签。自20世纪初期起,这一术语开始在不同的知识学科中被不同的思想家以不同的方式使用。然而,是让-弗朗索瓦·利奥塔(Jean-François Lyotard)给出了"后现代主义"最具影响力的特征描述之一,即"对元叙事的怀疑(incredulity toward metanarratives)"①。我认为他的意思如下:一个叙事是任何叙述或故

---

① 利奥塔:《后现代状况》(*Postmodern Condition*),第482页。

事,例如进化论。一个元叙事是关于特定叙事为何合理以及我们为什么应该相信它的故事。例如,一个元叙事可能会说科学理论(例如进化论)是客观真实的,因为它们建立的假设不受政治的或个人的偏见所干预,而是仅仅根植于直接可观察的事物。现在,很多哲学家和科学史学家会否定我刚刚描绘的这种特别的元叙事。我们现在知道根本不存在纯粹的观察;所有的观察都是"负载着理论的"。此外,心理学和社会学的因素在更大程度上依赖于科学成果所带来的偏见。① 然而,后现代主义"对元叙事的怀疑"意味着不相信任何元叙事是正当的。换言之,元叙事不被视为在客观上为任何主张提供真理保障。

后现代主义者和"分析"哲学家经常发现自己处于对立状态。② 就我个人而言,我认为最好的后现代哲学和最好的分析哲学都既有趣又重要,并且他们可以被引入一场富有成果的对话。但是我的风格更偏向于分析哲学,而不是后现代主义,这可能会激怒某些读者。尽管如此,我不认为本书所写和假设的任何内容必定会被后现代主义者拒斥。我并不假设一个文本只有一种唯一的含义,或文本的含义是显而易见的,或其含义

---

① 例如,参考库恩(Kuhn):《科学革命的结构》(*Structure of Scientific Revolutions*);皮克林(Pickering):《构造夸克》(*Constructing Quarks*);沃勒(Waller):《爱因斯坦的幸运》(*Einstein's Luck*);胡珀(Hooper):《蛾与人》(*Of Moths and Men*)。

② 这场争论的一个样本,参见卡尔纳普(Carnap):《消除形而上学》("Elimination of Metaphysics");德里达(Derrida):《有限公司》(*Limited, Inc.*);索卡(Sokal)和布里克蒙(Bricmont):《时髦的胡说》(*Fashionable Nonsense*)。

是由著作者的意图决定的,或其含义是永恒不变的,或某种解释可被证明为具有笛卡尔式的确定性的真理(我同意后现代主义者拒斥这些假设中的每一个)。我只是假定,对于解释者(比如说我自己)写作的特定知识语境来说,伴随着特殊的知识日程(在文本创作环境和它们如何为后来的解释流派发挥作用中理解文本),关于那些文本,只有更好的和更糟的解读,人们可以(使用其流派的特定知识标准)来论证某些解释比其他解释更有力。我认为这才是比较适度的解释原则。

分析方法的第二个方面的特征(特别是当它被应用于历史作品时)是将关注的焦点缩小到文本的某个简短部分(甚至缩小到单个句子或某个字词)的意义上。然而,对很多汉学家而言,这种研究范式是涵盖更广范围的工作,例如,鲁威仪(Mark Lewis)的《早期中国的合法暴力》(*Sanctioned Violence in Early China*)和詹启华的《制造儒家》(*Manufacturing Confucianism*)。当然,狭窄的解释焦点有可能会有造成错过更大的解释画面的危险。不过也存在相反的危险,即对尚未确定的具体问题建立一种宽泛的观点。① 此外,文本精读是一种确立已久的方法,不仅适用于分析哲学,而且也适用于很多解释传统,包括中国本土的"考证之学"。

我的方法的第三个方面可能会引起一些读者的反感,即我在很大程度上采用的是"还原的诠释学(hermeneutic of restoration)",而不是通行的"怀疑的诠释学(hermeneutic of suspi-

---

① 我不会说鲁威仪和詹启华的作品都是这样。但是广泛的调查应该像他们那样建立在坚实的细节之上。

cion)"。保罗·利科(Paul Ricoeur)率先使用这两个概念来描述诠释中的两大趋势。① 当采用"怀疑的诠释学"方法时,人们通过寻找与任何证成文本提出的真理主张没有关系的文本创作的隐秘动机与起因,去寻求对一个文本的理解。这种诠释学试图"揭露"文本对真理的伪装,从而查明其"真正的动机"。利科将马克思、尼采和弗洛伊德确定为"怀疑的导师"(现在我们也许可以将福柯[Foucault]列入其中)。例如,约翰·洛克(John Locke)在《政府论两篇》中声称客观地考查了财产权和政府权力的根基。但马克思主义者会说,洛克实际上表达和促进了代表资产阶级利益的思想,因为他就是那个阶级的一分子。类似地,尼采也争辩说,苏格拉底和柏拉图在辩论中使用的辩证方法并不是对真理和善的无私追求,而是用言辞代替拳头,运用权力凌驾他人的工具。换言之,文本是会说谎的,而怀疑的诠释学就是去寻找并理解文本为何会说谎。通常情况下,实行怀疑的诠释学的人坚持作者本人并未意识到其文本创作背后的真正原因或动机(在某种程度上,弗洛伊德的潜意识概念可以解释为何人们能够拥有自己并未意识到的动机,并出于这种动机而行动)。然而,当伊若泊论证早期儒者有意识地炮制哲学论辩只是为了获得统治者的惠顾,以资助其礼仪活动时,他也使用了怀疑的诠释学方法。②

---

① 利科:《弗洛伊德与哲学》(Freud and Philosophy),第28—36页。
② 伊若泊:《儒家之天的创造》。对伊若泊立场的这一方面的批判,参见信广来就《儒家之天的创造》所写的书评。但是在伊若泊的书中仍然有许多有价值的见解,这些见解独立于他关于儒家的更具争议性的一般论题。

相比之下,还原的诠释学则是建立在文本对我的期望(或者利科使用的"信念")的基础上的,因为"由人们说出的"语言"与向人们说出的"语言"不可等量齐观"。① 文本可能是错的,但是它不会"说谎"。解释的任务就是去倾听信息。此外,寻求的信息只能是我在我的语境中现在所倾听到的唯一信息,而那不必是意义明确的信息,但无论如何那仍然是一条信息,它对真理的主张对我形成了挑战,并撼动了我的世界观。

理解"怀疑的诠释学"和"还原的诠释学"之间区别的一个方法是考虑他们如何寻求"他为什么相信那个"问题的答案。假设亚瑟相信灵媒可以与死者接触并从他们那里传递信息。还原的诠释学将考察他为该信念所提供的辩护。亚瑟在安息日感到桌子在移动,他看到某种他相信是"流质"的物质从灵媒身上散发出来,灵媒说了他已故儿子将会说的话。最终,我们可以得出结论,即亚瑟的信念不能被证明。对于亚瑟的所有观察,有比其成功接触的"精神世界"更合理的解释。但是,只要我们从它们可能的辩护(包括它们可能失败的辩护)出发考察亚瑟的信念,我们就在使用还原的诠释学。相反,如果我们说亚瑟相信灵媒是因为他为儿子早夭而感到悲伤,所以他绝望地想要相信来世仍然有生命,并且他仍然可以和他儿子进行交流,那么我们就在使用怀疑的诠释学。亚瑟希望与已故儿子保持联系,可能是他相信灵媒的原因,但是这与对那种信念的真

---

① 利科:《弗洛伊德与哲学》(*Freud and Philosophy*),第29页。[中译参见保罗·利科:《弗洛伊德与哲学:论解释》,汪堂家、李之喆、姚满林译,杭州:浙江大学出版社,2017,第24页。——译注]

实性的任何辩护无关。①

喜欢用怀疑的诠释学方法研究历史文献的人们可能会发现任何像我这样的研究计划都很幼稚。但我认为两种不同的诠释学策略其实是互补的。从历史的角度来说，看不到儒家经常扮演维护特定社会阶层利益的意识形态角色是相当危险和幼稚的。但这并不能排除儒者也具有洞察人类境况的可能性，这部分地说明了这样一个事实：两千多年来，儒家已经将其辉煌的思想融合进各种文化之中，并且我们也许可以从儒家文献中学到一些东西。另外，仅采用怀疑的诠释学，这种努力也是逻辑上不连贯的。阅读马克思并相信他准确地描述了哲学观念的起源时，我们就是运用了还原的诠释学来解读马克思本人。如果马克思可以用还原的诠释学来解读的话，那么洛克也理应如此。

总体而言，我在这里的诉求是方法论上的多元主义。有大量学科和方法论可以被有启发性的各种方法运用于文本解读。当然，这并不意味着所有的解释都具有启发性。如果我们的解释拥有任何内容，那就必须将某些东西排除掉。然而，人们不应该仅仅因为"分析"的方法（或者其他任何方法）不符合自己对如何研究文本的成见而拒斥这些方法。

还原的诠释学最重要的承诺之一就是承认"宽容原则（the

---

① 我的例子是以亚瑟·柯南道尔（Arthur Conan Doyle）为原型的，具有讽刺意味的是，他是福尔摩斯（Sherlock Holmes）（一个文学性的理性模范人物）的创造者，但同时也是一个招魂术的坚定信徒。事实上，他之所以被招魂术吸引是他的几个亲密的家庭成员的死亡所带来的结果。

principle of charity)"。在英语世界中,蒯因(W. V. O. Quine)突出强调该原则并给予其最有影响力的表述:"除了在个别问题上,我们对话者的愚钝与糟糕的翻译相比,可能也差不到哪里去。"①换言之,如果它把某个信念归于某人,而我们认为这种信念不仅是错误的,而且是荒谬的,那我们就会将它与一种解释进行平衡。蒯因的学生戴维森(Donald Davidson)对"宽容原则"作了调整,他指出"只有在意见大量一致的背景下,意见不一致才与意见一致一样是可理解的"②。例如,我可能发现你相信琳达被鬼附身的想法极其荒谬。然而,对你和我而言,不一致之处在于:琳达的异常行为究竟是由大脑中的化学物质失衡引起,还是由于鬼附身引起。我们必定在很多事情上是一致的:琳达是一个人;琳达的行为异常;我们在琳达房间的时候她朝你吐了一口绿痰,等等。

蒯因和戴维森都强调意义的整体性。正如戴维森所言,"如果语句对于其意义来说依赖于它们的结构,并且我们把这种结构里的每个词项的意义仅仅理解为从该词项作为其中成分的那些语句的整体中抽取出来的东西,那么,我们只有通过给出那种语言中的每个语句(和语词)的意义才能给出任何一

---

① 蒯因:《语词与对象》(*Word and Object*),第59页。[中译本参见蒯因,《语词与对象》,陈启伟等译,载《蒯因著作集》第4卷,涂纪亮、陈波主编,北京:中国人民大学出版社,2007,第252页,根据本书行文需要对译文有较大改动。——译注]

② 戴维森,《彻底的解释》("Radical Interpretation"),第137页。[中译引自戴维森,《真理、意义与方法》,牟博选编,北京:商务印书馆,2012,第192页。——译注]

个语句(或语词)的意义"①。所以,语词之所以有意义是由于它们在句子中所扮演的角色,而句子之所以有意义是由于构成它们的语词。但这仅仅是整体论的一部分。一个句子的意义还取决于它跟其他句子的关系:它包含哪些句子? 它排除了哪些句子? 此外,句子拥有意义不仅依据其他语言项,而且也依据使用它们的社群的完整的"生活方式"。这就意味着,我们对一个单词的解释其证据是,它能最好地理解这个单词出现于其中的句子;我们对于一个句子的解释其证据是,它能理解那个句子以其他句子在那种语言中的形式发挥的作用,以及我们也要知道构成句子的每个单词的含义;并且我们关于词汇和句子意义的归因必须理解我们正研究的社群的整个生活方式——历史的,物质的和文化的生活方式。②

格兰迪(Richard Grandy)提出了对宽容原则有所增益的修正,他称之为"人道原则(the principle of humanity)"。格兰迪指出,尤其是在我们将虚假归之于某人的情况下,我们应该"高度重视考虑言说者过往历史的重要性,包括他的语言条件和非语言刺激"③。换言之,我们可以合法地将虚假的信

---

①戴维森:《真理与意义》("Truth and Meaning"),第 22 页。[中译引自同上,第 21 页。——译注]

②在文学批评和非分析哲学家中,索绪尔(Saussure)的作品更常被视为意义整体主义的经典(《普通语言学教程》[*Course in General Linguistics*])。不过,并不是所有人都赞同整体主义。后续的批评可参见福多(Fodor)和莱波(LePore):《整体主义》(*Holism*)。

③格兰迪:《指称、意义与信仰》("Reference, Meaning, and Belief"),第 449 页。

念——甚至对我们来说是极其错误的信念——归之于人们的前提条件是:对他们更广泛的语言和社会背景的理解,能够解释为何与我们本质相类的人在那种背景之下会持有那些信念。例如,对我来说,下落的石头受外在的引力作用会掉到地上,这是显而易见的。然而,对其语言、历史和社会背景的理解使我也能明白托马斯·阿奎那(Thoms Aquinas)为什么会认为这样的石头是自己移动的,是在某种"爱"的驱使下向它在绝对空间中的自然位置移动的。所以,"人道原则"会说,我们将之归咎于我们所解释的人的错误,必须可以被解释为我们人类都可能合理地犯下的错误。

理解宽容原则、人道原则和整体原则十分关键。① 但同样关键的是要看到这些原则不包含什么。例如,整体原则并不意味着文本中的个别"片段"无关紧要,也不意味着它们可以被粗心大意地处理。在历史背景下对中文本的整体性的解释必须包括以下细节:(1)它如何以合理的方式解释具体的单词和句子;(2)它如何处理那些表面看起来晦涩难懂的段落;(3)为什么它比最好的替代解释更好。这种情况与自然科学中的情况有异曲同工之处。现代学界的共识是没有纯粹的观察能够为科学提供基础,每种观察都是"负载着理论的"。另外,理论

---

① 蒯因、戴维森、格兰迪和其他人的见解都是由那些在解释学传统(如伽达默尔[Hans-Georg Gadamer])中以"解释学循环"的方式表述出来的人独立获得的。参见伽达默尔:《真理与方法》(Truth and Method),尤其是第265—307页。有关伽达默尔思想的有益介绍,请参阅伯恩斯坦(Bernstein)的《超越客观主义与相对主义》(Beyond Objectivism and Relativism)的第三部分。

概念也是整体相关的。① 这些自然科学的事实类似于解释学的事实,即意义具有整体性以及我们不能把一个解释建立在对我们而言拥有绝对意义的语词和句子的基础之上。但就自然科学而言,这些事实并不意味着一种科学理论不可能被(相比较而言的)可观察的证据予以严肃挑战。同样地,在诠释学中,如果一种全面广泛的解释没有对大量文本片段的细致解读,或者那种解读牵强附会,那么它也能够被质疑。

此外,如果仅仅因为将我们认为是错误的观点归咎于某个哲学家从而拒绝一种解释的话,这也不是"宽容原则"或"人道原则"的合法运用。大多数哲学家在大部分哲学问题上都彼此意见相左,所以我们中的大多数人在这些问题上也会犯错误。比如,我认为休谟(Hume)的经验主义与他的道德反实在论都是极其错误的,而且他对上述两种理论的论证也十分荒谬。但是,我很难论证只是因为我认为他这样做是错误的,休谟就有可能不再相信经验主义了。"宽容原则"和"人道原则"只排除那些莫名其妙的或者巨大的错误。

I. B. 三个异议

但是,纵使人们赞同我的方法,他们也可能会疑惑当我以某种方式使用此方法时究竟是阐明了还是歪曲了我所解释的

---

① 例如,参见杜赫(Duhem)的《物理理论的目标与结构》(*Aim and Structure of Physical Theory*),蒯因的《经验论的两个教条》("Two Dogmas of Empiricism"),塞拉斯(Sellars)的《经验主义和心灵哲学》("Empiricism and the Philosophy of Mind"),库恩的《科学革命的结构》。

文本。不言而喻(尽管有时也未必),仅仅指责另一个学者运用一套陌生的概念来阐释文本,这并不构成充分的反驳。正如信广来(Kwong-loi Shun)观察到的:

> 对一个中国早期思想家的观点的阐述超出了相关文本的范围,仅仅是这一事实本身并没有使此阐述成为问题。在某种程度上,该阐述不仅仅是对文本的重组,它还将在体现了不同于早期思想家的概念框架的当代语言中讨论该思想家的观点。另外,为了有助于我们理解该思想家的观点,这种阐述还可能将该观点比原来的文本更加清晰地呈现出来,并在观点之间的相互关系尚不明确的地方把这种关系勾画出来。①

换言之,任何超出文本的哪怕最平庸和最无助益的阐释,都会针对这个文本筹划出某种概念框架。正如伽达默尔(Hans-Georg Gadamer)所言,"尝试理解某个文本的人,总是在进行一种筹划"②。同时,一个给定的概念框架或多或少都会忠于文本。解释者必须用具体的文本证据来证实一种解释(或证实对一种解释的反驳)。证据越多,该解释就越具有说服力。

当然,有人也许会用更加具体的理由来反驳我的方法。我在其他的论著中曾经概述过某些我认为是当今中国哲学研究

---

① 信广来:《孟子与早期中国思想》(*Mencius and Early Chinese Thought*),第9页。

② 伽达默尔:《真理与方法》,第267页。

的主要方法。① 根据我以前的类型划分,我猜想针对我的方法的反驳可能有三条主要线索。

I. B. 1. 中国古代有论证吗?

孟旦(Donald Munro)坚持认为中国早期诸子不擅长哲学论证,而且对他们来说,重要的"不是真实和谬误的问题",他的这种观点影响了很多诠释者。孟旦还补充说:"中国思想家对于哲学宗旨的逻辑有效性不够重视,这一令人遗憾的不足被他们对于人类生活中至关重要的问题的关心所平衡。"②葛瑞汉(Angus Graham)谈到中国早期哲学家时,似乎同意孟旦的观点,他说:"对于他们所有人来说,关键问题并不是西方哲学家谈及的'真理是什么?'而是'道在何方?'即规范国家与指导个人生活的道。"③葛瑞汉还强调了中西哲学的另一个重要区

---

①万百安:《西方哲学应该向中国哲学学习什么》("What Should Western Philosophy Learn from Chinese Philosophy?")和《美国与儒家思想的相遇》("America's Encounter with Confucian Thought")。

②孟旦:《早期中国"人"的观念》(*Concept of Man in Early China*),第 ix 页,以及第 55 页。有趣的是,孟旦的学生中伊若泊认为儒家对于自己提出的论证并不严肃,而另一个学生陈汉生相信像孟子这样的儒家在论证方面"极其笨拙而且牵强",后者参见《中国思想的道家之论》(*Daoist Theory of Chinese Thought*),第 188 页。[孟旦:《早期中国"人"的观念》,中译参见丁栋、张兴东译,北京大学出版社,2009,"前言"第 3 页,以及第 58 页。陈汉生:《中国思想的道家之论:一种哲学解释》,中译参见周景松、谢尔逊等译,张丰乾校译,南京:江苏人民出版社,2020,第 350 页。——译注]

③葛瑞汉:《论道者》(*Disputers of the Tao*),第 3 页。[中译参见葛瑞汉《论道者:中国古代哲学论辩》,张海晏译,北京:中国社会科学出版社,2003,第 4 页。——译注]

别:形式逻辑从来没有在中国被发现。在后期墨家作品中,我们确实发现了关于语言哲学和我们将称之为"论辩术(dialectics)"问题的精彩且迷人的讨论,但墨家学者显然"缺乏确立逻辑形式的兴趣",而葛瑞汉也表明他们的方法并非三段论推理式的研究,而"更像是维特根斯坦(Wittgenstein)《哲学研究》和赖尔(Gilbert Ryle)《心的概念》中的论证"①。

在某种程度上,葛瑞汉的总体观点是令人费解的,这体现在如下事实中,即他没有把术语"逻辑"限定于"形式逻辑"。(因此,他的一部充满创造力的著作标题是"后期墨家的逻辑、伦理和科学",尽管他否认墨家或任何其他中国人发现了形式逻辑这个事实)。形式逻辑关注前提和结论的有效式:不论如何填写模式中的变量,只要前提为真就能保证结论为真。然而,西方语言哲学家最近开始认识到"不透明语境"的重要性,在这种(似是而非的)语境中,用一个术语代替另一个指称同一事物的术语,也不能导致获得一个有效的推论。例如,从"路易斯·莱恩认为克拉克·肯特没有吸引力"中,我们可能无法推出"路易斯·莱恩认为超人没有吸引力"。有趣的是,后期墨家学者似乎特别关注"模棱两可语境",并且注意到:如果"吉尔爱她的兄弟"是真的,并且如果她兄弟是一个很帅的男人,那么"吉尔爱一个很帅的男人"很可能不是真的(因为后

---

①葛瑞汉:《后期墨家的逻辑、伦理与科学》(*Later Mohist Logic, Ethics and Science*),第44页。

者暗示了浪漫的爱情)。① 也许,对"模棱两可语境"的认知阻止了对形式上的推理有效式的探索。无论如何,葛瑞汉提到的维特根斯坦和赖尔的作品在精神上与墨家的文本相类似,他们都不关心"形式逻辑",相反却去探索使用语言的各种方式——作为一种减少某些哲学混淆的手段,这些混淆是由错误地假设语言以统一的方式运行而导致的。

然而,自从孟旦写下我前面引用的评论之后,我们已经在认识上取得了巨大的进展,对中国早期文本中的论证逐渐有了更好的理解。此外,正如葛瑞汉意识到的,他注意到的所谓事实并没有得到证明,即早期中国根本不关心真理,也不存在对论证的建构。这就表明,"如果不想使论证的逻辑形式明晰,那么就不可能有确定这个或那个[判断]的真实性的话语"。然而,直到亚里士多德,西方才发明了形式逻辑。这是否意味着亚里士多德之前的哲学家巴门尼德、苏格拉底和柏拉图都对真理没有兴趣或并未理性地论证呢?② 如同葛瑞汉曾经注意

---

① 相关的讨论参见葛瑞汉:《后期墨家的逻辑、伦理与科学》,第40—44页,以及宗德生:《墨家作品中的内涵语境研究》("Studies of Intensional Contexts in Mohist Writings")。关于模棱两可语境的讨论可以参见卡普兰(Kaplan)的《模糊性》(Opacity)。

② 郝大维和安乐哲:《汉哲学思维的文化探源》(*Thinking from the Han*),第132页。郝大维和安乐哲还写道,"期望以合乎理性的论证加强对真的讨论,我们可能会在中国人中发现真值函数逻辑(truth functional logic),至少是它的萌芽"。(同上,第131页)如果这是真的,那么甚至亚里士多德也没有为论断的真理性提供理性的论证,因为他开创的是谓词逻辑,而直到斯多葛学派才发展出真值函数逻辑。

到的:

> 无论是惠施向庄子证明的"子非鱼,安之鱼之乐"①中的逻辑关系,还是"墨辩"中证明人数量上的无限与爱所有人这两者是一致的②,这些逻辑关系和证明都是跨文化的。王充的《论衡·道虚》中偶然出现的三段论,对他和我们而言,其有效性……("夫人,物也,虽贵为王侯,性不异于物。物无不死,人安能仙?")与王充是否拥有理性的概念,是否知道他在使用推理性的句子,或是否知道那是三段论的形式,都毫无关系。③

此外,关注发现(作为个体以及作为群体)最好的生活方式与关注真实性并不矛盾。④ 实际上,关注一个人应该如何生活可能会引导我们明白辨识特定的真实是非常重要的(例如,关于过去成功或失败的真实性,或者关于人类心理学的真实性)。因此,孔子痛惜夏商时期所保留下来的文献证据(征)不足的事实(《论语》3.9:"文献不足故也,足则吾能征之矣。"),并称赞史官对他们誊写的人物角色不能确定时宁愿空着不写,也不介绍错误的内容(《论语》15.26:"吾犹及史之阙文也,有马者借人乘之。

---

①《庄子·秋水》,《中国古代哲学读本》,第 247 页。
②参见葛瑞汉:《论道者》,第 169 页。[参见前引中译本,2003,第 198 页。——译注]
③葛瑞汉:《反思与回应》("Reflections and Replies"),第 294 页。(我在葛瑞汉的文本中补充了一个遗漏了的圆括号。)
④信广来有相似的观察(参见《孟子与早期中国思想》,第 5—9 页)。

今亡矣夫!")。① 后来的儒者孟子表明了对真实性的类似关注:

> 万章问曰:"或曰:'百里奚自鬻于秦养牲者,五羊之皮,食牛,以要秦穆公。'信乎?"孟子曰:"否,不然。好事者为之也。"(《孟子》5A9)

在这段文字中,孟子和他的弟子万章非常明确地关注一个传闻是真还是假("不然")的问题。这就是对真实性的关注。孟子还质疑了儒家典籍《尚书》的历史性:"尽信《书》,则不如无《书》。吾于《武成》,取二三策而已矣。"(《孟子》7B3)这个质疑非常著名。而此处的问题是《尚书》是否真实取决于它所记载的关于武王的故事是什么。②

---

①关于孔子作为一个有责任感的学者的进一步讨论,参见顾立雅(Herrlee Glessner Creel):《孔子与中国之道》(*Confucius and the Chinese Way*),第100—108页。

②倪德卫在《作为历史哲学家的孟子》("Mengzi as Philosopher of History")一文中指出,孟子提出此主张的动机是他的"思辨的历史哲学",它"是由一种非经验的承诺所引导,这种非经验的承诺要么是关于什么是,也即形而上学的,要么是关于什么应该,也即价值的"(第283页)。换言之,一个现代批判性历史学家会问我们历史的根源是什么,这些根源是如何被传播和保存的,这些根源与他们所描述的时间距离有多远等问题。孟子对这些问题毫无兴趣。他只是根据(例如)百里奚是个圣人以及自己对圣人行为的洞察而"知道"百里奚会做什么和不会做什么。然而,这不影响我的观点:无论孟子用什么方法来确定真实是什么,他显然关心的是关于百里奚(在《孟子》5A9 中的案例)或武王(在《孟子》7B3 中的案例)的记载是否真实。

在此期间,同一世纪的地球的另一端,毕达哥拉斯学派创造了"哲学"一词。这个学派发端于他们的一场运动,该运动也深切地关心如何生活得好以及对社会积极变革的影响。确实,"有理由相信在(公元前)5世纪早期,毕达哥拉斯学派成员在整个意大利南部获得了政治权力"①。稍后在希腊,作为哲学家典范的苏格拉底应运而生。关于苏格拉底持什么观点颇有争议,但是,如果对他有所了解的话,我们必然知道他深深地致力于过一种有德性的生活,正是因为关心过一种有德性的生活,他努力通过哲学对话揭露无知并发现真理。② 苏格拉底的弟子柏拉图在许多方面也是具有典范意义的哲学家,他的形而上学和认识论观点与发现于中国早期传统的任何学说都完全不同。然而,任何读过柏拉图自传性的《第七封信》的人都知道,他那追寻真理的强烈欲望产生于对雅典城邦缺乏美德的反感。这里值得引用柏拉图的原话:

> 年轻那会儿,我的经历和许多人一样:我期冀着,一旦成了自己的主人,我就立即投身城邦的公务。不过,城邦

---

①卡恩(Kahn):《毕达哥拉斯和毕达哥拉斯学派》(*Pythagoras and the Pythagoreans*),第7页。

②问题是我们所知道的关于苏格拉底的一切都是从别人对他所说的言辞之中得知的,而且,我们已经在三位同时代人中发现了相当不同的描述,这三个人分别是阿里斯多芬(Aristophanes)、色诺芬(Xenophon)和柏拉图。应该承认存在争议,但一个确定历史上苏格拉底教义的努力,参见弗拉斯托斯(Vlastos):《苏格拉底:反讽家和道德哲学家》(*Socrates: Ironist and Moral Philosopher*)。

事务中的这样一些机运落到了我身上。

那时的政制受到许多人的谩骂，于是发生了一场大变动。领导并操控大变动的是五十一个人，其中……三十人被任命为全权将领。这些人里面碰巧有几位是我的家人和熟识，而且，他们随即就邀请我加入这些[与我]相配的事。因为年轻，我的反应毫不稀奇：我期冀着这些人的治理会把城邦从一种不正义的生活引向正义的道路，因此我密切关注着他们，看他们会做些什么。事实上我看到，这些人不久就表明先前的政制是一个黄金时代。别的事不说，我年长的朋友苏格拉底——我几乎可以毫不惭愧地说，他是当时最正义的人——他们派他和别人一道去抓一位邦民，命他强行把此人拖来处死，这样就能把他拉入他们的事，不管他是否愿意；但苏格拉底拒绝听命，宁可冒着承受一切后果的危险，也不愿成为他们不虔敬的行为的同伙。看到这一切以及其他此类并非琐细的事情，我心生反感，于是从当时那些邪恶中抽身而退了。

可没过多久，三十人以及当时的整个政制倒台了。参与公务和政务的渴望再度撩拨着我，但已没那么强烈。……可由于某种机运，一些当权者又把我们的同伴苏格拉底告上法庭，加诸一项最不虔敬的指控，而且是一项最不适用于苏格拉底的指控。因为，正是以不敬神的罪名，一些人起诉了他，另一些人则做出判决并把他处死：他们处死的这个人当初不愿参与不虔敬地抓捕他们的一位朋友，在他们自己不幸地受到流放之时。

我观察着这些事情和那些从事政务的人，而且，愈加审视各种法和风尚,且随着我年岁渐长,我愈觉得正确地治理政务是多么困难。……所以我不得不说:要赞颂正确的哲学,只有借由正确的哲学,才能看清一切城邦的正义和个人的正义。人这一族将无法摆脱各种恶,除非正确地和真诚地爱智的那族人[真正的哲学家]掌握了政治权力,或者城邦中当权的那族人出于某种神意真正地爱智慧[成为真正的哲学家]。①

柏拉图在最后一段中表达的愿景,即社会变革需要将哲学家置于权力地位的观点,显然与孔子希望通过将受美德教育而成就的"君子"置于权力地位上来变革社会的观点不谋而合(即使只是粗略地概括)。《第七封信》的其余部分以一种更加戏剧化的方式见证了柏拉图的政治关切,因为它描述了柏拉图通过说服叙拉古僭主狄奥尼修斯以建立理想城邦的具体努力,以及该计划的惨遭失败。在这里,我们注意到与孔子(失败)努力的相似性,后者也要去寻找一个能将把他的理念付诸实践的为政者,但没有成功。

①英译引自弗里德伦德尔(Friedländer)的《柏拉图》(Plato)第3—5页(引用《第七封信》[Letter VII]324b-326b)。弗里德伦德尔的书是对柏拉图的深刻思考,强调了柏拉图哲学化的实践动机。(并不是所有学者都认为《第七封信》是真实的。然而,柏拉图深切的道德关怀处于他大多数对话的最前线,这些对话通常是从强调弄清楚某些事情的重要性开始的[比如,勇气是什么? 正义是什么?],只有如此一个人才能变成有德之人。)[柏拉图《第七封信》中译参见柏拉图:《柏拉图书简》,彭磊译注,北京:华夏出版社,2018,第55—60页。——译注]

从哲学上看，他们最终的目标截然不同：柏拉图对作为典范的数学知识和超验的形而上学的强调与孔子的思想完全相异。但柏拉图和几乎每一位重要的中国古代哲学家都开始于忧心他们的社会正处于危机状态之中：他们同时代的人无法过上有价值的生活；人们偷盗、说谎并且彼此欺骗；政府不考虑被统治者的利益。总之，西方和中国哲学家之间关于真理的差异似乎是一个重点问题。柏拉图希望帮助人们习得真理，因为他认为这将向人们展示如何生活得好；孔子也想向他的弟子展示如何生活得好，但他认为为了做到这一点，他们必须知道很多真实的事情。

最后，西方哲学的学者意识到，识别、解释和评估论证是极其困难的工作，特别是当他们在处理那些使用与我们不同词汇的历史文献时，或者作出我们所没有甚至可能都意识不到的假设时。几乎没人会指责柏拉图、休谟或康德在哲学上是无能的，然而关于如何解读他们的作品，或关于他们是否一致，这些争论似乎永远都不可能停止。① 这样的事实被切割成两个方向。先前从事中国思想研究的学者不应该只是因为论证有时难以解释而立即不再理会这些文本的论辩品质。另外，由于西方哲学家克服困难迎接挑战，分析和解释来自他们自己传统的作品中的论证，他们不应该舍不得给中国文献以同样的努力。

---

① 一个有趣的例子是康德的"先验演绎（Transcendental Deduction）"。这部作品（至少有两个版本！）在哲学上是极其重要的，但同时也是极其难以解释的。解释一个历史上的哲学作品的困难由如下事实所例证，即康德似乎在使用"演绎"一词的法律意义——这显然是康德时代的一个常见用法——这与大多数当代哲学家将其归属于逻辑意义大不相同（参见亨利希［Henrich］：《康德的"演绎"概念》["Kant's Notion of a Deduction"]）。

我不是要求应该给中国文献任何特殊的待遇；我只是想提出，不能以比西方哲学类似的文本更高的论辩性、相关性或连贯性的标准评判它们。①

I. B. 2. 古代中国有美德伦理吗？

I. B. 2. A. 透过厚的和薄的理论来看。我的研究方法的另一个主要特征——使用西方美德伦理学的范畴——要面对如下指控，将亚里士多德主义和儒家思想相融合是错误的，因为这两种世界观事实上完全不同。有时这种指控会以如下方式表述，即将亚里士多德主义同化为康德主义或柏拉图主义，其本身就是不公平的。早期儒家与亚里士多德主义的共同点远不如康德主义或柏拉图主义同亚里士多德主义的共同点那样多。② 此

---

①在本章第 III 节我对论证作了简单的描述，并给出了一些中国哲学论证的例子。在附录中，我反驳了某些认为中国早期哲学中不存在对真理的关注的论证。

②威金斯（David Wiggins）认为，亚里士多德道德思想观点"完全不像康德主义者或其他义务论解释者对他描绘的那样"（参见《慎思与实践理性》["Deliberation and Practical Reason"]，第 231 页）。（关于"义务论"，参见本章第 II. A 部分。）我对亚里士多德的解读深受威金斯、汉普郡的（Hampshire）《两种道德理论》（"Two Theories of Morality"）和努斯鲍姆的《感知能力》（"Discernment of Perception"）的影响。我认识到对康德的解读有其他方式能够使其看起来更加接近亚里士多德。（例如，请参阅奥尼尔：[O'Neill]《康德追寻美德》["Kant after Virtue"]，劳登[Louden]《康德的美德伦理》["Kant's Virtue Ethics"]，科斯加[Korsgaard]：《出于责任并为了高贵》["From Duty and for the Sake of the Noble"]）。但是，我在本书中使用康德的部分动机是希望有个衬托，以彰显什么是独特的儒家美德伦理。因此，我使用了康德的解读以强调他最不喜欢的儒家的那些方面。

外,对美德伦理应用于儒家的快速拒绝可能来自中西方哲学传统在本质上不可比较的假设。① 我认为,假定这种不可通约性就是犯了文化本质主义的错误,乌玛·那拉扬(Uma Narayan)将这种文化本质主义描述为"文化彼此之间整齐划一地、预先各自独立地并且个性化地呈现出来的画面;在该画面中,伴随着不同'文化'的'生产',对'差异'的坚持是不成问题的;而'文化'核心的、本质的构成要素被假定为'不可改变的给定之物'。"②我同意那拉扬的定义,这种本质主义通常既错误地忽视了个别文化的现实多样性,在政治上也经常是危险的。本质主义是错误的,因为真正的文化从来不是铁板一块:它们在本质上是复杂的,自发端起就伴随着相互竞争的声音,并且它们会随着时间的流逝而不断演变。而错误地将文化描绘成只有一种本质,在政治上也是危险的,因为这正中原教旨主义者的下怀——可能是基督教徒、伊斯兰教徒、犹太教徒、印度教徒,也可能是儒教徒——原教旨主义者都会把自己对传统的狭隘看法描绘成唯一正确的观点。这会让他们玩弄政治把戏,给人民提供错误的分歧:忠实于人民或论证与革新的传统却背叛了自己的传统。但是论证和革新永远是每个健康传统的重要组成部分。

---

①例如,参见郝大维和安乐哲:《期望中国》(*Anticipating China*),第153—154,171—175页。

②那拉扬:《文化的本质与历史感》("Essence of Culture and a Sense of History"),第95页。另参见考普曼(Kupperman):《向亚洲哲学学习》(*Learning from Asian Philosophy*),第131—144页,以及万百安(Van Norden)给《汉哲学思维的文化探源》所写的书评。

然而,我肯定完全同意亚里士多德主义和儒家思想在很多主要问题上都有重大分歧——美德是什么,好生活是什么,家庭在好生活中的角色如何,礼在好生活中的意义是什么,以及古典文献在道德修养中发挥了什么作用,等等。那么,为什么从美德伦理学角度来看待儒家思想,除了扭曲之外,还能期待其他收获呢?

答案取决于"厚的"和"薄的"两种阐述方式的区分。这种区分的一个版本原本是吉尔伯特·赖尔用来阐明心灵哲学的,后来,人类学家克利福德·吉尔兹(Clifford Geertz)把它拿过来作为描述民族志的一种方法。伯纳德·威廉斯(Bernard Williams)接着将该术语用于西方文化中的道德辩论;最后,玛莎·努斯鲍姆(Martha Nussbaum)建议这一区分可作为跨文化道德讨论的一个工具。① 尽管该区分可以应用于很多不同的方面,但我个人的使用将最接近努斯鲍姆的用法,她建议我们至少可以用两种方式来描述某事。我们可以给出一个"薄的"的描述,它几乎没有任何理论内容,却可被大部分的讨论者共享,这些讨论者或许在很多其他重要问题上有重大分歧。② 有

---

①赖尔:《思考与反思》("Thinking and Reflecting"),第474—479页;《思想之思》("The Thinking of Thoughts"),第484,487,489—490页;吉尔兹:《厚的描述》("Thick Description");威廉斯:《伦理学与哲学的限度》(*Ethics and the Limits of Philosophy*);努斯鲍姆:《非相涉性美德》("Non-Relative Virtues")。

②有趣的是,唐代哲学家韩愈在他的《原道》中也提出了类似的观点,他指出有些术语如"道""德""虚"等会因为它们在不同的学派而有不同的具体含义。

人可能会因此认为,这种"薄的"描述只是"确定"了参与讨论的人之间存在分歧的主题。相比之下,"厚的"描述是特定参与讨论者在讨论中给出的详细说明,并根据该参与者独特的概念和承诺进行设计。例如,我们可以给出关于太阳的"薄的"描述,太阳是"白天天空中大而明亮的东西,在不太多云的时候能够照亮地球"。一个相应的"厚的"描述(由赫西俄德作出)就会是,太阳是一个神。而另一个"厚的"描述(由阿那克萨戈拉作出)则会是,太阳是一块热的石头。中国的一个"厚的"描述会是这样,"火气之精者为日"(《淮南子》)。① 我们自己的"厚的"描述是,太阳是由氢和氦融合而成的一块物体。似乎显而易见,这些都是对同一事物不同的竞争性描述。无论使用"厚的"还是"薄的"描述都能让我们说清楚这是如何形成的。如果我们只承认那些"厚的"说明而否认有任何相应的"薄的"描述,那么似乎就会使得我们所给出的描述并不是真的有分歧,因为它们谈论的是不同的事物。当我们使用"太阳"这个术语时,如果它指的是地球围绕着它旋转的氢和氦的融合体,那么阿那克萨戈拉就完全不知道"太阳"是什么。但是,如果说 hêlios(太阳神,亦指太阳)并不是指作为"Sun(太阳)"的同一事物,那显然是没有道

---

① 关于赫西俄德的观点参见《神谱》(*Theogony*),第371—374页。关于阿那克萨戈拉的观点,参见柯克(Kirk)等人:《前苏格拉底哲学家》(*Presocratic Philosophers*),第381页(亦参见苏格拉底在《申辩篇》26d的评论)。《淮南子》的英译我遵循葛瑞汉的《论道者》,第332页。

理的。①

我认为,如果有人拒绝我所勾勒出的厚/薄区分,那么他将不得不接受以下两种(令人不快的)选择。(1)对于宽泛的术语而言,乍看之下,貌似真正的理论分歧实际上是虚假的分歧;通常,科学家和哲学家并非相互之间有分歧,而只是改变了主题。例如,由石棉纤维织成的阻燃性布料在中国至少早至汉代就广为人知。② 他们对这种布料最早的理论解释(他们的"厚的"描述)是,石棉是由耐火树的树皮或耐火动物的皮毛(据说这些动物栖居在火山上)纺织而成的。③ 然而,现代科学观点(我们的"厚的"描述)是,石棉既不是动物毛发也不是植物纤

---

① 我的说明并不一定要接受"直接指称(direct-reference)"语义学,但是我认为理论术语的直接指称解释与我给出的说明是一致的。直接指称理论是被设计出来用以解释说同一种语言的人如何在同一个词上附加不同的"意义",但却指的是同一个事物。(参见克里普克[Kripke]:《命名与必然性》[*Naming and Necessity*])。厚的与薄的相对比的设计是用来解释操不同语言的人是如何指称同样的事物,并在实质上就同样的事物产生分歧。需要注意的是,这与我所说的内容不同,我说的是在一个理论中关于一个主题的每一个描述都必须在每一种其他理论中就相同主题有一个竞争性的描述。换言之,关于某个主题的薄的描述之存在并不必然要求在每种语言中的那个主题都有一个厚的描述与之对应。亚里士多德的物理学中并没有对夸克的厚的描述。现代自然科学也没有关于"气"和发光乙醚的厚的说明。

② 《列子·汤问》。参见葛瑞汉:《列子书》(*Book of Lieh-tzu*),第117页。

③ 李约瑟(Needham):《中国科学技术史》(*Science and Civilisation in China*),第三卷,第655—662页。

维编织而成——它是一种矿物(钙镁硅酸盐)。如果我们只能诉诸由一种文化提供的"厚的"理论描述,那么中国古人就根本不了解石棉。实际上,他们所说的"火烷布"根本没任何意义,因为根本就不存在一座火山,栖息其中的耐火植物的皮或者耐火动物的毛发可被用来编织阻燃的布料。如果有人觉得这一选项并不吸引人,而仍然坚持拒绝厚/薄区分,那么我就让他接受(2)给我们提供的另一种可选择的说明,在这种说明中,两种不同语言中的术语可能是互参的(coreferential),尽管这些术语所包含的理论内容存在实质性的差异。也就是说,我要求他提供替代厚/薄区别的另一种选择,也要能解释赫西俄德和一位现代美国天文学家(当讨论太阳时),或古代中国人和当代科学家(当讨论石棉时),他们如何能够给同一事物提供竞争性的不同说明。① 我看不出拒绝厚/薄区分的人是如何摆脱(1)和(2)造成的左右为难的理论困境的。

通过考察"谦卑"这一美德,我们可以看出厚/薄区分是如何适用于伦理学的。对谦卑的一种"薄的"描述将会是,它是对人之为人的自身价值拥有一种合宜态度,还有具备适合那种态度的情感和反应的稳定性向。有人可能会争辩说,根本上而言,任何人,无论对谦卑拥有何种态度(也不管他们是否有专门的词来描绘),他们都可以分享关于它的这种描述。然而,关于实际上拥有的这种态度究竟是什么,不同的思想家会给出

---

①我认为有可能的是,如果一个人成功地做到(2),这个说明也会使我在本章后面的主体部分所描述的那种道德比较合法化(例如在谦卑或人类繁盛的竞争性叙述之间进行比较)。

不同的厚的说明。例如，亚里士多德提到一个拥有"高尚灵魂（*megalôpsychos*）"的人。拥有高尚灵魂的人非常贤能，相应地就会自视甚高；他认为自己应该得到社会的尊重和他人的称赞。相比之下，基督徒则强调将自己的意志服从于上帝，并承认自己的道德脆弱和对上帝恩典转化的依赖。很多当代美国人，甚至那些确定为基督徒的人，都会说一个人应该拥有高度的"自尊"，但仍要愿意承认错误并通过在交谈中不过分强调自己的智力或成就来表现其礼貌优雅。古代儒者强调"敬（deference）"：敬重古圣先贤、传统、古典文献、父母兄长，以及合法的在上位者（明智的老师、贤明的统治者等）。① 然而，儒者并没有以基督徒的方式，为超人类恩典的转化力量提供一种明确的角色。另外，我感觉至少某些儒者认为真正的"谦卑"要求一种低估自己价值的虚假意识。例如，朱熹说到孔子时，认为"圣人生知安行……然其心未尝自谓已至此也……非心实自圣而姑为是退托也"。同样地，王阳明也称赞舜（他是中国古代孝的典范，特别是他能够对虐待自己的父亲有耐心和爱心），说："舜常自以为大不孝，所以能孝。"②

此处明显存在实质性的分歧。然而，我希望同样明显的是，从前面描述的"薄的"意义来看，亚里士多德主义者、传统基督徒、现代美国人和儒者可以说都关心"谦卑"的问题，并且

---

①在宋代理学家中（参见 I.B.3 小节），敬畏实在的某些非人方面（道、天和太极）要比之前更加强调。

②参见朱熹《四书集注》中对《论语》2.4 的注，以及王阳明《传习录》第 293 条。更多关于朱熹和王阳明的讨论，参见第 I.B.3 小节。

通过考察不同思想家如何为那个概念填充意义,我们发现了某些非常有趣的东西。①

有人可能会反对"谦卑"这一术语含有自我贬低的态度,所以它对传统的基督教或儒家观点而言才合适,但不能合法地适用于亚里士多德主义者和现代美国人的观点上,后者对自身价值拥有恰当的态度。我认为这种观点作为"谦卑"如何成为现代英语中的通常用法的一种主张,它是真实的。这也部分地表明,当谈论美德时,现代英语是一种非常贫乏的语言。但是"谦卑"的例子能够说明一个更普遍的观点:在一种特定语言中对术语的使用往往与该语言中占主导地位的使用者的"厚的"描述紧密相关。所以在采用一个术语作为某种"薄的"描述的标签时,我们通常会拓展其常规的用法。不过,如果能够让我们从跨文化角度看到相关的分歧,这种拓展就将是有必要的。

需要注意,以此方式来拟订关于"谦卑"的分歧,至少还抱

---

① 尽管他没有使用"厚的"和"薄的"概念区分,但是苏源熙(Haun Saussy)对"寓言"一词提出了相关的观点。有人争辩说,在中国传统文献中没有寓言,因为寓言假设"一个存在论上的二元宇宙",而这种世界观在中国是没有的(参见浦安迪[Plaks]的《原型与寓言》[*Archetype and Allegory*],第93页)。苏源熙观察到,只有当我们把像班杨(Bunyan)《天路历程》(*Pilgrim's Progress*)这样的作品看作是寓言的范例,这个论证才是合理的。然而,在西方文献中有一些文本被广泛地认为是寓言的例子,但是它们并不假定宇宙中有任何激进的二元论。当我们使用寓言的更宽泛的特征时(像苏源熙所引的公元1世纪罗马修辞学家昆体良就给出了一个),这种特征足以胜任西方传统中寓言的多样性需求,似乎很容易也能在中国传统中识别出寓言的例子。(参见《中国美学问题》[*Problem of a Chinese Aesthetic*],第27—28页。)

有希望,即还存在关于此问题富有成效的讨论的基础。乍看之下,似乎并不是这样,即人们是否像(非贝拉基主义的)基督教传统所宣称的那样,人在道德上是不是脆弱的和容易犯错的(即使是在田园诗般的环境中),这纯粹只是一个主观看法的问题。但这似乎又不仅仅是主观看法的问题,即有可能是系统地低估自己价值的心理结果(正如儒家看起来所建议的)。我们不能奢求在这些问题上有无可争辩的证据来支持任何一种观点或者看法。结果可能是这样,经过长期的争辩,我们会相信这些问题终究是理性无法解决的。但是我们拥有了一个有希望的开端。

不过,本书并非旨在证明哪种美德概念是正确的。毋宁说,我的策略将是运用一种对德性伦理的"薄的"描述,将其视为包括四个要素(我将在第II.B节中详细讨论):(1)一种"繁荣昌盛"人类生活的描述,(2)对什么样的美德能导向这样的生活的说明,(3)对如何获得这些美德的说明,以及(4)一种哲学人类学,用来解释人可能是什么,以便他们能够获得那些美德,从而在那样一种生活中繁盛起来。尽管我同意亚里士多德主义者和儒家(还有柏拉图主义者、奥古斯丁主义者、托马斯主义者和其他人)对这四个要素给出的不同的"厚的"描述,但是我认为我们能够使用这一薄的图式有效地思考这些不同的道德观点。另外,我还认为使用这一方法或许会把我们引向儒家思想中我们可能还没有注意到的有趣的方面(例如,在《孟子》7B37中对美德的"似而非者"之"乡愿"的描述)。

I.B.2.B. 词汇谬误。要注意到中国古汉语中没有与我使用的至少是某些概念相对应的术语。古汉语中有"德"这个字,标准的翻译是"Virtue(美德)"。但是(正如该词的首字母被特殊标记为大写所示)它提醒我们不能将"德"同英语中的"virtue(美德)"或者古希腊语中的"aretê(卓越)"含义完全等同。"德"是一个人拥有的"道德力量",它能够对他人形成变革性的影响。因此,孔子有一句名言:"君子之德风,小人之德草。草上之风,必偃。"(《论语》12.19)人们通常通过拥有诸如"仁"和"义"的良好品质(即我们所谓的"美德")来获得这种道德力量。"德"最终用来指称个人美德,如《中庸》第二十章:"智、仁、勇三者,天下之达德也"。但也有一些情况下,"德"是不好的品质,例如性格上的缺陷。因此,孟子观察到孔子弟子冉求是鲁国邪恶的季氏家族的管家,但是他"无能改于其德"(《孟子·离娄上》)。更重要的是,将"德"作为可数名词来指称个人美德的文本可追溯至我在本书所研究的时期之后。(例如,《中庸》可能要追溯至公元前3世纪)。同样不清楚的是,中国古汉语中是否有词汇能够对应英语中的"繁荣昌盛(flourishing)"一词。①

---

①关于《中庸》第20章,参考理雅各(Legge):《孔子的论语》(*Confucian Analects*),第407页。在我对"德"的解释中,我特别依赖孟旦:《"德"观念的起源》("Origin of the Concept of Te"),倪德卫(Nivison):《甲骨文中的德》("Virtue' in Bone and Bronze")和《德的悖论》("Paradox of Virtue"),尤锐(Pines):《儒家思想的基础》(*Foundations of Confucian Thought*),第180—184页,以及邢文:《未定的公盨》("The X Gong Xu")。倪德卫认为,在公元前12世纪的甲骨文中可能已经发现了王室的"德"与好的品格联系在一起。当《中庸》中说"诚"的时候是为了使自己能够完满,即达到繁盛的状态。因为繁盛是一个人能够完全实现自己的能力的展现。(参见理雅各:《孔子的论语》,第418页)。然而,在早期的古汉

有人也可能提出异议,指出用古代汉语所没有的概念术语来解释中国哲学会曲解了后者。该反对意见所基于的原则通常是在对比较哲学的批评中暗含的,但几乎从来没有被直言不讳地表达过。罗思文(Henry Rosemont)是个例外,令人钦佩的是他明确地提出了这一原则:

> 理解作者所持有的某个概念的唯一途径就是在他的文本中找到表述该概念的术语。因此,如果作者所书写的语言中没有X这个术语,那么我们就不能说某人拥有"X理论"或者他"拥护X原理"。①

我将此原则标记为"词汇谬误",原因是:尽管该原则被假定如此,我依然想要证明它是一个错误的原则。②我们可以看到

语中,德并不常见。此外,理学家采用了非常不同的含义来解释德。参见葛瑞汉(Graham):《两位中国哲学家》(Two Chinese Philosophers)第67—73页。[英文术语flourishing含义丰富,很难找到一个中文词汇来和它完全对应,一般可译为"幸福",但相对于flourishing而言,"幸福"的意义过于狭窄,从而无法涵盖flourishing一词的全部内涵,因为还有一些溢出幸福范畴的生命状态也可以被归为flourishing的概念内涵之中,例如为获得某种精神境界的提升而经历的艰苦磨难等,但这种艰苦磨难却可能更有助于人的生命力的提高,所以我们一般把这个术语译为"繁荣昌盛",或"繁盛"。这种译法很明显包含幸福的含义在内,但同时还包括溢出"幸福"范畴的其他有利于丰富生命内容的人的生活状态。——译注]

① 罗思文:《反对相对主义》("Against Relativism"),第41页注释11。
② 我曾在一次谈话中反对信广来的作品时犯了这样的词汇谬误的错误,他是第一个指出我因为词汇谬误而反对无效的人。

很多例子,在这些例子中,尽管作者及其作品中并未出现关于X的术语,但是他们仍然被解释为"有X概念"或者有"对X的看法"。在某些例子中,即便某个人没有使用该词汇,他仍然会被认定为表达了"这个概念"。例如,阿那克西曼德和阿那克西美尼尽管生活在毕达哥拉斯学派创造"哲学"这一古希腊哲学术语之前,但显然他们是在做哲学、拥有哲学观点,并且在某种程度上而言拥有哲学概念。此外,亚里士多德声称有"未命名的美德",他的意思是在古希腊时期美德没有具体的名字,但是当时确实存在着一些"未命名"的美德。① 最后,虽然除了纵横字谜的粉丝和从事鞋带行业的人以外,几乎没有一个说英语的人知道"绳花(aglet)"这个词;但是,我认为几乎所有会说英语的人脑中都有"鞋带末端的塑料或者金属端"的概念。

这几个不同的例子都是为了说明"词汇谬误"是一种误读,也就是说,即便某个人没有使用某特定词汇来表达某种概念,只是因为他可能有好几个词来表示此概念。难道仅仅因为我们说英语的人在不同的语境中将"我"翻译为 I 或者 me,我们就能否认英语中没有与当代汉语"我"相对应的概念吗?难道能仅仅因为汉语中人们使用短语"百万"来表示 million 而不是某个专门的词,我们就否认现代汉语没有"百万"这个概念吗?我承认当一种语言中的一个词与另一种语言中的一个词不完全对应的时候,它暗示了某些东西。在一些情况下,这些东西确实非常重要。但在其他情况中,词汇是否一一对应并不重要。因此,为了确定某个术语的存在或者不存在是否有意

---

① 亚里士多德:《尼各马可伦理学》(*Nicomachean Ethics*),第 ii.7 页。

义,我们必须研究被比较的两种语言的细节。

I.B.3. 原始儒家和新儒家

最后,很多学者可能并不反对我采用美德伦理来研究儒家的进路,他们反而会反对这条进路的走向。一些颇具影响力的解释都根植于宋代及以后的"道学"(英语中的新儒家)的倡导者。新儒家中有很多杰出的哲学家,包括程颢和程颐两兄弟、朱熹、陆象山和王阳明等。特别是朱熹在《四书》(包括《大学》《论语》《孟子》《中庸》)的基础上建立的一套教育体系。① 朱熹认为这四本书表达了自洽的世界观。1313年,这四本书(连同朱熹的《四书集注》)成为中国科举考试的基本科目,该传统一直保持到1905年取消科举考试为止。因此,一代又一代的学者将《四书》及其注解逐字逐句地背诵下来。但在儒家传统中有很多人不同意朱熹的这些注解。诚然,程朱和陆王两派的研究方式存在着根本的分歧。但是,即便是朱熹的批评者也常常认同朱熹的作品中有很多潜在的形而上学的假设。②

"理学"派形而上学的主要观点是:一切存在的事物都有

---

①参见贾德讷(Gardner):《朱熹与大学》(*Chu Hsi and the Ta-hsüeh*),《学以致圣》(*Learning to Be a Sage*),《朱熹读〈论语〉》(*Zhu Xi's Reading of the* Analects)。第一本书包括朱熹对《大学》的翻译和评论。目前,贾德纳正在翻译朱熹对《论语》的注释,我正在翻译朱熹对《孟子》的注释。如果想要进一步了解成熟的儒家理学派关于形而上学和伦理学的讨论的话,可以参考我的《朱熹哲学中的生与死》("What Is Living and What Is Dead in the Philosophy of Zhu Xi?")。

②"程朱"学派主要是基于对二程,特别是程颐,以及朱熹的诠释为基础。而"陆王"学派则是遵循着王阳明和陆象山的教育理路。

理和气两个方面。"理"的标准翻译是"原则（principle）"，但该翻译极具误导性。因为它暗示了一些个别的且完全被词汇化的法则。理也许更应该被翻译为"模式（pattern）"或者"结构（structure）"，特别是在每件事物中都存在的完整的结构：每一种植物都有完整的理，每一只猫也有完整的理，每一个人有完整的理，同时每一粒尘埃也有完整的理。这里就有一个显而易见的问题：既然每个事物的结构都是一样的，都有完整的理，那么为什么事物是不同的？答案是，气的禀赋不同会区分不同的种类，同时也能够区分种类内部的个体。"气"在英语中的翻译有多种方式，但是都不能充分展现气的本义。因为英语中没有一个词能够与这个概念完全对应。对于理学家来讲，气是一种自发的运动的"物质"，它的"外延"展现为清气和浊气的区别，但是它所有的其他的性质都是由理来决定的。一个物体的气越清，完整的理能够通过此物体显现出来的程度就越大。例如，两个相似的岩石因为气在其内部空间上分布不同而能够加以区别。狗和人的区别在于后者的气更加清明，智者和愚者的区别在于智者的气更加清明。①

---

① 这里我们有这样的例子能够彰显出不同语言之间的重要差别，这个例子就是一种语言中的某个词（例如中文中的"气"）在另一种语言（比如英语）中是完全找不到的。但这又不仅仅是在英语中缺少"气"这个词那么简单：而是"气"在汉语中所涉及的理论工作并不是欧洲思想中任何东西能够做到的。"气"与物质有很多相似之处，但如果将两者完全分开则是错的。（参见葛瑞汉《两位中国哲学家》，第 31—43 页，以及史华慈（Schwartz）《古代中国的思想世界》[*World of Thought in Ancient China*]，第 179—184 页）。当然，儒家内部的一个共同术语，其使用的持久性并不能

"理学"派的后学都同意上述观点。他们也认为理和气在现实中是密不可分的。理的存在离不开气在其中,而气的存在也离不开理的规范。然而,程朱和陆王两派在理和气的关系上存在着一些概念上很微妙但是在伦理上却至关重要的分歧。程朱学派及其后学认为,虽然理在现实中从未脱离气而存在,但在一定程度上,理能够在概念层面与呈献它的气相分离。因此,我们可以知道什么是父亲的理、儿子的理、君主的理,等等。儒家传统的经典文本给我们提供了部分抽象的理的内容。但是这些抽象的理的内容并不完全准确,因为它们往往没有提供至关重要的上下文细节(父亲的理在我的生活中的表现方式和它在孔子生活的时代的表现方式有很大出入,因为我和孔子会有不同气禀的儿子,同时我们生活在理的呈现程度不同的社会中)。尽管如此,将理抽象出来还有一个重要的目的:因为我们大多数人的气都是浑浊的,以至于我们无法看到体内的理。一个外在的对理的说明有助于我们理解和澄清理的内涵(当然也包括更好地理解气)。

保证意义的一致性。对气的理解随着时间的推移而改变。先秦时期,气只是宇宙的一个组成部分。直到后来,气才被认为是宇宙的基本"物质"。(参见《淮南子》第三章,梅杰(Major)在《汉初思想中的天地》[*Heaven and Earth in Early Han Thought*]的译文)葛瑞汉指出了这一点:"它很快就适应了宇宙作为普遍的流动的……所有的东西从中凝结而来同时又可以融入其中。但是在它原来的意思上,也是它最主要的意义上,它就像希腊语中的普纽玛(*Pneuma*),包括'风、空气、呼吸'等。它作为充满活力的流动体能够使身体充满活力,特别是作为呼吸或者作为我们外部循环的空气等。"(葛瑞汉:《论道者》,第101页)

因此,如果我们在一位睿智的老师的指导下学习儒家经典文本,我们会逐渐理解我们的气并且渐趋能够让我们洞察并相信理在其中。

陆王学派则是更为激进的一元论。① 他们认为,即便是在概念上来区分理和气都将会导致在现实中强加一些虚假的前见。特别是遇到伦理问题时,这些前见则更加五花八门且依赖文本。他们还指责程朱学派的做法迂腐无趣,因为学者们花了数年的时间阅读以期望伦理启蒙,但是他们却没有从根源上即采取伦理行为来进行启蒙。陆王的后学虽然承认人类有各种私欲,但是他们认为每个人都有能力通过自己的努力来揭开私欲的面纱,继而认识到心中的理。

理学在宋代之后一直占据中国哲学的主导地位,这种主导性一直持续到19世纪鸦片战争之后西学的传入。自此,很多学说(特别是马克思主义哲学)在中国产生了影响。然而,后来的儒学史上一个重要的事件就是1958年的"新儒家宣言"。新儒家致力于将传统儒家的"精神"性同西方的民主、科学、资本主义和技术结合起来。新儒学的运动后来一直是华语世界

---

① 葛瑞汉将程朱学派描述为"二元论"(参见《两位中国哲学家》,第119页及其后)。这个术语暗示了类似笛卡尔观点的两个不同的"立场",但在后来儒家的辩论中双方都不认可理和气是可以分割的物质。当然,葛瑞汉也意识到这一点,但我认为他在用词方面仍然有误导性。如果因为各方没有否认"万物"的现实性而将理学派和心学派看作是"铁板一块"的话会存在一些危险。毋庸置疑,陈荣捷(Chan)的"理"(《中国哲学文献选编》[*A Source Book in Chinese Philosophy*],第518页及其后)和宋明理学的"理"比较起来则更容易令人误解。

中最有影响力的运动之一。①

新儒家的学者承继了宋明理学的传统。据此,他们认为有一种"道"能够从古代伟大的"圣王"传给周公、孔子、孔子的弟子以及孟子。该道统自孟子后有些落寞,直到韩愈(768—824)在唐代重新接续道统,并且被后来的二程兄弟发扬光大。以此观之,朱熹(或者王阳明,取决于你的视角)等后来的哲学家仅仅是继承了孔子之道。

但是,大多数历史学家都会发现这种毫无变化的传承延续的历史故事都是可疑的。② 如果说我们对儒家士大夫的传统有任何了解的话,那么一定是它会随着时间的推移而不断变

---

① 《宣言》实际上从未使用"新儒家"这个词,它的标题是《为中国文化敬告世界人士宣言——我们对中国学术研究及中国文化与世界文化前途之共同认识》(翻译参见唐君毅等人)。对于当代新儒家的例子,可以参见杜维明的《中心性与共同性》(Centrality and Commonality),刘述先的《理解儒家哲学》(Understanding Confucian Philosophy),以及南乐山的《波士顿儒学》(Boston Confucianism)。对于二手的讨论可以参阅梅约翰(John Makeham)的《新儒家》(New Confucianism),该书对梅约翰关于是否有新儒家的特定内容的批判性讨论极其有用。也可参阅白安理(Umberto Bresciani)的《重塑儒家》(Reinventing Confucianism),这本书中包含一系列新儒家人物的简短知识传记。

② 这种观点似乎也对某种文化本质主义而言非常遗憾。尽管他主要关注的是共时性而不是历史性的差异性,但是那拉扬对本质主义者的描述还是十分贴切的:"他们把价值观、兴趣、生活方式、道德和政治的承诺等在内部都是多元和不同的异质性的人们描绘成一个同质性的群体。"(《文化的本质与历史感》,第82页)。另见万百安为《理解儒家哲学》所撰写的书评。

化。如今,几乎没有学者会认为保罗只是解释了耶稣的观点,或者柏拉图只是阐述了苏格拉底的思想。某种传统内部观点的迭代更新并不是一件坏事,因为它的发展不仅可以反映思想的逐步成熟,也能够不断应对新的挑战。① 但是,如果一个传统能够持续两千年而没有任何实质性的概念更新,那完全是不可能的。我相信儒家传统也不例外。

后来的儒者如朱熹和王阳明等人都对佛教提出严厉的批判。然而,正如清代哲学家戴震(1723—1777)所指出的,这些儒者在年轻时"出入佛老",同时他们受到华严宗和禅宗的影响极大。这些影响可能是潜移默化的。② 例如,"理"这一概念虽然出现在一些儒家的早期文本之中,但它似乎并非核心概念。孔子的《论语》没有"理"这一概念,它只是在《孟子》中出现过三次。此外,《孟子》中谈到的"理"并不是理学家阐释的

---

① 这是麦金太尔(Alasdair MacIntyre)在《谁之正义?何种合理性?》(Whose Justice? Which Rationality?) 中提出的观点,特别是参见第349—369页。另参见帕利坎(Pelikan):《为传统声辩》(The Vindication of Tradition),特别是第54—61页,以及麦卡锡(McCarthy):《哲学的危机》(Crisis of Philosophy) 第331—332页。

② 戴震:《孟子字义疏证》,第十篇。戴震在中国传统中有力地证明了这一点,而倪德卫是英语汉学研究中第一个强调这点的人。可参考倪德卫:《德可以自学吗》("Can Virtue Be Self-Taught?"),第50—51页,以及《王阳明的哲学》("Philosophy of Wang Yangming")。最近,倪德卫的学生艾文贺(Philip J. Ivanhoe)也为这一主张辩护。参见《儒家传统伦理学》(Ethics in the Confucian Tradition) 和《儒家的道德自我修养》(Confucian Moral Self Cultivation)。

形而上学意义上的"理",而是指"条理"即"被组织好的纹路"。① 想要找到与朱熹使用的"理"相近的内容,我们就必须看看华严宗中杰出的佛教哲学家法藏的《华严金狮子章》。在该书中,法藏通过对黄金如何塑造金狮子的比喻来解释"理"的纹路或模式:

> 狮子诸根,一一毛头,皆以金收狮子尽。一一彻遍狮子眼,眼即耳,耳即鼻,鼻即舌,舌即身……狮子眼耳支节,一一毛处,各有金狮子,一一毛处狮子,同时顿入一毛中。一一毛中,皆有无边狮子;又复一一毛,带此无边狮子,还入一毛中。②

法藏还使用了"因陀罗网"图像,该网中每对线的交叉处都有一颗宝石,每个宝石都非常明亮以至于它能够反射网中其他的任一宝石。这个比喻代表了现实生活中每个面都能"反映"其他的任何方面。因此,对于华严宗的信徒(以及后来追

---

① 参见《孟子》5B1,6A7,7B19等。戴震提供许多其他的例子来论证这是它在早期文本中的一般含义。(《孟子字义疏证》第一篇)。在挑战理学派的词汇时,我并没有犯"词汇谬误"的错误。我反对理学派的解释并不是说"理"和"气"在早期儒家的文本中更为罕见。问题也不在于这些术语被儒家的理学派用在了新的意义上。我反对的是理学家所使用的"理"和"气"的概念解读从根本上扭曲了早期儒家的含义。

② 陈荣捷编译:《中国哲学文献选编》,第411—412页。关于华严宗玄学(来自越南的禅宗)的比较流行的训诂和辩护请参见一行禅师(Nhat Hanh)的《理解之心》(*Heart of Understanding*)。

随他们的禅宗的信徒)来讲,理是一种连接一切存在的模型并且能够体现在现实生活中的方方面面。他们的座右铭是"一切即一,一即一切"。

理这一概念最终发展为形而上学的一部分。在形而上学中,个体的存在最终是虚幻的。这种形而上学反过来为利他主义提供了合理的基础:如果个体的存在是虚幻的,那么我就有足够的理由去帮助一个饥饿的陌生人,就像帮助我的手免受伤害一样。二程兄弟被这样的形而上学及其相关的伦理学所吸引。然而,作为儒者他们认为一定存在真正的个体(例如某个儿子对他自己父亲的孝,等等)。① 因此,他们将佛教的"理"和"万物皆由气"构成的观念结合起来,后者是张载和周敦颐的核心观点。这种结合的结果就是产生了一个灵活且强大的形而上学理论,并且具有重要的伦理学意义。正是由于我们是理中的一部分,并且分享了理,我们才会对他人负有道德义务,而且只有在与他人的关系中才能充分认识自己。但是,由于必须以具有时空位置和因果历史的特殊的气来实现理,因此我们也有一些特定的义务(例如,我对老师的感激,对孩子的爱)。但是理学派是透过佛学的视角来重新审视儒家思想的。特别需要注意的是,理学派的儒家强调万事万物在形而上学上的相互关联。因此,他们对美德的认知和对私欲的理解也全部以此为根基。理学家的上

---

① 儒家包括例如"义""忠""孝"等美德似乎需要特定的个人对"行动者相涉的限制"进行承诺。(有关后一种概念可以参考本导论中的第 II. A 节,关于这些特殊的德的讨论可以参见本书第 2 章第 II. B 节。)

述观点与早期儒家思想存在着根本性的差异,因此他们在一定程度上"扭曲"了早期的文本。

我比较担心的是,当今学者在接受理学家对儒家经典的解释(特别是朱熹的《四书章句集注》)时,缺乏批判精神或批评的力度不够。即使是在无意识的情况下,其影响的效果依然如此。例如,一位以挑战"正统观点"而闻名的哲学家,花了两页纸的篇幅来讨论他所谓的孟子"人性本善"的"口号"。① 但是,孟子从来没有说过"性本善",他只是提到"性善"。简单来讲,这里的"本"是从何而来的呢?考察儒家的经典文本不难发现,"人性本(originally)善"是朱熹对孟子"性善"的诠释。② 而且颇具讽刺意味的是,朱熹的观点成为正统的思想了。因此,套用桑塔亚纳的话来说,那些不从评论中学到东西的人注定重蹈覆辙。

但我这里并不是要弃用理学的观点,而是使赞美理学派的热情消退一些。虽然程朱和陆王都犯了一些错误,但是他们仍然是杰出的哲学家和细心的读者。因此,当我拒绝将理学作为理解孔孟的普遍路径时,我也会在他们的见解能够帮助我或者与我的想法契合时引用他们(特别是朱熹的思想)。但是这里需要说明的是,我引用他们的理论学说就像我会引用我同事的令人印象深刻的思想一样。我始终抱着恭敬但不完全服从的

---

① 陈汉生(Hansen):《中国思想的道家之论》(*A Daoist Theory of Chinese Thought*),第79页。关于"正统"的观点,参见同上,第5—7页。

② 朱熹的注释部分动机是因为他想调和孟子"人性本善"的说法和孔子"性相近"的内容。具体可以参考《孟子》6A6章,《论语》17.2—17.3,以及朱熹在《四书集注》中分别对它们的注疏。

态度。

到目前为止,我试着回应学界可能存在的反对的声音:中国古代没有论证;美德伦理是用"普洛克路斯忒斯"的框架来解释儒家;我未完全遵循理学(新儒家)的解释框架是错误的解释路径。在本章的下面两个小节中,我将会对美德伦理"薄的"特征进行阐释和论证。这样做的目的是为本书后面章节的进一步分析奠定基础。

II. 美德伦理

II. A. 什么是美德伦理?

学界目前就美德伦理是什么以及美德伦理以何种方式区别于其他的规范伦理这两个问题存在诸多分歧。美德伦理通常与义务论伦理学和后果论伦理学形成对比。然而,后面这两种伦理学理论本身就包含复杂多样的形式(并且可以用不同的方式与美德伦理学结合)。例如,后果论者肯定会有关于美德以及如何实现美德的观点;而像阿奎那这样持有美德伦理观点的人在某种程度上也可能是义务论者。(阿奎那认为十诫是全部的道德准则,但是他认为只有有德性的人才愿意并且能够遵从这些道德准则)。这里,我将对后果论、义务论和美德伦理学进行概述。哲学家们可能会注意到我的描述中遗漏了很多细节,这些细节对于了解当代西方学界关于这些理论的争辩非常重要。但是,我在此只是希望看看这些理论如何能够对儒学的当代建构有所启示。

后果论者认为,最高的善是一种状态:从客观的角度来讲,它可以使某种品性或某些品性最大化,例如,满足人类的某些偏好或者人类的幸福。人们的个别的或者普遍的行为、制度和人的特征都会根据他们如何能够最大化这种最高的善来加以判别。西方最常见的后果论形式就是功利主义。一个早期简化的表述中,功利主义者认为人们所采取行动的准则应该是能够给最多的人带来最大的快乐。① 我们不难发现墨家就可以被解释为一种后果主义,它声称我们应该最大限度地实现财富、人口和社会秩序的善。

义务论者一般认为某人所采取的正确的行为可能并非客观上看起来的那样能够最大限度地实现善。即便这不能概括所有情况,但至少可以说明一部分问题。直觉上来讲,义务论者会认为结果并不能确保手段的正义。义务论中一个经典的但也是非常极端的表述是,"纵使天塌下来,也要让正义得到伸张"。这意味着,纵使结果可能是拯救成千上万条生命,一个坚持义务论的人也不会有意地去杀害某个无辜的人。西方社会的义务论者通常是"规则的义务论者",他们认为正确和错误均可以被伦理规则所限制(例如,不要杀害无辜的人)。但是,义务论内部对道德规则的重要程度有不同见解。例如,一位"行为义务论者"会认为没有任何例外的平凡的道

---

① 边沁本人最终对这一提法也并不是十分满意,参见特洛伊(Troyer):《古典功利主义》(*Classic Utilitarians*),第 xi—xiii,92—92 页。

德规则。①

后果论和义务论的区别与"行动者无涉"和"行动者相涉"两种伦理考量相关。"行动者无涉"的价值在于其纯粹客观的立场。例如,世界上每个人都有足够吃的食物是一个有价值的陈述,不管这个人是谁或者这个人有什么个人的目标或计划。我们可能会认为,每个人都有一定的理由支持其实现有足够的食物的状态所做的一切努力。相比之下,如果在有生之年能够近在咫尺地看吉萨金字塔是我的个人梦想之一的话,我参观吉萨金字塔对我本人而言具有"行动者相涉"的价值。② 这个价值让我有理由采取一些行动去实现它。但是,我到访金字塔的

---

①行为义务论与激进的特殊主义是一样的,我将在后面的介绍中更详细地讨论这一立场。我在这里使用义务论一词非常接近弗兰克纳(William Frankena)在《伦理学》(Ethics)的第14—17,23—28和62—68页中所使用的内容。然而,有些哲学家将"义务论"一词保留为我在这里称之为"规则义务论"的说法,我更喜欢弗兰克纳简洁的类型学,因为它更容易像阿奎那的理论那样将"混合理论"归类。正如波特(Jean Porter)所观察的那样,"向阿奎那寻求提供美德伦理的道德理论家而非规则理论的早期的例子是错误的……阿奎那当然既拥护规则道德也拥护美德道德"(《重获美德》[Recovery of Virtue],第105页)。我更喜欢我的类型学,因为它揭示了规则义务论与既不是基于规则也不是基于结果的立场的相似。然而,我认为我们如何使用这些术语影响不大,只要我们清楚地了解它们即可。

②行动者相涉与行动者无涉的区别不同于伦理相对主义和伦理客观主义的差异。例如,一个人可以认为伦理真理是相对于每个人的观点,但也可以认为至少从他自己的观点来看,不存在行动者相涉的价值。

行为本身对你没有任何实际价值,你也没有义务为我实现此目标提供任何帮助。如此来看,造成哲学家分歧的问题之一是:是否存在真正的"行动者相涉"的伦理考量。一些哲学家认为,唯一真正的价值是"行动者无涉"的价值,唯一真正的义务是那些促进"行动者无涉"价值产生的义务。相较而言,内格尔(Thomas Nagel)提供了一系列的关于"行动者相涉"的考量因素:首先,存在关涉行动者的愿望,这些愿望源于"个体行动者的欲望、计划、承诺和人际关系,在追求他自己的目标时,这些为他提供了行动的理由"①。我上文提到的访问金字塔的例子就是"行动者相涉"的类型,想要成为某种人并且过上相应的生活是美德伦理学极为重要的追求。

其次,威廉斯的一个著名例子说明了内格尔"行动者相涉"禁令的类别。假设一个虐待狂独裁者召集了一个由 20 名无辜受害者组成的小组,他打算杀死他们,但他提出了以下建议:如果你自己开枪打死一个无辜的囚犯,他会让另外 19 个活下来。如果你拒绝射杀其中一名囚犯,那么那名囚犯会和其他的 19 名囚犯一起死掉。从"行动者无涉"的角度来看,你的选择只是在一个无辜的人死亡还是那个人和另外的 19 个无辜的人一起死亡的问题。因此,让那一个无辜的囚犯死亡显然是最

---

① 内格尔:《本然的观点》(*The View from Nowhere*),第 165 页。我的术语"愿望""禁止"和"义务"与内格尔所使用的术语相关,但不完全相同。[内格尔此书名或可译为"无源之见",但中译本将其译为《本然的观点》,参见贾可春译,北京:中国人民大学出版社,2010,第 189 页。——译注]

优的选择。①

然而,可能存在诸多"行动者相涉"的禁令,这些禁令起源于"当与其他人打交道时,每个个体自己不应虐待他们的理由(例如通过侵犯他们的权利、违背对他们的承诺等方式)"②。因此,有人可能会认为即便杀掉一个无辜的人可以救活其他19个人,你可能还是不会去杀死一个无辜的人。

威廉斯的例子看起来可能很滑稽。但如果考虑这样一个虚拟的案例:假设一名特工卧底犯罪集团或者恐怖组织的唯一途径,就是谋杀一些无辜的人来证明自己的可信度。大多数义务论者都会将该行为排除在其道德类别之外,无论这名特工通过该行为取得了多大的成就或者带来多大的善的结果(比如,一旦他能够渗入并瓦解犯罪集团或者恐怖组织,他就能拯救许多其他的无辜生命)。

《孟子》中的一段话说明了儒家对"行动者相涉"禁令的赞同。为了实现一些好的结果,孟子的弟子建议他违反某些道德原则。或者,如孟子的弟子所说的"枉尺而直寻"。孟子用一则轶事来回应他:

"昔者赵简子使王良与嬖奚乘,终日而不获一禽。嬖奚反命曰:'天下之贱工也。'或以告王良。良曰:'请复

---

①斯马特(Smart)和威廉斯:《功利主义》(*Utilitarianism*),第98—100页。威廉斯对这个结论"明确地"提出了质疑。

②内格尔:《本然的观点》,第165页。[参见前引中译本,第189页。——译注]

之。'强而后可,一朝而获十禽。嬖奚反命曰:'天下之良工也。'简子曰:'我使掌与女乘。'谓王良。良不可,曰:'吾为之范我驰驱,终日不获一;为之诡遇,一朝而获十……我不贯与小人乘,请辞。'"

"御者且羞与射者比。比而得禽兽,虽若丘陵,弗为也。如枉道而从彼,何也?"(《孟子·滕文公下》)

最后,还存在"行动者相涉"的"我们对同我们密切相关的那些人所要承担的特殊义务,他们是指父母、子女、配偶、兄弟姐妹、同属一个社会群体或一个民族的成员"。儒者也强调由人伦关系所引发的义务,例如在君臣、父子、夫妇、长幼、朋友等之间产生的义务。①

正如读者您所预料到的那样,很多后果论者只承认"行动者无涉"的价值以及与之相关的义务。义务论者则恰恰相反,他们至少认识到了"行动者相涉"的禁令。但是,后者的情况更复杂。因为就像在义务论中包含"行动义务论"和"规则义务论"一样,后果论中也包括"行动后果论"和"规则后果论"。根据"规则后果论"来看,正确的行为如果是道德准则所认可的一种行为并能够被社会采纳的话,该行为将发挥最大的效

---

① 内格尔:《本然的观点》,第165页。(内格尔有一点在和稀泥,因为他把"个人关系"包括在我所称的"愿望"之下。我不清楚内格尔在第一类中考虑了什么样的关系,而第三类中又没有包含这些关系。)儒家被提及的关系通常被称为"五伦",在《中庸》20 和《孟子》3A4 中都出现过(只是后者用"长幼"代替了《中庸》中的"昆弟")。[参见前引中译本,第189页。——译注]

用。因此,以威廉斯提到的虐待狂独裁者的例子来讲,该独裁者让你谋杀一个无辜的人以换取其他19个无辜的人的自由。行动后果论者可能会支持你杀死这个人以挽救更多的生命。然而,规则后果论者则可能会说,你不应该杀害无辜的人,因为一个拥有并遵守反对杀害无辜者的社会一定会比一个允许杀害无辜者的社会更好。①

美德伦理是如何融入上述讨论的呢?一个比较有益的简化说法是,规则义务论和后果主义伦理学强调行动,而美德伦理学强调成为某种人。一般而言,美德伦理不仅强调"行动者相涉"的禁令,而且也强调主体的愿望和义务。此外,正如我在上文所指出的,美德伦理学有四个组成部分(有些部分可能是暗示出来的):(1)人类生活的"繁盛"景象的描述,(2)什么样的美德能够通往这样的生活,(3)如何获得这些美德,(4)解释人是什么的一种哲学人类学,这样的人能够获得这些美德并且在那种生活方式中"繁荣昌盛(flourish)"。美德伦理学可以有多种形式,跨度可以从最温和的到最极端的。② 在最温和的形式中,美德伦理学可以被视为是对后果主义和规则义务论两种形式的伦理学的补充。它对规则义务论的补充是通过添加人类美德、繁盛(flourishing)、修养和哲学人类学来实现的。但是,在一个美德伦理学更为温和的形式中,上述四要素在逻辑

---

① 布兰特(Brandt):《一种规则功利主义的优点》("Some Merits of One Form of Rule Utilitarianism")。他捍卫了规则后果主义的立场,并将其归因于密尔(John Stuart Mill)。

② 关于此讨论,参见拜尔(Baier):《激进的美德伦理学》("Radical Virtue Ethics")。

上需要仰仗后果主义和义务论等关于美德的看法。例如，在人们较少阅读的《美德论》(*The Doctrine of Virtue*)中，康德提到了"美德"概念。他认为，美德可以帮助人们去严格地遵循义务并且被这些义务所约束。

在最为激进的形式中，美德伦理试图充当所有伦理学的基础，并且要完全取代后果主义和规则义务论的基础。安斯康姆(G. E. M. Anscombe)在一篇著名的文章中指出，至少从18世纪开始，西方伦理学就已经陷入了无望的混乱之中。除非人们放弃对道德义务的讨论继而转向讨论美德，否则人们没办法清晰地思考伦理学。一个激进的美德伦理学家可能会认为，我们应该停止谈论道德规则或者好的后果。或者，她可能会认为尽管人们谈论上述两件事中的任何一个，都是为了知道什么后果是好的，或者什么是有约束力的道德规则。但是，这些谈论有个前提：我们需要知道人类的繁盛(human flourishing)和美德是什么。例如，麦金太尔(Alasdair MacIntyre)认为，在亚里士多德的道德条目中，伦理"准则包含了各种美德同时禁止了与之相应的各种恶习，这些准则教导我们……如何认识我们真正的本性以及如何达到我们真实的目的"，而这些就是人类的繁盛。如果没有人类繁盛这一概念，伦理规则或者戒律就不够连贯。①

---

①安斯康姆：《现代道德哲学》("Modern Moral Philosophy")，麦金太尔：《追寻美德》(*After Virtue*)，第52页。斯洛特(Michael Slote)在他最近的《源自动机的道德》(*Morals from Motives*)一书中为美德伦理的一个更为激进的版本进行了辩护。

在最温和和最激进的两种版本之间还有很多其他的可能性。阿奎那可谓有史以来最伟大的美德伦理学家之一。然而,他并未持有最激进的美德伦理学的观点。作为基督徒,阿奎那认为十诫是具有普遍约束力的道德准则。因此,正如麦金太尔接下来解释的那样:

> 现在道德戒律需要被理解为目的论的禁令和神圣法的表达……当我们说某个人应该做什么的时候,我们其实是在说在这种道德戒律的环境下他或者她该采取何种行动来实现这个人最终的目的;同时也是在说上帝所制定并能够被理性所理解的法则是什么。①

因此,阿奎那是美德伦理学家。他将伦理规则和人类的幸福看作是人们紧密联系的纽带,但是他并不认为这种人与人之间的依赖关系是概念中的臆想。②

某人越是站在美德伦理激进派的立场,该人越有可能或多或少会认同这样的理论——用"善人"的标准来衡量正确的行动。③

---

① 麦金太尔:《追寻美德》,第 53 页。
② 刘余莉在《儒家伦理学:规则与美德的统一》(The Unity of Rule and Virtue)中反对以美德伦理来解读儒家。然而,她的论点假设的是一种激进形式的美德伦理,同时忽视了将美德与规则结合起来的混合观点(比如阿奎那的观点)。
③ 李耶理(Lee H. Yearley):《孟子与阿奎那》(Mencius and Aquinas),第 14,71,202 和 218 页。以及赫斯特豪斯(Rosalind Hursthouse):《美德伦理学》(On Virtue Ethics),第 25—42 页。

换言之,一个激进的美德伦理学家可能会认为在某个特定情景中的正确行为并不取决于道德准则,而是由一个道德完备的人在该情景中所采取的行为来决定。因此,激进的美德伦理学派逐渐走向特殊主义(particularism)。

在当前的用法中,特殊主义持有这样的立场,即一般的道德规则或原则"是无用的并且可能还会变成追寻正确行动的障碍。特殊主义需要的是在特定情境中的正确视角及其独特的内容"①。不过,我建议对术语进行改革。让我们想象一下这一系列的观点,从(上文所阐述的)极端的特殊主义到极端的普遍主义。在西方,功利主义者和规则义务论者(如康德)都是普遍主义者。至少在功利主义的一种表述中,所有的行为都由一条准则支配:行动使快乐最大化。康德认为有许多道德上有约束力的准则,但绝对律令要求我们只能按照我们承认的一以贯之地被普遍化的法则来行事。因此,康德指出无论环境如何变化我们都不能撒谎,同时我们也不能为了减轻痛苦而自杀。但是,在普遍主义和激进的特殊主义之间,对于一般规则能够提供多少指导,如何适用于具体的情境,以及何时(如果有的话)可以违反这些规则等都存在着各种可能的立场。例如,对说谎的一个更特殊的限制是,"除非为了挽救生命否则不要说谎"。一个关于自杀的更为特殊的规定是,"自杀是被

---

① 麦克诺顿(McNaughton):《道德愿景》(*Moral Vision*),第190页。另参见丹西(Dancy):《道德特殊性与道德相关的品性》("Ethical Particularism and Morally Relevant Properties"),另参见《道德理由》(*Moral Reasons*)。

允许的,但条件是为了减轻难以缓解的身体痛苦,这种痛苦必须严重干扰到人们参加有价值的活动"(人们可能会对这些规则不满意,但这里它们只是被用来作为特殊的例子使用)。亚里士多德是特殊主义的典型(虽然不是最极端的特殊主义者)。正如他所言,"在关于行为的叙述中,虽然一般的叙述在多数的情况下是具有普遍意义的,但是,具体的叙述则更加真实可靠。因为行为是在特殊的情境下产生的,而人们的行为需要符合当下的情境"①。在中国的传统中,墨家是普遍主义者而儒家则属于特殊主义者。一个理论越特殊其优点就越显著,这个优点就是能够在特定的情境中给出确定的且恰如其分的行为指导。例如,如果我们不能简单地遵守规则,我们就需要足够的智慧来指导我们如何在复杂多变的环境中仍能够采取正确的行为(我将在 II.B.3.b. 中更详细地讨论儒家的特殊主义及其美德等内容)。

在本节中,我介绍了一些看似联系不算紧密的哲学术语,因此这里需要对这些内容进行概述。在道德观念方面存在一个范围,该范围的起点可能是普遍主义者,终点可能是特殊主义者。在某种程度上来讲,普遍主义者持有的立场是道德判断可以被归结为具有普遍通用的(具有实质意义的)规则;特殊主义者持有的立场是只有具体的规则才能提供实质性的精准指导,"行动者无涉"的考量因此就比"行动者相涉"的考量更加具有普遍性。即便人们可以认识到一些"行动者相涉"的考量,但是他们仍然会秉持着接近普遍主义的立场。后果主义和

---

① 亚里士多德:《尼各马可伦理学》,第46页。

规则义务论都是相对而言更加普遍主义的。但是，如果人们越倾向认同"行动者相涉"中的愿望、禁令和义务的话，他们可能会越接近特殊主义。最为极端的特殊主义即"行为义务论"，否认任何普遍道德概括的准确性。善人标准是确定合乎道德的行为而非一般规则的标准；它规定在相关的情境中一个人应该做出与道德完备的人相同的行为。美德伦理更倾向于一种特殊主义，但是它不像"行为义务论"那样极端地回避普遍的规则。

II. B. 四个组成部分

现在，让我们来更仔细地看看美德伦理的各个组成部分。

II. B. 1. 繁荣昌盛（Flourishing）

"繁荣昌盛"是美德伦理学中的一个专用词汇。"繁盛"就是过上一种特定的生活：一种能够有序地实现人作为人的能力的生活。而且我们需要看到，尽管"繁盛"是伦理学中的专业术语，但是这个普遍的概念中并没有什么特别深奥或者狭隘的内容（实际上，对我们来讲"繁盛"是一个专业术语这一事实恰恰能够反映出使用现代英语来探讨美德伦理的局限。① "繁盛（Flourishing）"与亚里士多德使用的希腊语 eudaimonia 和阿奎

---

① 正如汉普郡（Stuart Hampshire）所感叹的那样："甚至是'美德'一词本身也具有原型和不自然的环……"（《两种道德理论》[Two Theories of Morality]第 41 页）。同样，赫斯特豪斯（Rosalind Hursthouse）表示："就我自己的语言直觉而言，我们所拥有的唯一的可以保证作为美德术语使用的美德术语——也就是挑选出始终能够使其他所有者更好的东西——就是'智慧'"。（也许是"公正"，我也不能确定）（《美德伦理学》[On Virtue Ethics]，第 13 页。）

那使用的拉丁语 beatitudo 能够完美地对应起来)。当人们谈到"过上良好的生活"的时候,大多数人都能理解"繁盛"这个话题。而且,无论我们口头上说我们采取哪种哲学立场,我们都会在行为中暗示出我们认为哪些生活是值得过的,哪些是不值得的。让我们设想一下,有一个叫作"比维斯"的人究其一生都在看无须动脑的电视节目,并且在生活中的方方面面都尽可能地少工作或者少努力。比维斯没有做任何绝对不道德的事情:他没有谋杀、袭击他人、偷窃。但是他也没有深入的人际关系、任何爱好、任何政治倾向以及富有挑战性的益智兴趣。他不迷人、不机智,也没有鉴赏力。无论我们在抽象的哲学领域如何讨论,实际上我们都会鄙视比维斯并且不希望自己成为他那样的人,也不希望我们真正关心的人(例如我们的孩子)成为他那样的人。当我们说比维斯过的不是一种繁盛的生活因此不好的时候,我们的直觉能够被美德伦理所佐证,即比维斯的生命中缺乏某种深层的东西。

繁盛是能够"有序"地实现人作为人的能力的主张反映了这样一种观点:一些活动比其他活动更有价值,或者更值得去做。例如,跑步是对一个人能力的一种锻炼,但是我们会同意,如果一个人因为天生缺陷、疾病或者受伤而不能跑步的话,他仍然可以过上"完整"的或者"有价值的"生活。这个例子可以看作是反映了以下假设:在跑步中人们所锻炼的能力虽然是人之为人的重要组成部分,但是它肯定不是最重要的方面。一定还有其他的活动(例如与他人建立关爱关系)在"有序"的排列中占据更高的地位。

繁盛的概念可以推广至非人类的动物甚至植物上面。例如,猫的繁盛就是能够过上有序地实现其作为猫的能力的生活(如狩猎、梳毛、玩耍和繁殖)。值得注意的是,大多数爱猫人士都认为猫即便做了绝育手术仍然可以过上有价值的生活,但是很少有人会认为失去了玩耍能力的猫及其生活是值得过的。这就表明对于各种能力和活动的"排序"存在着先入为主的感觉。当我们讨论孟子的时候,对繁盛概念的普遍化解读显得尤为重要。因为孟子经常会用植物比喻来解释人类的繁盛和修身过程(例如,《孟子》2A2.16,2A6,6A1,6A7,6A8)。

起源于亚里士多德的古典西方传统已经从人们的生活中所能实现的特定的善的角度来研究繁盛。在他们的研究中,很多东西被认定为善的(如身体健康)或者好的(如财富)。但是以下这些东西不能被认为是最高的善:财富、满足感官欲望、肉体的健康以及沉溺于虚名和权力。西方主流美德伦理学者承认的最高的善大体包括:参与政治生活以实现社群的善或者好,积累理论知识,冥想上帝。① 我们将会看到,尽管儒家拒绝了一些西方主流学界所认可的良善生活的内容,但是他们有不

---

①关于各种候选人,请参见阿奎那《神学总论》(Summa Theologice)第 I-II 部分。参与城邦的政治活动似乎被亚里士多德在《尼各马可伦理学》第一卷中认定为最高的善,而西塞罗并不这样认为(见他的《西庇奥之梦》[*The Dream of Scipio*]第 344 页)。柏拉图和亚里士多德在《尼各马可伦理学》第 7 章和第 10 章中提供了理论知识,阿奎那和亚里士多德在《幸福伦理》(*Eudemian Ethics*)的思考中提供了上帝。在亚里士多德复杂的观点上,可以看到内格尔的《亚里士多德论幸福》(*Aristotle on Eudaimonia*)和威尔克斯(Wilkes)《好人和对人的好》(*The Good Man and the Good for Man*)。

同于任何西方主流美德伦理学家的关于繁盛的概念。儒家的繁盛强调的是参与家庭生活以及宗教仪式活动。

II. B. 2. 美德

美德是相对稳定的性情,拥有美德有助于过上繁盛的生活。美德往往会导致特有的行为,但是美德绝不仅仅是外在的行为。美德是以特有的方式来思考、感受、感知以及行动的。一个充满仁德的人不仅会采取行动以帮助处于困境中的人,而且他这样做纯粹是出于对这些人福祉的关心。当别人需要帮助的时候,特别是在我们大多数人可能会忽视的情况下,仁人却很快就能够察觉到。他很容易认知到自己的行为对他人的影响继而有所响应地调整自己的行为。他很清楚地了解乐于助人和爱管闲事、慷慨和自我牺牲的差别。他常常同情别人的悲欢离合(不过,他不会每次有美德行为时都表现出同情这种情感。一个经典的例子是,如果医生对每个患者的痛苦都感同身受的话,他很快就会在精神上筋疲力尽。然而,如果看到康复的病人从医院离开时,医生并未感到真正的快乐,我们会认为他的仁德已经"耗尽"了)①。

美德和繁盛可能有几个方面的联系。在某些观点中,繁盛的概念在逻辑上为先,而美德则被定义为过上繁盛生活所需要的稳定的性情。或者,美德在逻辑上优先于繁盛,此时繁盛的生活将被定义为美德得以实现的生活。换言之,我们是否可以说某件事能够称为美德是因为它能够让你获得繁盛,或者某件事能够称之为繁盛是因为它能够让你实现美德呢?第三种可

----

①我在这里的论述要归功于赫斯特豪斯,《美德伦理学》,第10—14页。

能是美德和繁盛至少在某种程度上是独立的概念。

上文提到的"稳定"的条件是戒掉情绪。我今天可能心情好,但这并不意味着我是一个好人,也不意味着我有善良的美德。同样,一个真正善良的人在面对巨大的压力并感到疲惫的时候,也可能会表现得异常冷漠或易怒。但这并不会导致我们(因这个事情本身而)撤销他是一个善良的人的判断。另一方面,我们期望一个善良的人通常会始终保持这种特质,并且不会在任何困难面前停止他的善良。然而,美德是可以获得或者是失去的。正因如此,道德修养才极为重要。

西方哲学家提出了各种关于美德的目录,并且相应地发明了专业的词汇来探讨这些美德。"美德的一部分(part of a virtue)"或者被认定为某种美德的一个方面,或者被认定为是某个特定的美德。通过一些常用的例子则会让这些抽象的内容更容易被理解。考虑一下"明智"这一美德:一个人是明智的,这可能显现于这个人给他人提供建议时,也可能显现于经营家庭时,也可能在领导他人时。反过来,在给他人提供建议的时候所显现出来的美德可能会被认为包含很多方面的内容:判断被影响的咨询者的性格(成熟度、诚实等内容),认识到帮助和干预的区别,能够在不同的语气中加入适当的内容,发现可能会干扰自己建议的潜在的利益冲突,等等。这些中的每一个都可以被视为"给他们提供建议时明智"的一部分。①

---

① 阿奎那:《神学大全》II 部分。阿奎那区分"整体""主观"和"潜在"几个部分。在本书中,由于我们的目的不同,因此我们不需要作进一步区分。但是需要参阅李耶理:《孟子与阿奎那》,第 29—30 页。

理解"美德的一部分"这一概念有助于人们理解"基本美德(cardinal virtues)"的概念。"基本美德"指的或者是比其他美德都重要得多的美德,或者是包含所有其他美德的美德。柏拉图在《理想国》中列举了四种基本美德:明智、正义、勇敢和节制。柏拉图认为任何其他的美德都是这四种美德之一的"部分"。在后来的基督教传统中,通过使徒保罗(Apostle Paul)传递下来的一则评论被认为包括了三种基本美德:"恪守信仰、希望和慈悲。其中最重要的就是慈悲。"(哥林多前书13:13KJV)。伟大的综合者阿奎那将这两种美德条目合并在一起,他认为有四种"自然"美德(柏拉图提到的)和三种"融合"美德(由保罗传递的上帝的恩典内容)。①

目前尚不清楚孔子是否提出过基本美德的条目。不过他后来的追随者孟子确实提出了自己的美德条目:仁、义、礼、智。在这四者的基础上,汉代及后来朝代的儒者增加了第五个基本美德内容,即信。我们将在后面的章节详细地探讨儒家对美德的论述。然而,正如我们所看到的,儒家的美德条目和阿奎那的美德条目存在很大差异。这会引发很多有趣的问题(如果我们不使用美德伦理的框架来审视的话,我们将不会遇到这些问题)。例如,美德条目的差别如何反映出儒家和阿奎那关于人类繁盛概念的理解?为什么孟子和后来的儒者会认为仁、义、礼、智、信五种美德能够囊括所有其他的美德?思考儒家美

---

① 对于"基本美德"请参见阿奎那《神学大全》I-II。特别是"仁慈(charity)"是英王钦定本《圣经》对希腊中 agapê(意思是"爱")的翻译。参见李亦理:《孟子与阿奎那》,第29—31页。

德条目的"部分"可以有助于我们回答后一个问题,同时有助于我们发现被表面差异所掩盖的两种美德之间深层的连接和相似之处。

我们发现西方的和儒家的美德伦理都对一方面真正的美德和另一方面"伪装的"和"表象的"美德进行了区分。①"表象"和"伪装"的美德或多或少都与真正的美德相类似。然而,在一个经典的道德范例中,某人可能出于不可告人的动机而有意地按照符合美德的方式来行事。在某政客假装婚姻美满来获取选民的投票这个例子中,包括了一种或者几种"伪装"的美德。在"表象"的美德的一个例子中,则不涉及故意欺骗的问题。"表象"是一种相对稳定的特征,尽管"表象"可能会导致一些表面上的道德行为(甚至在某种程度上可能会导致道德感知、道德思考和道德情感),但这些行为却缺乏真正的美德的某些部分。有些"表象的"美德是有名称的。因此,如果我出于较小的或者虚幻的善而急于冲进巨大的危险境地的话,我的行为就体现出"鲁莽"而非"勇敢"这一美德(或许我报名参加战争的目的,不是因为我相信这项事业,也不是因为我觉得我对国家有责任,而是因为我想要一枚"红色的勇气勋章")。这些例子不难使我们看到,鲁莽拥有了"勇敢"的表象,但是却缺乏真正的勇敢这一美德的部分内容:即正确判断什么是真正有价值的,什么是合理的风险。

---

① 李耶理:《孟子与阿奎那》,第19—23页。从技术上讲,美德和外貌是不同种类的品性,而伪装出来的东西则是一种有意的行为(或者一系列的行为)。

但是,由于存在着自我欺骗这一现象,"伪装"和"表象"之间的界限有时是模糊不清的。在格雷(Dorian Gray)的例子中,他因为拒绝引诱无辜的女孩而相信他已经开启了"新生活",尽管实际上他几乎堕落至深渊。当格雷去检查揭露自己罪行的肖像时,他希望看到自己一些积极的变化,无论这些变化有多么得微不足道:

> 痛苦和愤慨从他的身上显现出来。除了眼睛里还有狡猾的表情以及嘴边还有伪君子邪魅的皱纹,他看不出任何变化……然后他便颤抖。难道仅仅是因为虚荣使他做出一件好事吗?还是像亨利勋爵所指出的,他的嘲笑是为了寻求一种新的感觉?还是因为激情的成分让我们做的事情比平时更好?或者,是这些全部的理由吗?……虚荣?好奇心?伪善?在他放弃的行为中是否还有比以上内容更多的东西呢?一定还有更多的内容,至少他自己是这样认为的。但是,谁又能分辨出来呢?……不,并没有更多的内容。他出于虚荣心而拒绝引诱无辜的少女,出于伪善的目的戴上了善的面具,出于好奇他试着否定自己。现在他意识到了这些。①

如果一个人只是出于想看看禁欲是什么感觉这样的目的而不和纯真的女佣发生关系,这就是"伪装"的美德。但是格

---

① 王尔德(Wilde):《多里安·格雷的画像》(*Picture of Dorian Gray*),第254—255页。

雷的行为处于"伪装"和"表象"的中间地带。在某种程度上来讲,他眼睛里的形象和嘴上的表情实际上表明了他知道自己真正的动机是什么。然而,当他看到自己罪行的肖像时,他的震惊表明他并没有完全意识到自己真实的意图。因此,李耶理的提议是正确的,格雷的例子体现出"伪装""表象"和真正的美德并非完全分裂的。相反,"存在一个范围,在范围的两端是伪装的美德和真正的美德,中间则是表象的美德"①。

"伪装"的和"表象"的美德概念对于我们研究儒家的某些文本也具有启示意义。古代中国圣德的典型表现是,当王位更迭时选择将王位让给别人(从而显示出自己谦卑和不留恋统治特权)。孟子认为,这种做法可能会被一个"伪装"的美德所滥用。但是他同样认为"伪装"的美德是非常容易被认出来的:"好名之人,能让千乘之国;苟非其人,箪食豆羹见于色。"(《孟子》7B11)不然我们怎么能理解孟子提到的"非礼之礼,非义之义"(《孟子》4B6)是对礼和义的"伪装"和"表象"的评论呢?此外,对"乡愿"的讨论在理解"表象"美德的情况时非常清晰:

> 孔子曰:"恶似而非者:恶莠,恐其乱苗也;恶佞,恐其乱义也;恶利口,恐其乱信也……恶乡原,恐其乱德也。"(《孟子》7B37.12;《论语》17.13)

---

① 李耶理:《孟子与阿奎那》,第 19 页。有关借鉴中西哲学的伪善的建议性讨论可以参见考普曼:《虚假、心灵不确定性和自我认知》("Falsity, Psychic Indefiniteness, and Self Knowledge")。

西方许多理论的特征是坚持"美德统一性"学说。这种学说最极端的情况是坚持这样一种观点:拥有全部的美德是获得其中某一种美德的前提条件。坦率地讲,尽管该极端的情况拥有非常著名的支持者和捍卫者,但是这种学说似乎仍然让人们难以接受。不支持"美德统一性"的部分原因在于,人类(由于复杂的心理原因)有时非常有可能有概念选择的"盲点",并且忽视自身功能失调的习惯。尽管如此,很多美德确实是彼此相互关联的。如果明智包含一种对商品相对价值的理解,那么勇敢只能存在于我们也拥有明智的范围内。这是因为没有明智的话,勇敢就退变成了鲁莽。同样,如果我们认为审慎是为了自己福祉的目的而表现出来的一种健康关怀,那么没有审慎,慷慨便不再可能。这是因为,审慎的在场是将慷慨从它的某种表象中区分出来的那部分德性——它们是相互依存的关系。

有没有儒者相信"美德统一性"的学说呢?朱熹曾经直言不讳地说,一切美德归根结底都是仁德的表现。这体现了"美德统一性"的理论倾向。我们很难说孔子自己的观点是什么,但是他似乎很有信心地将某些美德归于这个人而不是其他人,"仁者,必有勇;勇者,不必有仁。"(《论语·宪问》14.4)①

II.B.3. 道德修养与哲学人类学

一个哲学家的道德修养和他的哲学人类学有着密切的联

---

① 麦金太尔指出《论语》14.4 与美德统一性问题相关(《不可通约性、真理以及儒家和亚里士多德之间关于美德的对话》["Incommensurability, Truth, and the Conversation between Confucians and Aristotelians about the Virtue"],第 106—107 页)。对于朱熹的观点参见《四书集注》,特别是对《孟子》2A7 的评论,以及《朱子语类》1:107 及以下。

系，因为一个人如何变成有道德的人在很大程度上取决于当时人类整体的能力、特点和品性。

II. B. 3. A. 三种模型。广义上来讲，我们可以在道德修养的过程中区分出三种模型：发现、重建和发展。① 根据发现的模型来看，每个人都天生地完全地拥有全部美德所需要的认知能力和情感能力（无论是知识还是某种品性，或者某种真实的本性）。我们每个人所需要做的就是发现自己内在的美德并且运用它。相反，根据重建模型，我们每一个人都必须经历一些根本性的转变，才能在我们自身内部创造出美德所需要的知识、品性或者本性。最后，根据发展模型，为了使人们获得整全的美德，我们必须充分发展每个人天生便具有的向善的倾向。

例如，我们假设比夫目前对他人的福祉并不感兴趣。在个人生活上，他在追求自己想要的东西时往往会忽略他人的需求，同时，他对那些旨在帮助别人的广泛的社会运动漠不关心或者充满敌意。为了成为更好的人，比夫需要经历什么样的转变呢？不同的模型会给出不同的答案。一种发现的模型可以这样说：比夫已经有了仁慈的动机，然而他还尚未意识到其他人和世界能够触发他的仁慈的事实。让他意识到这些事实简单得就像让他运用自己的能力来参与到科学、逻辑和"手段—目的"理性一样。比夫需要更好地理解他所信奉的原则背后

---

① 我从以下三位学者及其作品中借用了这种分类方法并有所修正。他们分别是，艾文贺：《儒家的道德自我修养》，第 17—18，32—33，59—60 和 101—102 页；斯科弗（Schofer）：《荀子思想中的美德》("Virtues in Xunzi's Thought")，第 71—72 页；李耶理：《孟子与阿奎那》，第 59—61 页。

的逻辑结果、关于世界的经验事实以及各种行动的因果等等。因此,如果让比夫写一篇关于世界饥饿现状的研究论文的话,可能会使他意识到并且因此而同情第三世界人民的苦难。比夫由于受到先前存在动机的引导,他的新知识将很快影响他对慈善事业的捐款以及投票方式等。在这种模式下,比夫的道德发展所需要的就是能够运用这种他已经拥有的能力。

相反,根据一种重建模型,比夫的内在动机是非道德的。他渴望得到食物和性欲等东西,但他并不特别关心如何得到他们。然而,如果比夫在道德行为上得到正面的强化,并且不道德的行为得到负面的强化,他就会学会在他人的幸福中获得快乐,并且能够为他人的痛苦而感到悲伤。这个有条件的实施过程会促使比夫产生同情的动机,这个动机是原来比夫所没有的。根据重建的模型,使比夫成为更好的人的关键在于把他置于一种能够重塑他的环境中,这个环境能够通过奖励或者惩罚来使比夫获得恰当的行为。

最后,一种发展的模型将强调比夫(像所有人一样)天生就对别人有些同情。然而,为了能够让比夫充分发挥自己的道德潜力,这种同情心必须得到培养。培育同情心的过程必须和比夫已有的同情心融合起来,后天培养的同情心需要逐渐引导先天的同情心以使后者能够更加广泛更加深刻地显现出来。因此,这是一个包括认知和情感成长的过程。这种模式比其他两种模式更有可能使用到想象文学来培养比夫的同情心,因为这样的文学同时涉及人的感知、思考和感情。

无论如何,这些都不是发现、重建和发展模型可以采取的唯一的形式。在这里我只是将其作为说明性的例子加以展示

(当然也是非常粗糙的例子)。但是我们已经能够看到,每一个模型都呈现出哲学上的困惑。发现的模型可能会让道德修身显得太容易了——如果世界上存在的匹夫们能够那么容易改变的话！重建模型似乎不可行或者不够吸引人,或者两者兼有:重建模型是否会改变人们的实际感受,还是仅仅改变他们在公共场合的行为？并且,为什么我要让自己重新适应这样的模型？发展模型可能看起来很有吸引力,但是我们如何以一种不仅仅只是发现或者重建的模型来培养先天的倾向呢？我们将在这里和后面的章节中继续探讨每种模型特定版本的更为详细的信息。

那些熟悉禅宗佛学传统的人可能会因为"顿悟"和"渐悟"之间的争辩而误解了这三种模型。所有禅宗的佛教徒都有修炼"发现"模型:修行的目的是充分实现我们每个人自身就有的"佛性"。然而,这种实现的方式可能是突然的,也可能是渐进的。顿悟的观点成为正统的观念:尽管顿悟可能需要数年的时间积累才能实现,但是一旦顿悟发生的话,开悟的体验就是瞬间和完全的。① 另一种观点是,开悟可能会在很长的一段时间内一点点地发生。与顿悟的发现模型相比较而言,渐悟同发展的模型更为贴切。然而,顿悟和渐悟其实都是发现模型的实例,因为在每种情况下,人们只是在发现自己内部已经存在的

---

① 参见杜默林(Dumoulin):《禅宗佛学》(*Zen Buddhism*),第 1 卷,第 107—121 页中关于顿悟/渐悟的辩论。参见同上第 142—148 页中关于"佛性"的内容。正如我在下一段所指出的,修身的哲学通常强调一种模式,但也将其他模式的某些方面作为次要特征。禅宗在冥想、修习、与师父面谈等实践中,融合了渐悟的层面。

东西。但是一个人(通常来讲)发现自己内在的过程可以是突然的也可以是渐进的。理解这一点非常重要,因为它有助于阐明特定的发现模型之间的区别。例如,佛教的禅宗派和儒家的理学派都有修身的发现模型。然而,禅宗传统更加强调顿悟,而理学家们(特别是程朱)则更加强调渐进地发现自己真正的本心和本性。

虽然这样的概括十分冒险,但是我仍然认为每一种规范伦理理论都至少隐含地将三种模式中的某一种作为其研究范式。当然,这三种模式都没有纯粹的实例。注重修身的哲学家可能会强调一种模式,但是它也会将其他模式的某个方面作为次要特征。孟子的修身之学强调了一种发展模式。根据孟子的说法,人们有与生俱来的美德,这些美德需要培养才能逐渐发展出来。例如,孟子认为所有人生来就对他人的苦难抱有一些同情。这种同情会使任何人在看到孩子掉进井里的时候都能产生一种"不忍"的情感(《孟子》2A6)。然而,我们很多时候却无法对其他的痛苦表现出同情。这就表明我们需要不断地扩充我们与生俱来的同情心,以使它能够同样地延伸到其他人身上。(准确地讲,我们如何"扩充"我们先天的反应是一个极具挑战性的问题,我们将在第四章再回到这个问题上来)。尽管孟子给予的"孺子入井"事例主要表现的是发展的画面,但是在孟子看来它也包含了发现模式的某些方面。他认为,我们中的许多人可能都不知道在我们的内心有一种道德倾向。因此孟子才会对齐宣王说,他宰杀一头牛所表现出来的"不忍"情感足以说明他有能力对百姓"仁慈"。孟子帮助君王发现了他本来就有的良好品德(《孟子》1A7.4-10)。①

荀子(孟子之后的大儒)拒绝接受人性善的观点,他否认人们有同情、正义和其他美德的天然倾向。相反,荀子采用的是一种重建的模式。孟子认为人性中的善就好像植物的萌芽一样,需要不断地培育才能生长。然而,荀子认为成圣就是把一块木头打磨成圆形车轮的过程。然而,正如孟旦和何艾克(Eric Hutton)所指出的,荀子的修身观念也包含了发展模式的某些特征。例如,荀子承认人们生来就更加关心自己的亲人。② 但是,荀子并不认为这种关心亲人的倾向是一种美德,因为如果它不能够被伦理习惯所重塑的话就很可能会导致恶行(我与生俱来的对亲人的爱,很可能会让我在为自己的父母或者孩子谋福利的时候无心却自私地伤害到别人)。因此,我们与生俱来的对亲人的关怀必须要重塑以使之成为孝顺的美德(对比亚里士多德提到的"自然美德[natural virtues]"的评论,本节后面将会引用到)。

与孟子和荀子不同,中国佛教修禅者和理学家们则更加喜

---

①《孟子》1A7 揭示了一种以发展模式为特征的哲学的发现因素,我认为这一事实可能是导致这段内容如此令人费解和耐人寻味的部分原因。

②参见《荀子·礼论》。孟旦:《荀子中的恶人》("A Villain in the Xunzi"),何艾克:《荀子有关于人性的一致性的理论吗》("Does Xunzi Have a Consistent Theory of Human Nature?")。荀子研究在英语世界中正在蓬勃发展,例如参见克莱恩(Kline)和艾文贺主编的《〈荀子〉中的美德、自然与道德主体性》(Virtue, Nature and Agency in the Xunzi)以及金鹏程《大道之礼》(Rituals of the Way)。

欢修身的发现模式。尽管他们对如何发现自己内在的美德意见相左,但是佛教徒和儒家的理学派相信道德修养的关键在于发现一个人的真实本性。对于儒家来讲,人的本性就是"理"(principle 或者 pattern),理将每个事物与宇宙中的任何其他事物连接起来。在我们大多数人的身上,这种真实的本性通常被自私的倾向所遮蔽。

朱熹及其后学从发展模式和重建模式两个方面来补充发现模式。让我们来回忆一下,朱熹认为我们大多数人的气禀都如此浑浊以至于没办法看到内在的最初的理的存在。因此,最好在教孩童时,让他们从"小学"就开始受道德修养的熏习,这样就不会使他们重塑自私和无序的倾向。

> 无论是国王、大臣还是平民的子弟,八岁开始所有的男童都要进入修习"小学"的学校;在学校里,他们接受了如下指导:洒扫、应对和良好的行为方式、礼、乐、射、御、书、数。① 在 15 岁时,帝王的长子和其他皇子、公侯伯子男等官员的长子和平民中的天才都会进入研习"大学"的学校。②

在"大学"的研习中,人们(在明师的指导下)学习圣贤的

---

① 这些有时被称为"六艺"。
② 贾德讷:《朱熹与大学》,第 79—80 页。因为"小学"的修习会强调在良好的习惯中训练并且发展技能,我将此视为一种重塑模式。但是,朱熹也有可能把这些活动看作是一种天生的倾向。

经典文献(特别是前文提到的《四书》)。人们学习经典文本的目的在于产生一种伦理上革新性的理解:

> 似乎每个人的智力都拥有知识,世界上的一切事物都有其原则。但是,由于这些原则还没有得到彻底探讨,人类的知识也没有被完全实现;因此,在"大学"研习过程中,教育学生的首要内容是教导他们无论他在这个世界上遇到任何事情,这些事情实际上是他们本心本性具足的。他们需要做的只是进一步探索,以使自己能够最大限度地发掘他们。在这样努力了很长的一段时间后,他总有一天会开悟并且彻底理解"理";然后,所有事物的显性和隐性的、微妙和明显的品质都将被知晓。同时,在整个物质世界的巨大运转中,心灵能够完全被点亮。①

对朱熹来讲,一个人只是通过"探索"自身内部的原则来发现知识,并在此过程中使心能够被"照亮"。但是,朱熹的话也暗示着一种早期意识的发展,至少是建立在人们本性具足的基础上。因此,朱熹有一种发现模式,但同时他提到儿童的"小学"修习会涉及重塑模式,而他说的"大学"研习则会涉及发展模式。

---

① 贾德讷:《朱熹与大学》,第105页。(下面引文中括号内的部分是贾德讷写的)。贾德讷认为"似乎每个人的智力都具有认知的能力……"但中文的字面意思是说:"似乎每个人的智力都是拥有认知的"(或"知识")。我想这正是朱熹(用他的发现模型)想说的内容,所以我稍微修改了贾德讷的翻译。

相较而言,陆象山和王阳明的追随者在修身方面则有着比较纯粹的发现模式。王阳明认为每个人都已经完全地了解自己的本性。像朱熹说的那样,努力成为一个有德性的人只不过是一种纯粹地倾听自己内在道德感的指引。王阳明接受(并无意地改变了)孟子的"良知"概念,并用"良知"来指称这种内在的道德感。对于王阳明来说,良知的发现是道德行为的充分必要条件。①

综上所述,孟子有着主要是发展模式其次是发现模式的修身观念。荀子则有着主要是重塑模式其次是发展模式的修身观,王阳明有着几乎是非常纯粹的发现模式,而朱熹的发现模式中既包含重塑模式也包含发展模式。由于儒家的理学派假设了修身的发现模式,他们很难完全理解早期儒家的孟子和荀子。② 例如,孟子反复使用农业的隐喻来描述道德修养的过程。这些隐喻几乎不可以视为是修辞上的粉饰。它们非常适

---

①在《孟子》7A15 中常被引用的权威章节里,"良知"指的是"最好之知",这可能会与不道德的聪明形成对比。然而,王阳明用这个词指的是一种没有被私欲所污染的理解。因此,在讨论王阳明的时候,我更喜欢倪德卫和艾文贺注重功能的翻译"pure knowing(纯知)"。(参见艾文贺:《儒家传统伦理学》,第48—50页)。

②有趣的是,尽管戴震是一位对理学家有深入见解的批评家,但在修身模式方面他采取了发现模式。这导致了他在某些方面误读了《孟子》。对戴震来说,我们人类的自然倾向是固定不变的。伦理是一个通过检验我们的倾向来发现我们应该做什么的问题,而不是一个逆向检验,"己所不欲,勿施于人"(《论语》15.24)。参见戴震:《孟子字义疏证》第5—8章。在《论语》15.24 中给出了关于"恕"的一个逆向检验,详情参考本书第 2 章第 I.B.1 部分。

合孟子的发展模式。然而,农业并不是发现模型特别恰当的隐喻(农民并没有发现成熟的植物,他们是从种子培养的农作物使其发展出来)。因此,正如艾文贺指出的那样,朱熹引发了历史上对孟子的复杂的误读。在一个著名的思想实验中,孟子认为任何人如果突然看到有个小孩子要掉进井里,他都会有一种"怵惕恻隐"之情(《孟子》2A6)。孟子将这样的反应称之为"仁之端"。言外之意就是,我们必须小心地培育这个萌芽,使它能够成长为完整的美德(参见《孟子》2A2 和 6A7)。朱熹将"端"称之为"绪",并将之应用到自己对《孟子》的解读上"犹有物在中而绪见于外也"①。

尽管上文提到的修身的不同模式的延伸是为了解释中国(特别是儒家)的伦理,但是它也可以帮助我们从一个新的视角来看待西方伦理思想。② 柏拉图的关键模型是发现模型。他相信每个人生来就拥有关于理念的完整的知识结构。这些理念包括完美的永恒的三角形、谦逊、美、正义,等等。然而,当我们被欲望和身体感官刺激所误导时,我们就会或多或少地忘记或者忽略我们内在真正的理念知识。哲学教育的目的就在于促使人们回忆并且重新发现我们所知道的东西。尽管如此,柏拉图的伦理学也包含了一个发展模式的要素,因为人们必须

---

①朱熹《四书集注》,对《孟子》2A6 的注。(我在第 4 章的第 III 部分更为详细地讨论了《孟子》2A6。)另参见艾文贺:《儒家的道德自我修养》,第 46 和 56 页。

②中国和西方关于人性和道德修养的观点的不同方面但是又非常有见地的比较可以参考施维茨格贝尔(Schwitzgebel)《人性与道德发展》("Human Nature and Moral Development")。

通过训练人性中的某些部分来逐渐发展看到理念的能力,人性中的这些部分会将人们从理念世界拉回到物质世界。与亚里士多德和朱熹一样,柏拉图对儿童教育也有很多看法,他将之称为"派代亚(paideia,教化)"(朱熹将之称为"小学")。有趣的是,恰恰是上述这点将他们与早期儒家以及大多数的现代西方哲学家区别开来,因为后者在这个问题上说得非常少。① 柏拉图建议教育和修身需要从青少年时期的体育和音乐开始。成年后,人们就会开始学习算数、几何、天文以及音律,这是中世纪后期教育的四要素。

亚里士多德将一个重塑模型作为自己的范式:"我们的美德既不是与生俱来的,也不是完全后天形成的;但是我们天生就有获得美德的能力,并且能够通过习惯来使之达到完美。"② 换句话说,美德的形成过程并不利用我们所拥有的任何先天的知识或者美德气质。相反,我们必须习惯于被美德要求着去做善行:"我们通过公正的行为而变得公正,通过做温和的行为而变得温和,通过做勇敢的事情而变得勇敢。"③这也许表面上听上去像是孟子的观点,但实际上却更接近荀子的观点。因为亚里士多德认为,道德修养的初学者不会"像正义的或温和的

---

① 倪德卫:《美德悖论》("Paradox of Virtue"),第 37 页。这也许反映了这样一种信念:幼儿时期不是道德约束的重要时期,但考普曼提出了几种不同的解释,解释为什么孔子似乎忽视了这个话题。(参见考普曼《向亚洲哲学学习》,第 11 页)。

② 亚里士多德:《尼各马可伦理学》,第 33—34 页(ii.1,1103a)。

③ 亚里士多德:《尼各马可伦理学》,第 34 页(ii.1,1103a-b)。

人那样"去做善事。① 具体而言,初学者还不是为了美德而爱美德,他的行为也不是出于一种内在的品格。② 也许亚里士多德对如何变得高尚的建议与哈姆雷特给格特鲁王后的建议相似:

> 即使您已经失节,也得勉力学做一个贞节妇人的样子。
> 习惯虽然是一个可以使人失去羞耻的魔鬼,
> 但是它也可以做一个天使,
> 对于勉力为善的人,
> 它会用潜移默化的手段,使他洗恶从善。
> 您要是今天晚上自加抑制,
> 下一次就会觉得
> 这一种自制的功夫并不怎样为难,
> 慢慢地就可以习以为常了;
> 因为习惯简直有一种改变气质的神奇的力量,
> 它可以制服魔鬼,并且把他从人们心里驱逐出去。③

然而,目前尚不清楚亚里士多德是如何将习惯变为可操作的模式。如果像亚里士多德说的那样,我们没有与生俱来的美

---

① 亚里士多德:《尼各马可伦理学》,第40页(ii.4,1105b)。
② 亚里士多德:《尼各马可伦理学》,ii.4。
③《哈姆雷特》(*Hamlet*),第三幕第四场,第160—170行。[中译文引自朱生豪译,《莎士比亚全集》,第九册,北京:人民文学出版社,2014,第176页。——译注]

德,那么我们如何能够拥有正确的动机、以一种真正有道德的方式行事并且被反复演练的美德行为改变呢?亚里士多德说,年轻人需要被"快乐和痛苦的方向舵所引导"。鉴于这样的评论,考普曼认为"我们更成熟的喜与悲是孩童时代的欢乐和痛苦调控(由父母或他人)的结果。在这种调控的过程中,以一种相当于巴甫洛夫式的方式,建立一种针对特定事情和思想来感受快乐和痛苦的倾向机制"。因此,我们发展出一种"习惯,将无节制的或反社会的行为与痛苦联系起来",并将良好的行为与快乐联系起来。①

不过,当他谈到"自然美德"时,亚里士多德的观点也展现出发展的一面:"因为我们每个人似乎都在某种程度上天生就拥有自己的性格类型,例如我们从出生起就有公正、勇敢、易于节制,或者一些别的特质。"只是所谓的"自然美德"并非美德本身,更确切地讲:"因为这些自然状态属于儿童和野兽(当然也属于成年人),但是如果不了解这些人格中的特质显然是有害的。"毋宁说,这些性格特质至多促进了拥有相关美德所需要的重塑的条件。②

发展、发现和重塑的三分法是与麦金太尔自启蒙运动以来对西方伦理学史的一些观察有关的。正如麦金太尔所指出的,启蒙运动的一个决定性的特征是"在科学和哲学上拒斥亚里

---

①亚里士多德:《尼各马可伦理学》,第266页(x.1,1172a20);考普曼:《向亚洲哲学学习》,第37页,第38页。[考普曼《向亚洲哲学学习》中译参见唐晓峰译,北京:中国人民大学出版社,2009,第50—51页,译文有改动。——译注]

②亚里士多德:《尼各马可伦理学》,第170页(vi.13-14,1144b)。

士多德主义"。特别是,根据"17 世纪最具创新性的哲学与科学中为人所熟悉的理性概念",理性"把握不了本质或从潜能向行动的转变;这些概念属于已遭受鄙夷的经院哲学的概念构架"①。这种启蒙态度的典型代表是莫里哀在《无病呻吟》中对经院科学的残酷的戏仿。一位自命不凡的学者型医生迪亚·福鲁斯先生称赞他的儿子说:"最重要的是,他以我为榜样,盲目地遵从古人的意见。他从来不愿意倾听或理解我们这个世纪关于那些虚假发现的推理和实验,比如关于血液循环和诸如自然的其他观点。"②尽管我们对迪亚·福鲁斯嗤之以鼻,但我们如果要对亚里士多德公平评价的话,我们脑子里就应该记住雅罗斯拉夫·佩利坎(Jaroslav Pelikan)的评论:"通过组装他的望远镜并用此来进行经验观察,伽利略是亚里士多德的忠实拥护者,其忠诚的程度甚至超过了那些引用亚里士多德《物理学》来反对其观察的人。"③尽管如此,莫里哀继续描绘一个"解释"为何鸦片能够使人入睡的博士候选人,这位候选人认为鸦片有一种睡眠的力量,它的"自然"属性是能够让感官入睡。亚里士多德关于潜力的解释在这里

---

①麦金太尔:《追寻德性》(*After Virtue*),第 54 页。[中译本参见麦金太尔:《追寻美德:伦理理论研究》,宋继杰译,南京:译林出版社,2003,第 69 页,译文稍有改动。——译注]

②莫里哀(Molière):《伪君子》(*Hypochondriac*),II. 5,第 235 页。[正文里是《无病呻吟》(*Le Malade Imaginaire*),脚注中却是《伪君子》(*Hypochondriac*),疑似作者笔误。——译注]

③帕利坎(Pelikan):《为传统声辩》(*The Vindication of Tradition*),第 16 页。

被讽刺为伪解释。①

然而,如果一个人拒绝了潜能的概念,那么他也必须拒绝一种关于修身的发展模式。因为按照这种模式的发展过程恰恰是一种潜能。因此,在启蒙运动之后,我们在西方发现的几乎所有的主要伦理学家都有一个伦理发展的发现模式或者重塑模式。② 如果我们想采用一种重塑模型,我们必须有一个独立于人性的标准来衡量它的变化。上帝和神祇的宗教可能是这种标准的一个来源。因此,使用重塑模式的主要哲学家往往是宗教伦理主义者,他们大体是在奥古斯丁的传统之中。奥古斯丁和他的追随者认为,由于亚当和夏娃的原罪,人类的本性是堕落的。如果不借助上帝的恩典的话,我们就无法重塑本性,也就无法拥有美德或者重要的知识。正如我们所考察的其他思想家的情况那样,奥古斯丁用其他模型的元素来补充他的基本模型。奥古斯丁认为,所有的人与生俱来都爱上帝并且追随上帝。然而,没有神的恩典,我们就不可能发现神是我们想要和需要的。所以我们错

---

①莫里哀(Molière):《无病呻吟》(*Le Malade Imaginaire*),第三插曲。

②亚里士多德会区分被动的潜能(我在开始学习拉丁语之前阅读它的潜力)和主动潜能(我学会拉丁语后的阅读潜力)。即使从改造的角度来看,人类也必须有一种消极的美德潜能。但是从发展的观点来看,人类天生就有一种积极和消极的美德潜力。亚里士多德有一个重塑模型,承认美德的消极潜力。我们应该区分第三种选择:一种"受损的潜能",它必须通过比如超自然的恩典来转化为美德。正是这个第三种潜能,现代启蒙运动的批评家们把它当作重塑模型的基础。

误地从神的创造物中寻求满足:财富、权力和人的肉体。尽管帕斯卡对人类理性的力量比较有信心,但是他是典型的奥古斯丁传统中的启蒙思想家。①

鉴于西方哲学家无法诉诸一个独立的神学标准来证明重塑模式的合理性,他们自启蒙运动以来就更倾向于探索模式。不仅如此,他们几乎都使用了一种发现模型,几乎没有任何发展方面的内容。18 世纪的休谟和 20 世纪的摩尔都说明了这一趋势。休谟和摩尔不仅在时间上相距甚远,而且在许多问题上也有截然不同的哲学观点。休谟是一个道德反现实主义者,他认为不存在客观的道德事实。摩尔则强调道德客观主义的范式。但是,对二者来说,道德只是一个发现的问题。对休谟来说,我们发现的是自己的"情感";对摩尔来说,我们发现的

---

① 关于奥古斯丁更多的信息请参见布朗(Brown)的《希波主教奥古斯丁》(*Augustine of Hippo*),万百安著《孟子与奥古斯丁》("Mencius and Augustine")和斯塔纳克(Stalnaker)《克服邪恶》(*Overcoming Our Evil*)。有趣的是,倪德卫认为"帕斯卡赌注(Pascal's wager)"和荀子思想的某些方面有相似之处(参见"荀子论人性[Xunzi on "Human Nature"],第 210 页)。当然,正如倪德卫所认识到的那样,荀子和帕斯卡的哲学之间有许多重要的不同,但结构上的相似之处可能与以下事实相关:每一种哲学都有一种伦理文化的重塑模式。[所谓"帕斯卡赌注",是指帕斯卡对上帝存在的一个信念证明:如果上帝存在,我信上帝将会得到上帝的奖赏,我不信上帝就会受到上帝的惩罚;而如果上帝不存在,我信或不信上帝,都没有什么事情发生,所以从赌徒心理来说,信上帝总比不信上帝的收获要大,因此一个理性的人就应该把赌注下在信上帝上。——译注]

是道德直觉给我们揭示的客观的善。① 两者对于我们如何发展或培育一种能够让我们更容易或更频繁地发现我们需要发现的东西的改进了的感性几乎什么都没说。② 这很成问题,因为事实是,当我们在看的时候——不管我们是看自己的情感还是看"外在"的道德事实——我们发现的东西并不都一样。休谟试图绕过这一点,他认为在道德问题上的分歧是由于在不同的环境中运用了同样的情感。③ 不过,大多数的哲学家并不认同休谟的策略。哲学家们有各种各样的程序上的建议,这些建议是为了从我们的道德发现模式开始,然后进行理性的讨论,

---

①比较休谟的《人性论》(*Treatise*)第三卷和摩尔的《伦理学原理》(*Principia Ethica*)。普里查德(H. A. Prichard)可能是拥有近乎纯粹发现模式的哲学家的又一例证。他认为,如果我们不确定我们的义务是什么,"唯一的补救办法就是实际地进入一种有义务的情况下……然后让我们的道德思维能力发挥作用"。(《道德哲学是建立在错误之上的吗》("Does Moral Philosophy Rest on a Mistake?",第47页)。他顺便指出,这"只有对一个道德健全的人才有可能,而且不同程度的发展是可能的"。(参考同上,第43页)。然而,发展模式的核心是如何成为一个"完善的道德存在",普里查德对此只字不提。

②我必须对这句话加以限定。休谟在他不常被读的文章《怀疑论者》("The Sceptic")中主张,"科学与人文"的研究需要积极努力,并且坚持好的习惯。(休谟:《怀疑论者》,第170—171页)。我是通过阅读考普曼的《向亚洲哲学学习》(第110页)了解到这篇文章的。休谟大概认为,这些实践有助于培养一个人最初存在的适当的激情。然而,休谟并没有明确说明这点。无论如何,休谟著作中占主导地位的,对西方伦理学发展影响最大的伦理修养观应该是一种发现模式。

③休谟:《自然宗教对话录》(*Dialogue*)。

最终达成共识。例如,罗尔斯(借用古德曼[Nelson Goodman]的概念)建议我们追求一种"反思平衡",在这种平衡中,我们根据自己特定的道德判断来调整我们的道德原则,反之亦然,直到我们找到一个很好的契合点。然而关于这样的方法均以失败告终,没能产生广泛的共识。①

我认为,看到自从启蒙运动之后西方伦理学中发现模式的霸主地位,有助于解释今天如此之多的哲学家(和非哲学家)对那种道德反客观主义的坚持。如果一个人假设一种纯粹的发现模型,并且预设那里有客观的道德事实,那么这些道德事实可能(而且必须)被任何追寻他们的人找到。然而,当我们审视道德时,事实却是我们"发现"了不同的东西。有些人"发现"死刑在本质上是野蛮的,另一些人"发现"现行的死刑是不公正的,还有一些人"发现"即使有时死刑实施得并不合理,暂停死刑的行为本身也是对正义的剥夺。这些"发现"是不相容的。此外,如上文所述,合理地修正或适应我们不同发现模式的努力似乎是失败的。因此,一个纯粹的发现模式似乎强有力地支持了不存在客观道德事实的结论。

但是纯粹的发现模式并非我们唯一的选择。正如我们所看到的那样,不仅存在发现、发展和重塑三种模型,而且还有各种各样的以微妙的方式组合起来的模型。有问题的显然不是客观道德本身,而是自启蒙运动以来在西方主流哲学家中占据主导地位的过于简单的道德发展模式。

---

① 罗尔斯(Rawls):《道德决策程序概述》("Outline of a Decision Procedure for Ethics")和《正义论》(*A Theory of Justice*),第46—53页。

II. B. 3. B. 道德行家。除了最简单的发现模型外,所有关于道德修养的观点都有一个共同的特点:他们都认为道德认知是可以让我们变得更好的东西。换言之,发展、重塑以及更为细致地发现的模型都假设可能存在我们称之为的道德行家。

在一些人类关注的领域显然是没有行家的。我可能比我的朋友更擅长做一些事情,比如安装一台新的台式机,但这并不能使我成为装电脑的行家。安装一台新的计算机只需要按照安装手册的说明操作即可。如果你能阅读这本说明书,并按照手册中的内容找到计算机的零部件,并指令将它们组装起来,你就可以安装好一台计算机。正如这个例子所表明的,没有行家的领域的一个独特之处在于,关于如何操作有着明确的规则,同时应用这些规则时无特殊的洞察力。另一个区别是,在非行家的领域中,有确定的方法来判断是否成功。如果我组装好的电脑没办法开机,而另一个人到来后阅读了说明,交换了两条电缆,然后计算机可以正常运转工作的话,那么我们中的哪个人是正确的就是不言而喻的。

我想我们中大多数人都相信,在人类关心的许多领域是有行家的,比如服装行家、音乐鉴赏家、滑冰行家、食物和苏格兰威士忌鉴赏家、电影鉴赏家和绘画行家等。虽然我上面提到的非行家知识与计算机有关,但是科学或技术领域里也有行家:在两台输入和输出完全相同的计算机程序中,行家可以分辨出一个程序是优美的,一个程序是较为粗糙的。行家在所有这些领域中的独特之处在于他们能清楚地感知到我们其他人"看不透"(如果有的话)的地方,他们能够感知这些没有直接规则可以遵循的事物(正如孟子所言,"梓匠轮舆能与人规矩,不能使人巧"。[《孟子》7B5]),而对于他们感知的事物是否存在,并没有决定性的检验标准。说这些事情并不是说这些领域绝对没有成功或者失败的标准,也不是说没有办法学习如何成为行家。鉴酒指南会教你"礼服""余味""嗅觉"和"软木塞味儿"等词的含义,并且提示你要在葡萄酒中"寻找"什么样的东西。当然,只有在与实际品尝各种葡萄酒的经验相配合之后,这本书才是真正有用的。而且,由于没有一本葡萄酒的书能够概括得十分全面,因此理想的情况是能够在一个有经验的行家的指导下来品尝葡萄酒(比如,"这个庄园通常确实会产非常优质的葡萄酒,但是这个特别的一年的天气异乎寻常地寒冷,于是你将会发现这个年份的葡萄酒太干了"。)

为什么不应该有道德行家呢?毕竟道德行为和判断需要对与伦理相关的事物进行感知,但我们知道,即使是普通的"看到"也可能相当复杂。正如库恩所观察到的那样,"学生看到一个气泡室的照片时看到的是混乱和断裂的线条,而物理学家则看到的是熟悉的亚核事件的纪录"①。如果理论范式能够让我们看到或者阻止我们看到关于世界的事实,那么我们的欲望和情感又如何使我们能够或者阻止我们看到世界呢?正如艾瑞斯·梅铎(Iris Murdoch)所言:

> 当我们睁开眼睛的时候不一定会看到眼前的世界。我们是焦虑的动物。我们的头脑持续活跃地伪造出一种焦虑的情绪,通常自我就被这种焦虑所占据,从而时常成

---

①库恩:《科学革命的结构》,第111页。

为一种虚假的面纱,部分地遮蔽了这个世界。①

带来正确答案的爱是对正义、现实和真正期待的操练……我们的任务是,逐渐看到世界之是其所是。②

儒者有时用味觉的比喻来暗示有道德行家。因此,《中庸》(第四章)引用了被归之于孔子的名言"人莫不饮食也,鲜能知味也"。类似的是,孟子也观察到:

> 饥者甘食,渴者甘饮,是未得饮食之正也,饥渴害之也。岂惟口腹有饥渴之害?人心亦皆有害。人能无以饥渴之害为心害,则不及人不为忧矣。(《孟子》7A27)

我先前判定"我们大多数人"都相信至少在某些领域内是有行家的。但是也有人完全拒绝行家的概念。(无论是在道德上还是在其他领域里)对行家概念的抵制,部分原因是令人厌憎的势利小人(the snob)引起的。真正的行家不是势利小人,但有时行家会被误以为是势利小人,同时势利小人也可能会被误以为是行家。于是,区分这两者是十分重要的。正如《名利场》的作者萨克雷(William Makepeace Thackeray,正是他让"势利小人"这一名词闻名遐迩)所指出的,"你不能草率或粗俗地评判一个势利者:这样做表明你同样也是一个小人。"③

---

① 梅铎(Murdoch):《善的主权》(Sovereignty of Good),第 84 页。
② 同上,第 91 页。
③ 萨克雷:《势利者集》(The Book of Snobs),"序言评论",第 5 页。

小人只是拥有真正的行家美德的外表，但是他们希望表现出行家的样子而常常被人们认为是行家。一个小人通常不会完全意识到自己是势利的小人，不过他们在某种程度上仍然有自我认知，而很多势利人会在一定程度上认识到自己是个冒牌货（这种意识，以及随之而来的对骗子身份被拆穿的恐惧，往往是导致小人令人讨厌的部分原因）。小人伪装成行家的主要动机在于某个领域被尊重为行家而带来的社会声望和尊重。小人们几乎总是用某个领域的行话来试图表现得像个专家一样。如果在这个领域中有一些关于专家行为举止的惯例的话，小人们也会极力模仿那些内容以使自己看起来像个行家。由于小人伪装成行家的根本动机是对权威的渴望，因此他们往往会表现得傲慢自大和不可一世。同时，由于小人并非真正的专家，他们通常对那些不同意他们言论的人不屑一顾。这很明显就是我们大多数人不喜欢势利小人、嘲笑他们、不想成为他们的原因。然而，危险在于，对势利小人合理的蔑视有可能会导致全盘否定真正的行家的存在（比较一下孔子的话，前引："恶佞，恐其乱义也；恶利口，恐其乱信也。"[《孟子》7B37.12]）

真正的行家必须与势利小人的恶习作斗争。因为事实很难被看到，一个行家并不总是能确保他所看到的万无一失。因此，行家应该谦卑。即使行家对自己的判断十分有把握，他也知道自己的专业知识很难获取并且是职责以外的能力，因此他不能挑剔那些缺乏专业知识的人。因此，行家需要有耐心。萨克雷感叹道："在我们这样的社会中，不偶尔做个势利者是不可能的。"①然而,我认为既不是萨克雷所说的维多利亚社会的"贵族崇拜",也不是我们自己的"名人操控"造就了势利的小人(尽管上述两者都对人的良好品格怀有敌意)。行家的美德有一种内在的倾向,它使人直面势利小人的恶行。由于成为行家是一个人所渴望的理想,又因为它要求作出评判并严肃地看待这些评判,所以有的时候道德鉴赏的能力会使人变得傲慢,变得"评头论足"(在一种坏的意义上)。因此,鉴赏力和势利之间存在着一种无休止的且不可避免的张力。而避免这种张力的唯一办法就是变得平庸。

于是,为了运用伦理规则,我们需要有非常清晰的道德感知。毕竟,我们需要感知的能力,特别是当我们面对伦理规则适用的场合。然而,无论是在西方还是在中国,许多非常强调道德修养的人却低估了道德规则的重要性。因此,强调培养道德感知的能力是与(前面提到的)这样一个事实相关的,这个事实就是美德伦理倾向于"普遍主义—特殊主义"光谱中偏特殊主义那一段。美德伦理的倡导者倾向于认为,现实道德生活的复杂性和微妙性要求能够判断超出道德规则所能提供的范围的能力。因此,道德规则要么是经验法则,要么需要实质性的解释才能适用于具体的情况。这样看来,对道德行家的需求是巨大的。

我们在儒家的许多文本中看到了明显地对特殊主义的一种承诺。在《论语》的一个著名段落中,子路问孔子:"闻斯行

---

①萨克雷:《势利者集》,《贵族对势利者的影响》("The Influence of the Aristocracy on Snobs"),第15页。

诸?"(《论语》11.22)孔子的回答是否定的:一个人在付诸行动之前应该遵从长辈的建议和判断。后来,冉求问孔子同样的问题,孔子的回答却是肯定的。公西华问孔子为什么会对同一个问题给出不同的答案。孔子说:"求也退,故进之;由也兼人,故退之。"这里,我们可以看到道德教学的特殊性。这种根据学生的需要和能力对道德教学的风格甚至内容的调整,在佛教思想中有个专门的名称:善巧方便(*upâya*, skillful means)。(这是我们在第2章第 I.C 节和第 II.B 节中将要讨论的主题。)

《孟子》对伦理特殊性的强调也很明显。孟子被问到是否会违反伦常规定而向掉进河里的嫂子伸出援手以救她于溺亡之中的问题。与孟子对话的人显然预料到这是儒家一个不可避免的道德两难困境,但孟子很轻松地回答:"嫂溺不援,是豺狼也。男女授受不亲,礼也;嫂溺援之以手者,权也。"(《孟子》4A17,参考6B1)孟子在这里用"权"这个词,成了中国哲学中的专门术语,并且是与"经(准则)"相对的概念。(而我们谈到"男女授受不亲"的时候就是"经"。)

然而,正如"经"一词所暗示的那样,在儒家中也有一些对普遍规则的承诺。在孟子形容了圣人在不同的情景下有着不同的行为后,他的弟子追问圣人在行事的时候是否有一些共通的东西。孟子回答说有,即:"行一不义、杀一不辜而得天下,皆不为也。"(《孟子》2A2)这似乎是儒家无条件遵守的道德规则的一个典型范例。①

---

①《孟子》2A2,《四书集注》第129页。以及魏(Wei):《朱熹论经权》("Chu Hsi on the Standard and the Expedient")。

III. 论证

在转向本书的第二个主题时,我将从对一个论证的简短描述开始。论证的提出总是针对一个(或者多个)听众。不过,这种情况往往会被误解。论证的作者及其听众(们)实际上是不需要一起亲临现场的。我在这本书中给出许多论证,但是我把这些论证说给那些听众们,当其成员在阅读这些论证时,他们不必特地跟我或其他人亲临现场(在面对面的辩论中,需要参与者展示论证,但是展示论证与参与一场辩论并不完全相同)。论证作出了能被读者所接受的假设,而且理想的情况下也应该被接受。对假设的约束与此论证的目的相关,即与相关的结论取得一致,或者(如果读者已经同意结论)证明我们在结论上达到了一致。这些假设可能被明确地提出,但有很多假设将不会如此。这些假设被认定证明了结论的可接受性。

在我们所知的每一种文化中,人们都会参与辩论,这并不奇怪,因为人类总是有很多分歧和不确定的东西。当然,除了辩论之外,还有其他的解决分歧和不确定的方法。人们可以求诸中国古代的蓍草法,也可以求诸古希伯来人中的乌陵与土明来进行预测,或者采用其他的占卜方法。人们可能出于符合自己的意愿而妥协或者服从,或者也可能会(更危险地)仅仅屈服于权威或者胁迫。但是,任何有孩子的父母都知道,"为什么?"是人类自然的发问,甚至在离哲学最远的"决策程序"中也可以援引论辩。我们可能会争论卦如何解释,或者蓍草给我们的判断的启示,我们也可以争论大祭司是否恰当地使用了乌陵与土明。比如,当他在使用它们的时候,他在仪式上是纯洁的吗?他是为了保护自己的亲戚而操作的吗?

此外,在我们所知的每一种文化中,人们都会评估论证,区分能够说服的和不能够说服的论证。由于论证在其本性上是问答式的,这样的评价总是提出主体间性的要求。也就是说,在每一种文化中,人们不仅诉求某些论证能够让自己满意,同时也追求这些论证应该得到他人的认同。同样,在每一种文化中,人们不仅声称某些观点会使自己不快,而且也认为这些观点不应该得到他人的认可。如果不是这样的话,当别人没有被我们的论证说服或者别人被我们判定没有说服力的论证说服的时候,我们有时会愤怒,这种愤怒就让人费解。争论性的或诡辩性的论证只是证明了这些观点,因为参与到诡辩性论证的可能性是寄生于真正的论证之上的。除非我的文化承认,论证展示了必须被回应或接受的挑战,我就不能用似是而非的论证来使我的对手沉默。我也无法发现诡辩具有颠覆性,除非我认为它们或者会愚弄别人接受它们,或者会破坏论辩的一般做法。

在当代西方(以及世界上任何受西方哲学传统影响的地区),论证的各个方面都有专门的名称。观众接受或者应该接受的假设被称为"前提"。假设所要证明的主张称为"结论"。为了方便起见,我有时会在本书中使用这些术语。然而,一个人不必在其语言中使用这些术语以给出一个论证。(将会有一个关于"词汇谬误"[在第 I. B. 2. B 小节中加以讨论]的例子,这个例子声称,基于中国古代没有任何词汇可以用来准确地翻译"前提"或"结论"之类的词,因此也就不存在任何论证。)

西方对前提和结论的关联方式进行分类和分析方面也做了大量有意义的工作。当代常见的论证类型学是演绎、归纳和最佳解释推理(inference to the best explanation)。① 然而,这种特殊的类型学是关于什么是论证的一个厚的概念。只是人们也没有必要为了给出论证而接受这种特殊的厚的论证类型概念。事实上,也没有必要为了给出论证而明确地要求任何指定的论证类型学。在当代西方,很少有人知道"肯定前件式(modus ponens)"这个术语的含义,或者知道有一个特定的演绎模式与这个术语相对应。然而,我认为几乎所有神智健全的人都能够理解拥有那种逻辑形式的论证的力量,并将会理解,接受论证的假设但却否定这个论证试图向你证明的结论,这是毫无意义的。

那么,在早期中国文献中有论证吗?本书第 I.B.1 部分关于方法论的讨论中,我从抽象的层面就此主题提到了一些。但是,让我们再看看从大量中国先秦文献中发现的一些具体例子:

(1)

子墨子曰"问于儒者:'何故为乐?'曰:'乐以为乐也。'"子墨子曰:"子未我应也。今我问曰:'何故为室?'曰:'冬避寒焉,夏避暑焉,室以为男女之别也。'则子告我

---

① 可以在卡恩(Cahn)的《论证的要素》("Elements of Argument")一文中找到对当代论证观点的出色介绍。

为室之故矣。今我问曰:'何故为乐?'曰:'乐以为乐也。'是犹曰'何故为室'?曰'室以为室也'。"①

(2)

陈相见孟子,道许行之言曰:"……贤者与民并耕而食,饔飧而治。今也滕有仓廪府库,则是厉民而以自养也,恶得贤?"

孟子曰:"许子必种粟而后食乎?"曰:"然。"

"许子必织布而后衣乎?"曰:"否。许子衣褐。"

"许子冠乎?"曰:"冠。"

曰:"奚冠?"曰:"冠素。"

曰:"自织之与?"曰:"否。以粟易之。"

曰:"许子奚为不自织?"曰:"害于耕。"

曰:"许子以釜甑爨,以铁耕乎?"曰:"然。"

"自为之与?"曰:"否。以粟易之。"

"以粟易械器者,不为厉陶冶;陶冶亦以其械器易粟者,岂为厉农夫哉?且许子何不为陶冶。舍皆取诸其宫中而用之?何为纷纷然与百工交易?……"曰:"百工之事,固不可耕且为也。"

……

---

① 《墨子·公孟》(我自己的译文)。参见梅贻宝:《墨子》,第231页。这是一个特别有趣的交流,因为儒者对墨家的挑战给予的回应:"乐以为乐也",可以被以很不同的方式解释为,"音乐(yuè)是为了快乐(lè)"。(参见葛瑞汉《论道者》第40—41页)。这显示了至少有一些儒家已经为儒家的乐进行了正名(参见《荀子·乐论》)。那么墨家是否(有意无意地)无情地曲解了儒家的回应呢?

[陈相曰:]"从许子之道,则市贾不贰,国中无伪。虽使五尺之童适市,莫之或欺。布帛长短同,则贾相若;麻缕丝絮轻重同,则贾相若;……屦大小同,则贾相若。"

[孟子]曰:"……巨屦小屦同贾,人岂为之哉?从许子之道,相率而为伪者也,恶能治国家?"(《孟子》3A4)

(3)

既使我与若辩矣,若胜我,我不若胜,若果是也?我果非也邪?我胜若,若不吾胜,我果是也?而果非也邪?其或是也,其或非也邪?其俱是也,其俱非也邪?我与若不能相知也,则人固受其黮暗。吾谁使正之?使同乎若者正之,既与若同矣,恶能正之?使同乎我者正之,既同乎我矣,恶能正之?使异乎我与若者正之,既异乎我与若矣,恶能正之?使同乎我与若者正之,既同乎我与若矣,恶能正之?然则我与若与人俱不能相知也,而待彼也邪?(《庄子·齐物论》)

(4)

楚人有鬻楯与矛者,誉之曰:"吾楯之坚,莫能陷也。"又誉其矛曰:"吾矛之利,于物无不陷也。"或曰:"以子之矛陷子之楯,何如?"其人弗能应也。夫不可陷之楯与无不陷之矛,不可同世而立。(《韩非子·难一》)

我认为,毫无疑问,如果前面四段经文中的任何一段出现在西方哲学的著作中(名字改成了,比如说,希腊名称),它们中的任何一段都会被视为至少有一个特别好的哲学论证——并且是一个相当好的论证!

当然，在某种程度上，给出一个论证的表象看上去似是而非。那可能是，当我们将文本背后的更大的知识背景纳入考量之中的时候，我们将会慢慢看到，有些看起来是论证的东西实际上却不是。然而，正如我在第 I.B.1 部分所指出的，中国古代的先哲们没有提出论证的这种断定，或者通常是与我们不能在他们的作品中找到连贯的论证有关，或者是与他们真正关心的是如何生活而不是发现真理有关，或者是与我们先入为主地认为没有形式逻辑就无法论证有关。但这些说法似乎都是假的。对于如何才能生活得好的关心并不与给出论证相悖，同时人们不了解形式逻辑的情况下也能够进行论证。最后，这本书的很大一部分是试图表明，如果我们只是运用通常被授予西方主要哲学家的同样的解释技巧和努力，我们就能够在中国古代文献中找到连贯的论证（而且还很可能是颇具挑战性的论证）。

在这一章中，我部分地捍卫了中国文献中的分析论证的价值，以及将美德伦理的概念应用到儒家文献上的价值。但是到目前为止，我所说的都是抽象的"空头支票"。真正考验一个解释的关键在于它对特定文本中的特定段落的处理效果如何。所以，让我们转向我们要研究的第一位重要思想家——孔子。

Chapter two
Kongzi and Ruism

第 2 章

孔子和儒家

> 读《论语》,有读了全然无事者;有读了后其中得一两句喜者;有读了后知好之者;有读了后直有不知手之舞之足之蹈之者。①
>
> ——程颐

> 初读孔子时,我觉得他是一个平常而偏狭的道德说教者。对我来说,他的言论集《论语》,也似乎是一件陈旧的不相干之物。后来,随着逐渐增强的力量,我发现,孔子是一位具有深刻洞见与高远视域的思想家,其思想堂奥的辉煌壮观足可与我所知的任何一位思想家相媲美。②
>
> ——赫伯特·芬格莱特

孔子(公元前552年或551年至公元前479年)提供了后来所有思想家都需要有所回应的知识背景,同时他发起了一场在社会和哲学层面非常有影响力的运动,这种影响持续了两千多年(该运动被称为"儒家":在中文中也称为"儒学[school of the Ru]",传统上英文称之为"儒家[Confucianism]",这个译

---

① 这句话是程颐所说,语出《二程集》,北京:中华书局,2004,第261页。另参见朱熹:《四书章句集注》,北京:中华书局,2012,第44页。——译注

② 译文转引自赫伯特·芬格莱特:《孔子:即凡而圣》,彭国翔、张华译,南京:江苏人民出版社,2002,"序言"第vii页。——译注

名来源于耶稣会士将孔子英译为 Confucius）。①

孔子出生在一个充满危机的社会之中，当时周朝的中央政权已经分崩离析。虽然周王还在位，但是他却已丧失了统治的权力。实际的权力都已经下放给了各个分封的诸侯国，每个诸侯国都制定了自己的法律，加强税收，拥有自己的军队，并且经常对其他的诸侯国发动战争（或受到其他诸侯国的攻击）。由此造成的混乱局面给普通百姓带来了极大的痛苦。人们曾相信在遥远的过去曾经有过一段时期存在着美好的乌托邦政制，由有"德"的为政者来统治。那些有德者的权力是由"天"所赋予的，而"天"被认为拥有更高的权威。那些有德者中，尤其重要和令人崇敬的是圣王尧、舜、（建立了夏朝的）禹、（建立了商朝的）汤、（建立了周朝的）文王和武王。儒者也非常尊敬周公，因为他在辅佐武王未成年的儿子成王登基时起到了关键的作用。与这些典范人物正相反的是（施行暴政并导致夏朝灭亡的）桀、（商朝最后的邪恶暴君）纣以及（使周王朝开始走向衰落的晚周统治者）周幽王。②

尽管大多数人（至少在总体上）同意这样的观点，即德使王朝兴起并维持其统治，而德的丧失则是王朝衰落的原因。但是在孔子的时代，也有越来越多的君臣其所作所为似乎表明只

---

①关于"儒"这个令人费解的术语，参见詹启华：《制造儒家》，以及伊若泊：《儒家之天的创造》"附录 B"，还有左飞：《儒家的起源》。

②这些典范人物用中文标识分别是：尧、舜、禹、汤、文、武、周公、成、桀、纣、幽。值得注意的是，商朝最后一位暴君是纣，而下一个王朝是周。虽然这两个字的写法不同，声调也不同，但这两个字在罗马化拼写上看起来是一样的，所以我总是把暴君称为"纣霸王"。

有野蛮的军事力量和残酷的政治谋略才能带来成功(或仅能维持生存)。因此,《左传》(这部中国较早的叙述史书)曾记载,公元前529年,晋国占据霸主地位的时候,鲁国试图对抗晋的权威,晋国宰相不怀好意地告诉他们:

> 寡君有甲车四千乘在,虽以无道行之,必可畏也。况其率道,其何敌之有?牛虽瘠,偾于豚上,其畏不死……若奉晋之众,用诸侯之师……以讨鲁罪……何求而弗克?

尽管晋相暗示其统治者在道德上是正确的("况其率道"),但仍然有人怀疑这就是西方谚语所说的,"天助强者(God favors the side with the bigger battalions)"。鲁国收到这个消息之后,很快就听从了晋国的命令。这一状况被著名政治家子产很好地加以总结,他说:"国不竞亦陵,何国之为?"①

孔子对这一状况的回应就是试图回到古代传统中根植于道德上正确的"道"中的价值、理想和实践。他希望如果真正的有德之人取得政府的权力职位(比如成为公爵大臣等),他们就将会为民众谋福利,并且还能够逐渐减少对战争和刑罚的

---

① 《左传·昭公十三年》。译文引自理雅各:《左传》,第652页,有改动。参考尤锐(Pines):《儒家思想的基础》(Foundations of Confucian Thought),第114—116页,对此有所讨论。《左传》编纂年代及其作为史料的可靠性存在着非常大的争议。尤锐认为《左传》成书不晚于公元前360年,最早可追溯至公元前5世纪,也就是说,它离孔子的时代不算太远(《儒家思想的基础》,第31—34页)。关于《左传》成书年代不那么乐观的讨论,可参考史嘉柏(David Schaberg):《文雅的过去》(Patterned Past),第315—324页。

依赖。他自己也在寻求这样的地位,并以此教导弟子。

孔子的许多关键术语都有古老的渊源。德(Virtue)最初是君王拥有的几近神奇的威力,它无需借助武力或其他暴力手段就能够使别人服从他。孔子描述这种德的威力,说:"为政以德,譬如北辰,居其所而众星共之。"(《论语》2.1)《尚书》的那些章节其真正的年代可以追溯到周朝建立前后(大约公元前1040年),它们清晰地表明,到那时为止,对德的拥有已经与可识别为美德的品质联系在一起,例如顺从和仁慈。此外,人们那时也接受了这样一个事实:即便不是君王的个人也能拥有德,比如周公。天(Heaven)的原意就不那么清晰了。但是对于本书中研究的思想家来说,天是一种更高的仁慈力量,有时天被以一种高度拟人化的方式所看待(如早期墨家中的天),有时又被以一种更加非人格化的方式对待(如儒者所言的天)。"道"的标准词源将其基本含义解释为"路"(该含义被保留在现代汉语词语"道路"中)。通过一个(我们在英语中也比较常见的)显而易见的隐喻,"道路"意义上的"道"被扩展为做某事的"途径(方法)",特别是生活或组织社会的正确之道。然后,通过联想,道指称某种言述方式。最后,通过进一步的隐喻性延伸,"道"被用来指一种形而上学的实在,它对事物的存在方式以及应该如何存在负责。① 关于

---

① 关于"道"的词源学可以参见伊若泊:《庖丁之道与哲学的界限》("Cook Ding's Dao and the Limits of Philosophy"),第129—130页和第145页。另参见安靖如(Stephen Angle)和金鹏程:《作为一种别称的道》("'Dao' as a Nickname")。

道这一术语何时在形而上学的意义上被首次使用,以及如何更好地理解这种形而上学之道,在学界还存在争议。例如,在多大的程度上它内化在世界之中,又是在多大程度上它能够超越世界?我认为在《道德经》第25章中我们可以清楚地看到这个术语在形而上学的意义上被使用,至少它描述了部分超越日常世界的事物:

有物混成,先天地生。寂兮寥兮,独立不改,周行而不殆,可以为天下母。吾不知其名,字之曰道。(《道德经》25章)

但是,这里需要特别声明的是,没有任何文本依据能够表明本书中讨论的思想家对这种形而上学之道感兴趣,而不是对生活之道或组织社会之道感兴趣。

如上述引文所示,作为形而上学实在的道常常与《道德经》的作者老子的"道家"相关联。① 那些早先对中国思想有些熟悉的人可能会问为何本书中没有关于老子的章节。毕竟,有一种传统说法认为老子和孔子是同时代的人。简言之,我同意最近一些学者的观点:即"老子"是几个早期关于"圣人"的故事逐渐合并形成的一个假设的个体描述;而《道德经》是一

---

① 在比较早期的威妥玛式拼音法中,道家(Daoism)通常被写作 Taoism,而老子(Laozi)则被写作 Lao Tzu,《道德经》("Daodejing")被写作"Tao Te Ching"。我把道家放在括号中是因为在这本书所涵盖的时期内,这个词还无法很好地指称一个结构清晰的运动。"道家"充其量是一个松散的有时有用的标签(类似于"保守派"或"自由派"之类的词)。

部随着时间的推移不断积累的格言集；晚至孔子时代，《道德经》才具备了现在的样貌。特别值得强调的是，我将会说《道德经》的主要章节并不早于公元前4世纪中叶的哲学上的"语言危机"时期（我将在 I. B. 2 中加以讨论）。上述所论及的全部论断都仍是持续不断争论的主题。然而，我认为我的基本主张仍能够被证实，即便证明了关于老子生命和《道德经》编撰的最传统描述都是真实的。因此，我将在本书中对《道德经》恭敬如仪，保持沉默。①

在我看来，孔子是四位彻底改变早期中国哲学方向的人中的第一位，其他三位分别是墨子、杨朱和惠施。他们当然不是早期中国绝无仅有的伟大思想家。孟子、庄子和荀子可与任何的思想传统中的伟大思想家并驾齐驱。但是上述提到的孔子、

---

① 参见罗斯（Roth）：《郭店老子简研究中的几个方法论问题》（"Some Methodological Issues in the Study of the Guodian Laozi Parallels"），可以了解最近关于《道德经》的历史时期的争论。对于我个人的对王弼版《道德经》的解释，参见万百安：《〈老子〉癫狂之语中的理性方法》（"Method in the Madness of the *Laozi*"）。［万百安先生此文题目实难恰当地译为中文，译者请教了本书作者关于这篇文章题目的意思，在此基础上将其译为"《老子》癫狂之语中的理性方法"。在私下交流中，作者提到，此文题目取自莎士比亚著名戏剧《哈姆雷特》第二幕第二场中解释哈姆雷特癫狂原因的用意，即某个人看似疯狂了，但他所说的每一句话都有很好的理由可以解释，其话语之中蕴含理性因素，都是可以理解的。作者用此表明《老子》中表面上貌似不合理的言辞，其实背后都有深刻的理性思考。参考前引中译本，第 133 页："他（哈姆雷特）的回答有时候是多么深刻！疯狂的人往往能够说出理智清明的人所说不出来的话。"——译注］

墨子、杨朱和惠施都是以某种根本方式革命性地改变了中国思想。

墨子(公元前5世纪)提出了第一个论据充足的替代儒家方案之道,并且他使"辩"成为了哲学讨论的中心议题。墨子和孔子一样,非常关心如何拯救社会于危机之中,但正如我们将在第3章中看到的那样,墨子强调直接的目标是兴天下之利,并将之凌驾于培育个体美德之上。他争辩说,儒家对礼的践履是毫无意义和奢侈浪费的,而儒家提倡的"差等之爱"导致了社会的矛盾和冲突(参见第II.A.2部分)。相反,为了保障每个人的物质生活福利,墨子倡导"兼爱"。

杨朱(公元前4世纪初)提出了"人性"的概念,并成为哲学讨论的中心,他使用这一概念对儒家和墨家都展示了一种智识上强有力的挑战。人性是由天根植于我们之内的,而无论儒家还是墨家都把天作为最高的道德权威。而杨朱则争辩道,保存自己的生命是人的本性。但是儒墨之道都强调牺牲自我来为他人谋福祉,在杨朱看来,这种行为是违背我们的本性的。因此,他坚持儒墨两家对我们的本性有不合理的规定和有害的扭曲。

惠施(公元前4世纪末)是中国哲学"语言危机"的核心人物之一。他给出一些论证,这些论证导致自相矛盾的结论(例如"今日适越而昔来"),但是他明白其方法具有伦理含义(例如"泛爱万物,天地一体也")。尽管惠施可能是一位非常严肃而真诚的思想家(他曾担任梁王的宰相),但是他激发了公孙龙(约公元前3世纪初)的诡辩,后者以争辩"白马非马"论著称。惠施之后,哲学家们不得不在语言的可靠性(特别是

"名")方面,对规范性或描述性方向选边站队,有些哲学家(比如所谓的"道家")接受悖论;另一些哲学家(撰写《墨子》中《墨辩》的后期新墨家)试图发展一种语言哲学,以便保留书面语言的可靠性;还有哲学家(像儒家中的荀子)试图以灵活的而不是矛盾的方式来使用语言。

在上述四位革命性思想家中,我在本书中将讨论到孔子、墨子和杨朱。我还会讨论到孟子,因为他对墨子和杨朱加以回应,其所提供的内容成为历史上最重要的儒家回应之一。虽然惠施是孟子的同时代人,但我认为他没有对孟子思想产生什么影响。此外,如果要恰当地讨论惠施,就需要探究其思想对庄子、《道德经》、新墨家和荀子等后期分支产生的各种影响。因此,关于惠施,我将留待以后再谈。

正如我将在下一章中解释的,我们可能会对墨子本人的思想是什么有一种很好的理解,或者至少知道他早期的追随者为之辩护的是什么。非常遗憾的是,我们对杨朱和惠施的特定教义知之甚少。① 那么,对孔子呢?

---

① 在第 4 章第 I 节中,我对杨朱提出了自己的猜想。惠施和公孙龙的出色辩论可参见何莫邪(Christoph Harbsmeier)的《中国古代的语言和逻辑》(*Language and Logic in Traditional China*),第 290—311 页;葛瑞汉的《论道者》,第 75—95 页,以及葛瑞汉的《"白马"论初读》("First Reading of the 'White Horse'"),其中《中国古代哲学读本》中公孙龙的"白马论"英译是我翻译的,参见第 363—368 页。

I. 文本问题

I. A. 一个传统观点

中国和西方大多数传统学者都相信,我们拥有大量关于孔子及其观点的可靠资源。典型的例子就是朱熹的立场。首先,朱熹确信,《论语》是(在其死后不久由他的弟子记录的)孔子的格言集,描述孔子的行为举止,某些他亲身参与的简短对话,以及某些孔子亲炙弟子的相似材料(这些弟子都忠诚于孔子,并在孔子指导下学习,追随孔子自己的观点)。《大学》开篇以一段简短但富有内涵的孔子语录开始,接着是孔子的弟子曾子对这段引文的广泛评论。《中庸》是由孔子的孙子子思所作(他也是曾子的弟子),但他撰写此书的目的是保存在其他地方没有被记载的孔子的某些方面的看法。孟子是在子思作品指导下学习的儒者,他的言论主要表现了对孔子世界观的进一步阐释和维护。①

(朱熹会继续认为)孔子也写了《十翼》,即对《易经》的一系列评注,它揭示了孔子的大量形而上学观点。他还编纂了《春秋》,这是一部含蓄且简洁的历史著作。通过对《春秋》中孔子遣词造句的细致研究,我们就能够深入了解孔子关于两百

---

① 正如我在第 1 章第 I. B. 3 节中所指出的,朱熹把《大学》《论语》《孟子》和《中庸》集合成《四书》(意味着要按照那样的顺序进行研究),《四书》已经成为六百年来儒家科举考试的基础。

多年来直到他自己时代各种历史人物的行为举止所作的评判。关于孔子,还有许多其他的大体上可靠的信息来源,比如司马迁《史记》中有关孔子的传记(为《论语》中很多言论提供了历史背景),另外,也有一些其他文献中的简短引用被归诸孔子。

不幸的是,现代学术已经削弱了朱熹和他后来很多追随者在他们的著作里提供的可信性。司马迁似乎收集了大量的关于孔子的故事和传说,并且只是尽其所能地将它们以连贯的方式加以组织。《春秋》的确可以追溯至孔子的时代。然而,它可能并非孔子所编纂,即便它是孔子编纂的,并且也存在一些伦理判断被编码于其中,但那种编码是如此隐晦,以至于似乎只能对孔子的判断可能是什么加以猜测。《易经》所附的《十翼》的成书年代现在被认为不会早于公元前300年。《礼记》一书——《大学》和《中庸》是其中的两章——据信也可以追溯到大约同一时期,但显然是在孔子和其弟子过世之后很久了。无论如何,正如我在前一章(第 I.B.3 节)中对"新儒家"的讨论所指出的那样,我们对知识传统的研究应该使我们非常怀疑这样一种说法,即某个知识传统中的追随者(甚至是直接的弟子)仅仅复制了创始人的观点。我们也知道,孔子的弟子们在其师真正的教导是什么这个问题上意见相左。(这同样反映在弟子们之间的党派之争中,如同《论语》19.12 所记载的内容表明的,我在第 II.A.2 节中对此加以讨论。)因此,我们必须十分谨慎,不能想当然地将曾子、子思或孟子等人的观点与孔子的观点等同起来。回到《论语》本身来看,清代的一位才华横溢的学者崔述(1740—1816)就曾决定性地证明了《论语》第16—20 章的语言特点与其他章节不同,并提出这些章节应该可以追溯到相当晚的时期。①

I. B. 有争议的章节

I. B. 1.《论语》4. 15 和"一贯之道"

因此，看起来我们就只剩下《论语》1—15 章的内容能够作为我们了解孔子的唯一可靠的信息来源（还需要剔除掉"弟子语录"）。但是，就连这些材料中的某些部分也是值得怀疑的。以《论语》4. 15 为例，朱熹将这段话置于后来对此文本注疏中

---

① 孟子把《春秋》归为孔子所作（《孟子》3B9），但实际上《春秋》是一种历史编年史的统称，所以孟子用的《春秋》和我们所知道的《春秋》可能不是同一部著作。关于《易经》的有益的介绍以及后来儒者对它的运用，可参考司马富（Smith）等人的《宋代运用〈易经〉》（*Sung Dynasty Uses of the I Ching*）。《礼记》中的个别章节可能早于公元前 3 世纪。例如，《礼记》中的《缁衣》篇出现在郭店楚简中，这就意味着它的成书年代不晚于公元前 4 世纪。然而，一些学者据此迫不及待地得出仓促的结论，即那些没有在郭店楚简中发现的现存《礼记》中的其他篇目也是公元前 4 世纪的文献。这就好像是说因为一部新生英文选集中包含了《哈姆雷特》和《都柏林人》，就得出结论说这部选集中的作品都出自同一个年代——并且都由同一个作者所写。（参见程元敏《礼记：中庸、坊记、缁衣非出于〈子思子〉考》，收录于《张以仁先生七秩寿庆论文集》上册，第 1—47 页。）关于《论语》，参见崔述的《洙泗考信录》。刘殿爵（D. C. Lau）在其所译《论语》第 222—227 页用英文对崔述的研究成果给出了一个清晰的非技术性的总结。另参见梅约翰的《〈论语〉成书》（"Formation of *Lunyu* as a Book"）；白牧之（Bruce Brooks）和白妙子（Taeko Brooks）的《论语辨》（*The Original Analects: Sayings of Confucius and His Successors*），以及森舸澜（Edward Slingerland）的《为什么理解〈论语〉时哲学不是"附加的"》（"Why Philosophy Is Not 'Extra' in Understanding the Analects"）。

的核心位置：

> 子曰："参乎！吾道一以贯之。"曾子曰："唯。"子出。门人问曰："何谓也？"曾子曰："夫子之道，忠恕而已矣。"

对我们而言，"恕"在《论语》15.24中的特征非常明确："己所不欲，勿施于人。"我将把"恕"翻译为"reciprocity（互相体谅）"，只是为它寻到一个方便的英语名称。但是"忠"在这里是什么意思呢？"忠"往往包含对上级的忠诚感，是道德上理性明智的忠诚，而不是昧于事理的愚忠。正如孔子所言："爱之，能勿劳乎？忠焉，能勿诲乎？"（《论语》14.7）但是，任何对4.15处的"忠"的合理解读都必须解释"忠"如何才能与"恕"相联结，将一切都统一为孔子之道。忠诚（Loyalty）并不足以提供孔子之道中的一切事情，它不能被"己所不欲，勿施于人"的概念所涵盖。

朱熹给出了一个解决办法，指出"忠"不仅仅是忠诚，同时也是"尽己"，这种"尽己"涉及非常强烈的个人对道的承诺。正是朱熹使如下信念得到普遍承认，即《论语》4.15是注疏《论语》的重中之重。无论是孟子还是荀子（孔子之后仅次于孟子的儒家哲学家）都没有像曾子那样引用这段文字或者将"忠"与"恕"配成一对。《中庸》确实具体提到了"忠"和"恕"，但即便如此，"忠恕"也只是这个文献中众多概念中的两个，无法成为整个作品的主旨。现存最早的对《论语》的注疏是由何晏等人在公元前3世纪左右完成的，但是他们甚至没有费心去点评为何曾子将"忠""恕"搭配起来。① 但不奇怪的是,一个像朱熹这样的体系哲学家就能利用某一段话,声称在其中找到了"一贯之道"从而把孔子的思想编织在一起,就好像他认为"理"能够统一世间万物一样。

许多近代的解释者都同意朱熹的主张,强调《论语》4.15 的重要性。刘殿爵(D. C. Lau)最接近朱熹的解释,而冯友兰、芬格莱特和倪德卫以及其他人虽然以不同于朱熹的方式来解读《论语》4.15,但他们都同意刘殿爵强调《论语》4.15 的核心和重要。我将参考上述所有人的注疏,即认为曾子(在《论语》4.15 处)概括孔子的"一以贯之"之道是非常准确的表达,这个"一以贯之"之道作为"曾子学说"将孔子之道联结在一起。艾文贺提供了我相信最为合理的"曾子学说"的解读,因此我这里将主要采用他的版本。在其早期作品中,艾文贺强调了"忠"的层级特征:即"忠"一定是对上级而言的。由于圣人的传统践行其本身就比我们更加优越,因此对于"忠"的基本含义的自然延伸就是要忠诚于圣人之"礼"的实践(我将在后面第 II. A. 1 部分中讨论礼的内容)。但是,忠于礼的实践并不是孔子之道的全部内容,因为孔子提倡以一种人道的和灵活的方式遵循礼。因此,"恕"就相当于一种在想象中把我们自己放在他人位置上的践行,这样我们就能够人道地运用这些礼,并

---

① 《中庸》第 13 章。(参见理雅各:《孔子的论语》[*Confucian Analects*],第 393—395 页。)如果想要了解何晏对《论语》注释的翻译(与朱熹的内容并列),参考贾德讷:《朱熹读〈论语〉》(*Zhu Xi's Reading of the Analects*),第 157—161 页。

学会在适当的时候对它们加以修正或调整。①

此后,艾文贺在回应诸如罗哲海(Heiner Roetz)等人的批评时,对自己的立场稍微作出了改变。罗哲海注意到了《左传》的以下段落:

> 所谓道,忠于民而信于神也。上思利民,忠也。祝史正辞,信也。②

罗哲海对于此段主要想提出两个主张:(1)它歪曲了"忠"总是对社会同龄人或者上级的态度的概括;(2)它表明在古代的世界观中一个人也可以"忠"于自己的下属。艾文贺同意第一种说法,但他想否定第二个主张。艾文贺认为,《左传》中的这段话表明,"忠"最好被理解为对自己职责的"尽责",而不是(对社会上级或其他任何东西)"忠诚"。因此,艾文贺没有改变对《论语》中"忠"和"恕"的最终解释:"忠"是对自己责任的承诺,特别是在传统的礼中体现出来的职责;"恕"是一种互

---

① 艾文贺:《重塑〈论语〉中的"一贯之道"》("Reweaving the 'One Thread' of the Analects"),他以重要的方式推进了冯友兰《中国哲学史》第1卷第71页、倪德卫《中国道德哲学中的"金律"之辩》("Golden Rule Arguments in Chinese Moral Philosophy")以及芬格莱特《遵循〈论语〉中的"一贯之道"》("Following the 'One Thread' of the Analects")等文本中提出的观点。

② 《左传·桓公六年》。(参考理雅各英译:《左传》,第48页。)转引自罗哲海:《轴心时代的儒家伦理》(Confucian Ethics of the Axial Age),第312页注释159。

相体谅的原则("己所不欲,勿施于人"),它告诉我们坚持自己的职责,并使之变得人道和灵活。然而,艾文贺是通过一条比他在其早期作品中所采取的更加直接的路径得出了这个结论:他论辩道,"忠"不应该主要被理解为"对社会同级和上级的忠诚",因此可以类推为"忠于自己的社会责任",而是相反地通常应该被理解为"尽职尽责"。现在,我将跟着艾文贺(以及森舸澜)的提议,将"忠"译为"责任感(dutifulness)",这样我的讨论将更容易用英语进行。① (稍后,我将提出一个我认为更准确的替代翻译。)

如果我们把《论语》4.15 看作是孔子表达自己的真实观点的话,艾文贺据此提出了《论语》对"忠"和"恕"的有力解读。然而,我最终会在其他地方论证这段话是后来窜入的,并且曾子的解释没有表达孔子自己的观点。② 简而言之,我的理由如下:

1. 叙述的故事通常在历史上是不可信的。曾子是孔子年轻的弟子之一。事实上,在《论语》中除了4.15 处以

---

①艾文贺:《〈论语〉中的金律》("Golden Rule in the *Analects*"),森舸澜译:《论语》(*Analects*)。艾文贺在他的文章中不仅回应了罗哲海(Roetz),而且也回应了陈馨叶(Sin Yee Chan)、牟博(Bo Mou)以及我的解读。金鹏程对"忠"这个词的理解也使其与"忠诚"区别开来,但是他的方式与艾文贺的方式略有不同("当'忠'不意味着'忠诚'"["When *zhong* Does Not Mean 'Loyalty'"])。

②参见万百安:《重塑"一贯之道"》("Unweaving the 'One Thread'"),我在此文中给出了这个论证的更详细阐述。

外没有任何关于曾子和孔子直接对话的记载。另外,有证据表明曾子并不是孔子最聪明的弟子:在《论语》11.18中,他被描述为"愚蠢(鲁)",而且任何关于曾子的评论都没有表现出他的聪慧。因此,孔子扔给曾子一个显然很隐晦的评论,然后假定曾子听懂了,这是很古怪的。同样古怪的事情是,孔子其他的弟子会跑到曾子那里去寻求解释。这个行为本身表明了对曾子的高度尊重,这既与他的年轻不相符,也与他被证实了的知识能力的缺乏不相符。

2. 曾子对孔子含义的解释本身也似乎并不真实。孔子讲的是"一以贯之"的能够将他的道结合在一起的东西,但是曾子却提到了忠恕两件事情。朱熹巧妙地指出,曾子之所以提出两件事是因为他希望用较浅易的词汇来表达他对孔子教诲的深刻理解(但是其他弟子可能并未像他和孔子那样完全开悟,因此不能领会孔子之道的精髓)。很多当代的解释者都遵从刘殿爵的建议,即认为忠和恕是孔子的核心美德仁的两个方面。①(他们认为这是一种许可,可以引用那些讨论仁的段落作为他们解读4.15的证据。)但是,这仍然给我们留下了一个未予回答的问题:如果孔子的意思是说他的道是由仁结合在一起的话,那么曾子为什么不那样说呢?为什么他在解释孔子的意思时,避免直接提到仁的内容呢?

3. 这段中文文本在词法上与众不同,因为它包含了

---

① 朱熹《四书集注》对《论语》4.15 的注释,刘殿爵译《论语》,第15—16 页。关于"仁"的讨论,参见本章第 II. B 部分。

《论语》中唯一出现的被用作呼唤型助词的"乎"字。(同时"也"这个字行使了同样的功能。)

4.这段中文文本在句法上是不规则的。历代浸淫于古文的学者对于如何从语法上解析孔子的话实际上并没有达成一致意见。许多英译者都遵循韦利(Arthur Waley)的解释:"我的道有一条主线贯穿其中(my way has one [thread] that runs right through it)。"但是这种译法与中文原文的句法不是很接近。使得原文难以解释的原因是,它似乎是对《论语》15.3 的一段话的较为尴尬的重写。但这就表明,4.15 的文字是模仿另一段文本的内容而窜入的,它不是对真实交谈的引述。

基于以上所有的理由,看起来很可能的是,4.15 这段话是后来的解释被尴尬地窜入《论语》文本之中的。但是,它是如何被窜入的呢?我们知道曾子是后来儒家学派的领袖人物。正如我所观察的,除了 4.15 这段对话外,没有证据表明他和孔子有非常多的互动。如果在《论语》中有这样一段话,在其中曾子显著地扮演了孔子思想的阐释者的话,这对于合法化曾子的领袖地位将大有助益。(当然,读者不必接受这一推测,以便同意上述 1—4 点意见确实给了我们怀疑 4.15 那段对话的充分理由。)

只要《论语》的其余地方似乎也传达了同样的观点,即忠恕是孔子思想中的核心概念,那么 4.15 中的对话其真实性难以确立就不会产生很大的影响。一段文字,即使它是后来窜入的,其作为整体也有可能是富有洞见且具有代表性的一个文本。其一,如果我们接受4.15的文字表达的是孔子的观点(而不仅仅是曾子的观点),相比于我们将这段文字作为异于孔子思想的文本而拒斥它来说,我们就会得到一个完全不同的儒家形象。一方面,4.15那段文字使得早期儒家看起来比它本来所是的更加系统化。(我很怀疑这正是朱熹对这段文字加以强调以吸引哲学家关注的部分原因。)其二,如果我们把4.15那段对话抽出来(打个比方说),然后再读没有这段对话的《论语》的其他部分,那么就没有理由将忠恕对应起来,或者使忠恕凌驾于文本的其他重要术语之上。其三,虽然现在我同意"忠"的含义比"忠诚"更加宽泛,但它将"忠"这个词的含义延伸得太远了,以至于不能将它看作是一般而言对一个人社会角色的富有意义的责任。我认为史嘉柏对"忠"的解释更贴近事实,他指出忠是对某个或某些公众人物利益的承诺,尤其是这种承诺涉及宣布放弃个人好处的时候:"这可能是对维护某个君主统治下的人民利益的承诺;也可能是某个臣子对于维护自己君主的利益的承诺;还可能更普遍地讲,是对与自己在礼法和政治结构中有关联的其他个人或国家的利益的承诺。"① 因此,我通常将"忠"译为"献身(devotion)"。

---

① 史嘉柏:《文雅的过去》,第157页。尤锐也得出了类似的结论(《儒家思想的基础》,第146—158页)。史嘉柏和尤锐将他们的描述奠基于对早期历史文献的广泛阅读,包括《左传》和《国语》。(我非常感谢下面这些学者:罗哲海、艾文贺、金鹏程、史嘉柏和尤锐,他们说服我相信"忠"的原始意义不仅仅是"忠诚"。)史嘉柏认为"义"所扮演的概念角色是艾文贺归结给"忠"的(同上,第155—156页)。(关于"义"更多的讨论参见第II.B节。)

讽刺的是,有几位学者引用了一段话想支持曾子对《论语》的解读,但这个引用却反过来说明了曾子解读的弱点。①在《论语》5.19 中,子张对孔子说,

> 令尹子文三仕为令尹,无喜色;三已之,无愠色。旧令尹之政,必以告新令尹。何如?

孔子回答说:"忠矣。"当子张再问:"仁矣乎?"孔子回答:"未知,焉得仁?"

艾文贺指出,孔子之所以在将"仁(humaneness)"赋予子文时很吝啬,是因为子文虽然证明了"忠",但是却并未表现出整全之仁的另一面"恕"。这显然是一种可能的解读。很不幸,同样可能的是,孔子认为子文并未表现出《论语》中提到的其他任何美德。子文有没有表现出他的勇敢?诚实?明智?正直?孝顺?除非我们提前假设 4.15 那段文字给我们提供了解读《论语》的钥匙,否则我们为什么要认定子文仅仅是缺乏某种成为仁的品质,而不是认为对恕的承诺就是那种品质呢?

《论语》5.19 的文字不仅没有提供任何有利于曾子对《论语》解读的证据,实际上它却提供了某种反对曾子解读的证

---

① 倪德卫:《中国道德哲学中的"金律"之辩》,第 66 页;艾文贺:《重塑〈论语〉中的"一贯之道"》,第 26 页;森舸澜译:《论语》4.15 的注释;以及艾文贺(《〈论语〉中的"金律"》)等文章都引用了《论语》5.19 的文字以与他们捍卫"忠"的解释相关联。再次地,艾文贺在阐述其论证时最明确。

据。在曾子的解读中,"忠"在5.19中指的是对一般意义上的人的社会角色的责任。为什么孔子仅仅根据他听说的子文的信息就把这个意义上的"忠"轻易地归之于他呢?我们所能听到的都是子文在接任和卸任期间的行为。他对父母怎么样?他在祭祀礼仪中的表现如何?是不是在朋友需要帮助时伸以援手?什么时候带兵打过仗?以曾子对"忠"的理解来看,孔子这样说表明他知道子文在这一切事情上都是尽责的。(他只是不确定子文是否也践行了"恕"。)相反,如果我们把忠解释为献身于某个统治者的利益,我们就更容易明白为什么孔子对他的品质有信心。子文确实表明了他是献身于统治者的利益的,无论统治者是否奖赏他的奉献。

如果我们通读《论语》5.19那段文字,另一个问题就变得非常明显了,因为紧接着这段文字的,是子张问孔子关于另一个人的事情:

> 崔子弑齐君,陈文子有马十乘,弃而违之。至于他邦,则曰:"犹吾大夫崔子也。"违之。之一邦,则又曰:"犹吾大夫崔子也。"违之。何如?

孔子回答说:"清矣。"当子张再问:"仁矣乎?"孔子回答:"未知,焉得仁?"除了一个重要的区别外,《论语》5.19的上述引文几乎和前一部分的内容保持了一致。为什么孔子说陈文子是"清"而不是"忠"呢?当陈文子逃离自己的国家,从而拒绝在一个以弑君者为首的政府统治下生活,并拒绝从中获利的时候,他是不是对自己的社会角色不尽责?"清"难道只是

"忠"的同义词吗？或者说,仁本身有三个面向,而不是两个：忠、清和恕？我可以构造解释,说明在曾子将"忠"理解为尽责(dutifulness)的意义上,为什么孔子说陈文子是"清"而不是"忠",但是在我看来,这段话似乎非常费解。相比之下,如果"忠"被解释为奉献(devotion)的话,就不难理解孔子的意思了。子文在事主的过程中表现出了狭窄的(但却重要的)奉献美德。陈文子表现出狭窄的(但却重要的)"清"的美德,他拒绝从弑君者那里获利,即使这个利是间接的。但是子文的行为不能说他"清",而陈文子的行为也不能说他"忠"。孔子认为在每种个别的情况下都存在着某种特定的美德,但这个美德并不能保证仁所必需的其他美德的归属。

对这段文字的思考证明了我们在第 1 章导论部分抽象地讨论的解释学方法论的几个非常重要的方面。(1)首先,我们看到了引用特定的文本证据来支持某个解释的重要性。《论语》4.15 和 15.24 是曾子对忠和恕的解读的主要文本依据。(2)然而,文本并不是预先被解释的。我们必须基于使整个文本最有意义的理由来支持一种解释(其中,使文本变得"有意义"在很大程度上是以善和仁为指导原则的)。因此,朱熹、刘殿爵、冯友兰、倪德卫以及芬格莱特等人提出了另一种解释来说明孔子之道为何是由忠和恕组成的。(3)我们通过论证我们对某个字词的解释能使其所在句子的意义得以最清楚的表达来支持这种解释的"正当"。因此,罗哲海引用了"忠"字在其中出现的一段话,他论证他的解释能够澄清其意义,反之艾文贺的解释却不能。为了搞清楚这段话中"忠"字的含义,同时也搞清楚《论语》相关段落的含义,艾文贺修改了他的解释。

(4)解释的过程是整体的:我们必须澄清字词和句子,因为它们与其他字词和句子是相关的。所以,任何对《论语》5.19那段文字的解读都必须要阐释"忠(dutiful,尽责)"与"清(pure,清白)"之间的区别,以及搞清楚对陈文子的评断与对子文的评断,这两者之间是如何产生关系的。(5)尽管不存在关于某种解释的确定证据,但是确实有些解释或多或少地对文本进行了歪曲,并且存在这样的证据,即当人们在提供一种解释时,他们可以且必须引用这样的证据并对之作出回应。

然而,曾子观点持有者可能会觉得,我还没有完全公正地说明解释必须是全面充分的这一要求。即使《论语》5.19比最初看起来的问题更大,也还是有许多其他相关段落能证明它的可靠性。考虑一下孔子对子贡的评论。一方面,他显然有一些好的品质,比如他能言善辩(《论语》11.3),有非常好的商业头脑(《论语》11.19),而且孔子将他比作是一种祭礼中的稀有珍贵器皿(《论语》5.4)——这个器皿的比喻暗示了子贡的价值,尽管这个比喻隐含对他的指责,即他仅具备偏狭的器具之用(《论语》2.12)。然而,孔子似乎在苦心孤诣地指出一些路径,子贡未能通过这些路径展现"恕(reciprocity)"。孔子正是对子贡给出了关于"恕"的描述,即"己所不欲,勿施于人",当时子贡问"有一言而可以终身行之者乎?"孔子给出了那样的回答(《论语》15.24)。也是对子贡,孔子解释了"己欲立而立人,已欲达而达人。能近取譬,可谓仁之方也已"(《论语》6.30)(这段话通常被认为是关于"恕"的一种替代性特征描述。)当子贡自信地宣称:"我不欲人之加诸我也,吾亦欲无加诸人"时,孔子狠狠地打击他说:"赐也,非尔所及也。"(《论语》5.12)而子贡喜欢不适当地批评别人,(《论语》14.29:"子贡方人。")如果他能够设身处地地站在他所批评的人的立场上想问题的话,他可能就不会那样做。综合考虑子贡所拥有的优点和缺点,我们似乎就能很自然地理解子贡就是那种不能通过"恕"来恰当体现"忠"的人。

但是请注意一个有趣的模式。《论语》中关于"恕"的段落极少是不涉及子贡的。如果我们将这个观察与如下事实联系起来,即孔子在做出回答时,通常会考虑对话者的需要(参见《论语》11.22),那么我们就可以得出这样的结论:这些文字更多表明的是孔子所看到的关于子贡的特定弱点,而不是关于人类道德经验的一般特征。这样说并不是要否认孔子认为"恕"对每一个人都很重要。然而,孔子想到的是各种美德对每一个人都很重要。问题在于,忠和恕是否在孔子关于美德的普遍观念中占据优先的特殊地位。孔子一直将恕和子贡相提并论,后者在践行恕方面显然存在特别的问题,这个事实是他想在其一般论述中将恕与忠一起提升到优先地位的微弱证据。再者,需要注意的是,在《论语》中完全找不到子贡被描述为"忠(尽责)"的段落。这当然不是否认子贡的忠。但是如果孔子关于子贡的主要观点是他是"忠"的但却没有践行"恕",为何他从未提到过子贡的忠呢?

尽管如此,一个曾子学派中的人仍会指出,《论语》中还有其他段落可被解读为阐明了忠和恕之间的分歧,最明显的是《论语》12.2:

仲弓问仁。子曰:"出门如见大宾,使民如承大祭。

己所不欲，勿施于人。在邦无怨，在家无怨。"

这段话的前两句（"出门……"和"使民……"）可被合情合理地解读为关于一个人对社会角色的尽责（忠），而第三句话显然是关于"恕"的表述。《论语》15.15也能够被巧妙地解读为关于忠和恕之间关系的文字。整体而言，我们是否可以说，能够最好地对这些段落，还有关于子贡的段落，以及4.15那段文字本身加以澄清的，都是对忠、恕的一种曾子式解读吗？提供某种整体性解释的要求不正是促使我们得出这个结论的原因吗？

不。问题就在于，曾子式解读对商业界所谓的"择优选取（cherry picking）"模式是会感到愧疚的。择优选取是指，销售员只去找最容易的客户，不去做"艰苦推销"，从而取得一系列看似令人印象深刻的销售业绩。但是，正如最好的销售员不仅能够把商品卖给容易的客户，而且也能够将商品卖给苛刻的客户一样，最好的解释也是如此，它既能处理那些易于解释的文字，也能处理其他难度较大的段落。更具体地讲，曾子式解释的问题在于，它只关注那些看起来可以赋予忠恕以特殊地位的少量几段文字，但却忽略了大量不能这样做的段落。例如，《论语》12.2本身确实适合于一种曾子式的解读。但是这是一个系列内容中的一部分，在这个系列中孔子针对什么是仁的问题给出了三个完全不同的回答，而其中的两个回答完全不是曾子式的。在《论语》12.3中，孔子回答司马牛问仁，说："仁者其言也讱。"我们可能会和司马牛一样有所怀疑，像他那样反问："其言也讱，斯谓之仁已乎?"但是孔子却向他保证说:"为之难,言之得无切乎?"曾子的解读模式对于这段对话,还有《论语》12.2 的那段话,就欠了我们一个解释。也许他会这样说,在《论语》12.3 中,孔子并没有给仁以一个特别的、一般性的特征描述,毋宁说只是给出了一个适合于对话者特定需求的描述。毋庸置疑这是真的。但是,为什么不能对《论语》12.2 做同样的论说呢?

也许我们可以不理会司马牛,因为他的问题只配得到一个相当粗略和简单的答案。但是,《论语》12.1 又如何呢? 在这个段落中,提问的是孔子最聪明、最有前途的弟子颜回(在他英年早逝之前),他也提出了关于仁的问题。孔子回答他:"非礼勿视,非礼勿听,非礼勿言,非礼勿动。"这听上去跟"忠(尽责)"的特征很像(特别是像芬格莱特和艾文贺那样阐述)。那么,为什么孔子和他最得意弟子谈话时,强调的是"忠"而对"恕"只字不提呢? 让我们再来看看《论语》5.16。在那段文字中,孔子描述了"君子之道",说它是由恭、敬、惠和义四种美德构成的。按照曾子式的解读,上述四种美德究竟哪个对应忠,哪个对应恕呢?

总之,曾子式的解读根本没有把《论语》作为一个整体来理解。有些段落可能用曾子式的解读能够被很好地处理(像12.2 和15.15)。有些段落(比如与子贡相关的几个段落)也能用曾子式的术语来处理,但是它们也能够很容易地用另一种解释加以处理。最重要的是,有很多段落,曾子式的解读不可能给出强有力的阐明。如果忠和恕确实是仁的两个方面,那么为什么孔子用如此之多的方式描述仁,以至于看起来与此(忠恕是仁的两个方面)很不一致？而《论语》中所有的其他美德术语是如何系统地与忠和恕相关联的呢？

正如我们将在下文 II.B 中看到的那样，事实上还有其他的美德术语一直被孔子自己强调并组合在一起（而不仅仅是被那些脾性有些"愚"[《论语》11.17]的年轻弟子强调)。

I.B.2.《论语》13.3 与"正名"

不过或许 4.15 是《论语》前 1—15 篇中的一个例外，而其他各篇都属于同一类型？很不幸，并非如此。《论语》13.3 是另一段会显著改变我们的儒家观念的文字，如果我们把它看作是孔子思想的典型代表的话：

> 子路曰："卫君待子而为政，子将奚先？"
> 子曰："必也正名乎！"
> 子路曰："有是哉，子之迂也！奚其正？"
> 子曰："野哉由也！君子于其所不知，盖阙如也。名不正，则言不顺；言不顺，则事不成；事不成，则礼乐不兴；礼乐不兴，则刑罚不中；刑罚不中，则民无所措手足。故君子名之必可言也，言之必可行也。君子于其言，无所苟而已矣。"

孤立地看，"正名（correcting names，也可译为 rectifying names)"的概念其含义是有些模糊的。然而，我们可以基于《论语》和其他作品中的一些文本，对此处被归于孔子的某种观念进行建构。① 正名似乎涉及使语言与世界彼此一致。这种一致可以用两种互补的方式加以完成:一种是改变命名的法,以使所使用的语言与所描述的现实相适应;另一种是改变现实,以使之符合适用于它的语言。《孟子》1B8 提供了关于前者的一个例子,在其中孟子被问到这样一个历史报道:贤君汤(即后来的商王汤)率领军队驱逐了暴君桀,而武(即后来的周武王)率领军队处决了暴君纣。与孟子对话的人问他:"臣弑其君可乎?"孟子答道,

贼仁者谓之贼,贼义者谓之残,残贼之人谓之一夫。闻诛一夫纣矣,未闻弑君也。

换言之,像"君"这样的词包含着与这个角色相对应的某些行为和美德之内涵。尽管桀和纣通常都被称为"君",但是他们并没有履行作为君的义务。因此,我们不该用"君"这个词来指称他们。

一个(至少对今天的我们来说)更加隐晦的"正名"应用可以例示为孔子的如下悲叹:"觚不觚,觚哉!觚哉!"(《论语》

---

① 尽管很多学者讨论过"正名"学说,但从哲学的角度对这一课题进行最系统最细致论证的是黎辉杰(Loy Hui Chieh)的一篇尚未发表的硕士论文:《论正名:〈论语〉中的语言与政治》("On Correcting Names: Language and Politics in the *Analects*")。我在很多观点上都得益于黎辉杰的这篇硕士论文。梅约翰的《中国早期思想中的名与实》(*Name and Actuality in Early Chinese Thought*)也是一项优秀的研究,但是它更多地关注后来的中国思想对"正名"观念的接受。

6.25)。觚是一种特定的礼器。评注者普遍认为孔子此处感叹的是如下事实：他的同时代人把并不是觚的东西当作觚来用（因为对于传统意义上的觚来说，它的形状也不对，尺寸也不对）。因此，一种理解孔子关切的方式是，人们错误地用"觚"这个词来指代与那个名称不相符合的礼器。

显然，正名至少涉及上述改变语言使用的过程。不过，有些人认为正名也涉及改变现实以使其与适用于它的语言相对应。我们可以将《论语》12.11解释为维护了正名的第二种含义。当被问到为政问题时，据称孔子做出如下回答，

君君，臣臣，父父，子子。

也就是说，当一个人拥有"君""臣""父"或"子"的身份时，他应该努力履行落到他身上的这个角色所对应的具体义务。我们将会看到，孔子在《论语》13.3的语境下提到"正名"的这一适用问题有其特定的理由，正是由于卫国的政治形势，他才做出了这一有关"正名"的宣告。

为什么"正名"如此重要呢？"正名"的两个互补的方面与两个相辅相成的目标相关。一方面，如果一种语言（无论是我们的现代语言还是某种我们通过传统而接触到的语言）反映了一种理想的社会秩序，那么改变事物以使它们与其（理想的）名称相一致，这是使社会更接近理想秩序的一种方式。然而，也有可能，一种语言变得如此低劣，以至于它不再能够发挥这种作用。如果人们习惯于以这样的方式使用词汇，即忽略与词汇联系在一起的道德内涵，这种情况就有可能会发生。例

如，如果名称被正确地加以运用，"父"这一名称就将带有"养育者、保护者和道德引导"的含义。这些含义的存在又将鼓励父亲胜任此类角色。但是，如果人们开始使用"父"这个词仅仅是指生物学意义上人类父系关系的话，那么父亲不陪伴孩子、对孩子漠不关心、甚至与子女发生竞争等情况就不会那么令人反感和讨厌了（杰瑞·斯普林格秀上争先恐后①）。因此，无论是改造现实以使之符合其理想的名称，还是改造名称以使其符合理想的用途，这两者都是恢复社会秩序的手段。②

---

①杰瑞·斯普林格秀（The Jerry Springer show）是美国著名的真人秀节目，以话题劲爆出名，其内容多涉及同性恋、第三者、乱伦等主题，可谓集角色身份混乱之大成，虽然这个节目在美国很受欢迎，但却被冠以"垃圾电视"的恶名。本书作者以此表明当"父不父，子不子"时人们的行为举止有多么恶劣，以此凸显儒家"正名"理论对我们现实生活的重要性。——译注

②麦金太尔（在《谁之正义？何种合理性?》中）建议我们可以"在程度方面对语言进行比较和对照，通过其词汇及其导向一套特殊信念即某些特定传统的信念的语言使用，某种特殊的在用语言受到程度限制"（第374页）。一方面，可以"有一种语言，它是生活在特殊时代和地点、带有共享的特殊信仰、制度和习俗的特殊语言共同体中所使用的语言概念。这些信仰、制度和习俗将会是各种各样语言措辞和成语中提供的表达和体现"（第373页）。相比之下，还有"国际化了的现代语言"（第384页），例如英语，其相关的道德理想是"某种无根的世界主义"（第388页），而且"已经发展成显然是对每个人和任何人都有效的语言，不管他们是哪个共同体的成员，或者不是任何一个共同体的成员"（第373页）。儒家的"正名"方法可以看作是试图维持（或复制）前一种语言和共同体的努力。儒家还为麦金太尔的主张提供了例证，即前面那种传统"必须体现在一套文本中，这套文本的功能是，作为被构成传统的探究之权威性出发点，而

"正名"在实现这两个目标中的重要性是由后来的儒者荀子提出来的：

> 故王者之制名，名定而实辨，道行而志通……故析辞擅作名以乱正名，使民疑惑，人多辨讼，则谓之大奸。其罪犹为符节、度量之罪也。

同一段文字后面，荀子阐明了"正名"带来的好处：

> 其民莫敢托为奇辞以乱正名，故壹于道法而谨于循令矣。

荀子最后以感叹"名"不能得到纠正的后果作结：

> 今圣王没，名守慢，奇辞起，名实乱，是非之形不明。①

以上关于"正名"的描述会赢得很多学者的赞同。我个人的观点是，以上说明大体上捕捉到了"正名"的含义，以及为什么

且作为这一传统内部探究与行动、争论、讨论和冲突的参考要点而得到保留"（第383页）。（《四书》显然在后来的儒家传统中"发挥着被构成传统的探究之权威性出发点的功能"。）[上引麦金太尔《谁之正义？何种合理性？》的文字，参见万俊人等译中译本，北京：当代中国出版社，1996，第487页，第501页，第506页，第499页，译文有改动。——译注]

①《荀子·正名》，参见《中国古代哲学读本》，第293页。

它有一定的重要性:正确的名称,适用于正确的对象,提供了明确的伦理指导,促进了社会的团结与和谐。通过正名,人们会知道大家对他们的社会角色抱有什么期待,并且会激励自己去满足这些期望。

但是我还遗漏了一个重要问题。正名对孔子的思想而言究竟有多重要? 在《论语》13.3 中,孔子以"正名"回答了子路提出的什么是为政之"先务"的问题。因此,很多解释者将正名看作是孔子思想的核心概念之一。陈汉生走得如此之远,以至于说,正名"揭示了孔子政治理论的**所有**特征并形成了这个理论的独到之处"①。葛瑞汉和史华慈(Benjamin Schwartz)把正名看作是一个在孔子的思想中没那么重要的角色。对于他们来说,"正名"是孔子思想中的一个核心观念,而不是唯一的核心观念。尽管如此,在其职业生涯的后期,葛瑞汉写道,儒家社会的成功运作"全凭每个人都依各自的名分正确行事……";②而史华慈也指出,正名是"在随后的[古代]中国思

---

①陈汉生:《中国思想的道家之论》(*Daoist Theory of Chinese Thought*),第 66 页。着重粗体是我加的。然而,陈汉生似乎想说"正名"只在一个方向上起作用:改变命名的实践以使之适合被命名的对象。("我们在树立榜样时,只需要公开地指出目标物,指出我们在做时所规范的行为的名称。"第 67 页)陈汉生似乎认为,可以将此看作是足以指导和改变人们的行为的方式。他将之描述为"一个典型的对正名的误解",认为它是"要求我们做事必须名实相符"(第 382 页注释 35)。[参见前引中译本,第 130 页,第 131 页,第 132 页脚注①,译文有改动。——译注]

②葛瑞汉:《论道者》,第 25 页。[参见前引中译本,第 32 页。——译注]

想的全部发展中占据重要地位的一个关注焦点"①。

但是,正名真的是孔子思想中具有普遍相关性和核心重要性的东西吗?我将依据思考《论语》13.3的解释语境的四种不同角度来审视该主张,即:它的创作语境、它的戏剧性年代、我们自己的解读语境,以及《论语》其余的文本语境。

首先,《论语》13.3最初是在什么背景下创作的?我发现韦利说得很有道理,他主张这段文字是"由[荀子]或其学派所作出的一种窜入,对他们来说,他们自己作为基本教义所教授的内容如果在孔子的话语中缺乏任何参考的话就必然显得不那么适当"②。韦利在这里确实提出了两个截然不同的主张:历史地看,《论语》13.3是后来窜入的内容,就其内容而言,13.3在《论语》中是与众不同的。我将进一步解释韦利的论证,并在此过程中提出我个人的一些看法。

1. 孔子在13.3中对正名的解释是以一种特异的"链式论证"风格写出来的:如果A,那么B,如果B,那么C,如

---

①史华慈:《古代中国的思想世界》(*World of Thought in Ancient China*),第91页。[引文引自程钢译中译本,南京:江苏人民出版社,2004,第91页。——译注]

②韦利英译:《论语》(*Analects*),第22页。《论语》13.3甚至体现了荀子的弟子韩非子的影响,后者与他的儒家老师分道扬镳,对"法家"的现实政治进行辩护。韩非子观察到,"人主将欲禁奸,则审合刑名者,言异事也。"(《韩非子·二柄》,参见《中国古代哲学读本》,第324页)他提议统治者在名和形相匹配时奖赏人,在不相匹配时则惩罚人。参考《论语》13.3中提到的"刑罚"。

果C……但是这种文风并非中国早期文献的典型特征。我们在《论语》本身的其他地方完全找不到这种"链式论证"风格,但它却令人想到《大学》的开篇,而后者可能是不早于公元前3世纪的作品。①

2. 如果说正名是孔子思想的核心概念,那么为何子路(我们知道他经常与孔子交谈)看起来似乎对孔子关于正名的言辞感到如此震惊呢?一个简单的解释就是13.3是伪造的。该段文字的作者预料读者们听到孔子倡导正名时将会十分惊讶,他希望通过让子路因为表达了类似的惊讶而被孔子狠狠打击来打消读者的怀疑。②

还有一个支持韦利立场的论点被他忽略了:

---

①诺布洛克(John Knoblock)在其所译《荀子》第3卷第115页中声称,在《论语》13.4中找到了相同风格的文字,但这个说法是错误的。《论语》13.4的风格是"如果那些君上是P,则人民将是Q;如果那些君上是R,则人民将是S……"无论如何,《论语》中的13.3和13.4都非常接近。它们之间的任何相似之处都只能表明它们是同一历史层累的一部分。[《论语》13.4相关文字是:"上好礼,则民莫敢不敬;上好义,则民莫敢不服;上好信,则民莫敢不用情。"——译注]

②诺布洛克在其所译《荀子》第3卷第115页中声称,"子路的异议在其他段落中也表现出他无法准确掌握孔子思想要点的同样情形",这也是错误的。子路经常表现出对儒家缺乏深刻的理解,但是其他任何地方都没有像13.3表现的那样表达出他彻底的震惊,而且他的回应很粗鲁("子之迂也"),这种粗鲁完全不是他崇敬孔子的日常风格。(更多关于子路的讨论,参见万百安:《孟子论勇》["Mencius on Courage"],第239页。)

3. "名"这个词在《论语》文本中出现的次数不多(只有八次),若此,"正名"能够成为孔子思想的核心概念就让人感到惊讶。此外,在"名"出现过的这八次中,有三次都是出现在《论语》13.3 这个段落内,一次出现在17.9 这个段落(此段包含在被崔述认定为起源较晚的系列章节中)。在出现的其他几次中,"名"似乎都主要与获得"名望"或"好名声"联系起来(正如我们英语中所说的,一个"为了自己的好名声"的人)。① 因此,在这方面,《论语》13.3 更像是后来的文本,如《论语》"阳货"篇或者荀子的"正名"篇,而不像是《论语》其他篇章。

---

① 一个可能的例外是《论语》4.5。下面的译文是由森舸澜、韦利和理雅各(在朱熹注疏的基础上)翻译的:"If the gentleman abandons humaneness, how can he be worthy of that name?"("君子去仁,恶乎成名?")然而,刘殿爵却将其翻译为:"If the gentleman forsakes benevolence, in what way can he make a name for himself?"前者的翻译使该段落成为"正名"的一个例证,后者的翻译使"名"的含义保持为"名望"。这两种解释在语法上都是可行的,但刘殿爵的解读遵循了历史上何晏的注,并且与《论语》9.2 中的"成名"表达的用法相符合:"达巷党人曰:'大哉孔子!博学而无所成名。'"(How great is Kongzi! He is so broadly learned, and yet has failed to make a name for himself in any particular endeavor.)在这段文字中,该表述最有可能被解读为"成就好名声"。森舸澜、韦利和理雅各都知道这一点,并且他们对《论语》9.2 这个短语的翻译不同于 4.5。但是,我们的初步假设不应该是该短语在两个段落中的含义是相同的吗?

我还发现了这些关于《论语》13.3在历史上不真实的相当有力的论证。韦利还给出了一个尽管有趣但却是更成问题的论证。

4. 大约公元前4世纪末,中国哲学发生了一场"语言危机"。这场语言危机可能是由惠施微妙的言论触发的(至少惠施是危机中主要的早期代表人物)。我们看到这一主题反映在《道德经》《庄子》、新墨家的"墨辩"和《荀子》中。有待解决的问题是"名"是否能够充分表达"实"并指导行为方式。好了,韦利却写道:"《孟子》(公元前3世纪早期)中没有'语言危机'的丝毫痕迹。"①如果这是真的(并且假设我们能够将《孟子》的成书年代确定为早于那些确实表现出受到那场语言危机影响的文献),那么,《论语》13.3似乎更可能是一个更晚的窜入,而不是对后面争论的令人惊讶的预判。

然而,这最后一个论证乍看之下有几个问题。首先,在上述提到的文本中,《荀子》是唯一一部可以毫无争议地在成书年代上确定为《孟子》之后的文献。其次,惠施是孟子的同时代人,甚至就在孟子到达梁国之前他还担任过梁国的宰相。

但是这些问题真的都是转移注意力的次要的东西。真正的问题是《孟子》本身是否像《论语》第13.3节那样貌似表现出受到语言危机的影响。如果受到了影响,那么13.3出现在

---

① 韦利译:《论语》,第22页。

儒家之中就不那么反常。但不幸的是,韦利走得太远,他说在《孟子》中不存在语言危机的"丝毫痕迹"。除了我之前引过的《孟子》1B8 之外,倪德卫指出,《孟子》2A2.9 中语言作为道德范导来源的充分性也值得关注。此外,刘殿爵和倪德卫之前还注意到,孟子在 6A3-4 中所说的内容和新墨家在"墨辩"中所说的话之间存在相似性。我不清楚在刘殿爵看来,是孟子受到新墨家讨论的影响,还是新墨家受到孟子论辩的问题的影响。不过,倪德卫显然认为,是孟子受到了新墨家论辩性词汇(dialectical vocabulary)的影响。①

尽管如此,韦利的论证仍然有可能得到证实。虽然孟子确实对(宽泛意义上的)语言哲学表现出了一些兴趣,但他并没有用"名"或"实"之类的术语来表述这些问题。例如,在《孟子》2A2 中,他是以"言(教义)"而不是以"名"作为讨论的框架(《孟子》2A2 中作为"教义"或"箴言"而使用的"言",其用法与《论语》的一些段落比如 15.24 的用法是一致的,而我们毫无理由怀疑,《论语》15.24 成书较早)。此外,我们看到荀子

---

① 关于《孟子》2A2 的讨论,参见倪德卫:《公元前 4 世纪中国的哲学唯意志论》("Philosophical Voluntarism in Fourth-Century China")。关于《孟子》6A3-5 的讨论,参见刘殿爵英译《孟子》,第 258—263 页,以及倪德卫:《〈孟子〉:6A3-5》("*Mengzi*: 6A3-5"),第 157 和 159 页。另参见我在本书第 4 章第 VI. A 节对《孟子》6A3-4 的讨论。(墨家的"论辩性章节(dialectical chapters)"在历史上是晚于早期墨家"总括性章节"(synoptic chapters)的;参见本书第 3 章第 I 节。我确信"总括性章节"展示的成熟观点要早于孟子;需要考虑的问题只是,历史上孟子是如何与"论辩性章节"相关联的。

对正名的性质和重要性给出了格外详细的解释。在我前面引述的"正名"篇那段文字之后,荀子接着解释了不能恰当地协调好名和实的关系,如何导致"杀盗非杀人"或"白马非马"之类的诡辩。(前一种说法和新墨学相关,而后一种说法是公孙龙的悖论。)这表明,与这种诡辩进行斗争是正名学说的部分动机。但是我们在《论语》或《孟子》中没有看到回应这种诡辩的任何兴趣。①

有趣的是,"名"和"实"这两个词在《孟子》中成对出现,但是并不是它们后来所拥有的含义:

> 淳于髡曰:"先名实者,为人也;后名实者,自为也。夫子在三卿之中,名实未加于上下而去之,仁者固如此乎?"(《孟子》6B6)

淳于髡在这里痛斥孟子拒绝为腐败的统治者服务,指责他这样做是自私的。很明显,这就是孟子如何理解这场讨论的,因为他通过讨论同样拒绝为坏的统治者服务的有德之人的情况来回应淳于髡的指责。所以,在这个语境下,文中的"名实"其意思显然是指"名誉和利益(fame and achievement)"。如果"名"的用法像它通常在《论语》中的用法一

---

① 《荀子·正名》,华兹生(Burton Watson)译,《荀子》(Hsun Tzu),第145—146页。诡辩"白马论"的作者生活的年代也许晚于孟子而无法影响他。参见钱穆:《先秦诸子系年》,第434—435页。(更多的讨论,参见同上,第434—437页,第455—456页,第461—462页)。

样,那这样解释就是很有道理的。总之,与《道德经》《庄子》《荀子》新墨家的"墨辩"和公孙龙子的作品相比,孟子对"名""实""言"等词汇的使用更贴近《论语》中的大部分内容。因此,当我们把《论语》13.3 与像《孟子》那么晚的一个儒家做比较时,它就显得不太正常了(《孟子》很可能创作于公元前 4 世纪末到 3 世纪初)。

即使韦利最后的那个论证本身并不具有决定性,我认为上述关于《论语》13.3 历史上不真实的其他论证仍然是有说服力的。但是,一段文字的解释语境这个概念是难以把握的。我们正在讨论的是《论语》13.3 的"创作语境",而它的"戏剧性年代"又如何呢?换言之,子路和孔子之间想象中发生的讨论,其戏剧性场景是什么呢?回想一下这段文字的开篇,子路问孔子如果他被卫国的统治者用为相的话他会怎么做。无论《论语》13.3 是在什么样的语境下被创作出来的,其目的都是要在孔子的生活语境中理解其意义。因此,对《论语》13.3 的含义而言,其部分背景知识应该是孔子在世时卫国的政治历史。现在让我们来回顾一下那个背景。

公元前 496 年,当卫灵公还是卫国的国君时,他的儿子蒯聩试图弑杀他的母亲南子(明显的动机是南子与人通奸)。弑母行动失败了,蒯聩逃到了宋国。公元前 493 年,卫灵公薨,其孙也即蒯聩之子辄继位。之后,蒯聩试图返卫,可能想要篡夺诸侯之位,但其子辄却出兵阻止他返卫。几年后,约公元前 489 或 488 年,孔子访卫。

无论《论语》13.3 记录的是不是孔子与子路之间真实的交流情况,也不管它是何时创作的,它的部分解释语境是如下认知:这就是子路提出问题的背景,并且这也是孔子回答那个问题的背景。我们还必须牢记孔子宣告的特殊性和语境的敏感性。这些考虑表明,孔子对子路的回答不应该被解读为政治改革的一般程序,而应该根据卫国的政治形势加以解读。如此考虑与那种背景是如何相关的呢?卫国是这样一个诸侯国:南妃与人通奸,结果儿子企图弑母,遂致父子失和,并造成了父子争夺国君之位的局面。其中的每一步,人们的行为方式都同他们的角色身份不相符:妇不像妇,子不像子,父也不像父。如果说"正名"的部分内容是鼓励人们遵守其角色身份的"名"中所隐含的行为标准的话,那么正名确实是处理卫国问题中应该被"置于首位"的事情。但是在这个事例中,这段话是对卫国情况的一种具体参考,而不是针对一般政治程序的说明。

对于《论语》13.3还有第三种思考方式。梅约翰提出了这个巧妙的建议,即无论这段话何时被创作,也不管其"戏剧性年代"如何,

> 虽然如此,《论语》中确实有许多段落是处理正名问题的,尽管这些段落没有使用"正名"这个特定术语。如果这种思考的实质因而与以《论语》中孔子学说为基础的那种思考相一致,那么形式的合法性问题(也就是"正名"这个术语)无疑就是定位失当的。①

---

① 梅约翰:《中国早期思想中的名与实》,第164页。

梅约翰接着赞许地引用了牟复礼(F. W. Mote)的话,后者说"正名"是"贯穿《论语》的一个功能性概念。"①我相信梅约翰和牟复礼这些关于《论语》中"正名"很普遍的断言是错误的。不过让我们来考察一下这个问题的文献依据。

黎辉杰(Hui-chieh Loy)整理了一系列令人印象深刻的段落,与韦利相反,黎的整理表明,有证据显示《论语》中的其他部分对于"正名"也有着广泛的兴趣。他列举出了24个表明这种兴趣的段落:1.11,1.14,2.7,2.8,4.20,5.15,6.12,6.22,6.25,6.30,11.24,11.26,12.20,13.14,13.20,13.28,14.1,14.12,14.18,16.1,16.14,17.11,17.21,20.2。②在评估这些证据时,我认为我们必须记住以下区别。不可否认,《论语》中确实有某些段落存在(用蒯因的表达方式)"语义上行(semantic ascent)"的情况:"从以一定语词进行谈论转为对这些语词的谈论。"③一个非常明显的例子是《论语》4.20:"三年无改于父之道,可谓孝矣。"与此不同的是,《论语》中有很多段落并没

---

①萧公权:《中国政治思想史》第1卷,第98页注释42。转引自梅约翰《中国早期思想中的名与实》,第165页。[原注萧公权《中国政治思想史》是牟复礼英译本,中文本参见萧公权:《中国政治思想史》,石家庄:河北教育出版社,1999,第52页,萧氏明确认为"正名非孔子偶然之主张"。——译注]

②很多人会把《论语》12.11添加到这个列表中。但是黎辉杰没有考虑它,我认为这种做法十分正确。(参见黎辉杰:《论正名》("On Correcting Names"),第49—50页。)我在本节的后面也会讨论12.11。

③蒯因:《语词与对象》,第56节,第271页。参见前引中译本,第463页。——译注

有明确涉及"语义上行",但可以解释为暗示了这种"语义上行"。比如前面引用的《论语》12.11:

> 君君,臣臣,父父,子子。

我们这些阅读当代语言哲学从而走向智力成熟的人,一眼就能发现冯友兰对这段话的解释合情合理:

> 盖一名必有一名之定义,此定义所指,即此名所指之物之所以为此物者,亦即此物之要素或概念也。如"君"之名之定义之所指,即君之所以为君者。"君君,臣臣,父父,子子",上君字乃指事实上之君,下君字乃指君之名,君之定义。臣父子均如此例。①

如今已经没有解释者还会像冯友兰一样,使用柏拉图的哲学术语来解读孔子了(如果有的话也很少)。不过,冯友兰的主要影响在于,把《论语》12.11 之类的段落看作是含蓄地诉诸"语义上行"。很多学者都赞同冯友兰的观点,认为像《论语》12.11 这样的段落必定"真地"意味着"使天子仍为天子,诸侯仍为诸侯"。同样地,冯友兰也引用《论语》6.25 作为"正名"的一个例证:"觚不觚,觚哉! 觚哉!"一位当代的英美哲学家会本能地把这解释为一种主张,即被称为"觚"的东西并不是真正的"觚"(或者,从更唯名论的角度看,称这个具体的东西

---

① 冯友兰:《中国哲学史》第 1 卷,第 60 页。

为"觚"的适宜性问题)。我认为这些对《论语》12.11 和 6.25 的解释仅仅对那些从语言哲学的某种特定传统中走出来的人来说才是直观且容易理解的。

借助于对冯友兰的解释及其影响的讨论,我们开始更好地理解我们解读《论语》13.3 的解释语境。冯友兰的《中国哲学简史》几十年来一直是英语世界最畅销的中国哲学史著作。① 因此,它是英语学术界强调正名的直接原因。我认为冯友兰在哥伦比亚大学学习哲学很有意义,他说他在那里受到了杜威实用主义和罗素的柏拉图新实在主义的影响。此外,冯友兰承认胡适的《中国哲学史大纲》对他自己的工作有深刻影响。在那部著作中,胡适说:"正名主义,乃是孔子学说的中心问题。"胡适本人在哥伦比亚大学学习的时间比冯友兰早几年。另外,胡适还是公然地在中国传统内部寻找西方哲学趣味和方法的先驱。因此,胡适影响了冯友兰,他们俩又都受到 20 世纪英美哲学思潮的影响,而冯友兰的《中国哲学简史》接着也影响了很多西方学者。具有讽刺意味的是,冯友兰之所以有如此大的影

---

① 冯友兰讲了一个很有趣的故事。朝鲜战争爆发时,卜德(Derk Bodde)刚刚完成《中国哲学简史》的英译,却不得不谨慎地离开中国。不久,中华人民共和国和美国之间常规性的沟通就被切断了。所以直到 20 多年后,也就是 1972 年中国重新打开国门的时候,冯友兰最终才了解到卜德翻译的他的这本书已经成为英语世界中标准的中国哲学史著作!(冯友兰:《三松堂文集》,第 237—238 页)卜德的翻译本身就是一个里程碑式的成就,因为他(与冯友兰合作)熟练地翻译了跨越两千多年中国历史的不同文献。不过,现在这个译本在学术界已经是非常陈旧了。

响力,部分原因可能是由于英语读者认为,《中国哲学简史》是一位中国学者对某本书的翻译作品,所以他们获得了关于中国哲学的一种"真实"理解。但实际上,冯友兰是以西方哲学为中心解读中国哲学最重要的人之一。

冯友兰的影响在陈汉生、史华慈和葛瑞汉等人的诠释中是显而易见的。当然,后三者会强烈地反对冯友兰柏拉图主义的研究进路。然而,他们每个人实际上都追随冯友兰,强调《论语》13.3 的重要性,同时将像 12.11 之类的文本解释为隐然与"名"相关。这一点是真的,即使比如在史华慈那里,他们在解读与"正名"的相关性时甚至都没提冯友兰;或者在陈汉生那里,他们甚至把自己描绘成挑战了冯友兰的解释。① 这突显了理解我们自己解释语境的重要性。由于用英语研究中国哲学史(吊诡的是,冯友兰是其中的核心人物),并且由于语言哲学在 20 世纪西方哲学思想中的重要性,我们很容易将《论语》13.3 看作是在孔子的思想中具有中心地位,即便它可能

---

① 冯友兰是在杜威本人和其他两位持有新实在主义立场的老师指导下学习的(冯友兰:《三松堂文集》,第 218 页)。关于胡适对冯友兰的影响,参见上书第 221—225 页。胡适的引文参见《中国哲学史大纲》,第 82 页(英译我翻译的)。参考胡适《先秦名学史》(*Development of the Logical Method in Ancient China*),第 22—27 页。关于冯友兰对《论语》13.3 的解释,参见《中国哲学史》第一卷,第 59—62 页。对于冯友兰的影响,可以比较陈汉生:《中国思想的道家之论》,第 65—71 页,史华慈:《古代中国的思想世界》,第 91—95 页,以及葛瑞汉:《论道者》,第 23—25 页。葛瑞汉是这三个人中唯一明确表示受到冯友兰影响的人,尽管他只是在脚注中顺便提到了这点(《论道者》,第 24 页脚注)。

价值不大。只有当我们意识到我们的解释语境是什么时,我们才能真正地质疑上述论断。这是伽达默尔观点的一个例证,即"正是隐蔽的前见才使我们对传统中所说之物充耳不闻"①。

然而,我们也必须记住,它也不能使深受解释者前见影响的冯友兰或其他任何人的解释变得无效。正如我们在第1章第I节中所强调的,没有某种前见,就不可能对某个文本进行解释。尽管如此,在考察了《论语》13.3 的起源背景、成书年代以及我们自己的解释语境后,我们现在可以看看能否找到一种对文本的更好解读。

让我们回到《论语》6.25 关于"觚"器的那段话。我们已经明白了为什么我们很多人依据"语义上行"来解释这段话是非常直观的了:是就"觚"这个名称及其用法来说的。但是,我们没有理由认为这也是孔子或他的同时代人理解它的方式。孔子很有可能会觉得完全没有必要解释他的那句话。如果我们问孔子"何谓也?"他会怎么回答呢?他可能会回答说:"觚而失其形制,则非觚也。举一器,而天下之物莫不皆然。故君而失其君之道,则为不君;臣而失其臣之职,则为虚位。"②这实际上是 11 世纪哲学家程颐对此段文字的解释。当然,程颐也许是错的,但他是一位成熟的思想家,而这段话并没有任何东西促使他像要求我们那样关注"名"。此外,现存最早的《论语》的注本(在程颐之前将近一千年)也像程颐那样解读:"'觚

---

① 伽达默尔:《真理与方法》,第 270 页。
② 引自朱熹:《四书章句集注》,前引,第 90 页。——译注

哉? 觚哉?'言非觚。以喻为政而不得其道则不成也。"这里和程颐的解释同样都没有提到"名"的问题。很明显,我们看到中国本土注疏者确实没有发现,《论语》6.25 只有在转述成关于"名"的论述时才有意义。①

不过,人们可能仍然怀疑《论语》6.25 要求我们至少搞清楚"名"隐含的指称。"觚不觚"这个说法似乎涉及一个明显的矛盾。同情的理解原则敦促我们避免把矛盾归咎于我们解释的对象。除了将《论语》6.25 解释为"所谓的'觚'不是'觚'这个东西"之外,我们还能如何避免在此情况下产生矛盾呢?我不认为同情地理解要求我们这样做,有两个理由。首先,即便《论语》6.25 的正确语义是将语义上行到句子,这也并不意味着孔子或其他说母语者能够认识到这一点。考虑一下当代英美语言哲学家们非常喜欢的一句话,比如"巨人(Gigantor)被这么称呼是因为他的体型巨大"。语言哲学家们知道这是一个相当令人困惑的句子,因为"巨人"这个词在这句话里的一次出现似乎既被使用(用来指称巨人),同时又是被提及的(因为"巨人"正是他被如此称呼的名称,在语义上行的意义上将"巨人"看作是一个名词)。然而,一个普通的未受过语言哲学教育的操英语母语的人,说出关于巨人的那句话,那么这样说他似乎就是十分古怪的:"他必须

---

① 朱熹在《四书集注》对《论语》6.25 的注疏中引用了程颐。更早的注,我指的是何晏等人的《论语集解》对 6.25 的解释。当然,也有一些中国的解释者认为《论语》6.25 与"正名"主题相关。但问题是,我们不能假设 6.25 表明了孔子是强调"正名"的。

认为每个词的单次出现都是既能被使用,也能被提及。"事实却是,大多数说母语者对这个问题根本就没什么想法。其次,如果有人坚持认为我提供了关于《论语》6.25 的一个相反的解释,因为 6.25 并没有将"语义上行"归之于孔子,那么,我还有一种解读:把第一个"觚"指示性地加以使用,把第二个"觚"修饰性地加以使用(唐奈兰[Keith Donnellan])。①换言之,尽管"觚"并不具备使它们成为"觚"的基本特征,但是孔子在第一次用"觚"这个词语时,就是用它来指称一组器皿。那么,孔子用"觚"这个词来识别一个"觚"所具有的属性,并断言他提到的容器没有那些属性。以当代语言哲学的习语来看,孔子两次使用(uses)"觚"这个词,但是他并没有提及(mention)那个词。不那么严格地讲,孔子做出了一个宣告,这个宣告是关于人们如何做(例如,把那些不是真的觚的礼器当作好像它们是觚一样),而不是关于人们怎么说的。

因此,将《论语》6.25(或 12.11)这样的段落引用为对"正名"感兴趣的证据,这是有偏向性的,因为我们没有任何理由

---

① 唐奈兰:《指称与限定摹状词》("Reference and Definite Descriptions")。(我要感谢詹姆斯·乔伊斯[James Joyce]提供的建议。)请允许我通过作出学究化的区分以避免可能发生的误解。我是在回应这样的要求:在不把语义上行归之于《论语》6.25 那段文字的情况下,给出 6.25 的语义分析。在给出任何一段文字的语义解释时,都必须提到这段文字中的那些词。所以,当我给出 6.25 的语义分析时,我正在参与语义上行。但问题是 6.25 本身是否参与了语义上行。根据我的语义分析来看,它并没有。

认为孔子会把这样的话看作是根本上关于"名"的。所以,只有当我们尝试通过诉诸明确参与"语义上行"的文字为孔子对正名的兴趣提出充分理由,我们才能避免回避问题实质。那么,与"正名"有关的段落表就大大缩减了。此外,我们还应该排除掉那些很可能是后来窜入的段落,因为他们出现在《论语》的第16—20篇。这样我们就剩下了1.11,1.14,2.7,4.20,5.15,6.22,6.30,11.24,11.26,12.20,13.20和13.28。即便是在我最充满怀疑的那些日子里,我也不得不承认其中的一些段落是早期的且可能是真实的。这难道不能说明"正名"是孔子的核心教义吗?我仍然认为不是,有两个原因。首先,这里有一些段落样本是有问题的:

> 子贡问曰:"孔文子何以谓之文也?"子曰:"敏而好学,不耻下问,是以谓之文也。"(《论语》5.15)
>
> 子贡曰:"如有博施于民而能济众,何如?可谓仁乎?"子曰:"何事于仁,必也圣乎!"(《论语》6.30)

在这些段落中,孔子通过解释或纠正某些措辞来教导他的弟子去了解什么是美德,如果仅仅这样就构成了"正名"的话,那么很难说任何道德教师不是在从事"正名"的工作。苏格拉底、柏拉图、亚里士多德、康德和许多其他思想家都在从事这种活动。即使在《新约》中我们也能看到耶稣说:"以后我不再称你们为仆人,因仆人不知道主人所做的事;我乃称你们为朋友,因我从我父所听见的,已经都告诉你们了。"

(《约翰福音》15.15,钦定本《圣经》)①那么,我们可以据此得出结论耶稣是"正名"的倡导者吗?我们可以,但是"正名"通常被认为是孔子伦理方法的相当独特的内容。此外,即便是综合考量的话,相关段落也不能表明"正名"作为一般规则,是为政的"先务"。

即使黎辉杰和其他学者引用的段落都是关于"正名"的,那也不足以说明正名是"贯穿《论语》的一个功能性概念"。《论语》大约有500多"章"。黎辉杰确定了其中的24章特别与"正名"相关。让我们作出与我的提议相反的假设,即《论语》中黎辉杰提到的所有这些章节都被孔子及其同时代人看作是关于"名"的。那也就意味着,《论语》中最多有5%的章节是关于"正名"的。将此与"仁"这个字相比较,《论语》中明确提到"仁"的章节有50多章(约10%强),或者与"德"相比较,明确提到"德"的章节有30章。如果非要把赌注都押在孔子的核心概念是什么上的话,押"正名"看起来就像是一场"豪赌"。

I.C 一种特殊主义的解释学

我重点关注《论语》4.15和13.3两段文字,因为它们是最经常被看作提供了把《论语》作为一个整体文本的组织主题的段落。然而,它们并不是唯一的两个历史起源可疑的段落。事实上,有见识有责任心的学者对《论语》中如此之多的段落意见分歧是如此之大,以至于尝试确立历史上的孔子教义就好似蒙上眼睛下三维国际象棋一样。我们应该如何对《论语》问题

---

① 中文引自简化字现代标点和合本、中英对照本《圣经》。——译注

重重的性质做出回应呢?①

一种回应是完全回避起源问题。例如,我们可以接受被普遍承认的《论语》文本,无论这个文本是何时出现的,并考察该文本在后来的知识传统中是如何被解释的。为此目的,文本实际上是如何出现的问题是没有实际意义的;最切近的相关问题是传统中的解释者如何相信它的出现。② 另一种回应是将《论语》简单地视为激发哲学观念或者挑战知识世界观的源泉。对我们来说,在文本中发现的各种观念或世界观,不必来自孔子本人,甚至彼此之间不必连贯一致,只需从中挑出一些来考察它们自身的优点。③

但是,有些解释进路必须直接涉及历史的真实性问题。这对任何传统来说都是真实的,即都认为某一个具体个人的言行

---

①其他的问题包括第 3 篇和第 10 篇中对礼的强调是否反映了孔子自己的关切(参见森舸澜:《为什么理解〈论语〉时哲学不是"附加的"?》,以及白牧之和白妙子:《对森舸澜评论的回应》["Response to the Review by Edward Slingerland"]),以及《论语》9.1 是否真实(参见白牧之和白妙子的《词汇文献学和文本文献学》["Word Philology and Text Philology"])。

②这种方案的例子可参见艾文贺:《谁之孔子?哪种〈论语〉?》("Whose Confucius? Which *Analects*?"),齐思敏(Csikszentmihalyi):《汉代的孔子》("Confucius in the Han"),以及劳登(Louden):《天说了什么》("What Does Heaven Say?")。

③考普曼:《重温自然》("Naturalness Revisited"),信广来:《〈论语〉中的"仁"与"礼"》("*Ren and Li in the Analects*"),威尔逊(Wilson):《一致性、个体性与美德的本性》("Conformity, Individuality and the Nature of Virtue"),这三篇文章都是对我们学识上的挑战,无论孔子是否拥有任何他们文章中所表达的思想暗示。

具有某种权威性,例如解读《古兰经》时的传统穆斯林,或者与《新约》关联起来的传统基督徒。① 至少对于某些儒者来说也是如此——这些人(例如新儒家)视孔子为体现、保存和传播着一种永恒不变的生活方式。

如果我们关注历史性,我们就必须避免"择优选取"的做法。我们必须在过分地强调任何一段文字时非常小心谨慎,特别是当它看起来很反常的时候。这种反常段落(除了《论语》4.15和13.3外)的一个例子是7.17,这可能是《论语》中唯一提到《易经》的段落:"加我数年,"孔子感叹道,"五十以学《易》,可以无大过矣。"然而,这段话还有一个文本上的变体,其中删除了对《易经》的提及:"加我数年,五十以学,亦可以无大过矣。"②被接受的《论语》文本(13.22)中也有一句话来自《易经》的"爻辞"。然而,这段文字也表现出损坏之迹,正如朱熹所言"其意未详"。鉴于《论语》中只有这两段文字(明显)提到了《易经》,而且这两段的真实性又都如此成问题,所以我不太相信孔子对《易经》有任何兴趣。③ 相反,我们应该重点关

---

① 哈维(Harvey):《历史学家和信徒》(*The Historian and the Believer*),这是一部关于希望调和自己的信仰与《圣经》的历史进路之间矛盾的基督徒所面对问题的经典研究。

② 森舸澜选择第二种句读方式,并就此问题给出了很好的简短讨论。("为什么理解《论语》时哲学不是'附加的'?",第69—70页。)

③ 朱熹:《四书集注》,对《论语》13.22的注疏。(虽然森舸澜的评注很有趣,但是我更喜欢刘殿爵对这段话的翻译。)基于这段话内部的考量,我可能不会像刘纪璐(JeeLoo Liu)那么信心满满地断言"孔子本人提到过《易经》"(《中国哲学导论》[*Introduction to Chinese Philosophy*],第26页)。

注有多个段落提供证据支持的主题。

那么,我对孔子持什么看法呢?我的"关键段落"是11.22,其中孔子对两个提出相同问题的弟子给了截然相反的答案。或许有人会指责我恰恰做了我批评的《论语》4.15和13.3的支持者所做的事,在提出这种指责之前,让我解释一下我强调11.22的原因,不仅仅是因为它给出了在其他段落中不太明显的密码,而且是因为它证明了我们看到孔子在一遍遍做的事情:针对具体的情况不断调整自己的言行。弟子们向孔子请教"仁"的问题,孔子给了樊迟(6.22)、颜回(12.1)、仲弓(12.2)、司马牛(12.3)和子张(17.6)每个人都各不相同的回答。孔子又被问到关于"政"的问题,他同样给子贡(12.7)、齐景公(12.11)、子张(12.14)、季康子(12.17)、子路(13.1)和叶公(13.16)每个人各不相同的回答。孔子在与子贡谈话时强调"恕"(15.24),警告子路过"勇"的危险(5.7),建议子夏不要成为"小人儒"(6.13)。难怪孟子会这样说:"孔子,圣之时者也。"(《孟子》5B1.5)或者,他在另一段话中说得更加明确:"可以止则止,可以久则久,可以速则速,孔子也。"(《孟子》2A2.22)

因此,孔子比较接近"普遍主义—特殊主义"光谱中偏特殊主义那一段(第1章第Ⅱ.A节)。然而,他并非激进的特殊主义者。正如我们将在本章后面看到,他确实强调要保存和遵循礼。尽管他真的希望我们以灵活性和诚敬的情感来遵从这些礼,但他显然不仅仅将礼当作是"经验法则",而是赋予了它们以一种超越"经验法则"的重要意义。孔子的观点肯定不是随意杂乱的,它们是"一以贯之"的(孔子本人对子贡说过的话[15.3])。但是,"孔子之道"规避了严格的定义:它不能用任何简单的公式化表达如"忠恕"来捕获其意义。孔子也没有将自己局限于任何一种方法之中:如同每一个其他道德思想家一样,他认为重要的是我们在使用术语时要谨慎小心,但这也只是他的众多方法之一。孔子提供给我们的与其说是一种方案或方法,不如说是成为某种特定类型的人即"君子"人格的理想,一个君子的见识品格是不能被完全编成法典而照着做的,这是一个不断吸引我们前进的理想。当我们接近它时,我们就更好地理解了它,但我们也认识到关于它的每一种提法都只能是片面的和试探性的。虽然我们必须一直朝着这个方向努力,但要是我们认为已经达到了它,那我们其实并没有。正如孔子最伟大的弟子颜回所言:"仰之弥高,钻之弥坚;瞻之在前,忽焉在后。"(《论语》9.11)

II. 作为美德伦理的儒学

因为相对而言,孔子是一个特殊主义者,他强调要成为那种能够辨别复杂多变的情况并能对之做出反应的人。这自然会引致人们对这种人的生活方式,对有助于过上这种生活的美德,对这些美德的培养,以及对(隐含其中的)人性如何让我们培养这些美德并过上那种生活的种种感兴趣。下面我们就来讨论这些问题。

II. A. 繁荣昌盛(Flourishing)

在《论语》被承认的文本中我们确实发现了关于一种繁荣昌盛的生活是什么的建议。很明显,儒者将会同意柏拉图主义和亚里士多德主义的美德伦理学所持有的观点,在一种幸福繁盛的生活中,不一定非得要回避积累财富、满足人的感官欲望和享受社会声望之类的事,但是这些事情却也不应被认为是高等之善,或为繁荣昌盛所必需:

富而可求也,虽执鞭之士,吾亦为之。如不可求,从吾所好。(《论语》7.12)

富与贵是人之所欲也,不以其道得之,不处也。贫与贱是人之所恶也,不以其道得之,不去也。(《论语》4.5)

士志于道,而耻恶衣恶食者,未足与议也。(《论语》4.9)

然而,儒家的繁荣昌盛观念在许多方面与最著名的西方观念显著不同。例如,柏拉图主义或托马斯主义的繁荣昌盛观念在某种意义上是"超脱尘世的(other-worldly)",而儒家则是(用一个令人讨厌的表达)"现世的(this-worldly)"。柏拉图和阿奎那都认为,存在着另一个世界,与我们所生活的这个物质世界截然不同,人死后还有个体的生存,而且人类最大的繁荣昌盛只有在这个超凡的世界中才能获得。哲学上的儒家并不必然否认可能存在灵魂或者某种来世。然而,儒者并不坚持存在着与这个世界完全不同的某个世界,他们的伦理学关注的是包含人们及其相互关系的具体的此世中如何生活得好。以下交流反映了这种态度：

> 季路问事鬼神。子曰："未能事人，焉能事鬼？"敢问死。曰："未知生，焉知死？"（《论语》11.12）

由于他们持有两个世界的形而上学观念，柏拉图和阿奎那看到最高的人类繁荣就在于对某种更高更实在的那种爱的沉思：无论是理念还是上帝（尽管亚里士多德的形而上学的图景比柏拉图或阿奎那更接近"此世"，但是众所周知，亚里士多德在此世政治活动的繁荣昌盛观念和强调理论沉思或对神的沉思的观念之间摇摆不定）。相反，儒家并不持有这样的形而上学图景，即认为对理论真理的纯粹沉思是人类繁荣的构成要素。我们确实看到了特别是在后来的儒家中有欣赏自然世界之美的理想，但即便在这个层面上，那也不是纯粹的沉思，而是一个与自然世界如何和谐共处的问题。并且这种欣赏的对象是物理的自然事物，而不是（像在柏拉图传统中那样）抽象的数学或天文学真理。

那么，什么是儒家认为的好生活呢？它包括参加礼仪活动、合乎伦理的审美鉴赏和智力活动、为他人的善好努力以及普遍地参与到与他人的关系中，特别是家庭关系。

II. A. 1. 礼

对汉字"礼"的常见英语翻译是"ritual"或者"rites"。但是"礼(ritual)"是一个极具争议的术语，甚至有人争论礼在根本上是否是对理解行动有用的范畴。① 对于我们这些非以汉语为母语的人来说,一个困难是,汉语中"礼"的使用涵盖的行动范围非常之大,其中的某些内容可以更自然地被归入我们的"礼仪规范(etiquette)"的范畴之中。因此,在特定场合下要穿什么衣服(10.19),还有与社会上的上下级交谈采取的适宜态度(10.2)等,都是礼所规定的内容。在其他时候,礼似乎和伦理学在范围上是一致的。因此,据记载孔子曾对他的一个弟子说:"非礼勿视,非礼勿听,非礼勿言,非礼勿动。"(《论语》12.1)正如李耶理总结的那样,"礼涵盖了从庄严的仪式上肃穆地表现到打喷嚏后说'对不起'的各种行为"②。

---

①古迪(Goody):《反对"礼"》("Against 'Ritual'")。我发现凯利(Kelly)和卡普兰(Kaplan)的《历史、结构与礼》("History, Structure and Ritual")和贝尔(Bell)的《礼的理论与实践》(Ritual Theory)对有关礼和关于礼的社会科学文献问题提供了有用的介绍。(我发现在关于礼的讨论中存在着令人遗憾的学科壁垒。例如,社会科学家似乎从不引用芬格莱特的《孔子:即凡而圣》,尽管芬格莱特的书期待布洛克[Maurice Bloch]和坦拜雅[Stanley Tambiah]将语言行动理论运用到礼的研究上。同样地,大多数人文主义者似乎并不了解有关礼的人类学研究工作。对这些概括性研究的例外情况中,有坎帕尼[Campany]:《荀子和涂尔干:作为礼仪实践的理论家》["Xunzi and Durkheim as Theorists of Ritual Practice"]以及拉德克利夫·布朗[Radcliffe-Brown]:《宗教与社会》["Religion and Society"]。)

②李耶理:《孟子与阿奎那》,第37页。[(引自《孟子与阿奎那:美德理论与勇敢概念》中译本,施忠连译,中国社会科学出版社,2011,第43页)。史嘉柏对"礼"的概念演变提供了有趣的社会历史解读(《优雅的过去》,第89—104页)——译注]

尽管如此,我认为将"礼"视为"礼仪规范(ritual)"对我们的解释目的来说是有用的。本来,被儒家归入礼这个术语之下的许多活动都是我们能确定为规范礼仪的活动:

祭如在,祭神如神在。子曰:"吾不与祭,如不祭。"(《论语》3.12)

子贡欲去告朔之饩羊。子曰:"赐也,尔爱其羊,我爱其礼。"(《论语》3.17)

想想这些活动在儒家思想中扮演的角色,思考一下那种角色如何不同于相关类似活动在其他世界观中的角色,以及考察儒者为何将这些活动视为类似于某种礼仪规范或伦理学方面的问题,这样的思考可能(我希望会)是非常有启发性的。

II. A. 1. A. 什么是"礼"？正如我在这里要讨论的,"礼"是一种被视为神圣的(sacred)后天习得的人类活动。因为礼被看作是神圣的,所以它被认为拥有一种不可还原为人类个体的权威。① 这就提出了一个问题:对某些事物来说,什么是"神圣的"。将某些事物看作是神圣的,就是认为对它们的正确态度就应该是敬畏或崇敬(reverence)。我可以举出一些被一群人视为神圣的事物的例子,或者是当人们敬畏某些事物时,他

---

① 我在这里明显受益于涂尔干(《宗教生活的基本形式》[Elementary Forms of Religious Life]),尽管我不会同意他的论述的每个细节。(因为礼是神圣的,所以它们不同于单纯的习俗或者习惯。不过,参加一项礼的仪式可能会慢慢变成习惯。此外,人们可以将礼视为被认可的习俗。然而,某些传统会拒绝用这样的方式来描述他们的礼。)

们所做所说所感之事。但是,如果我被要求进一步定义"敬(reverence)"的话,除了下面的说法,我不确定还能说什么:"这是人们对待自己视为神圣事物所采取的态度。"我认为"神圣的"是这样一种基本术语,它只能通过例子、隐喻或者其他的术语来解释,这些术语形成了一个最终能够回到原初术语的定义链。但这并不必然是"神圣"概念或我所描述的它的特征的缺陷。在某种意义上,所有的术语都只能通过例子、隐喻或最终的循环定义链来描述(只是在某些情况下,这一点才不那么令人沮丧,因为定义链足够长,并且可以更快速地扩展成将术语连接在一起的网络)。

用一种怀疑的解释学,莫里斯·布洛克(Maurice Bloch)论证了被赋予"礼"的权威是人类行使权威的面具。布洛克认为,礼使用形式主义和不断重复,使(马克思主义意义上的)社会意识形态看起来令人信服,并排除任何智力挑战或争论的限制:"礼是一种人们陷身其中的隧道,在那里既不可能向右转,也不可能向左转,唯一能做的就是跟着走。"①布洛克指出,否定礼能够拥有某些功能,并且在东亚历史的不同时点上,礼的这些功能得到了良好的展现,那将是很愚蠢的。稻垣浩的一部史诗电影《忠臣藏》说明了在一个受到儒家思想影响的社会

---

① 布洛克:《符号、歌曲、舞蹈与发音特征》("Symbols, Song, Dance, and Features of Articulation"),第41—42页。另参见布洛克:《作为一个过程的权力与等级之间的脱节》("Disconnection between Power and Rank as a Process"),第78—81页,以及布洛克:《从认知到意识形态》("From Cognition to Ideology")第122—123页。参考阿萨德(Asad):《宗教人类学概念》("Anthropological Conceptions of Religion")。

里,礼的开发潜力。帝国代表团一场到访的礼仪要求为贪腐的吉良勋爵提供了工具,他用礼来敲诈和羞辱高贵的浅野勋爵。只有当浅野违反礼时,吉良才能在他身上复仇。当被问及他的行为时,浅野无言以对,这说明了礼成为压制异议的手段。因此,浅野违反礼的代价就是死亡。

然而,我认为要是假设礼所能具有的唯一功能是作为强权的面具和工具,那就太简单和片面了。正如坦拜雅观察到的,礼能够:

> 采取相反的转向:当它们开始失去语义成分,主要服务于权威、特权和绝对保守主义的实际利益时,这是礼的右转;当忠诚的信徒面对指称意义的衰落……努力地将纯粹的意义注入到传统形式中,就像宗教复兴和改革热潮时期经常发生的那样,这是礼的左转。①

从最近的历史中我们应该非常熟悉这些现象。例如,当奴隶制盛行时,基督教曾被用来为奴隶制辩护,但它也可以是许多反对奴隶制的人的资源(像白人贵格会教徒冒着生命危险协助维持黑人奴隶逃亡的地下交通线)。此外,威廉·斯隆·科芬(William Sloan Coffin)和马丁·路德·金(Martin Luther King, Jr)等牧师虽然都是基督教复兴中的一员,但他们同时也

---

① 坦拜雅:《礼的表现形式》("Performative Approach to Ritual"),第166页。

在为努力争取社会进步的目标而奋斗。① 同样，基督教反犹太主义显然是推动纳粹压迫的一个因素，但是基督教教义强调的爱和自我牺牲也确实激励了一些因反对纳粹而牺牲的人，像圣国柏（St. Maximilian Mary Kolbe）和潘霍华（Dietrich Bonhoeffer）等。坦拜雅的分析似乎特别有助于理解下面这段来自马丁·路德·金的重要语录，在这段话中我们发现了一种复古主义转向的呼吁，即从除了作为特权工具之外没有任何意义的宗教实践，转变为通过更加深入地理解这些仪式和神圣文本的意义来实现宗教仪式的复兴：

> 曾经有一段时间教会很有号召力，那时基督徒们都乐意为信仰做牺牲。当时教会不仅是记录流行思想和观点的"温度计"，而且还是改变社会观念的恒温器。每当早期的基督徒无论进入哪个乡镇，那里的统治者就感到不安，立刻宣布那些基督徒是"和平破坏者"和"外来煽动者"。但基督徒坚持认为他们是"天堂来的使徒"，号召人们遵从上帝的而不是人的旨意。他们尽管人数不多，但是责任重大。由于他们过于沉醉在传播上帝的旨意，也就没

---

① 游行和静坐抗议确实本身就是礼的行动。更准确地说，每一项活动都是一种仪式性的活动，只要它具有一种神圣的感觉即可。因此，马丁·路德·金在进行非暴力抗议之前谈到了"自我净化过程"的必要性。（《伯明翰监狱的来信》["Letter from Birmingham City Jail"]，第291页）。如果没有那种感觉，游行和静坐可能会沦为其他的事物。这也就说明了坦拜雅的观点。对那些将静坐只是当作流氓行为的借口的人来说，他们已经失去了他们所使用的"文字""对象符号"和"图标"的神圣意义。

有被看成是"极大的威胁"。他们终结了杀婴和角斗等古老的罪恶。现在就大不一样了。当代教会往往只是发出微弱、无效、摇摆不定的声音。它常常是维持现状的主要支持者。……如果当今的教会不重拾早期教会的牺牲精神,它将丧失权威的光环,失去千百万人对它的忠诚,被人们当作对20世纪毫无意义、无关宏旨的社会团体。①

同样,在最好的情况下儒家也是一种复古主义,而不是保守主义。它呼吁它的追随者们摆脱盲目顺从堕落的现状,即便那种现状要求儒家为其辩护。相反,儒家复古主义是建议人们献身于传统中的最高理想,而这些理想往往会颠覆现状。

坦拜雅在"充满承诺和希望的时代(times of promise and hope)"一文中提到宗教复兴的特点是:

说出词汇的语义内涵和对象符号与图标被严重操控,教义和仪式的隐秘知识被一丝不苟地传授给门徒。他们雄心勃勃的目标是……努力给每一个信条和每一种集体崇拜行为灌注意义和激情。②

我们在《论语》9.3 的一个著名例子中也可以看到这一点。孔子观察到,在进行某种礼的仪式时,人们不再使用麻冕而是

---

① 马丁·路德·金:《伯明翰监狱的来信》,第 300 页。
② 坦拜雅(Tambiah):《礼的表现形式》(Performative Approach to Ritual),第 165—166 页。

使用丝冕代替。他注意到这样的替换更加节俭,所以他赞同这种改变。然而,在另一种礼的规范要求中,原本是规定人们需要在登上台阶进入大殿之前就要鞠躬,后来人们将之改为登上台阶顶端之后再鞠躬。这种差别似乎是微不足道的,但是对孔子来讲,后者反映了敬的态度的缺乏:人们希望登上台阶顶端再鞠躬,那么就意味着他们与其所敬拜的人处在了同一等级。因此,孔子说在这样的情况下,他将遵循旧有的做事方式。在这里我们可以发现,儒家并不是盲目地遵从过去的礼,而是对那些礼有一种深思熟虑的灵活运用。

导致布洛克和坦拜雅分道扬镳的一个问题是,礼在多大的程度上具有语义的价值而不是纯粹的实用价值。① 换言之,在多大的程度上礼意指了某事,在多大的程度上礼做了某事?此外,在或者强调意义或者强调行动的理论中,有的使用怀疑的解释学,而有的则使用复原的解释学。弗雷泽(James Frazer)和贝帝(J. M. H. Beattie)代表了复原的解释学内部的两个极端。弗雷泽似乎认为,礼就其本质而言就是为了实现诸如丰收、健康和财富等目标的(原始)技术手段。相比之下,贝帝(虽然承认礼常常有着"实际的"目的)却主张,礼与其他活动的区别在于它们的表征力和符号属性。史密斯(William Robertson Smith)反对弗雷泽的技术性解释和贝帝的解释路径,他

---

① "因此如果像一些人类学家所做的那样去论证宗教是一种解释,那就是一种误导。"(布洛克:《符号、歌曲、舞蹈与发音特征》,第 37 页。)同时,参见前引文章,第 38—45 页。坦拜雅:《礼的表现形式》第 154—156 页中对比坦拜雅对布洛克的批评。

认为：

> 这种古老的宗教在很大程度上是没有信条的；它们完全由制度和习俗构成……我们发现，虽然通常情况下这种实践是严格固定的，但是附加于其上的意义却极为模糊，同一种仪式被不同的人以不同的方式解释，而不会因此产生任何正统或者异端的问题。①

我倾向于同意涂尔干的观点：至少在大多数情况下，礼使世界的某些概念对个人来说显得很有吸引力。② 特别是，涂尔干认为礼表现和加强了把个人和社会联系在一起的纽带。③ 拉德克利夫·布朗（A. R. Radcliffe-Brown）发展了涂尔干的一般方法（成为后来被人们所熟知的"功能主义[functionalism]"），但提出礼表达并强化了个人对他人、群体和权力的依

---

①弗雷泽：《金枝》（*Golden Bough*），贝帝：《论对"礼"的理解》（"On Understanding Ritual"）。史密斯：《关于闪米特人宗教的讲座》（*Lecuters on the Religion of the Semites*），第16—17页。

②涂尔干：《宗教生活的基本形式》（*Elementary Forms of Religious Life*）。涂尔干关于礼的观点的意义，其简要讨论参见贝尔的《礼的理论与实践》，第23—25页。盖尔纳（Ernest Gellner）观察到涂尔干关于礼和概念之间关系的观点非常像维特根斯坦关于"生活方式"与概念之间关系的观点（《概念与社会》["Concepts and Society"]，第23—24页）。

③艾文贺（Philip J. Ivanhoe）（在私下交谈中）用了一个类比，来说明礼和精神状态之间的双向关系。杂技是我们灵活性和协调性的一种表现，但它也是发展和维持这些品质的东西。同样地，礼表达了对世界的某种态度和观念，但它也会有助于在我们之中培养出这些态度和观念。

赖感。① 同样地,吉尔兹也有一个著名的发现,即礼既是关于世界观的范型也是造成世界观的范型:谈及礼是关于人的范型,是因为它们是关于"一种宇宙秩序的想象——一种世界观"的体现;而说到礼是造成人的范型,是因为它们诱发了"一系列情绪和动机——一种精神气质"。② 但是,吉尔兹也明确地指出:由于社会的变化,有可能在礼和社会组织之间形成一种"不协调"。③ 在它们最初发展的社会结构中产生和谐的礼,可能随着社会结构的变化而不能再提供和谐,甚至会产生不和谐。

礼在很多不同的文化中以大量不同的形式存在,所以或许我们不应该寻找一个统一的范型以期它能够同等地阐明礼的每一种表现。在某种文化中,如弗雷泽所言,礼只是一种工具。在另一种文化中,礼可能是纯粹的表达。事实上,在同一种文化中,礼也可能兼具工具和表达两种功能,对某个群体而言是工具,对另一个群体而言则是表达。④ 那么,讨论某些礼能够发挥功能的方式可能更好。礼可以表达对这个世界的态度或

---

① 拉德克利夫·布朗:《宗教与社会》,第175—176页。
② 吉尔兹:《作为一种文化体系的宗教》("Ritual as a Cultural System"),第118页。
③ 吉尔兹:《礼与社会变化》("Ritual and Social Change"),第169页。
④ 也许根本不存在纯粹工具性的礼的行为,但在某些情况下,工具性方面可能占主导地位。例如,我小的时候有个朋友向他的玩具车浇圣水以使玩具车能够跑得更快。我认为将其视为(具有误导性的)礼的行为而不是某种更近乎纯粹工具性的行为,这并不会太牵强。相反,一些自由主义新教徒则将像洗礼之类的仪式看作是近乎纯粹的表达。

者关于这个世界的观念,礼的实践可以强化那些态度和观念。只要礼表达和强化了人类的态度和观念,它就能够发挥各种功能。这些功能可能是暗中有害的:礼可能成为一种强制服从权力的粗暴行使的工具。然而,礼也可能有积极的作用:它有助于在个人的心理层面和整个社会的层面带来有益的和谐。①在参与者中间可能缺乏对某种礼的普遍接受的解释,但是由于礼与人的态度和观念之间的关系,人们可以运用复原的解释学,以象征性术语对礼加以解释(类似于人们解释小说、电影或其他文本的方式)。②

(像一切其他事物一样)礼在不同的时期以多种形式存在,甚至在"一种文化"之内也是如此。然而,在参与者中,礼典型地表现为拥有一种理想的传统形式。偏离这种形式通常被认为是不可取的,或许甚至是不可能的。这种观念是导致礼的权威性的部分原因。礼的权威性是双刃剑,因为这种权威是礼之所以可能由于保留了现存的不公正因素而具有负面影响,但它也是礼之所以可能由于号召人们认识到自己礼仪中隐含的价值而拥有积极影响。

II. A. 1. B. 儒家的礼。考虑到礼的内在价值和潜在的重要性,令人感到吃惊的是,它虽然是儒学的核心内容,但却在亚

---

① 马林诺夫斯基(Malinowski)(在《巫术、科学与宗教》[*Magic, Science and Religion*]一书中)强调礼是如何满足个人需要的,而涂尔干(在《宗教生活的基本形式》一书中)强调礼是如何满足社会需要的。关于这一点,参见吉尔兹:《礼与社会变化》,第 142—143 页。

② 贝帝强调礼的象征性的方面,但他指出礼更接近于像音乐这样的非语言艺术形式(贝帝:《礼与社会变化》,第 65—166 页。)

里士多德和柏拉图的美德伦理学版本中几乎是缺席的。因此,难怪麦金太尔会说:"关于[礼的]这种重要性以及对礼仪形式的尊重和一般的美德实践之间的关系,我们亚里士多德主义者确实应该多向儒家学习,而且我希望我们对此有所感激。"①那么,儒家在礼的方面能教给我们什么呢?

关于孔子对礼的态度,最引人注目(也是经常被引用)的段落是《论语》10.10:

> 席不正,不坐。

这句话有时会被用来形容孔子执拗拘谨到荒谬的地步。②然而,儒者却认为礼履行着几种重要角色。正如拉德克利夫·布朗所指出的,儒者荀子在两千多年以前就已经预见到了礼的"功能主义"解释。③

荀子显然会拒绝弗雷泽将礼视为一种技术方式的描述:

> 雩而雨,何也?曰:无何也,犹不雩而雨也。日月食而救之,天旱而雩,卜筮然后决大事,非以为得求也,以文之

---

① 麦金太尔:《孔子与亚里士多德的美德概念的再讨论》("Once More on Confucian and Aristotelian Conceptions of Virtues"),第 158 页。

② 例如,参见霍夫(Hoff):《小熊维尼之道》(*Tao of Pooh*),第 3 页。

③ 拉德克利夫·布朗:《宗教与社会》,特别是第 157—160 页。正如我们将在第 4 章第 VI.B 节看到的那样,孟子预料到了荀子关于礼的表达功能的某些观点。

也。故君子以为文,而百姓以为神。以为文则吉。①

对于荀子来说,"文(proper form)"与寻找一种表达我们情感的方式有关:

凡礼,始乎梲,成乎文,终乎悦校。故至备,情文俱尽。②

在最重要的情感中,那些为痛失所爱之人而悲伤者的强烈情感必须附以"文(适宜形式)":

将由夫愚陋淫邪之人与,则彼朝死而夕忘之;然而纵之,则是曾鸟兽之不若也,**彼安能相与群居而无乱乎**!将由夫修饰之君子与,则三年之丧,二十五月而毕,若驷之过隙。③

值得注意的是,在上面的引文中,荀子承认也可能没有强烈的悲痛之情。然而,它似乎也指明这样的情况在人类中并不常见。此外,从功能主义解释的明确期待来看,荀子将丧礼与避免社会的混乱联系起来。荀子在关于礼的重要性的一般性

---

① 《荀子·天论》,《中国古代哲学读本》,第 272 页。
② 《荀子·礼论》,《中国古代哲学读本》,第 276 页。(在翻译中"情"译为 Dispositions,在这一语境下也可译作 emotions。)
③ 《荀子·礼论》,《中国古代哲学读本》,第 283 页。着重粗体是我加的。

说明中提道：

> [礼者]**达爱敬之文**,而滋成行义之美者也……故文饰、声乐、恬愉,所以持平奉吉也;粗恶、哭泣、忧戚,所以持险奉凶也。①

目前尚不清楚孔子本人对此有多么清楚的认识(乃至认可)。在一段文字中,当孔子被问到一种特定的祭祖仪式(禘)的意义时,孔子表示"不知也",同时也表达了对隐藏在这种祭祀仪式背后的意义的敬畏(《论语》3.11)(这里非常容易让人联想到史密斯前文提到的礼的实践相对于礼的解释的重要性)。在另一段文字(《论语》17.21)中,据载孔子为给去世的父母服丧礼提供了一个辩护:他指出只有当人们对父母的去世有适宜的感情时,他们才应该履行丧礼。但他又补充说一个有仁德的人(至少)在丧礼规定的时间内都会有这种感情。对礼的这一表达性说明捕捉到了我们后来在荀子和贝帝那里看到的部分意义。然而,这段对话被崔述认定为是《论语》的层累中后来附加的内容,所以我们也不能确定孔子是否会同意我们的分析。②

---

①《荀子·礼论》,《中国古代哲学读本》,第280页。着重粗体是我加的。

②孔子的弟子有子说:"礼之用,和为贵。"(《论语》1.12)。他指出在没有礼的情况下试图实现和谐将是不会成功的。这可能是对礼被用于实现社会和谐的一次提及。(但是,考普曼在《重温自然》一文中给出了另一种解读。)

芬格莱特是近来对儒家重视礼最雄辩的拥护者之一,他至少为我们理解这一点做出了三点持久的贡献。首先,芬格莱特在儒学中发现了一种洞察力,这种洞察力被几千年后提出语言行动理论的哲学家奥斯丁(J. L. Austin)所认可。奥斯丁认识到,有些言述"不是关于一些行动或引发一些行为的陈述;相反,它们本身就是这个行动的执行。"①这一点与礼的相关性并不直接明显,但芬格莱特继续证明,"实施性言说(performative utterances)"只有在特定的礼的语境中才是可能的。②

芬格莱特的第二个主要洞见引起了我们对礼的三个方面的注意:它指的是一系列人类特有的活动;它几乎总是在各种社会环境中被表现出来;它是神圣的。因此,根据礼来设想社会活动会激发我们看到"如同神圣礼仪一般的人类社群"③。当我们这样做的时候,与其他人相呼应的活动被视为具有灿烂的美和"内在的与终极的尊严"④。这与自霍布斯(Thomas

---

① 芬格莱特:《孔子:即凡而圣》,第 12 页。[参见前引中译本,第 12 页。——译注]

② "在我们的社会中,如果没有被大家接受的奴隶制的传统,那么,我就不可能有效地执行把我的奴仆遗赠给某人的礼仪;如果没有人接受打赌这个行为,我就不可能赌两美元;我不可能在家中吃饭的同时,为某种不道德行为的罪过在法律上进行辩护。"(芬格莱特:《孔子:即凡而圣》,第 12—13 页。[中译本参见同上,第 12—13 页。——译注])

③ 芬格莱特:《孔子:即凡而圣》,第 1 页(这是此书第 1 章的标题)。另参见同书第 15—17 页。[中译本参见同上,第 1 页。——译注]

④ 芬格莱特:《孔子:即凡而圣》,第 16 页。[中译本参见同上,第 15 页。——译注]

Hobbes)以来西方普遍存在的观点形成了鲜明对比:个人之间从根本上而言是彼此孤立的,社会只有作为满足人们自身利益需要的工具才有价值。

最后,芬格莱特指出,礼提供了一种既非自觉又非强制的人与人之间的互动模式。他的例子很简单,但却很有说服力:

> 我在大街上看见你,我微笑着朝你走去,伸出手来跟你握手。我这样做,不受任何命令、谋划和强迫力量的驱使,也没有特别的伎俩和手段,我也不作任何努力使你这样做,你自发地转向我,报我以笑,把手伸向我。我们握手——不是我拉着你的手上下摆动,也不是你拉着我的,而是我们两个完全自发的、完美的合作行为。通常,我们没有注意到这种相互协调的"礼仪"行为中的微妙性和令人惊叹的复杂性。①

正如芬格莱特观察的,描述这种社会行为的"微妙性和复杂性"的努力并解释其各种变化(例如与男人握手和与女人握手;在比赛前与对手握手和与老朋友握手、与受人尊重的导师握手等等的差别),似乎与《论语》第10篇"乡党"中出现的对

---

① 芬格莱特:《孔子:即凡而圣》,第9页。芬格莱特的描述中有两个不太令人满意的方面值得评说。首先,握手不是一种礼仪行为,因为它不被认为是神圣的。芬格莱特有时对于礼仪和习俗之间的区分不是很清晰(例如,同上,第14页)。第二,芬格莱特会把你伸手迎接我这个事实描述为"巫术",因为他以一种非常古怪的方式来使用那个词(同上,第3页)。[正文中此处所引文字,中译本参见同上,第9页。——译注]

礼的描述同样繁缛而又"奇特"。①

对我们理解礼在儒家中的作用,芬格莱特所做的贡献是巨大的。然而,我认为他错过了或者至少没有完全领会到礼在儒家中的另一种作用:灌输、表达和保持人们的态度和世界观。芬格莱特忽略了这一点,因为他从像赖尔(Gilbert Ryle)《心的概念》这样的行为主义哲学著作的角度去解读《论语》。如果芬格莱特主张的是《论语》没有显示出我们在奥古斯丁或笛卡尔(他们是赖尔批判的靶子)那里发现的那种内省的证据,那么他就是很正确的(但是芬格莱特攻击的目标在这里就成了"稻草人",因为没有人会把孔子归因于奥古斯丁的内省观或笛卡尔的主体性)。然而,芬格莱特在讨论《论语》的过程中所使用的甚至是最基本的情感词汇也似乎时常令人感到不安。②

与芬格莱特不同,我想说的是,当我们参与到由人的能动性维持又以神圣性为其特征的外部秩序之中时,我们会把这种

---

①芬格莱特:《孔子:即凡而圣》,第10页。
②芬格莱特:《孔子:即凡而圣》,第43—45页。芬格莱特关于这一点的看法也被史华慈严厉批评,参见史华慈:《古代中国的思想世界》,第179—184页。另见参见金鹏程:《〈庄子〉中的一个身心问题》("A Mind Body Problem in the Zhuangzi")。直到生命快要结束时,葛瑞汉还指出,那些在这一点上与芬格莱特持不同意见的人通常是汉学家,后者由于完全"误解了"讨论的问题,从而使得他们的批评将主题"偏离到无关紧要的话题上"(《古代中国的思想世界》的书评,第795页)。作为一个精通赖尔观点并且能够阅读中文的哲学家来发言,无论价值如何,我不得不说,我并没有发现芬格莱特在这一点上的看法有多少说服力。

秩序所表达的价值内化。我认为，这就是孔子"克己复礼为仁"(《论语》12.1)这句话所体现的部分力量。① 换言之，人类最初是抗拒礼的，所以必须要"克服"原初的自己，使自己向着礼进行"反转"。

在使我们自己服从礼的秩序的过程中，我们同时也会转向，从而远离对满足个人私利、党派纷争和焦虑的欲望的关切。这就是为什么我们必须以"敬"的态度来对待礼的问题(《论语》3.26，6.22)。当我们以这种态度实践礼的时候，我们会吸收诸如谦卑和恭敬等价值。因为对待礼的合适态度就是敬，所以礼才具有权威性。而且，正如芬格莱特所观察的，当礼在正常运作的时候，它还会引起其他人的反应。由于礼的这一令人

---

① "克己复礼为仁。"关于"仁"，参考本章第 II. B 部分。森舸澜(在其英译《论语》中)将这句话翻译为："Restraining yourself and returning to the rites constitutes [humaneness]."这是一个很好的翻译，但是我更喜欢保留"克"字的基本含义，即"在争斗中战败对方(to defeat in battle)"。"复"字的含义难以捉摸。在任何其他情况下，其显而易见的意义都是"返回、恢复(to return)"。但是它在这里意味着什么？它可能意味社会曾经实践过礼，我们必须返回、恢复到旧有的方式。但是这段话似乎只是专注于作为个体的人应该如何做。"复"字通常被"反"字所修饰，这可能意指"返回"。但是"反"字也可能是指"反转(to turn around)"。因此，我采纳如下观点，即我们必须反转我们的方向，以使之朝向仁。"为"字可以是一个简单的系动词，但是它也可以有"成为"的意思。森舸澜的翻译跟我的解释总体上也是一致的。但是，我认为我对这句话的翻译稍微更加准确一些，而且更符合我在成就美德过程中所看到的礼所发挥的作用。(据我所知，似乎只有《论语辨》的作者白牧之和白妙子是学界中唯一同意我观点的译者。)

回味的方面,并且因为它被看作是具有超越个人的权威性,所以礼有助于维系和加强社区建设。①

孔子所处的社会似乎已经遭遇了礼和社会结构的不协调(就像吉尔兹记载的那种)。孔子抱怨地方的统治者篡夺了本来是周天子特权的礼(《论语》3.1,3.2),这就是证明。儒者对这种不协调的反应(就像马丁·路德·金领导的运动一样),是这样一种尝试,即通过重新理解并复兴对礼的更深层意义的承诺,进而以一种有益的方式改造社会。

II. A. 2. 生活得好

因为从西方哲学的角度来看,礼是一个极具挑战性的新概念,我们不得不花大量时间来解释它。但是,礼的活动只是儒家生活得好的观念的一个方面。

审美鉴赏——包括欣赏音乐和诗歌——是好生活的另一个方面:

> 子在齐闻韶,三月不知肉味。曰:"不图为乐之至于斯也!"(《论语》7.14)

---

① 已故的保罗·德斯贾汀(Paul Desjardins)曾给我介绍过一个关于此非常好的例子:日本伊势神宫每隔20年就按照一种日本的礼完全重建一次。德斯贾汀指出,这项活动定期重申社区的身份,并使社区的每个人都有机会参与:专业人士筹集资金,解决组织和工程问题;技艺高超的工匠建造专门的传统物品(包括代表日本传统的仪式物品)、工人辛苦劳作、普通市民参与将地基柱子拉到工地、神道神父在不同阶段祝福建筑,以及儿童为场地搬来石头,等等。(参见《伊势神宫的六十一个表演》)

对孔子来说,音乐、诗歌和礼是密切相关的,因为诗歌通常是作为仪式的一部分来吟唱和表演的。从《论语》来看,孔子是否意识到或者愿意接受其他种类的艺术,这还难以确定。然而,后来的儒者珍视各种各样的艺术品位和活动。吴敬梓在18世纪撰写的长篇小说《儒林外史》,尤其对士大夫阶层中的虚伪和邪恶给予了强烈的讽刺和批判。他描绘的官员虽然被认为是儒家政治和教育体制的典范,但是对权力、声誉和财富的沉湎陶醉,使他们忽视了自我修养和他人的需要。(这与孔子所教导的内容恰恰相反!)我们也看到一些穷困潦倒的学者,一有机会就变得和剥削他们的人一样。但这部小说最终站在更为深刻也更加真实的儒家视角对那些肤浅的儒家进行了批判。小说中为数不多的令人钦佩的人物,以其诗歌方面的审美技巧和"琴棋书画"四种修养而著称。①

孔子似乎认为美和善至少在某种程度上是可以相互分离的:"子谓韶,'尽美矣,又尽善也。'谓武,'尽美矣,未尽善也'。"(《论语》3.25)"韶"代表了权力从尧向舜的和平禅让,而"武"则代表了武王伐纣的军事胜利。虽然武王的行为是有正当理由的,但是那些行为仍因与使用武力相关而蒙上污点。这段话提出了许多有趣的问题。考虑到儒家传统是如何看待武王和纣王的,这场出征舞蹈怎么就不完美呢?毕竟,武王是

---

① 参见吴敬梓:《儒林外史》,第1章和第55章,这两章以有德之人的描述构成了小说的框架,这些有德之人被他们所生活于其中的虚伪的社会视为怪人。

有德的,相反纣王折磨并杀害自己臣民的行为是无德的。通过武力伐纣,武王结束了纣的残暴统治,并给人民带来安全和幸福。那么,有没有可能武王会面临悲惨的选择?既然商纣仍然是统治天下的天子,难道武不能被义所驱使,保持对纣的忠诚,而不是依据仁的义务去伐纣,结束其暴政?不幸的是,这是《论语》中众多谜团之一。

无论如何,重要的是不要把儒家关于美的概念与表面上相似的西方概念混为一谈。西方美学的一个极具影响力的概念(起源于康德),是以"为艺术而艺术"的口号表达的。西方的这种美学概念切断了事物的审美和道德品质之间的任何直接关联。相比之下,儒者通常是在道德典范中发现美,并且他们认为欣赏这种美本身就是道德的激励:①

"里仁为美。"(《论语》4.1)

子曰:"诗三百,一言以蔽之,曰'思无邪'。"(《论语》2.2)②

子曰:"关雎,乐而不淫,哀而不伤。"(《论语》3.20;参考3.23)

---

①我对这一主题的看法受到了文哲(Christian Wenzel)的一篇鼓舞人心的论文《康德与孔子之美》("Beauty in Kant and Confucius")的影响。康德确实看到了道德与审美之间的间接联系,但是他的观点过于复杂,无法在此总结。参见文哲:《康德美学导论》(Introduction to Kant's Aesthetics)。

②《诗经》是孔子时代已经非常古老的诗歌总集,被孔子和后来的儒者视为经典。

修习礼、乐和诗是学习的必然要求。理解孔子传播的历史和传统也是必要的(《论语》7.1)。了解历史需要艰苦的研究工作(《论语》2.23,3.9)。因此,尽管儒者回避纯粹的理论沉思,但他们明确地将繁荣昌盛的生活看作是包含有某种智识成分:

学而时习之,不亦说乎?(《论语》1.1)

但请注意的是,这种学习必须要加以运用。教育的目的是培养"君子",这个君子能够在此世过一种繁荣昌盛的生活。

儒学长期以来一直强调关心他人,以及强调努力使世界变得更好的义务:

子路问君子。子曰:"修己以敬。……修己以安人。……修己以安百姓。修己以安百姓,尧舜其犹病诸!"(《论语》14.42)

孔子的弟子子夏甚至说:"四海之内,皆兄弟也。"(《论语》12.5)子夏的话显然比大多数儒者所能接受的观念走得更远,因为它与儒家"差等之爱(graded love)"的学说存在张力(在其整个历史中,差等之爱是儒家伦理思想一以贯之的理论特色)。差等之爱是这样一种学说,一个人拥有对他人的行动者相涉的义务(agent-relative obligations),应该对与他有特殊关系的人抱有更多的情感关怀,例如君臣、父子、夫妻、兄弟和朋友关系等。① 孔子在《论语》的下面这段著名的文字中表达了他对"差等之爱"原则的承诺：

> 叶公语孔子曰："吾党有直躬者，其父攘羊，而子证之。"孔子曰："吾党之直者异于是。父为子隐，子为父隐，直在其中矣。"（《论语》13.18）

从纯粹的客观的角度来看，逮捕和惩罚偷盗的父亲似乎是正确的做法（儒者认为，主要通过刑罚来维持社会秩序是糟糕政府的表现，但是从来没有任何建议说惩罚应该被普遍废除）。然而，孔子赞赏一个儿子的那种"隐"的做法，后者是按照如下事实行动的：那是他的父亲正处于遭受惩罚的威胁之下。

儒家的差等之爱似乎抓住了中国和西方很多人所拥有的常识直觉。试想一下，如果有人用气愤的语气告诉你："今晚纽约人要挨饿了，但是布莱恩却什么都没做！"你会有什么反应？我认为大多数人都不会认为纽约人挨饿这件事表明了布莱恩性格中有什么特别严重的缺陷，他们也许会以温和一致的

---

① 这些特殊关系有时被称为"五伦"，在《中庸》第 20 章和《孟子》3A4 中都有提及（只是后者用"长幼"替换了"兄弟"）。关于"行动者相涉的义务"，可参见第 1 章第 II. A 节。"差等之爱"的三种翻译形式"Graded love""Differentialted love"以及"Love with distinctions"已经成为儒家"行动者相涉"伦理义务的英语标准用语。（它们大致基于《孟子》3A5 的一个短语而来，在那里有人为反对儒家的观点，提出"爱无差等"的思想。）差等之爱与斯洛特（Michael Slote）所说的"平衡关怀"（balanced caring）有一些相似之处（《源自动机的道德》，第 63—91 页）。

方式回应这句话:是的,我们都应该在美国饥饿问题上做更多的努力。但是假设有人告诉你:"布莱恩的父亲今晚在纽约要挨饿了,但是他什么都没做!"如果这是真的,而且对布莱恩的行为没有做出任何特别的解释的话,我们大多数人都会认为布莱恩的行为简直令人发指。

对于孔子来说,繁荣昌盛的生活拥有一种可以在逆境中生存的快乐:

"君子坦荡荡,小人长戚戚。"(《论语》7.37)

尽管如此,一个有德之人不会(像西方斯多葛学派主张的那样)完全不受世上邪恶和痛苦的影响:

颜渊死,子哭之恸。从者曰:"子恸矣。"曰:"有恸乎?非夫人之为恸而谁为!"(《论语》11.10,参考 4.21,11.9)

繁盛生活这些方面中的"秩序"是什么?这是后来的儒者争论的话题之一:某些人仅仅是对其他人的手段吗?他们是工具性手段还是构成性手段?我们在历史流传中的《论语》后面部分的一段文字里,看到了孔子的嫡传弟子中已经开始这种争论了:

子游曰:"子夏之门人小子,当洒扫、应对、进退,则可矣。抑末也,本之则无。如之何?"子夏闻之曰:"噫!言游过矣!君子之道,孰先传焉?孰后倦焉?譬诸草木,区

以别矣。君子之道,焉可诬也?有始有卒者,其惟圣人乎!"(《论语》19.12)

不幸的是,为了了解孔子本人在繁盛生活中的各种活动的相对重要性,我们需要解决我之前选择搁置一旁的较为棘手的文献问题。

总之,对儒家来说(在这里我要大胆概括一下这场延续两千多年的儒家运动史),好生活包括参与公共的礼的活动,审美鉴赏,智识活动(始终伴随着最终的实践目的),关心和福泽他人(对有亲情和友情等特殊关系的人给予更多的关心和尽更多的义务),源自美德活动的快乐(即便在逆境中),但也有对丧亲的适当难过之情。

II. B. 美德

在儒家思想史上,大量美德扮演着重要角色:仁(humaneness 或 benevolence)、义(righteousness)、礼(propriety)、智(wisdom,有时也写作知)、忠(devotion)、信(faithfulness)、勇(courage)和孝(filial piety)。这些翻译中有些相当准确,有些只是因缺乏更好的翻译而贴的"标签"。例如,"Benevolence"在某些语境下是对仁的一个很好的翻译,但是在另外的语境中则是误导。上面的每个中文词语都可以在《论语》中找到。然而,有些词汇在《论语》中并不如在后来的儒家中那么重要,而《论语》中强调的其他美德在后世文本中反而不再那么强调了,而且上面列出的词汇中,有些在《论语》中意指的事物与后来所意指的有明显不同。

宋明理学家基本上采用了孟子列出的四大主要美德:仁、义、礼、智,后来又增加了信(faithfulness)。然而,这显然不是孔子的基本德目。例如,礼最初指的是"礼仪"(这是一套实践的过程,就其本身而言不是某种美德),而且这一点是贯穿《论语》始终的。但是,当礼被孟子和理学家作为一个德性术语使用的时候,礼常常是指一种与遵循礼仪规范相关的性向(当以这种意义使用时,我把它译为"propriety")①。

另一个词义随着时间推移而不断演变的术语是"仁",这可能是《论语》中最重要的美德术语。"仁"有广义和狭义两个层面的含义。② 在狭义的层面上,仁大致等同于后来的"仁爱(benevolence)"的意义,就是指"爱人(loving others)"(《论语》12.22)。然而,从广义的层面来看,仁似乎是指人类所有美德的总和(包括但不限于"仁爱")。就后一种含义而言,这个术语给英译带来了一些困难。在韦利和森舸澜的《论语》英译本中,他们使用"Goodness"来翻译"仁",这是相当切实可行的做法(这个大写的字母"G"非常重要,因为小写的"good"是用来翻译"善"这个术语的,"善"是汉语古文中对"good"的通称)。在讨论孔子时,我将把"仁"翻译为"humaneness"。"Humaneness"主要在两个重要方面与"仁"类似:这两个术语的部分意义都是指"仁爱";并且从词源学上来看,

---

①参见第4章第 V.C. 部分的讨论。
②参见信广来:《孟子与早期中国思想》,第 23—24 页,其中对相关二手文献有更多的讨论和参考。另一个文本问题可能会向我们显现出来:仁的更狭义用法是否反映了孔子时代之后的用法(甚至可能是墨家的影响)?更广义的用法是孔子自己的观念吗?

这两个词都与各自语言体系中的"人"相关("仁"是"人"字和"二"字的组合)。

尽管仁最初似乎是一个有着广泛内涵的术语,后来或许是在墨家的影响之下,仁越来越多地被用来特指"仁爱"。这通常也是孟子关于"仁"的含义,因此,在讨论墨家和孟子时,我将把"仁"翻译成"benevolence"(但是需要记住的是,这里的"仁爱",对墨家来说是指"兼爱",对像孟子这样的儒家来说则是指"差等之爱")。

对于将"仁"归之于任何具体的个人,孔子是非常谨慎的。这其实有点令人惊讶,因为他似乎常常愿意对自己或者别人作出道德判断。据推测,孔子之所以不愿意将仁归于谁,部分的原因是其他美德的存在并不足以证明仁的归属:"仁者,必有勇。勇者,不必有仁。"(《论语》14.4)也许更重要的是,人类完整的善通常是在各种情况下以令人意想不到的方式呈现出来。因此,我们无法从某人以前的行为来确证他是否真的具有"仁"。

作为行为品质的"义"是一个其"薄的"含义随时间流逝而保持相当的一致性的概念:"义者,宜(appropriate)也"(《中庸》第 20 章)。对于儒家来讲,"宜"必须要考虑一个人的社会角色,所以它是"行动者相涉"的。尽管"义"有时会涉及义务,有时涉及禁止,但我的感觉是,大体上而言,"义"更像是一个为了避免某种行为的"行动者相涉"的禁令(an agent-relative prohibition)(相比较而言,当使用"仁"的狭义内涵"仁爱"时,"仁"主要是一个为了利益他人的"行动者相涉"的义务[an agent-relative obligation])。还没有真正令人满意的对"义"的英译,但是给出的标准译法是"righteousness"。义也可以是一个指称美德的术语,执行行动过程中所展现的稳定性情就是"义"。刘殿爵认为,在《论语》中"义"基本上是一种行为的品质,而它对行动者的适用性则是派生的。① 如果刘殿爵是正确的,那么尽管这个术语在《论语》中经常出现,"义"本身仍然不是孔子的首要美德概念之一(不过,在孟子传统的儒家中,义变成了首要的美德概念)。

我们尚不清楚孔子是否有关于基本美德的任何概念。毋宁说,孔子在不同的段落中强调了不同的美德。正如我们在上文中所看到的,《论语》4.15 暗示了当其与"恕"结合使用时,"忠"就是孔子的基本美德。我不认为"恕"本身可以作为一种美德,因为它更像是考虑他人的"技术方法"("方")(正如《论语》6.30 所显示的那样)。尽管我在上文论证了"忠"并不像《论语》4.15 表明得那么重要,但是它显然是孔子最重要的美德之一。《论语》中至少有三段文字,记载了孔子告诉我们要"主忠信"(《论语》1.8,9.25 和 12.10)。"忠(Devotion)"是对其他某个人利益的一种承诺,特别是在这种与个人利益或党派利益发生冲突的情况下。这与我们很多情况下所认为的"忠诚(loyalty)"是有所重叠的,这也是"忠"后来逐渐拥有的含义。"信"首先是忠实于言辞。事实上,"信"这个字本身是由

---

① 刘殿爵英译:《论语》,第 27 页。一个与此截然不同的观点,参见信广来:《孟子与早期中国思想》,第 25—26 页。信广来还指出,从很早的时候起,这个词就与避免令人羞耻的行为有关。(我们将在第 4 章第 V.B 部分看到,这显然是孟子关于"义"的含义。)

"人"和"言"组成的——那似乎就是说,一个信守诺言的人。但是,忠实于言辞有三个"部分"(第1章,第 II. B. 2 部分)。最明显的方面是诚信意义上的"信":说到做到并且不承诺自己达不到的事情(《论语》1.13,5.10)。其次,"信"隐含着一种服从:做君主吩咐要去做的事。这种服从与"信"的第三个方面相关:忠实于言辞和古圣先贤的教诲,所以孔子才说:"信而好古。"(《论语》7.1)"忠"和"信"都不是盲目的;每一个都是合乎道德的:"爱之,能勿劳乎?忠焉,能勿诲乎?"(《论语》14.7)理想的情况下,"忠"和"信"将是相得益彰的,正如《论语》中经常将"忠""信"搭配起来所表明的那样。但是这两者貌似可以朝着非常不同的方向发展。所以公元前607年,晋王命令杀手鉏麑谋杀正直能干的晋相赵盾,《左传》记载,鉏麑叹了口气说:"[如赵盾]不忘恭敬,民之主也,贼民之主,不忠,弃君之命,不信,有一于此,不如死也。"为了逃避这一道德困境,鉏麑触槐而死。①

孔子并没有解释如何解决像这样的紧张冲突。也许孔子会建议鉏麑像自己一样只是辞去官职,正如史载当时鲁君忽视国家大事,与别国赠送的舞女寻欢作乐,孔子自己就辞去了官职(《论语》18.4;《孟子》6B6)。无论如何,孔子在很大程度上似乎表现出"信"包含对诚信坚定不移的承诺。他在回复问题时所使用的"善巧方便(upāya)"也并未违反这一承诺。当他

---

①《左传·宣公二年》,参见理雅各译《左传》,第290页。我受惠于尤锐在《儒家思想的基础》第146—153页和史嘉柏《文雅的过去》第156—157页对忠和信两者关系的讨论。

告诉一个弟子应该立即将所学的内容付诸实践,而告诉另一个弟子不应该这样做时(《论语》11.22),他并没有说谎也没有对任何弟子不诚信。他给出的建议是忠于他们每个人的自身特色和个人需要的。有一点很重要,即因为"善巧方便"在佛教传统中典型地涉及直率地说谎,但却是为了那些缺乏领悟全部真理所必需的觉悟的人的利益所不得不采取的策略。(经典的例子就是有许多孩子的父亲遇到自己的房子着火了:他会冲着孩子们大喊外面有一货车的玩具和零食,这样孩子们就会尽快离开房子。虽然他在货车上对孩子们说了谎,但他确实是在做符合他们最大利益的事情。)严格说来,孔子可能是在《论语》17.20 的一个段落里做了"善巧方便"之事,但是即使在这里,他也几乎是立刻特意向对方透露了谎言。

有趣的是,"忠"和"信"是附加在美德术语后面的例子,他们的角色随着时间的推移在儒家传统中已经发生了根本性的变化。"忠"在孟子传统中变得不那么重要了(尽管在荀子的文字里"忠"还经常出现,属于核心范畴)。对孟子来说,我认为"忠(devotion)"的角色其实被其他的美德所吸收,尤其是"仁"和"义"。"信"在孟子本人的思想中似乎只是一个次要角色:孟子并没有把它列入四大基本美德仁义礼智之中,同时,他也没有将"信"与这些美德的"端"联系起来,在《孟子》2A6 和 6A6 中他提到"四端"。此外,孟子似乎比孔子更愿意接受我们称之为的"治疗性谎言(therapeutic lying)"。他在 4B11 中明确指出:"大人者,言不必信,行不必果,惟义所在。"(参考《论语》13.20)孟子以自己为例阐明了这句箴言:他对齐宣王说谎,告诉他没有霸主齐桓公和晋文公的历史记载,但他在别的地方提到是有这些记载的(参见《孟子》1A7.1－2 和 4B21)。孟子之所以说谎是因为他想转移齐宣王关于武力统治的霸道主题,从而引导宣王关注德治王道。

理学家们再次将"信"提升到一种基本美德的地位(与孟子的四种美德一起,变成了五种基本美德),但是我们必须按照他们自己复杂的形而上学去理解他们对信的强调。正如葛瑞汉解释的,程氏兄弟及其弟子将每一种美德与一个人自身内部的普遍之"理(pattern)"的一个方面相等同。他们小心谨慎地把这些理与它们在情感上的表现区分开来。因此,例如,"仁"的美德是那个"理",而"恻隐"则是气的活动,也就是说,那是情。根据儒家传统的这一标准,"信"就是对其他四种美德的道德之理拥有坚定的毫不动摇的承诺。如果一个人动摇了自己对仁、义及其他美德的承诺,那就是不"信",那么这个状态也会通过气的紊乱(一种运动)反映出来。然而,如果一个人全身心致力于仁、义、礼、智,那么他就拥有"信"的美德,而气的唯一运动就将只是与这四种美德相一致的运动。因此,不存在与拥有"信"德相对应的情。程颐巧妙地解释说,这就是为什么孟子在 2A6 和 6A6 中列出四种"其他"基本美德,却没有提到信的原因!①

我并不是想说理学家对"信"的观念与早期的孔孟观念根本没有任何关系。对孔子来说,不能拥有"信"将会导致我撒谎和做假(尤其是对我的同事而言)。对理学家来说,没有"信"就是不忠于自己真正的本性,这也是一种说谎和欺骗(尽

---

①葛瑞汉:《两位中国哲学家》,第54—55页。

管那本来就是自欺欺人)。而且对自己本性的不忠十有八九也会导致对别人撒谎。对自己都不够诚心的人终究会食言以满足掩盖本性的私欲。然而,我希望大家也能清醒地意识到,孔子和孟子都不拥有任何像理和气那样的形而上学图景,从而不能使他们以程颐及其后学那样的方式去理解"信"。

鉴于儒者强调家庭义务,那么,对儒家来说,"孝"是一种重要美德就不足为奇了。这里,与其他美德一样,"孝"的适宜动机是至关重要的:

> 今之孝者,是谓能养。至于犬马,皆能有养;不敬,何以别乎?(《论语》2.7)

儒者看到了"孝"与道德修养之间的紧密关系,因此我们将在第 II.D. 部分讨论修养时再回到这个问题上。现在,我们应该注意到儒家对"孝"的重视提供了与柏拉图和亚里士多德的美德伦理的另一个对比点。柏拉图认为,在理想国里,(至少在"哲学王"这一阶层上)配偶和子女都应该是"公共"所有,而亚里士多德把家庭视为只是促进真正的人类繁盛的必要手段(而不是繁荣昌盛的构成性要素)。阿奎那自己的观点反映了基督教传统内部的张力,其中既包括体现在罗马天主教中独身祭司等反家庭因素(参考《路加福音》14:26 和《哥林多前书》7),也包括对自己亲属的特殊义务的承认。

回到《论语》,我们看到有两段话把其他的三种美德组合在一起,凝练成一句精辟的格言,表明它们在某种程度上是卓越的:"知者不惑,仁者不忧,勇者不惧。"(《论语》9.29;参考

14.28,《中庸》20.8)在这段话中,仁究竟是按广义的还是狭义的含义来使用?似乎很难理解如何从广义上运用"仁"。如果仁是美德的总和,它就应该把智和勇包括在内。但是,为什么不能只是说"仁者不惑、不忧、不惧"呢?所以这里的"仁"更应该是类似"爱人"的含义。那为什么那些爱他人的人就可以不焦虑呢?也许焦虑就像是守财奴或者骗子的紧张情绪,他们总是会小心提防,害怕失去自己的财产或因自己的罪行而被抓。

《论语》中的"勇"也是合乎道德的:"见义不为,无勇也。"(《论语》2.24)然而,"勇"并不是孔子高度赞扬的常德。事实上,他似乎在竭尽全力劝阻自己的弟子(特别是子路)不要过分强调"勇"。他淡淡地评论说"由也好勇过我"(《论语》5.7)。(在《论语》9.29 和 14.28 中对勇的不同寻常的强调可能会被视为这些段落是后人窜入的证据,是异于孔子的思想的。)①

"智"在某些方面类似于亚里士多德传统的"实践智慧(phronêsis)"。然而,"智"与"实践智慧"不同,因为后者在亚里士多德那里是包含所有其他美德的最主要的德性;相比之下,"智"似乎需要"仁"才能实现完整的德性。在《论语》中,"智"至少有四个部分:(1)恰当地评价他人和自己人格特质的品性;(2)在手段—目的上的深思熟虑的技巧:对达到既定目

---

①孟子在《孟子》2A2 中对"勇"作了非常细致的描述,但他并没有把它列为一种基本美德,所以我在这本书中将不讨论勇。而关于那段文字的一个分析,参见我的《孟子论勇》("Mencius on Courage")一文。

的之最佳手段的慎思能力,并确定各种行动过程可能产生的后果;(3)对德性行为的欣赏和承诺;以及(4)知性的理解,比如对《诗经》的理解。

《论语》经常提到"知人",在"品评"他们的能力的意义上的"知":"不患人之不己知,患不知人也。"(《论语》1.16)①从这个意义上说,"品评(appreciate)"某个人就是识别并正确评价他的好坏品质。这个方面的智慧就显得尤为重要,因为孔子非常愿意评判别人的人格品质。实际上,《论语》整个第5篇和第6篇的部分内容就致力于这种评判。例如,《论语》5.10报道孔子的弟子宰予:

> 昼寝。子曰:"朽木不可雕也,粪土之墙不可圬也,于予与何诛。"

孔子也评判自己,如他在《论语》5.9中所言的他自己"弗如"其弟子颜回,或者在《论语》5.28中,他评论道,

> 十室之邑,必有忠信如丘者焉,不如丘之好学也。

我们生活在一个不愿意作出这种判断的社会:我们会谴责

---

① 参考《论语》1.1,4.7,4.14,5.5,5.8,9.6,12.22,13.2,14.30,14.35,15.14,以及 2.11,7.14,9.28 等。我假定"知(zhī)"的动词用法,"知道,赏识",以及名词性用法"知(zhì)""智慧,明智"紧密相关。(《论语》中动词性用法和名词性用法是同一个字:"知",在后来的文本中,名词性用法通常写作"智"。)

那些批评别人品格的喜欢"评头论足的"人。(这是很有讽刺意味的,因为在谴责那些喜欢评判他人的人时,我们自己也正在做出一种人格研判。)然而,为了拥有一种美德伦理,具有决定意义的是,我们要有能力认识到在多大程度上我们和别人能够符合理想的人格特质。

有时候,"智"也意味着一种知识性的理解,子贡评论说:"回也闻一以知十,赐也闻一以知二。"(《论语》5.9;参考 3.11,7.28,9.8,16.9)然而,智者也拥有实践知识让人们去做具体的事情,例如确定行动的最佳方案,评估政策可能产生的后果等等。我认为这是下面的话隐含的部分意义:"知者利仁。"(《论语》4.2)此外,"实践智慧"和"智"都包含了对美德和美德行为的理解和承诺:"里仁为美。择不处仁,焉得知?"(《论语》4.1;参考 2.4,3.22,7.28)智的这部分内容应该可以被描述为"元美德(meta-virtue)",也就是一种对其他美德采取适宜态度和理解的品性。

《论语》中的很多章节都是以表明两者都同等重要的方式把仁和智组成一对:"知者乐水,仁者乐山;知者动,仁者静;知者乐,仁者寿。"(《论语》6.23;参考 4.1,4.2,6.22,12.22)考虑到仁的重要性,这些成对出现的文字表明仁和智都是孔子的基本美德。① 那么,仁、智是如何相辅相成的呢?思考下面的

---

① 当我们或者依照 4.15 或者依照 13.3 来解读《论语》,从而摘下强加给我们的眼罩时,这种有趣的可能性才会被打开。(我并不确定这些是否真的是孔子的基本美德;我只是提出了《论语》提供给我们的一个有趣的美德概念。)

对话:

> 樊迟问仁。子曰:"爱人。"问知。子曰:"知人。"樊迟未达。子曰:"举直错诸枉,能使枉者直。"樊迟退,见子夏。曰:"乡也吾见于夫子而问知,子曰,'举直错诸枉,能使枉者直',何谓也?"子夏曰:"富哉言乎!舜有天下,选于众,举皋陶,不仁者远矣。汤有天下,选于众,举伊尹,不仁者远矣。"(《论语》12.22)

孔子在这里指出仁的一个重要方面是"爱人",而"智"的一个重要方面是能够理解和评价他人的品格。这两个解释都不应该让我们感到惊讶。此处有意义的是表明二者是如何互动的。占据权力之位的好人将会任命和提拔那些"正直"的人,这样政府的运作才能是为民众谋福利的。只要一个人是仁人,那么他就会希望政府以这样的方式运作。但是仁并不是一个人人格特质的那个方面,正是这一方面使其有能力去识别正直的人。正是智这种美德让人正确地理解和评估其他人的品格。如果这种解释是正确的,那么仁强调的是美德的情感成分,而智则强调美德的实际决策成分。

请允许我对我的建议做一些解释,以防止某些可能的误解。第一,我并不是说在早期中国思想中,认知和情感之间有着尖锐和绝对的区别。我认为早期中国思想家不承认存在这样的区别(而且我认为他们没有作出任何这样的区分是正确的)。然而,很有可能的是,承认在美德的不同方面有对情感或认知的相对强调。第二,我的上述言论并不是假设在缺乏智的情况下有可能存在真正的仁,或者在缺乏仁的情况下,有可能存在真正的智。就我所说的一切而言,孔子有可能相信有关仁和智的一种"美德的统一"。或许仁、智就像身体中的心、肺一样关联在一起。它们在本体论上是有区别的,但在功能上则缺一不可。或者,仁和智的关系比我描述得更加紧密。也许,仁和智就像是一条曲线的凹凸两面:概念上可加以区分,但在本体上则不可分割。然而,即便仁和智有某种统一性,仍然有可能确定本质上统一的美德的不同方面。

无论孔子是否有基本美德的清单,很显然,《论语》中的主要美德术语至少包括仁、智、忠和信。拥有这些特殊的美德是如何使一个人过上儒家意义上的繁盛生活的呢?把这些特别的美德同其他美德区别开来,或许是看到这些特殊美德与众不同最容易的方法。这些美德显然是实用的而不是理论的(比如,可以说,它们与柏拉图和亚里士多德的知识[epistêmê]概念不同),他们也不是神学的(不同于"信、望和爱"),他们经常在"行动者相涉"的与他人关系中被运用(不同于墨家和西方功利主义者等后果论者所设想的"仁爱"),而它们通常被运用于等级关系中。其实,儒家美德名单与西方最常见的美德名单之间最显著的区别之一就是,行动者相涉性在更大程度上渗透到后者之中。

II. C. 哲学人类学

关于美德伦理学的构成方面,《论语》提供了最概略的哲学人类学描述。纵观整本《论语》,"(人)性"这个术语只出现过两次,而且其中只有一次出现在孔子自己所说的话中:

> 性相近也,习相远也。(《论语》17.2)

就这句话本身而言,这个论断是非常含混的,它与各种各样的哲学人类学相一致(包括认为人类就其本性来说是一块白板,经验在这块白板上书写内容这样的观点)。另外,需要注意的是,就其历史而言这段话是出现在《论语》的比较晚的篇章。《论语》中另一处出现"性"这个术语的地方是子贡所说的一句话:

> 夫子之文章,可得而闻也;夫子之言性与天道,不可得而闻也。(《论语》5.13)

中国历代学者中,相信孔子显然应该有一套精心设计的人性论(一套在本质上与孟子相同的人性论,他们相信也与朱熹的人性论相同)的那些人,一直在努力解释,为何孔子最亲近的弟子几乎闻所未闻,但孔子仍可能有关于人性的理论如何成立。提出的建议包括如下可能性,即孔子的人性论是神秘的,是不能诉诸语言的,或者说,子贡自己没有听说过老师对这个主题的阐述(因为孔子认为他还没准备好),而其他弟子是听到过的。但是或许对《论语》5.13 最简单的解释就是,孔子并没有对人性有过明确的阐述。①

我怀疑孔子之所以没有详细的哲学人类学的部分原因在

---

① 参见艾文贺:《谁之孔子? 哪种〈论语〉?》

于,只有当一个人受到竞争对手的伦理观点的挑战时,他才能强烈感受到提供这样一种阐述的必要性。直到墨家,特别是杨朱对儒学展开批判,儒家才开始对自己的人性观进行辩护。尽管如此,我坚持我的如下主张,即一种美德伦理至少要对人性有模糊或含蓄的阐述。《论语》大部分内容表明,这种阐述认为人性是呆滞惰性的,并且反抗道德修养。例如,在《论语》1.15,子贡引用了《诗经》中的一个对句,这个对句用打磨美玉这样一个比喻:"如切如磋,如琢如磨。"孔子热烈赞同这句话,将其视为人们需要持续不断的道德修养的一种表达。但是如果道德修养就像是打磨玉石,那么我们的本性一定是非常抗拒这种打磨过程的。① 这样的人性观可以解释孔子对德的罕见的悲痛宣告:"已矣乎!吾未见能见其过而内自讼者也。"(《论语》,5.27)这些点评也与孔子在《论语》2.4 所做的简短的道德自传相一致,他在其中说,只有经过55年的道德修养历程之后,他才最终达到"从心所欲不逾矩"的境界。让我们回想一下孔子在谈到"复礼"时涉及"克己"的过程(《论语》12.1)。因此,孔子的观点似乎与荀子的观点相当接近,后者坚持认为我们的本性是抗拒美德的,并且必须重塑本性以成为有德之人。这种说法会让深受程朱和陆王思想影响的儒者非常反感而不能接受,因为后者将(主张"性本善"的)孟子视为儒家传统的正统继承人。然而,《论语》似乎并未给孟子的观点提供基础,孟子认为我们的本性拥有主动的、内在的美德倾向,这种

---

① 参见考普曼:《向亚洲哲学学习》,第42—43页,这本书对这一简短但却富有启发性的文字作了缜密的思考。

倾向提供道德修养的必要资源。① 事实上,玉石的比喻似乎正像是孟子在《孟子》6A1 里面所**拒绝**的那种人性观念(当对立阵营的哲学家说,使人成为道德的就好像是用柳木雕刻栝桊一样,孟子反对这种会让人们认为道德修养对他们来说是不好的,因为它毁坏了人的本性的观点)。另一方面,《论语》1.15 所用玉石的比喻似乎非常类似于荀子在《劝学篇》中所**赞同**的人性观念(在《劝学篇》中,荀子将道德修养比作直木蒸煮弯曲成曲木的过程,或者比作磨砺金石以使其锋利的过程)。②

---

①有些段落可以用来证明孔子认为人性提供了必须与文化相结合的某种重要基础:"棘子成曰:'君子质而已矣,何以文为?'子贡曰:……文犹质也,质犹文也。虎豹之鞟犹犬羊之鞟。"(《论语》12.8;参考 6.18,3.8)。然而,我们还不清楚"质"这个词在这里(及 6.18 中)的含义。森舸澜将其翻译为"原生物质(native substance)",这意味着质/文的区别大致上就是先天自然/后天习得的区别。然而,这种对比也可能发生在性格中两个同样后天习得的方面。仅举一种可能性,质也许是一种获得正确的情感和承诺的问题,而文则是允许人们以适宜方式表达这些情感和承诺的精致化。这一解释更能澄清孔子在 15.18 中所说的"君子义以为质,礼以行之"。(考普曼也认为子贡在 12.8 中的评论并不支持某种初始人性的存在[《向亚洲哲学学习》,第 30 页]。)

②关于《孟子》6A1 的讨论,参见第 4 章第 VI.A.1 部分。关于荀子的观点,参见《荀子·劝学篇》,《中国古代哲学读本》,第 256—257 页。森舸澜在其所著《无为:早期中国的概念隐喻与精神理想》(*Effortless Action*)一书中更为详细地探讨了早期中国思想家所使用的有重要不同的各种隐喻,他的一些观点与我的观点相似:"与孟子那种内在论的、自然主义的农业隐喻相反,荀子强烈主张返回孔子的隐喻,如作为提高技能的修身和作为漫长旅程的修身模式。如同《论语》对无为的态度,《荀子》也把修身当成漫长而又艰苦的旅程,无为是其最后'目的地',或当成一生艰苦修炼、

II. D. 道德修养

我们上文讨论的关于儒家繁盛生活的几乎所有特征也都是在道德修养方面有作用的活动。孔子赞扬了几个审美和教育因素的效果,他说道:"兴于诗,立于礼,成于乐。"(《论语》8.8)孔子的弟子有子也提出了一个(尽管含糊其词但却)十分有趣的关于家庭在道德教育中的重要性的建议:"孝弟也者,其为仁之本与!"(《论语》1.2)恭敬地服从于父母和兄长是道德修养的基础,这种观念不会让弗洛伊德感到惊讶。毕竟,"超我"是父母(和其他权威人物)监护功能的心理内化。更广泛地说,最近关于道德发展的心理学研究已经开始强调家庭在培养有道德之人上的重要性。研究表明,能够为孩子提供关爱、积极的角色典范、清晰明确的关于适当和不适当的行为边界,以及鼓励友善行为的那些父母比不做这些的父母更有可能生出具有同情心关爱他人的孩子(他们也会成长为具有同情心关爱他人的成年人)。①

顺从外在行为和思想规范过程中的间歇或'安'"(第17—18页,着重粗体是原作者所加)。[森舸澜的《无为:早期中国的概念隐喻与精神理想》上引文引自中译本,参见史国强译,上海:东方出版中心,2020,第22页。——译注]

① 施陶布(Staub):《个人和群体中亲社会行为和反社会行为的根源》("Roots of Prosocial and Antisocial Behavior in Persons and Groups"),第447—448页。黄百锐(David Wong)也探讨了儒家关于家庭在道德修养中的作用的方式是如何与现代心理学理论相一致的(黄百锐:《普遍主义vs.差别之爱》["Universalism vs. Love with Distinctions"])。关于弗洛伊德作为道德修养理论家的持续相关性,参见丘奇(Church):《道德与内化了的他者》("Morality and the Internalized Other")。

一般而言,艾文贺(在其《儒家的道德自我修养》一书中)考察了儒家在过去2500多年中关于道德修养讨论的两个方面。首先,儒家内部对两种自我修养方法之间存在着实质性的紧张关系。这两种方法是互补的,但这也造成了重大差异,即一个特定的儒者强调两种方法中的哪一个。这种张力是由孔子的一句令人难忘的警句引起的:

学而不思则罔,思而不学则殆。(《论语》2.15)

"思(Thinking)"在这里并不是理论上的思索,如同笛卡尔沉思冥想时在他的"火炉暖房"里所做的那样。正如韦利解释的,"思"这个术语有几层含义,但是,

在每一种情况下,我们都在处理一个过程,而这个过程到具体观察只有很短的距离。从来没有任何迹象表明有一个漫长的思考或推理的内在过程,在这个过程中,一整套思想一个接着一个不断进展,在物理层面引发头痛,在智力层面产生抽象的理论。我们毋宁必须要作为一种注意力的集中而去"思"……集中于一个最近从外部吸收的印象上,这个印象注定会立即在行动中被重新具体化。①

---

① 韦利英译:《论语》,第45页。更多关于思的讨论,见本书第4章第 IV.B. 部分。

因此,"思"通常被更准确地翻译为"专心(concentration)"或"专注(attention)"。

"学(Learning,有时也被译为 study)"有学术和非学术两个层面的含义。一方面,君子需要学习"六艺"(礼、乐、射、御、书、数)和典籍(理想状态是在一位明师指导下进行)。但是,"学"也是一个遵循角色模范的问题。这些角色模范可以在历史、文学或哲学的典籍记载中找到,但是他们也可能是现实生活中结识的品行良好的人。无论哪种情况,《论语》2.15 的要点都是人们不能以生搬硬套或消极被动的方式学习(否则人将变得非常的"罔[confused,困惑]",而是必须反复思考自己所学的内容,以便将其理解和内化。另一方面,如果没有先吸收所专注的优质内容,那么专心的努力将会变得"危殆(dangerous)",因为一个人不可能天生就拥有什么值得反复思考的内容。

需要注意的是,这一点支持了我对《论语》中隐含的人性观的解释。因为,如果人性对美德有积极的倾向性的话,那么"思"就不太可能是如此"危殆"的活动。这就将我们引向艾文贺第二个主要观点:在一个特定的儒者的世界观中,对"学"和"思"相对重要性的强调与他的人性观念有关。事实上,我们可以追溯后来儒家内部关于对学和思的相对强调以及人性观点之基础的一些主要争论。

让我们回顾一下我在第 1 章第 I.B.3 中介绍的一些晚期儒者,这次重点关注他们是如何在其人性观念与其关于思和学的相对重要性的观点之间展开互动的。孟子坚持人性是善的。他这个主张的部分含义是人拥有天生的但还处于萌芽状态的美德倾向。因此,孟子的自我修养过程就承认我们具有这些倾向,并把注意力集中在这些倾向上:"心之官则思,思则得之,不思则不得也。"(《孟子》6A15)儒家的另一位主要代表人物是荀子,他明确地批评了孟子的观点,否认人具有先天、处于萌芽状态的美德倾向。毋宁说,人性是极其不情愿地去进行道德修养的,因此修养更像是弯曲直木或磨砺金石,而不是像照料植物顺其自然地生长。不出所料,荀子特别强调要向典籍和老师学习,他说:"吾尝终日而思矣,不如须臾之所学也。"①

陆王学派和程朱学派之间的争论也是由与人性概念相关的"思"/"学"二分引起的。朱熹认为,人性起初被私欲遮蔽,这种遮蔽是如此之严重,以至于依赖于人未经教化的道德意识是危险的。另外,朱熹相信,尽管理和气在事实上不可分割,但二者在概念上则有一定程度的区别。因此,对经典文本的学习提供了在一定程度上摆脱其初始背景而被理解的关于"理"的表达。这些表达可用来阐明一个人对其自身内部之"理"的理解。相比之下,王阳明则是更为彻底的一元论者,他认为任何将理与气或知与行分开的倾向,都会将道德上有所减弱的二元性引入人的生活。他还担心过度关注古典文本的学习可能会导致迂腐僵化,并且分散对真正的道德行为的注意力。王阳明主张,由于我们内在已经拥有了一种完美的本性(他称其为"良知"),我们所要做的就只是反思内在的真我,这样我们就

---

①《荀子·劝学》,《中国古代哲学读本》,第 257 页。这是对《论语》15.31 中被归于孔子的一句话的释义。荀子引用孔子没有标注出处吗?或者《论语》15.31 这段话是荀子后来的人插入《论语》中的吗?

会知道我们该做什么,并被激励着恰当地行动。因此,王阳明可谓强调的是"思"而不是"学"(尽管他并未强调"思"这个术语本身)。

就儒者重视文献学习的程度而言,这种学习对他们来说是十分重要的,那些文献被看作是经典著作。我这样说并不必然表明这些文献是正典。可称为正典的文献是被某些"政治的、教会的或书面的法令""宣称为具有权威性的"作品。① 因此,"正典(canon)"根据机构权威来确定。相比之下,"经典(classic)"则是按照某个人或某个群体选择采取的解释文本的态度来确定的。由于什么才算是相关机构这个问题的模糊性,经典和正典文本之间的界限很难划清。从某种意义上说,一所拥有自己"伟大著作"课程的大学也有自己的正典。但我将证明,例如,尽管孔子似乎将《诗经》看作是一部经典,但它在孔子时代并不是正典,因为(我们了解)那时不存在任何机构宣称什么构成了儒家的正典。② 正如我们所见,朱熹把《孟子》这样的作品视为经典,但是也只有到《四书》被官方正式宣布为科举考试的依据后,它们才成为正典(《四书》成为科举考试的官方教材这件事发生于朱熹过世之后)。

---

①亨德森(Henderson):《圣经、正典和注疏》(Scripture, Canon and Commentary),第38页。

②关于孔子运用《诗经》的讨论,参见艾文贺:《儒家的道德自我修养》,第3—4页,以及金鹏程:《战国时代对〈诗经〉的接受》("Reception of the Odes in the Warring States Era")。完全不同的观点,参见范佐伦(Steven Van Zoeren):《〈诗经〉与人格》(Poetry and Personality),第25—51页。(范佐伦特别擅长解释外交场合下的《诗经》引用情况。)

亨德森(John B. Henderson)已经在某种程度上被不公正地忽略的著作中表明,无论其承认为经典的文本内容有多么巨大的差异,注疏传统(包括基督教、犹太教、伊斯兰教、儒家和佛教)显示他们对待那些文本的具体态度有显著的一致性。①具体来讲,(1)经典包含了所有最重要的学问和真理。一个当代读者可能读不出《诗经》中蕴含了多少古雅民谣和古代宫廷音乐的歌词。但是对于孔子(现存《论语》中所描绘的孔子)及后来的儒者来说,《诗经》既是政治活动(《论语》13.5)和道德修养(《论语》8.8)的双重工具,还是从最深刻的伦理问题(《论语》1.15 和 3.8)到"鸟兽草木之名"(《论语》17.9)中洞察一切事物的智慧之源。

(2)经典是"井然有序,条理清晰"的。② 所以例如朱熹就指出,《论语》第一篇正因其处于第一篇的位置,它就成为"入道之门",并且所记"多务本之意"。相比之下,在讨论《论语》第 20 篇(《论语》的最后一篇)时,朱熹引用某人的观察指出,如果读者真的理解了《论语》最后一篇说的主题,那么,"君子之事备矣。弟子记此以终篇,得无意乎?"③

(3)经典不是自相矛盾的,而是连贯一致的。正如我们所看到的,儒家伦理的特殊主义部分地体现在了教导的"方便善巧"上(由《论语》11.22 提供的证据可证明这一点)。这一事

---

① 亨德森:《圣经、正典和注疏》,第 89—138 页。
② 亨德森:《圣经、正典和注疏》,第 106 页。最近,王博在《简帛思想文献论集》中对古籍是有秩序井然的看法作了辩护,参见 19—21 页。
③ 朱熹:《四书集注》,对《论语》第一篇的评论,以及对《论语》20.3 的注疏。

实有助于通过解释消除明显的矛盾。①

(4)经典本身就是道德楷模。他们既不提倡也不支持不道德的行为。一个人的确能够通过学习经典而成为一个更好的人。所以,例如,孟子向他的弟子万章解释,为什么圣人舜明显违背了《诗经》中的一条道德戒律,但是其行为仍然是正当的。(我将在第4章第Ⅳ.B.2部分着重讨论《孟子》5A2这段内容。)

(5)经典是深奥的。这一解释原则建立在这样的假设上:浅显的世界观和深刻的世界观之间是有区别的。换言之,人们对世界的认知不仅在数量上存在差异,而且在质量上也参差不齐(这与道德行家的理想有关)。这种主张的后果之一是,如果我们在阅读经典时发现某些部分很陈腐平庸,甚至容易被忽略掉,那么我们最初的假设,其问题应该是出在我们身上,而不是在文本上面。

(6)经典没有什么是多余的。经典中的"点点滴滴"都十分重要。这条原则鼓励了解释者在文本的每个细微之处寻找意义,哪怕这些意义看起来是多么微不足道。倪德卫在朱熹对《论语》的注疏中指出了一个好例子。让我们回想一下在《论语》15.24中,子贡问孔子要一个他可以终身行之的教义,作为回答,孔子提供了关于"恕"的一个描述:

己所不欲,勿施于人。

---

① 亨德森:《圣经、正典和注疏》,第169页。

在《论语》5.12,子贡非常骄傲地说:

> 我不欲人之加诸我也,吾亦欲无加诸人。

有人会认为子贡只是简单地遵循孔子的教导,做孔子让他做的事情。但是,孔子打破了子贡的幻想,告诉他"赐也,非尔所及也",也就是说,子贡不能达到其所声称的已符合了的标准。这两段文字的一个区别是前者用了"勿(do not)",而后者用了"无(not)"。今天我们大多数人都会认为这是由不同语境必然导致的细微句法差异。在前一段文字中,孔子表达了一个禁令;在后一段文字中,子贡宣称了他对这一禁令的遵守。所以在《论语》5.12中,孔子只是告诉子贡,他并没有成功地遵守禁令,或者至少看起来是这样。但是根据朱熹这样的"传统之内虔诚的注释家"①,这个句法差异指向的是更进一步和更深层的伦理区别:

> 程子曰:"……子贡或能勉之,仁则非所及矣。"愚谓无者自然而然,勿者禁止之谓,此所以为仁恕之别。②

因此朱熹认为这两段文字在措辞上的细微差别反映了道德修养的两个不同阶段:子贡所处的阶段(涉及强迫他自己不对他人做他禁不住想做的事);只有圣人才能达到的阶段,这

---

① 倪德卫:《中国道德哲学中的"金律"之辩》,第69页。
② 朱熹:《四书集注》,对《论语》5.12的注疏。

是子贡认为他所处的阶段(在这样的阶段上,人不会将自己不想要的东西强加给别人,同时也没有这样的欲望)。

III. 论辩与《论语》

有一个常见的观点,认为能被发现的中国第一个理性论辩不是在《论语》中,而是在早期墨家的作品中。① 也许这就解释了葛瑞汉轻蔑地评论早期儒者"似乎无力讨论任何'比管仲知礼乎'更为重大的问题"②。正如我们之前所见,"礼"是一个非常复杂和重要的主题,因此葛瑞汉的傲慢是毫无根据的。尽管如此,对葛瑞汉来说,谜题仍然在于如何解释他所说的"使儒家战胜其明显更强劲的对手的**特别**持久的力量"③。葛瑞汉认为,儒家的成功唯一的解释可能是"对传统教育的垄断"④。葛瑞汉继续说道:"可以推测,如果你想要自己的儿子接受非常实用的教育,你总是送他入儒门,无论你或许多么抱怨他们用许多无用之物填充孩子的头脑。"⑤我们从葛瑞汉的语气中

---

①参见例如,葛瑞汉:《论道者》,第33页。[参见前引中译本,第42—43页。——译注]

②葛瑞汉:《论道者》,第107页。[中译同上,第126页。——译注]

③葛瑞汉:《论道者》,第32页。着重粗体是我加的。他们的对手是如何变"更强劲的"? 葛瑞汉的意思大概是说,在理性论证中更强劲的吧。[中译同上,第41页。——译注]

④葛瑞汉:《论道者》,第32页。[中译同上。——译注]

⑤葛瑞汉:《论道者》,第33页。[参见前引中译本,第42页,译文稍有改动。——译注]

感知到,他同意这种情况下抱怨的父亲的做法。

但是《论语》中没有论辩的感觉,是由对于什么是论辩的过于狭隘的概念引起的。自启蒙运动以来,对坚持一种传统从论辩中严格区分开来是很常见的。然而,麦金太尔等人对这种二分法质疑。他争辩道:

> 假设存在某种中立的立场,即假设存在某些这类合理性的场所,能为独立于所有传统之外的探究提供足够的合理性资源,这只是一种幻想。那些持不同观点的人,要么悄悄地采取了某种传统的立场而欺骗他自己,也许还有他人……要么纯粹是弄错了。①

冒着过于简单化的风险,麦金太尔的论辩是,任何形式的探究都必须发端于某套背景假设,包括关于论辩的正当形式是什么的假设。此外,一个人既不是(经验主义者所设想的那样)一块白板,经验可以直接在上面写写画画,也不是(理性主义者所设想的那样)直接获得理性真理的存在者。因此,(不管我们是否喜欢以及是否认识到)我们都将从某个知识界获取我们大部分背景假设。这并不妨碍个人的创新,甚至也不影响大规模的知识革命。但是它确实限制了这些事情发生的方式。

知识界部分地是由他们的历史定义的。一个有穿越时空

---

① 麦金太尔:《谁之正义?何种合理性?》,第367页。[参见前引中译本,第479页。——译注]

的身份认同的知识圈子是一种传统。因此,无论我们是产生于启蒙运动中(想象上的)反传统的传统中的一员,还是托马斯主义传统中的一员,抑或是其他什么传统中的一员——所有探究都是由传统建构的。从这个角度来看,儒家对传统的强调看上去似乎是诚实的和现实的,而不是教条的。

然而,探究是传统建构的这一事实并不意味着所有的传统都是同样正当的。为了解释这个原因,麦金太尔确定了传统经历的三个阶段:

> 在第一个阶段中,还没有对相关的信仰、文本和权威质疑;在第二个阶段中,识别出各种各样的不充分性,但尚未对此予以补救;而在第三个阶段中,对这些不足的反应体现在一套重构、重新评价以及新的系统阐述和新的评价方面,以设计出这些东西来补救不足和克服局限。①

第一阶段就是非常单纯的阶段,一旦失去就无法恢复。但这个传统将继续参与第二和第三阶段,以对传统的每一次新挑战来呈现自身。传统观念将会胜利,只要它在一定程度上继续回应阻碍它的挑战,对它的坚持就将是合理正当的。

尽管如此,我们仍然会被《论语》似乎与强调传统的某种西方哲学范式的不同方式所震撼。例如,天主教哲学著作长期以来一直强调传统的重要性,但是奥古斯丁《忏悔录》第2

---

① 麦金太尔:《谁之正义?何种合理性?》,第335页。[参见前引中译本,第465页。——译注]

卷是关于哲学心理学争论激烈的作品,而阿奎那的《神学大全》则充满了许多具体的论辩。《论语》与之相似的地方到底在哪里呢?《论语》中确实有一些争论,比如孔子在一种情况下同意改变礼,但是在另一种情况下却不同意,又如他对为父母服三年之丧的合理化辩护(《论语》9.3 和 17.21,每一段我们在前面第 II.A.1 部分都分别讨论过)。但是,这些都是文本中的例外,否则值得注意的就该是缺乏明确的论证。因此,麦金太尔的抱怨背后有某种力量,他认为《论语》中"明智的洞见……通常不被呈现为,也不被证成为论证的结论。"相反,"证成的终点一般是简单地断定某个特殊的价值"①。

考普曼有一些与此相关的评论。他注意到,当考虑接受(或拒绝)一个哲学立场的理由时,"很容易把涉及推论出来的含义的理由,或者相反涉及能够被推论地证明出来的矛盾的理由,认定为典型的、具有范例性的"②。然而,这可能是一个有利于作为整体的哲学世界观的严肃考虑,它似乎只是"以其他立场无法比拟的方式理解世界和日常经验"③。换言之,支持某种哲学的论证可能只是,它作为整体给我们提供了最好的可

---

① 麦金太尔:《孔子与亚里士多德的美德概念的再讨论》,第 160,第 161 页。麦金太尔对儒家作了一个普遍性的评断。如本书第 4 章所示,他对《论语》的观察甚至比像孟子这样的儒家后学还要准确。
② 考普曼:《向亚洲哲学学习》,第 10 页。[参见前引中译本,第 11 页。——译注]
③ 考普曼:《向亚洲哲学学习》,第 9 页。[中译本同上,第 10 页。——译注]

用的"方向,这在理解世界上是卓有成效的"①。在多大的程度上,孔子的世界观能做到这点?

孔子恰好出生于麦金太尔所描述的传统发展的第二个阶段的文化中。周王朝权威的瓦解表明,这一传统有一个根本的缺陷。传统的社会结构无疑开始显得无关紧要了。同样,"君子"的理想品质也开始显得不合时宜。因此,现实政治的实践者可以嘲弄地问:"何以文为?"(《论语》12.8)(这让人想起了戈贝尔[Goebel]那令人恐惧的评论:"当有人提起'文化'时,我就伸手去拿手枪。")

孔子时代,一个有思想的人会认为最紧迫的四个问题是:当前困扰天下的战争、谋弑、灾难和混乱的原因是什么?我们应该采取什么样的社会结构来结束这种局面?我们如何能够实现这种结构?我们能够在所有这一切中扮演什么角色?孔子最大的贡献可能就是开始复兴传统,试图通过回答这些问题来显示它的当代意义:社会已经偏离了大道,背离古圣人先王的做法;我们应该致力于复兴他们的理想社会;我们通过让有德之人掌握政治权力之位来实现这一点;你的角色就是努力成为一个有德之人,在你得位后为社会变革而努力,无论受到什么样的诱惑都拒绝参与恶行,并且无论是否在位都能在美、学、礼和友的善好之中获取快乐。因此,孔子以赋予它新的社会和个人意义的方式使传统焕发了活力。据我们所知(以及根据

---

① 考普曼:《向亚洲哲学学习》,第 11 页。值得注意的是,当代分析哲学中两个最著名的论证形式,即最佳解释推理和反思平衡,在形式上都不是纯粹的演绎。

被认可的碎片化的历史记载),孔子是他那个时代唯一一个提出连贯而又详细的、社会和个人的世界观的人,而这个世界观提供了当时可能是到那时为止"理解世界"的最佳的可用"方向"。因此,在某种意义上,《论语》的整个文本就是它自己的论证。

IV. 结论

有些文本因为其所说的内容而非常有趣;有些文本因为其能够启发他人而充满趣味。我们可以称前者为"体系性文本",称后者为"唤起性文本"。《论语》就属于第二类。差别只在于程度上的不同。每一个文本都需要解释,一种解释就是一个文本激发别人所说出来的东西,而且没有任何解释是最终的和决定性的(如果仅因为一种解释就其自身而言只是另一个文本)。另外,具有讽刺意味却又不可否认的是,一些最能告诉我们关于我们自己和世界的解释,是由那些阅读唤起性文本但却相信他们正在发现一个体系性文本的独特意义的人做出的(例如,朱熹解读《论语》或者阿奎那解读《新约》)。

尽管如此,如果我们使用某种特定的方法论(例如分析哲学、文献结构主义、福柯式的怀疑解释学,或其他方法),并将其仔细地应用于一个体系性文本的话,那么合理解释的范围就会缩小。我们就像一个旅行家一样,从令人畏惧的广袤无路的荒野中走出来,找到一条通往舒适的村庄的路并在此安家。但是,当我们读到一个"唤起性文本"时,我们把阅读中最大的关注只向更多的解释可能性开放,并提出更多的问题。在这种情况下,我们就像一个逃离狭窄限制的探险家,我们会为我们所发现的广阔前景感到高兴,但却知道我们所走的道路曲折分叉,每个十字路口都通向更远的另一个十字路口,而且我们将永远无法穷尽所有的方向。

但是并非每一次旅程都值得去探索。美德伦理在西方受到了各种各样的批评,包括后果主义也批评美德伦理。同样地,在古代中国,墨子提供了一种相对于儒家的后果论选择。我们下面将转向他的观点。

Chapter three

Mozi and Early Mohism

第 3 章

墨子与早期墨家

> 言必立仪。言而毋仪,譬犹运钧之上,而立朝夕者也,是非利害之辨,不可得而明知也。
>
> ——墨子

> 假如功利(utility)是道德义务的最终根源,那么当道德义务的要求彼此不相容时,我们便可以诉诸功利,在它们之间作一个取舍了……在其他道德体系中,各个道德法则全都要求独立的权威,却没有一个有资格干预它们的仲裁者;它们彼此要求优先于对方的理由大都无异于诡辩,而争议通常是出于不被承认的功利方面的考虑得到解决的,否则这种争议会给个人私欲和偏心(personal desires and partialities)的行为留下自由的空间。①
>
> ——约翰·斯图亚特·密尔(John Stuart Mill)

墨子是我们所知道的在中国历史上第一个提出一种详细、连贯的世界观的人,这种世界观对儒家给予了批评,并提供了系统的替代理论。孔子是有教养的道德行家,其直觉反应不能

---

① 中译引自约翰·穆勒(密尔):《功利主义》,徐大建译,北京:商务印书馆,2014,第30—31页。——译注

被普遍规则所约束,取而代之的,是墨子提供给我们的对决定什么是正确的通用算法:其目标指向最大化的公义(maximizing benefits impartially)。

在这一章里,我将讨论早期墨家的观点。我用"早期墨家"一词指的是由《墨子》"总括性章节(synoptic chapters)"所表达的观点(下一节会解释这个词的意思)。我相信这些总括性章节展示了一种在很大程度上与历史上的墨子个人相类似的立场。我还认为这些总括性章节也反映了墨家观点在公元前4世纪"语言危机"之前所呈现的样子,因为我们在其中没有发现这种危机的重要迹象。(参见第2章第I.B.2部分论"语言危机")我将使用"新墨家(Neo-Mohism)"一词来指"论辩性章节(dialectical chapters)"所表达的观点,它们明显是对那次语言危机的某种反应。然而,对我的目标而言,最重要的是,总括性章节体现了一种精细的并且在很大程度上连贯一致的哲学立场,如若不考虑它们是何时撰写的,或它们与历史上墨子的观点是如何相关的之类问题的话。

I. 文献问题

今天,以"墨子"为标题被绑定在一起的作品是极为不同的群体。它们的不同从随机抽样的主题上来看都是很明显的:"兼爱""节葬""明鬼""非儒""名实"①"备高临""备梯"。这

---

① 原文是"Names and Objects",只剩下残篇。——译注

些章节在文体上也是多样的。可以说,墨家自己用古汉语写下最初的文章,但他们的作品还包括对话,以及可以被称为争辩的内容。不足为奇,《墨子》的各个章节似乎来自不同的历史时期,可能是在墨子本人的生命期(公元前5世纪)与汉初(公元前202年)之间,而墨家学派到汉初的时候突然湮灭了。

我们可以将这些章节划分为五组。① "总括性章节"(第8—39章)以3章为单位有10组,以2章为单位有一组,每一组都有相同的标题并讨论同样的一般性主题。② 很显然,这些章节的主题涵盖了早期墨子学派运动的主要观点。"论辩性章节"(第40—45章)形成了一组令人着迷的文献。它们包括对非形式逻辑、语言哲学、数学、机械和光学的讨论。它们可被追溯到公元前4世纪的"语言危机"时代(并且也是对这一危

---

① 吴毓江的《墨子校注》和孙诒让的《墨子间诂》是对这个文献注疏的两个标准汉语版本。迄今没有流行的《墨子》完整英译本,不过艾乔恩(Ian Johnston)正在做这个工作。[艾乔恩的《墨子》英文全译本已经出版,参见 Ian Johnston, *The Mozi, A Complete Translation*, Columbia University Press,2010。——译注]

② 《墨子》49章记载的一则轶事(梅贻宝[Yi-Pao Mei]:《墨子》,第251页)表明,总括性章节涵盖了《墨子》主要的主题。(但理所当然地,这则轶事很可能是为了证明这些章节所涵盖的主题的正确性而被编造出来的。)我们遗失了某些组的某些章节,但大多数章节都保存下来了。还有很明显"非儒"只有上下两章。《读本》包括总括性章节的选译。更多选译可参见华兹生(Watson)的《墨子》。一个完整译本也可在梅贻宝的《墨子》中发现。

141 机的部分反应)。① "墨子言论"(Mohist analects,第 46—50 章)是一组与墨子相涉的对话和简短故事集。这些章节叙事的复杂性使我相信,它们被撰写于公元前 4 世纪或更晚。"军事章节"(military chapters,第 52—71 章)是对如何防御各种类型攻击的指导。最后,还有一系列讨论多种主题混杂在一起的文本与对话(第 1—7 章)。②

---

①论辩性章节在抄写员的世代传写中遭受了巨大的文本损毁,这些抄写员错抄了文本,因为他们并不理解所抄写的东西。葛瑞汉的《后期墨家的逻辑》(Later Mohist Logic)是对这些章节的一个权威(而且重大)的英文研究著作。一个较不令人生畏的考察,参见葛瑞汉:《论道者》,第 137—170 页。还可以参看 Geaney:《对葛瑞汉"新墨经"之重构的批判》("Critique of A. C. Graham's Reconstruction of the 'Neo-Mohist Canons'");以及艾乔恩:《大取与小取》("Choosing the Greater and Choosing the Lesser")。

②梅贻宝的《墨子》一书对"墨子言论"和混杂章节给出了完整的翻译。其中一组总括性章节的标题是"非攻";显然,墨家相信,如果防御性技术得到很好的发展并为众人所周知,那将有助于阻止侵犯性的战争。在墨家军事章节方面的领先专家是罗宾·耶茨(Robin D. S. Yates,参见耶茨,《早期攻城术》["Early Poliorcetics"],前引,《战术章节的重构》["Reconstruction of the Tactical Chapters"],以及前引,《墨家论战争》["Mohists on Warfare"])。在这些章节中的一章(《墨子》第 62 章"备穴")里,墨者写道,用一张大鼓,将其放置于地道中,来探测敌人的工兵挖地道破坏防御城墙。这张鼓会与工兵挖隧道的声音产生共鸣,这样就将被守卫监测到。2005 年,电视剧《流言终结者》(Myth-busters)再造了墨者的这一技术,经过验证,它是有效的。实际上,它就跟现代的麦克风一样好,甚至比麦克风还要好(《流言终结者》,"中国人的入侵探测报警系统")。

没有任何章节声称是由墨子本人撰文的。事实上,很多章节援引"子墨子"(即"我们的老师墨子"),这就很清楚地表明,它们是由墨子后学所写。经常有引文被归于墨子,但(部分由于古文缺乏引文标记)引文在哪里结束通常是不清楚的,所以我们不能确定这一章内容在多大程度上可以被明确地归之于墨子本人。墨子创立了一个组织团体,并发起了一场智识运动,但是在他死后的某个时候,这一团体明显地分裂成了三个派别。由于总括性章节被按三组一章来划分,我们就可以很自然地猜测,每一版本代表了三个派别其中之一派的观点。葛瑞汉为这一解释提供了辩护,并有所发展。他认为我们能够辨认出墨家运动的"纯粹派""折中派"和"保守派":"墨家派别间反复争论的议题之一,显然是维护学说的纯粹性还是使之适应政治现实。"不过,葛瑞汉的解释遭到斯考特·洛威(Scott Lowe)以及另外一些人的激烈争辩。①

我自己的观点是,不论它们源自何处,总括性章节中现存的哲学内容,其差异通常是相当小的。例如,葛瑞汉指出,"尚贤"的三个版本中,

---

① 葛瑞汉:《论道者》,第51页。[参见前引中译本,第63—64页。晚期墨家的派别划分记录在《韩非子》五十"显学"篇中,参见《读本》,第351—352页。关于在总括性章节和晚期墨家三个派别之间关系上的争辩,参见葛瑞汉:《〈墨子〉核心篇章中反映的早期墨家分派》(*Divisions in Early Mohism Reflected in the Core Chapters of the Mo-tzu*),和洛威:《墨子为一种中国乌托邦提供的宗教蓝图》(*Mo Tzu's Religious Blueprint for a Chinese Utopia*)。——译注]

折中派没有谈到提拔农与工肆之人为官,也没有明确指出任命官吏只看政绩;此原则被保守派弱化为这样一种要求,即任命官吏"**未必使王公大人骨肉之亲,无故富贵,面目美好者也**"①。

然而,葛瑞汉辨识的这些差异,作为同一章节的"纯粹派"版本,可能只是表现了对同一观点不同程度的阐释和澄清。"折中派"是即使他们足够贤明也不同意任命农工商人为高官呢,还是他只是忽略了将它明确地提出来呢?这似乎不大可能,因为这一章的全部三个不同版本都援引了个人的相同例子,这些人的官职都因其政绩而得到了提升。② 更进一步,这些章节中措辞上的微小差异,正如葛瑞汉所说,可被预期地假设为这些版本"是从一个共同的口述传统记录下来的"③。

总体而言,我发现总括性章节展示了一种前后一致、清晰连贯的世界观。所以,我认为我们对早期墨家要比对孔子思想拥有一个统一得多的画像。现在,我将尝试着对墨家观念作一概括性的描述。

---

①葛瑞汉:《论道者》,第51页。[参见前引中译本,第64页。着重粗体为原著所加。——译注]

②参看梅贻宝:《墨子》,第33—34页,第43—44页,第53页。

③葛瑞汉:《论道者》,第35页。[中译本参见第45页,译文有改动——译注]我将在对这些总括性章节的各种注释里提供更多的例子,并解释我为什么发现它们通常是无关紧要的。

II. 墨家的后果论

II. A. 为什么是后果论？

在一个哲学体系中，通常会有几个核心的承诺或信念，以吸引其后学追随这个体系。这一体系的其他因素很大程度上是那个核心的理论结果、精心阐述或积极辩护。如果我们能领会这些根本的承诺是什么，有时候我们就能更好地理解一种哲学。我认为早期墨家哲学的根本承诺大概是在这两段简短的引文中呈现出来的（这两段引文都被明确地归于墨子本人）：

> 言必立仪。言而毋仪，譬犹运钧之上，而立朝夕者也，是非利害之辨，不可得而明知也。①
>
> 我有天志，譬若轮人之有规，匠人之有矩，轮匠执其规、矩，以度天下之方圆，曰："中者是也，不中者非也。"今天下之士君子之书，不可胜载，言语不可详计，……其于仁义，则大相远也。何以知之？曰：我得天下之明法以度之。②

---

① 《墨子》35，"非命"，《读本》，第 111 页，HY 56/35/6—7。
② 《墨子》26，"天志"，《读本》，第 94 页。（艾文贺[Ivanhoe]用"真[true]"与"假[false]"来译"是"和"非"，我改了他的译法，用"正确[correct]"和"错误[incorrect]"来译这两个字。）HY 41/26/41—42/26/44。

这些话语可以部分地视为对儒家"道德行家"(第1章,第II. B. 3. b部分)观念的一种回应。正如我们所看到的,儒家可以被看作是一种典型的德性伦理学。德性伦理学并不蕴含如下主张,即存在道德行家。一个人可以拥有德性伦理的温和形式,它以这种形式作为对后果论和规则-义务论的一种补充。

通常,对这些立场而言,道德知觉和判断不需要鉴赏力。然而,一种德性伦理越是激进,它就将越是强调道德鉴赏的重要性。孔子之儒家倾向于德性伦理的一种更为激进的形式,所以它鼓励我们成为道德行家。成为一个道德行家的部分要求是发展某种洞见,这种洞见抵制清晰、明确的规则公式。这本质上是精英主义的。一种坏的精英主义是否有必要,这个问题尚有待解决。然而,我们能够明白,为什么有人试图拒绝把儒家看作是一种精英蒙昧主义。所以,在上述第一段引文里,我们看到墨者承诺找到了一种清晰(明)的评定标准,也就不令人感到惊讶了。①《论语·里仁》有"君子之于天下也,无适也,无莫也,义之与比"(《论语》4.10)的说

---

① 关于"非命"的三个版本,我们在35章和37章中发现了"仪"("标准",standard),但在36章中却是"仪法"。此外,三种"量轨(gauges)"(参见本章下文)在35章中被称为"表",而在36和37章中却被称为"法"。关于"天志"的三个版本,我们发现在26章中是"法",但是在27章中我们却看到,"顺天之意者,仪之法也"(HY 45/27/71),在28章中又成了"仪法""法"和"经"数种表述方式交替使用。这些例子里,似乎并没有意义上的重大差异。这就说明,总括性章节之间的差异,其重要性只是措辞和表述上的,而不是基本教义上的分歧。

法,当儒者这样说的时候,墨者看到了一种并不能给出实际引导的标准,因为像"一个旋转的陶轮(运钧之上)"会随着每一种情境的改变而不断变化一样,它也会随着每一个儒者的改变而不停变化!

但是一种清晰的标准可以采取很多形式。吸引墨者的标准是"兼(impartial)"而不是"别(partial)"。墨者想要的那种标准,不是基于某个特定的人、团体或邦国的"志(intentions)"或"利(benefits)"。这一标准由天之所欲提供。在中国人的世界观里,天不会拥有一个"选民"。① 因此,它提供了最终的公正视角:天"兼而明之",并"兼而有之"。② 那么墨者坚持认为,如果我们遵循天的意志(the intention [or "will"] of Heaven),我们也就要遵循拥有普惠"天下"之后果的"言"。因此,按照西方的分类,墨者是后果主义者。

墨者的后果主义在逻辑上并不是仅仅从他们采取了一种不偏不倚的公正视角这一事实推断出来的。然而,一个人一旦采取了这样一种视角,后果主义似乎就是最合理的立场之一。③

---

①天确实会授权去统治一个特定的王朝,但这是附属于君主之德上的。相反,以色列人是耶和华的选民,这一点甚至在他们行为不端时也不会改变。(诚然,他[耶和华]确实不止一次考虑要灭了他们,因为他们是如此"硬着颈项",不听从他,但他总是会变得温和。)

②《墨子》26,"天志",《读本》,第93页。

③我认为托马斯·内格尔(Thomas Nagel)已经在诊断采取"最大程度的超然客观视点"与后果主义之间的关系方面做了出色的工作。参见他的《本然的观点》(The View From Nowhere),尤其是第8页,以及第162—163页。

此外，要记住墨者想要一种清晰（明）的评定标准。根据其后果判断事物就是一种被广泛接受的清晰标准。实际上，一切智识正常的人（不考虑文化因素）都要作出这样的判断，至少有时候会如此。正如墨者所观察的，我们很显然会问："衣服的目的是什么？"而答案将是："它是用来防御冬天严寒和夏天酷热的。"要是我们问："房子的目的是什么？"我们会回答："它为我们防御冬天的冷风和严寒、夏天的酷热和暴雨，阻止劫匪和盗贼进入。"①在每一个例子中，我们的问题和回答都假定，我们使用事物都是为了将要获得的利益。那么，墨者们建议，为什么不能根据其利益来判断每一事物（尤其是相互竞争的学说）呢？

除非我们对什么是"利"有某种理解，否则利天下的必要性就是空洞的。正如我们所知，西方功利主义奠基人杰里米·边沁（Jeremy Bentham）提倡所有人的最大快乐，这里的快乐（pleasure）被界定为主观满意度。同样地，新墨家也提出关于"利"的一种心理特征："利：得是而喜，则是利也。""害：得是而恶，则是害也。"②然而，早期墨家用特殊的具体善品来确定"利"，而用缺乏这些善品来确定"害"，这些具体善品是：富，众，治：

> 天下贫，则从事乎富之；人民寡，则从事乎众之；众而

---

①《墨子》20，"节用"，《读本》，第 78 页。[《墨子·节用上》原文："其为衣裘何？以为冬以圉寒，夏以圉暑。……其为宫室何？以为冬以圉风寒，夏以圉暑雨，有盗贼加固者，鲜且不加者去之。"——译注]

②《墨经》"经说"上第 26 章和第 27 章，参见葛瑞汉：《后期墨家的逻辑》，第 282 页，葛瑞汉：《论道者》，第 145 页。

乱,则从事乎治之。①

II. B. 墨家与"神命论(Divine Command Theory)"

墨者呼吁公平公正(impartiality,兼),他们还将此诉诸天,通常他们以拟人化的方式来对待天。他们假定这两个标准总是指向同一答案,但是一个自然而然的问题是,如果两个标准有了分歧,墨者将会更喜欢哪一个呢?换言之,墨者会遵循天志吗,因为它是公平公正的,抑或他们将是公平公正的,因为这是天志?按照西方众所周知的一个立场"神命论"来看,使一个行动正确的,正是由于上帝的判定。② 在西方,这一可能性(possibility)是由柏拉图在其对话录《游叙弗伦》(*Euthyphro*)中第一次提出来的,在这篇对话录中,苏格拉底问,是由于某物是虔敬的,所以神才爱这个事物,还是由于神爱某物,此物才是虔敬的?若这一点看起来有些模糊,可以考虑一个类比。一条单行街道,这是由于政府判定它是单行道,它才单行,还是因为它已经(独立地)是一条单行道了,政府才会判定它是一条单行道呢?这里的答案似乎是明显的:准确地说,使一条路是单行道的,就是政府判定它是单行道这个事实。并不存在使一条路成为单行道的任何独立的形而上学事实。然而下面的例子

---

①《墨子》25"节葬"下,参见《读本》第 80 页。这三种善品的名单重复出现在其他几个地方。参见《墨子》第 8 章(《读本》第 61 页),第 26 章(《读本》第 91 页),以及第 35 章(《读本》第 110 页)。

②参见福兰克纳(Frankena):《伦理学》,第 28—30 页,以及奎因(Quinn):《神命论》(Divine Command Theory)。

呢？$E=mc^2$ 仅仅是因为爱因斯坦这样说，还是爱因斯坦说 $E=mc^2$，是因为 $E=mc^2$ 是（独立地）真实的？这里看起来似乎是事实独立于爱因斯坦（或其他任何人）所说的话。那么，柏拉图让苏格拉底论证神赞成某事，因为它是好的，所以善（the Good）独立于神的赞许。然而，某些神学家，著名的如奥卡姆的威廉（William of Ockham），为一种神命论（Divine Command Theory [D. C. T.]）辩护，根据这一理论，使某物是好的仅仅是由于神命令它如此这个事实。类似地，我们也可以问，墨者将兼爱看作是正确的，是仅仅由于天命令那是正确的，还是天命令兼爱是正确的，是由于它（独立于天的命令而自身）就是正确的。

神命论的一个令人不安的后果是，理论上而言，上帝可能命令"滥杀无辜"在道德上是被授权的，那它就将变成应该做的正确的事情，只是因为上帝说它是正确的（实际上，阅读《圣经》中的《约书亚书》可能会给人以上帝命令那样做的印象）。墨者在关于天的问题上是不是坚持类似之事？如果天下达命令，"兼利天下之人——苗族人除外，你可以任意地屠杀他们"，墨者是否必定会承认这也是正确的行为？

自从丹尼斯·埃亨（Dennis Ahern）首次提出这个问题之后，关于此主题已经有过一场激烈的富有成果的争辩。埃亨指出，《墨子》中有些文字似乎倡导某种类似神命论的东西，但也有一些段落好像把兼爱看作是义的基本标准。埃亨得出结论说，墨家关于这个主题的陈述是含混未定的。墨者认为，事实上，天志总是与兼爱相一致，所以这两者哪一个更基础的问题对他们来说从未出现过，并且显然在他们的作品中也没有提到过。在后来的解释者中,罗德尼·泰勒(Rodney Taylor)和大卫·索尔斯(David Soles)为墨者是神命论的倡导者这一解释辩护,而迪尔克(Dirck Vorenkamp)和克里斯托弗·杜达(Kristopher Duda)却反对这种解读。①

或许最强有力地支持神命论解释的文字——根据华兹生的译文——是下面这段:

《墨子》原文:且夫义者,正也。无从下之正上,必从上之正下。是故庶人竭力从事,未得次己而为正,有士正之……三公、诸侯竭力听治,未得次己而为正,有天子正之;天子未得次己而为正,有天正之。天子为正于三公、诸侯、士、庶人,天下之士君子固明知;天之为正于天子,天下百姓未得之明知也。②

索尔斯将华兹生的这段译文引以作为对墨者神命论解释的证据,而杜达却争辩说,由于"决定(decide)"一词的暧昧性,这段文字不需要作这样一种解读。天会决定什么是正确的,就像我(比如在一种自由选择的任意事情上)可以决定晚餐吃什

---

① 埃亨:《墨子是一个功利主义者吗》("Is Mo Tzu a Utilitarian?"),泰勒:《宗教与功利主义》("Religion and Utilitarianism"),索尔斯:《墨子与道德奠基》("Mo Tzu and the Foundations of Morality"),迪尔克:《换个角度看墨子的功利主义思想》("Another Look at Utilitarianism in Mo-tzu's Thought"),以及杜达:《墨子论道德基础再考察》("Reconsidering Mo Tzu on the Foundations of Morality")。

② 华兹生:《墨子》,第79—80页,引自《墨子》第26章。

么吗？抑或就像一个数学家（例如作为某个独立事实来决定客观答案是什么）可以决定某个球的体积是多少，天也能这样决定什么是正确的吗？只有在"决定"的前一种意义上，墨者才承诺自己是神命论。①

因此，索尔斯和杜达都被如下事实所限制，即他们都依赖于一种译文开展工作。当我们查阅汉语原文，我们发现事情要复杂得多。首先，在原文中根本不存在与做决定相对应的参照文字（汉语中有更便利的方式表达这一概念，例如"择"，但它们没被使用）。要是有人将华兹生与我自己的译文作一对比，更多的复杂性就呈现出来了：

《墨子》原文：且夫义者，政也。无从下之政上，必从上之政下。是故庶人竭力从事，未得次己而为政，有士政之……三公、诸侯竭力听治，未得次己而为政，有天子政之；天子未得次己而为政，有天政之。天子为政于三公、诸侯、士、庶人，天下之士君子固明知；天之为政于天子，天下百姓未得之明知也。②

所以（举例来说）鉴于华兹生译为，"但是天下百姓未能明知天为天子决定何为正确（Heaven decides what is right for the

---

①索尔斯：《墨子与道德奠基》，第39—40页，以及杜达：《墨子论道德基础再考察》，第25页。
②《墨子》第26章，《天志》。参考梅贻宝：《墨子》，第136—137页，以及《读本》，第91页。

Son of Heaven)",我却译为:"但是天统治天子(Heaven governs the Son of Heaven),天下百姓却未能明知。"为何不同?华兹生却遵循孙诒让(《墨子间诂》)的注疏,将"政(to govern,统治,支配,控制)"改为"正(standard,正确,标准)"。此种译法有某种根据。这些字是同音异义的,而在这同一段文字的第 28 章版本里,我们发现被一一替换了。但是哪一版本更接近于墨者观点的表达?让我们比较一下在这三个总括性章节《天志》里所发现的这段文字的不同版本。上面的文字来自第 26 章版本。第 28 章版本近于相同,但那段文字是这样开始的:

天欲义而恶其不义者也。何以知其然也?曰:义者,正也。何以知义之为正也?天下有义则治,无义则乱,我以此知义之为正也。然而正者,无自下正上者,必自上正下。是故庶人……①

第 27 章版本非常不同:

何以知义之不从愚且贱者出,而必自贵且知者出也?曰:义者,善政也。何以知义之为善政也?曰:天下有义则治,无义则乱,是以知义之为善政也。夫愚且贱者,不得为政乎贵且知者,然后得为政乎愚且贱者。此吾所以知义之不从愚且贱者出,而必自贵且知者出也。②

---

① 《墨子》第 28 章。参考梅贻宝:《墨子》,第 151—152 页。
② 《墨子》第 27 章。参考梅贻宝:《墨子》,第 141 页。

如果我们把这三段话放在一起来看,我们就会发现,早期墨者是在关于"善政(governing well)"和"纠正(correcting)"在下位者的问题关联中来讨论天志的。他们论证道,产生"秩序(治)"和避免"混乱(乱)"需要一种等级结构,其中"贵且知者"在顶层,达到天本身的绝顶。这个论证似乎更多的是关于恰当理解社会和宇宙的等级结构,而不是关于义(righteousness)的最终基础的(正如我们将在第 IV.B 和第 IV.C 两节中所看到的,等级制被证明是正当的,因为它是对治混乱的良药,这一观念是墨家政治哲学的核心)。对等级制的认可,包括天对天子的优越性,在其自身之内并不需要神命论。比如说,尽管苏格拉底反对神命论,但他还是承认神要优越于人,并且他倡导对众神的虔敬。①

此外,有三个观点强烈地反对将早期墨家作神命论的解释。首先,早期墨者在很多文字里强调其公平公正的后果论标准的重要性,但却没有提到将这一标准奠基在天的意志上。其次,如同迪尔克指出的,新墨家似乎放弃了任何对天的观念的参照。如果天志在事实上是墨家伦理学的一个基本特征的话,他们似乎不太可能那样做。② 再次,使得像奥卡姆这样的西方思想家接受神命论的形而上学假设根本不可能被中国思想家所共享。

---

①参见《申辩篇》,以及《斐多篇》讨论苏格拉底式虔敬的结尾处的死亡情境。参见《游叙弗伦》关于苏格拉底对神命论的拒绝。这一点又完全受如下条件的限制,即要想将历史上的苏格拉底从柏拉图关于他的叙述中分离出来是很困难的。

②迪尔克:《换个角度看墨子的功利主义思想》,第 438—439 页。

激发奥卡姆这样的哲学家的是如下信念:上帝在根本上超越这个世界,以及这个世界的被造和持续存在都完全依赖于上帝。持有一种神命论观念的哲学家会认为,假如有人说因为它是正确的,所以上帝就命令那是正确的,那么就将暗示,有某种独立于上帝之物限制了上帝的权能。但是墨者不会坚持认为天人之间存在一个巨大的形而上学鸿沟。对于历史上的中国思想家而言,天、地、人形成了密切相关的实在的三位一体,认识到这一点并不稀奇,应该说这是老生常谈。天在某种意义上不可否认地要"高于"人。但是我不能想象墨者会把天看作是超越了地与人,乃至达到这样一种地步:要是建议天不是简单地以一种终极武断的意志行动来决定什么是仁义(benevolent and righteous),那就将是大不敬之罪(lese majesty)。因此,对他们而言,提出因为那就是义,所以天就赞同何为义,这一说法就没有问题。

II. C. 规则与后果

有几种观点讨论了墨者的立场似乎更难以确定的问题。回顾一下行为后果主义(act-consequentialism)与规则后果主义(rule-consequentialism)之间的区别(第1章第II. A节)。什么是墨者评估运用其后果主义的标准?他们评估的是个人行为还是规则?来看一看为什么这是一个重要的区分,假设本来按照儒者的等差之爱在大多数情况下会使利益最大化的原则而采取的一个通常行动策略(因为我通常会认为优先关心自己的朋友和亲人要比关心陌生人更好),而违背那一策略在某些特殊情况下将会使公正利益(impartial benefit)得到最大化。如果墨者是规则后果主义者,他们就一定会这样说,我们应该总是按照儒者的等差之爱原则去行动(但是应该为了后果主义的而不是儒家的理由去这样做)。相反,如果他们是行为后果主义者,他们就将这样说,我们通常应该按照等差之爱的原则行动,但是必须违背这一原则才会产生更好的公正后果时,那就违背之。

周克勤(Christian Jochim)和迪尔克都主张早期墨家是规则后果主义者。然而,对我来说,关于这一点的文本证据似乎是非常难以确定的。通常而言,我认为墨者只是假定,大多数情况下使公正利益最大化的规则实际上也会在每一个别情况中实现利益的最大化。因此,正如迪尔克建议的,他们"并没有看到这两者之间任何可能的冲突"①。(不过这是我将在第IV.D.节中要谈的问题。)

其至墨者的三种利益观(富、众、治)也存在着比它初看起来更多的问题。他们只是讨论了那些在其中所有三种利益都将由既定的行动方针来获取的例子。但是,如果只有一种或两种利益会增加,而剩下的那一项利益会实质性地减少,他们又将认为我们应该怎么做呢?举例来说,越来越多的经济自由可以增加财富,但却会减少社会秩序。可以假定,我们做任何能

---

① 迪尔克:《换个角度看墨子的功利主义思想》,第431页。参见周克勤:《一个古代争论的道德分析》(Ethical Analysis of an Ancient Debate),第143页。为了给早期墨家的规则后果主义解读提供辩护,迪尔克依赖于墨者在《墨子》第28章"天志下"中所使用的字"正"。他追随华兹生,将这个字译为"标准(standard)",并把它视为一个通常的规则或原则。正如我在前面对《墨子》第28章相关部分的译文所表明的,我对"正"给出了不同的解释。当然,或许我是错的,但我认为有必要多说几句,以便像迪尔克所建议的那样,用精心设计的一个内涵来解读这个术语。

产生整体上最大效益的事情,但是我们如何量化"良好的秩序(good order)"?即使在富和众的情况之下,哪一种是可清晰地加以量化的,这两者之间的"汇率(exchange rate)"是什么?如果一项政策增加了10000人口,但却减少了100两银子的财富收入,这是净收益还是净损失呢?还有我们如何最大化净财富或平均财富?这三种利益都有内在的价值,抑或它们都只是作为达到其他某物的一种手段而拥有价值?墨者要是坚持人口众多是具有内在价值的,那么他们就拥有了一个令人难以置信的立场。当代中国或印度的形势都表明,人口众多只是在一定程度上是有价值的。何况,正如亚里士多德所指出的,财富按其本性而言,也只是作为获取他物的手段而是好的。但是,假如这三种利益都只是作为某种手段而拥有价值,它们是为了什么的手段呢?

或许最宽厚的解释是,早期墨者隐默地承认新墨家所明确表述出来的看法,即利是"得是而喜",而害则是"得是而恶"。①如果强调富、众、治的价值,他们可以这样说,这些恰巧(在当下的历史情境下)都是人们得之而喜的事物。在三者之间的权衡就应该依据哪一种的贡献会最大程度地愉悦百姓来判断。(百姓会因给予社会秩序的增长而喜悦,还是会因给予财富的增加而喜悦?)此外,在不同的历史情境下,持续增长的人口可能并不是一个合法目标,因为那不再使百姓感到喜悦。

然而,据我所知,这就提出了很多墨者从未回答的问题。

---

① 《墨经》"经说上"第26章和第27章。参考葛瑞汉:《后期墨家的逻辑学》,第282页,葛瑞汉:《论道者》,第145页。

如果百姓因儒者的实践而喜悦,但那又是墨者所谴责的,将如何处置? 通过折磨百姓,一个虐待狂感到喜悦,这又如何看待?

III. 三表法或三种标准

到目前为止,我一直在关注墨者伦理学的后果主义因素。我认为后果主义标准是他们最核心的观点,但是他们也使用两种其他标准。所以我们必须仔细地考察之:

故言必有三表。
何谓"三表"?
子墨子言曰:"有本之者,有原之者,有用之者。于何本之? 上本之于古者圣王之事;于何原之? 下原察百姓耳目之实;于何用之? 废以为刑政,观其中国家百姓人民之利。"①

---

①《墨子》第35章,"非命上",《读本》,第111页。《墨子》第35章的这段文字非常类似于《墨子》第37章相应的段落;然而,与《墨子》第36章相比较,似乎会为葛瑞汉的关于这些章节之间存在系统性学说差异的观点提供证据,因为后者提出,我们是在"先王之书"中发现某种教义之"本(source)"(参见梅贻宝:《墨子》,第189页;葛瑞汉:《论道者》,第52—53页),而不是在百姓耳目之实中发现的。然而,紧接在对这三表的介绍之后,《墨子》第36章又说:"我所以知命之有与亡者,以众人耳目之情,知有与亡。"(梅贻宝,同上)实际上,这是三个版本中唯一一次强调这种对命的存在的检验之相关性的地方! 因此,我们要在这里发现一种实质性的方法论上的差别,似乎是不太可能的。

"先例,迹象,还有应用"的原文是"有本之者,有原之者,有用之者",即"能发现其根本,能发现其源头,还要具体运用之"。"表(Gauges)"是指"日晷(gnomon)",由一根垂直于地面的笔直的棍子构成的天文学工具。尽管简单,但日晷提供了大量信息,能被用来确定正北方、时刻、二至点和昼夜等长日。①

墨者将表(或日晷)运用于和鬼神的存在以及命的存在相关的教义中。墨者反对"命"的存在,在这一点上他们与儒家相一致。他们指责支持自我实现的失败主义的儒者:试图改善世界或个人的境况是毫无意义的,因为成功或失败都已经被注定。然而,基于收入《论语》的文本,墨家的批评看来是对孔子思想中有关命的作用的一种误解。我们在《论语》中(以及还有令人感兴趣的是在后来的文献如《孟子》2B13处)所发现的观点是,接受命运并没有解除努力成为一个更好的人或努力改善世界这样一种义务;毋宁说,对命运的接受才会拥有源于自信的平静和耐心,这种自信就是,一个人在短期内无论成功与否,天总会施加一种从长远来看终究会获胜的道德目的。因此,孔子才会说:"见利思义,见危授命,久要不忘平生之言,亦可以为成人矣。"(《论语·宪问》14.12;参考《论语·子张》19.1:"士见危致命,见得思义,祭思敬,丧思哀,其可已矣。")这种类型的爱命运(amor fati)存在于很多哲学和精神传统(包括基督教和斯宾诺莎体系)中。但是对于

---

① 参见李约瑟(Needham):《中国的科学与文明》(Science and Civilisation in China),第3卷,第284—294页。

这种观念的倡导者被指责为一种不健康的失败主义,这也是很普遍的。①

墨者不仅证明鬼神是存在的,而且还论证了它们会惩恶奖善。这一点对我们的前见而言是一个挑战,因为在很多其他主题上(他们对传统信念的挑战、他们对科技和语言哲学的兴趣、他们的后果主义),都提醒我们记起西方启蒙思想家,对后者而言,拒斥世界上超自然力量的介入是一个核心宗旨。但是,很自然地,阅读文献的一部分就是要对如下可能性保持开放,即它可能颠覆我们的范畴和假设。而我们不应该忘记,我们传统中的伟大哲学家(像奥古斯丁和阿奎那)都很舒服地接受了超自然因素的观念。

墨家在鬼神存在和作用上的信念必须在其历史文献中被理解。儒家提倡对宗教仪式的践履,但他们却淡化了鬼神的因素。由于墨者在几乎一切主题上都对儒家提出了全面挑战,所以在鬼神问题上也与儒家不一致,对他们而言可能就是自然的。此外,鬼神因素与墨家哲学体系完全融为一体。他们用它来帮助回答这样的问题:循道而行为什么对一个人有好处。而如同我们将要在后面的第 IV.D.2 节中所看到的那样,它在他们的"公义之战理论(just war theory)"中扮演着重要角色。

---

①非命的几章是《墨子》第 35—37 章。参见华兹生:《墨子》,"非命",第 117—123 页。《论语》中关于命的观点,另参见《论语·子罕》第 5 节,《颜渊》第 5 节,以及《宪问》第 36 节。(这几段文字,森舸澜[Slingerland]译文中的注释是非常有帮助的。)关于孟子的观点,参见艾文贺:《信念问题》("Question of Faith")。

问题是否就是鬼神或命,我相信墨者关心的是他们所倡导的主张的真理。然而,我并不是说他们关心真理就与遵循某种教义的利益相对立。我认为,他们持有如下观点,即真正的教义也就是如果我们遵循它们就会拥有最好后果的教义。现在让我们详细考察一下三表是如何作为真理的指示而发挥作用的。①

III. A. 有本之者:上本之于古者圣王之事

墨者写下如下文字的时候,他们诉诸第一个"法":

> 故于此乎自中人以上皆曰:"若昔者三代圣王,足以为法矣。"……昔者武王之攻殷诛纣也,使诸侯分其祭……故武王必以鬼神为有,是故攻殷伐纣,使诸侯分其祭;**若鬼神无有**,则武王何祭分哉!②

此处墨子想让我们确信,武王相信鬼神的存在。那么,这一点为什么会影响我们的信念和行动?答案就是武王是一位圣王。正因为如此,他的行为、公告和信念都具有权威性。人

---

①在这一章里,我将只展现我自己的解释。在附录里,我说明并批评了郝大维(David L. Hall)和安乐哲(Roger T. Ames)以及陈汉生(Chad Hansen)对下述有效性的论证,即他们认为将真理概念归之于早期中国思想家是不适当的。

②《墨子》第31章,"明鬼",《读本》,第99—100页。着重粗体为我自己所加。(《读本》在最后一句有一个印刷错误,错将"武王"写成了"文王"。) HY 51/31/45—48。

们很容易认为这是一种错误的诉诸权威的做法。然而,诉诸权威并非总是错误的。伽达默尔将这一点说得很清楚:

> 启蒙运动在信靠权威和运用自己理性之间所作的区分,本身是合理的。如果权威的威望取代了我们自身的判断,那么权威事实上就是一种偏见的根源。但是,这并不排除权威也是一种真理根源的可能性,而当启蒙运动诋毁一切权威时,那(权威也是真理的根源)正是它无法看到的东西。①
>
> 因此,承认权威总是与如下观念相联系,即权威所说的东西并不是无理性的和随心所欲的,而是原则上可以被认可接受为真的。这就是教师、上级、专家所要求的权威的本质。……它们影响了同一种倾向,这一倾向相信某些事物可能带来其他方式——例如,以良好理性的方式。因此权威的本质适合于摆脱启蒙运动极端倾向的前见学说的语境。②

---

① 伽达默尔:《真理与方法》,第279页。[作者引用的是由Joel Weinsheimer 和 Donald G. Marshall 两人翻译的伽达默尔《真理与方法》(New York: Continuum, 2004)的英译本,但这段文字在上述英译本的第280页。中译参考自伽达默尔:《诠释学 I: 真理与方法——哲学诠释学的基本特征》(修订译本),洪汉鼎译,北京:商务印书馆,2010,第395页,译文有较大改动。——译注]

② 伽达默尔:《真理与方法》,第280页。[作者引用的这段文字在前揭英译本第281页。参见前引中译本。——译注]

简言之,"真正的权威并不需要有权威者出现"①。

事实是我们所有人都经常接受权威的要求。不仅如此,除非我们希望屈服于完全的怀疑主义,否则,我们必须接受权威的某些要求。② 我们根本不可能亲自核实每一项要求。比如,我怎么知道 HKVN 是我的亲生母亲?我相信那些告诉我她是我亲生母亲的人们。而且,事实上,除了 HKVN 之外,我在这一点上所信任的那些人,没有一个曾经出现在我出生时的那间房子里。此外,HKVN 所知道的一切,就是她生了一个男孩。就 HKVN 所知,我是一个调包婴儿。我看起来很像我母亲,但有些跟她没什么关系的人也像她。我可以做一个 DNA 测试。但是我不知道如何自己进行一场 DNA 测试(即使我有这样的仪器),所以我必须信任那些在实验室中实施这项测验的人们。那么,我为什么无论怎样都要相信 DNA 检测结果呢?我相信专家——微生物学方面的"圣王"——会告诉我假的 DNA 匹配几乎是不可能的。那是不是有任何一个微生物学家,能够亲自保证每一项观察,每一个数据,都是我们关于 DNA 结论的基础?当然不是。情况在现代科学的每一个分支中都是一样的。

一般来说,墨者在"先例(本)"这个"法"下所诉求的,是两种不同类型的证据:(1)二手报告,以及(2)专家证言。墨

---

① 伽达默尔:《真理与方法》,第 280 页注释 206。[作者引用的这句话在前揭英译本第 374 页的注释 22。参见前引中译本,第 396 页。——译注]

② 在西方,奥古斯丁很早就提出了这一观点。参见奥古斯丁:《忏悔录》VI.5,以及奥古斯丁:《论意志自由》I.2 和 II.2。

者将这两者混合在一起,但是从逻辑上讲,它们是截然不同的。二手报告诉诸已经发生了的事情,任何人都能轻易地观察到,但是我们却无法观察我们自己。例如,墨家时代没有人亲眼见过圣王通过公平公正的统治产生出财富、人众和社会秩序。这类证据就是其他人看到并为后人记录下来的。类似地,我相信塞勒姆女巫审判(the Salem Witch Trials)的发生,只是由于那些亲临现场并为后人记录下所看所闻之事的人们的报告。"专家证言"有所不同。在专家证言的情况下,我们信任别的某个人的判断,这个人由于天资和训练,在某个主题上比我们更容易得出结论。例如,我相信费马大定理(Fermat's Last Theorem)已经被证明是真的。为什么？数学家告诉我它已经被证明了。我接受他们在这一点上的专业证词。人们很愿意回答,我们不必接受数学家的专家证词,因为我们可以自己检验证据。不过,事实是,理解费马大定理的证据既需要很高的数学天赋,也需要长年累月在高等数学方面的训练。对我们大多数人来说,或者我们不知道它是真的,或者我们知道它是真的,因为我们接受了专家证言是合法的。①

所以墨者在鬼神的存在上诉诸"二手报告"和"专家证言"。如果说墨者接受这些"先例(本)"是权威的,在原则上是

---

① 有些哲学家还写着,仿佛欧几里得几何原理也可作为数学知识的范例。任何仅仅拥有适当的中等以上智力的人,自己都能(在欧几里得的空间意义上)理解勾股定理的证明。但是欧几里得之后,数学已经走过了漫长的道路。今天,甚至数学家们都不能理解超出他们自己的数学专业分支的证明了。

幼稚的,那么我们相信吸烟会致癌,或相信人类曾在月球上行走,原则上这也是幼稚的。这是否意味着我们必须接受圣王的证词,抑或我们必须接受每一项对专家权威的诉求?当然不是。专家证言也要接受批评。比如说,我甚至怀疑某些圣王是否存在过。并且有理由相信,某些圣王的行为不同于墨者们的描述(例如,看看"古本"《竹书纪年》里的叙述,根据它,"圣王"舜囚禁了他的前任尧)①。我的观点仅仅是,诉诸权威在原则上并不是谬误。甚至按照我们自己的标准,诉诸权威也可能是真理的合理指标。我们什么时候应该接受其他人的专家证言,什么时候不应该接受呢?(在这里我提出一个通常的哲学问题,而不考虑墨者说过什么。据我所知,他们从未提出这个特殊的问题。)这个问题过于复杂,难以在此处解决,但是让我们考虑一个特殊的例子。我相信吸烟有致癌的风险。为什么?因为美国卫生局局长也这样说。我并没有支持这一点的一手见解(事实上,我父母几十年来每天一包烟,但他们都健康地活过了70岁)。专家并不拥有不同于我们自己的那种才能或认知能力。卫生局局长并不是因为了解了我不能了解的事物,或因为他拥有我所没有的第六感,才知道吸烟会增加致癌的风险。卫生局局长也不是获得了不同于我自己的那种特殊的推断或思维过程。我也具备对卫生局局长所从事的那种推理的一般概念。我假定卫生局局长(或更有可能是他所信任的某个人的专家证言)统计了吸烟者和不吸烟者致癌率的相关信息。我还模糊地认识到,

---

① 参见范祥雍:《古本竹书纪年》,第6页。

一个人要解释这些结果,必须掌握各种因素(比如,对象的年龄,环境中的其他致癌物),还要有解释这些数据的标准技术(比如,通常我了解如何进行回归分析,并且我还对人之所是有个大致的概念)。除了这一点之外,如果我考察了证据并得出结论,吸烟不会增加致癌的风险,你会忽略我的结论,而相信卫生局局长。为什么?尽管原则上,卫生局局长所能做的事,其中并没有我做不了的,但事实却是卫生局局长具备某种我所缺乏的资质和获得性技能。卫生局局长在做某类事情上绝对要比我更有技巧得多。

另一方面,假设有相当数量的专家,他们拥有跟卫生局局长一样合法的证件,对他的结论进行争辩。或者假设我们发现了卫生局局长在巨大的政治压力之下得出吸烟致癌的结论。这就将给我们理由去怀疑卫生局局长的结论,并至少在这个问题上暂缓做出判断。

我们考察了墨者在鬼神存在问题上对"先例(本)"这个"法"的运用,而这一点也能够很容易地运用到其他事情上。如果"兼爱"为圣王效劳,那么它为什么不应该为我们服务?如果成为成功的统治者的圣王们能做到节葬(墨者的另一教义),我们难道不应该做同样的事?(比较以下论证:"如果一个特定的福利改革项目在他们的州行得通,为什么不应该在我们的州行得通呢?")

III. B. 耳目之实

墨者在其讨论鬼神有无的篇章中阐述了第二个"法"的运用:

然则吾为明察此[鬼神之有与无之别],其说将奈何而可?

子墨子曰:"是与天下之所以察知有与无之道者,必以众之耳目之实,知有与亡为仪者也。请惑闻之见之,则必以为有;莫闻莫见,则必以为无。"①

然后,墨者又引用了大量对鬼神一手观察的事例,包括下面的例子:

若以众之所同见,与众之所同闻,则若昔者杜伯是也。周宣王杀其臣杜伯而不辜,杜伯曰:"吾君杀我而不辜,若以死者为无知,则止矣;若死而有知,不出三年,必使吾君知之。"其三年,周宣王合诸侯而田于圃,田车数百乘,从数千人,满野。日中,杜伯乘白马素车,朱衣冠,执朱弓,挟朱矢,追周宣王,射之车上,中心折脊,殪车中,伏弢而死。当是之时,周人从者莫不见,远者莫不闻。②

需要注意这个报告是被仔细挑选出来的,预见会有很多可

---

① 《墨子》第 31 章,"明鬼",《读本》,第 95 页。
② 《墨子》第 31 章,"明鬼",《读本》,第 96 页。显然,关于周宣王这一超自然的神秘死亡是一个著名事件。参见李西兴:《关于周宣王之死的考证》。

能的怀疑性反对。"或许宣王只是想象他看到了某些事情。"不,整个现场都是目击者,他们所有人都看到了同样的事情。"他们大概是看到了某种难以确定的东西(可能只是一头野兽或一些雾),因而坚信自己看到的就是鬼。"不,事情发生在光天化日之下,当时是很容易看到的。"或许周宣王确实看到了某个看起来像是鬼的东西,但是他因受惊吓而死,或死于围猎时的过劳伤害。"不,鬼的行为对他的身体造成了实质性具体影响。

III. C. 应用与后果

杜伯死而复还,因其虽然无辜却被杀死而去惩罚周宣王,这并非没有意义的。墨者的大多数鬼故事都有这样一种说教的观点。显然,这里与第三表相吻合:"尝若鬼神之能赏贤如罚暴也,盖本施之国家,施之万民,实所以治国家、利万民之道也。"①举例来说,墨者认为,杜伯的故事被君王所提及:"为君者以教其臣,为父者以警其子,曰:'戒之慎之!凡杀不辜者,其得不祥,鬼神之诛,若此之憯速也!'"②这个"法"作为判断真理的指标似乎是有问题的。对一种教义的信仰会带来好的结果,这样的事实为什么应该被作为将那种教义看作是真理的证据?我们可能会认为,拥有某些错误的信念也可能会带来好的结果。比如,对每一位战斗机飞行员来说,为了使其对成功拥有信心,相信他是天空中最好的飞行员,这可能是必要的,即

---

① 《墨子》第31章,"明鬼",《读本》,第104页。
② 《墨子》第31章,"明鬼",《读本》,第96页。

使(除了一名飞行员之外)这并不是真的。当说墨子有以下言论的时候,我们对第三表并不是真正的真理标准的怀疑,也随之增加了:

> 若使鬼神请亡,是乃费其所为酒醴粢盛之财耳;自夫费之,非特注之污壑而弃之也,内者宗族,外者乡里,皆得如具饮食之;虽使鬼神请亡,此犹可以合欢聚众,取亲于乡里。①

然而,上述文字并不能表明墨者认为鬼神不存在。它可能只是针对所有(不像墨者那样)仍然不相信鬼神存在的人而提出的一种论证。我们在柏拉图那里发现了类似的行文。为回应米诺(Meno)的悖论,这个悖论似乎表明要了解任何新事物是不可能的,柏拉图让苏格拉底提出其回忆说的一个版本。然后,苏格拉底说:"对于所有别的方面,我当然不能这样坚持说我的话就是对的,但是我会在言行上不惜一切代价捍卫如下一点,即如果我们相信必须去努力寻求所不知道的东西,而不是相信不可能发现我们不知道的东西因而就不必再去寻求,那么我们就会变得更好,更勇敢,而更少懈

---

① 《墨子》第 31 章,"明鬼",《读本》,第 104 页。这一段话被迪尔克(《换个角度看墨子的功利主义思想》,第 434 页,第 439—440 页)引来作为墨子并不真正相信鬼神存在的证据。刘纪璐(JeeLoo Liu)似乎同意他的这一看法(《中国哲学导论》,第 126 页)。但是泰勒对这段文字的理解则跟我是一致的(《宗教与功利主义》,第 342 页)。

息。"①他给出这种论证的事实真的使我们相信,柏拉图并不是真的相信回忆说吗?考虑一下另一个比较。假设苏珊基于如下理由反对死刑,即夺去一条生命是绝对错误的,除非那是为了自卫或保护他人。进一步假设,她补充说:"再说,即使死刑在理论上是道德所允许的,事实却是,像我们当前所做的,是不公正的,因为非裔美国人比白人更有可能因为同样的罪行而被判处死刑。"你能得出结论,苏珊并不真的相信死刑是绝对错误的,只是因为她补充了一个附加的论点,而这个论点并不以此(死刑是绝对错误的)为前提?

一般而言,我提供三种考虑因素,以帮助减轻关于这第三表是真理的指标的任何怀疑。(而这些考虑也会运用于第一个"法"即圣王之"本"上。)首先,主张第三表是真理的一种指标,即是点出,在这一"法"所表明的东西与真理之间有可能存在一种差异,而这并不是对这一主张的一个真正的反对意见。提出这种反对就不可能认识到真理的指标(indicator)(比如一种有关真理的衡量表征或标准)与对真理的定义(definition)之间的不同。这三表没有一个看起来像真理的定义(definitions)那样合理。因为一个主张,即使它符合一个或两个甚至全部三个标准,它也可能是错误的。但是,没有证据表明早期墨家提供了作为一种真理定义(definition)的诸标准。三表法都是关于真理的诸指标或表征(indicators),而对于任何一种指标来说,总是可以想象它会与它所指标或表征的任何一种事物不相匹配。因此,一个信念将会

---

① 柏拉图:《美诺篇》,第 76 页(86b – c)。

有好的结果,然而却不是真的,这也是可以想象的。但这就是人所能设想的任何(any)真理之表征的真实情况。(这也就是哲学上的怀疑主义总是处于一种貌似合理的地位的原因)挑选任何一种你认为是某一主张或理论的真理的典范指标。我保证总有一个主张满足你的指标,但却不是真的。你会把经验数据当作是真理的指示器吗?众所周知,经验数据不足以决定理论的真理性。你会基于理论的简洁性来选择真理理论吗?是什么保证了(guarantee)那些对我们人类大脑而言看起来最简洁的理论就是那个真理理论?所以,如果你认为拥有好的结果似乎也不可能是真理的指标,因为一种真理理论也可能没有好的结果,那么,你也必须要接受气压的下降不可能是未来下雨的迹象,因为有时候气压下降却没有下雨。

其次,我认为与作为一种真理之指标的第三表不相匹配,在很大程度上源于没有把墨家世界观的一个重要方面记在心里:恩赐之"天(Heaven)"的存在。在其"天志"篇中,墨者明确地说,天做的是赏善罚恶之事,擢拔有德者成为王,纵弃邪恶的暴君。那么,假如有人(像今天很多哲学家那样)拥有一种纯粹的自然主义世界观,那么怀疑这种信念会有最好的后果是否还是真实的,就非常合情合理了。然而,假如有人(像墨者那样)拥有一种天赐观念,那么主张我们最好还是遵循这些教义,坚持地认为这是错误的,就显得非常难以置信了。为什么一个对人民如此明确地拥有深刻伦理关怀的天,将会这样来构建这个世界,在其中错误的信念经常会拥有最好的后果?①

最后,正如我在第 1 章第 I.A 节所强调的,无论是"仁爱原则(principle of charity)"还是"人道原则(principle of humanity)",在其被归之于一个哲学家的某个观点,而我们认为这个观点是错误的,以此为基础来驳斥某种解释,那这就不是一种合法的运用。仁爱原则和人道原则只能排除重大或无法解释的错误。因此,要排除作为真理之指标的第三个(或第一个)"法",我们就必须不只是表明,我们认为墨者在将此作为真理指标上是完全错误的,而且还需要表明他们是不可解释的错误的(inexplicably wrong)。我并不认为以下一点有任何人曾经说过,即墨者关于坚持一种信念(第三种"法")或专家证言(第一种"法")是真理的指标方面,是不可解释的错误的。实际上,我认为我已经证明了墨者的"法",作为真理的指标,至少是貌似合理的,即使他们是错误的,因而他们的错误也是完全可以解释的。

---

①这里有一个跟笛卡尔的类比,后者诉诸上帝的存在以保证(至少是我们某些)知觉的可靠性。当然,有自然化的和进化论的两种版本的认识论,都试图解释我们如何有可能在不诉诸神学或目的论的情况下获得真理。对这些方案的相关讨论,参见蒯因:《自然化的认识论》(Epistemology Naturalized);普特南(Putnam):《理性,真理和历史》(Reason, Truth and History),第 38—41 页;以及内格尔(Nagel):《本然的观点》,第 78—82 页。

IV. 政治理论

IV. A. 拒绝习俗

运用他们的后果主义标准,墨者为一套特殊的做法进行了辩护。这些做法与他们自己文化中占主导地位的做法相反。所以,墨者对盲目地接受占统治地位的习俗给出了一般性的反驳论证:

> 昔者越之东,有輆沭之国者,其长子生,则解而食之,谓之"宜弟";其大父死,负其大母而弃之,曰"鬼妻不可与居处"。此上以为政,下以为俗,为而不已,操而不择,则此岂实仁义之道哉?此所谓便其习,而义其俗者也。①

同一章继续援引了一个实行死后剔除肌肉和二次埋葬的部落的例子,以及实行火化的部落的例子。这些例子将会提醒西方读者,在阅读希罗多德(Herodotus)时注意到他对不同文化有截然不同的埋葬仪式,以及每个人都将别的文化实践看作是恐怖的那些描述。然而,希罗多德借用品达(Pindar)的一句

---

① 《墨子》第 25 章。梅贻宝:《墨子》,第 132—133 页。(译文稍有改动。)

话总结道:"习俗是万有之王。"①对于如何理解这一主张是有诸多争议的(而我自己的感觉是,希罗多德并没有仔细通盘考虑他就此点想要说的是什么,或者说没考虑清楚这句话的含义是什么)。但是希罗多德可能会被解读为赞同文化相对主义(主张一种做法是合理的,是因为它被一种特殊的文化认为是可以接受的)。相反,墨者用他们的例子并不是要去阐明文化相对主义甚或多元主义(即这样一种观点:不同的行为,只要它们履行了同样的合法功能,就是可被接受的)。毋宁说,墨者得出结论,他们所描述的行为是绝对错误的:"若以此若三国者观之,则亦犹薄矣。"②墨者希望这些例子将会使他们的读者确信如下可能性,即他们自己文化的做法是错误的。

挑战现有习俗的方式多种多样。墨者通过小心的论证做出这样的挑战。

IV. B. "自然状态"论证

墨者对社会基本结构和政权合法性的讨论是他们哲学中最辉煌、最引人注目的方面。它的基础是我们在西方将称之为"自然状态"论证的内容:

> 子墨子言曰:古者民始生,未有刑政之时,盖其语,人

---

① 希罗多德:《历史》,第 228 页(iii,38)。[中译本译为:"习惯乃是万物的主宰。"参见希罗多德:《历史》,王以铸译,北京:商务印书馆,1959,第 212 页。——译注]

② 《墨子》第 25 章。梅贻宝:《墨子》,第 133 页。关于相对主义与多元主义的区别,参见本书第 5 章第 II. A 节。

异义。是以一人则一义,二人则二义,十人则十义。其人兹众,其所谓义者亦兹众。是以人是其义,以非人之义,故交相非也。是以内者父子兄弟作,离散不能相合;天下之百姓,皆以水火毒药相亏害。至有余力,不能以相劳;腐朽余财,不以相分;隐匿良道,不以相教。天下之乱,若禽兽然。①

这一描述不得不让我们想起托马斯·霍布斯(Thomas Hobbes)的观点。霍布斯和墨家都赞同优先于公民社会制度的人的生命,用前者著名的话来说,是"肮脏、粗野和短促的"。他们也同意通过强制遵守某种统一的权威以逃避自然状态。然而,霍布斯和墨家在三个主题上存在根本性差异。霍布斯坚称人类在自然状态下相互冲突的根源是,互相对立的人的欲望(*desires*)将导致人们为争夺稀缺资源而陷入战争。这些欲望在很大程度上是固定不变的(*fixed*):它们总是只关心自己的利益。并且,根据霍布斯,人的最大善是个人的自我保存(*individual survival*)。因此,对霍布斯来说,主要的政治问题就是,在不可避免的欲望冲突的情况下,建立能够确保生存的制度。

相反,按照墨子的观点,冲突的根源并不是相互对立的欲望,而是人所赞成的相互对立的准则(*norms*[义])。此外(正如我们在第 V.F 节将要看到的那样),墨者拥有一种哲学人类

---

① 《墨子》第 11 章,"尚同",《读本》,第 65 页。在所有"尚同"篇的三个版本中,都有这一论证的不同形式。参见梅贻宝:《墨子》,第 55—56 页,第 59 页,以及第 71 页。

学,根据这一学说,人的动机和性情都是高度可塑的(malleable)。通过对赏罚的正确使用,人们几乎可以有任何动机,并且几乎可以去做任何事情。最后,回想一下墨者将整个社会的(of the whole society)财富、人众和秩序的最大化看作是最大的善。因此,对墨家来说,主要的政治问题就是设计出可以修改的制度,然后保持人类的动机,以使整个社会的财富、人口和秩序最大化。

164　　通过什么样的事件,人们才能摆脱自然状态走向公民社会?对霍布斯而言,"至高无上的君主(sovereign)"拥有权力只是因为那是由"全体国民(commonwealth)"成员之间达成的一项"契约(covenant)"授予他的。所以合法的政治权力最终来自被统治者的自由同意行动。然而,一旦授予,这种权力就是绝对的,不可撤销的。个人为了保证自己的生存而把权力交给国家(这种自我生存在自然状态下充其量是不确定的)。霍布斯论辩道,只有拥有无限的权力,君主才能保证全体国民成员的和平与生存。对个人来说,唯一的"例外条款(escape clause)"是当国家威胁到个人的生存时。所以要是国家试图杀死个人,它就不再是支持契约的一方,那么个人也就无须再受其权威的约束了。

　　在墨家思考人如何摆脱自然状态的问题上存在某种不确定。"尚同"的头两个版(第11章和第12章)描述了前社会状态的混乱,然后颇具神秘意味地宣称"是故选天下之贤可者,立以为天子"。这个动词的执行者(做选、立之事的人)在中国人那里是不被提及的。"尚同"的第三个版本(第13章)在收录的文本中声称:"是故天下(the world)之欲同一天下之义也,是故[他们]选择贤者,立为天子。"这使得这个过程听起来好像隐然类似于在霍布斯那里所建立的政治权威的"契约"。在我们研究这卷书的整个时期里,"盟(covenants)"和"约(bonds)"的角色其重要性日益增长。① 然而,契约在个人与国家之间产生合法义务(这在古代中国是一种普遍观念),这种观念与以一切合法政治权威的唯一基础是被统治者的同意为根据的"契约论(contract theory)"之间,存在着显著的差异。霍布斯是在一个历史悠久的传统中写作的,这个传统无论在世俗层面上(柏拉图的《克力同篇》)还是在宗教层面上(上帝与以色列人订约),都把合同(contracts)或"契约(covenants)"作为基本观念加以强调。如果墨家在"尚同"的第13章版本里含蓄地诉诸政治权威本身的某种"契约论",这也是他们或任何其他古代中国哲学家这样做的唯一文字。

甚至拒绝对墨家作"契约论"解释的一个更具决定性的理由是如下事实,在其他文字中,墨家明确地把建立和推翻统治者的权力归于天(Heaven)。在描述了天如何认可圣王的行为之后,墨家声称:"故使贵为天子,富有天下。"与此相反,在描述了天如何不赞成暴王的恶行之后,他们又说:"故使不得终其寿,不殁其世。"②此外,还有另一种解读"尚同"第13章版本中这段文字的方式,而那种解读方式是与此一致的。有几位作

---

①鲁威仪(Mark Edward Lewis):《早期中国的合法暴力》(*Sanctioned Violence in Early China*, Albany: State University of New York Press, 1990),第43—50页,第67—80页。

②《墨子》第26章,"天志"。参见《读本》,第92页。

者建议将这一文本修改为"天(Heaven)之欲同一天下之义也,是故[它]选择贤者,立为天子"。(这似乎比英语还要更容易修改,因为"world"就是"天下","[all] under Heaven"。如果"下[under]"这个字是被窜入的,那么我们就得到了另一种解读。)①这种解读具有如下好处:它赋予天以建立政权并使之合法化的作用,而这是与墨家(还有早期儒家)在其他地方所说的一致的。因此,我认为很显然是天促进了从自然状态到公民社会的转变,用神迹预兆暗示它选择了天子。

---

①孙诒让赞同这种修改(《墨子间诂》,第83页),梅贻宝也赞同(《墨子》,第71页)。华兹生对这种修改本身感到不舒服,但他同意墨家认为天选择了天子(《墨子》,第35页注释1)。艾文贺翻译了第11章的版本,他给出的译文是:"那些理解了自然之混乱的人,**看到了它**产生于政长的缺乏,所以他们从最有贤德者中选择最好的人……"(《读本》,第65页,着重粗体是我加的);HY 15/11/15)。第一句话是"夫明乎天下之所以乱者生于无政长"。艾文贺的解读很好地理解了直到"者"字的这句话,而它为那句话中的动词提供了一个明确的执行者。然而,在中文本中没有与我以斜体字标注的他的译文相对应的文字[中译本以楷体字标注——译注]。如果我们像他建议的那样解读第一个从句,那么整个句子就必须意指"那些理解了自然的这种混乱起源于政长之缺乏的人……"。艾文贺必须以某种方式修改文本,以获得他的译文。现在,比较一下第11章的这个文本与第12章它的对应段落:"明乎民之无政长以一同天下之义而天下乱也。"这段话毫不含糊地意指"明白了人民之缺乏统一天下准则的统治者导致了天下的混乱"。也可能用如下同样的意义来解读第11章的文字:"明白了致使天下混乱的,就产生于统治者的缺乏。"由于这一解读不需要修改原文,并且说明了这些段落之间的类似与相应,所以我更倾向于选择这种读法。

我们通过与霍布斯的比较来思考这个问题。现在我们可以看到一个有趣的悖论：在其基本的政治理论中，霍布斯比墨家更强调个人主义（individualistic），但是他的政治结论却更加专制（authoritarian）。对霍布斯来说，正是个人赋予政府权力以合法性，但授予政府的权力却又是无限而不可撤销的。相反，根据墨家，是"天"，而非"民"，授予最高政治权力（天子的政治权力）。然而，墨家明确宣称天子只要统治得好，就拥有统治的权利（a right to rule）；如果他残暴或无能，他就会失去这种权利。①

IV. C. 社会的基本结构

墨家所倡导的基本制度架构是家长式和金字塔式的。人类社会秩序的最高层是"天子"——王国的统治者。在他之下的是三个"王公大臣"（三公），他们履行的职责没有解释，但他们显然是隶属天子的助手。在他们之下的是"诸侯"，每一个诸侯都要为整个王国划分成的某一个"诸侯国"负责。在每个诸侯之下的是"卿宰"以及一乡之"长"或"家君"。（就权力而言）处于最底层的是平民。

与中国实际的或理想化的传统政府机构相比，这种结构似乎略显精简。然而，很可能墨家只是勾勒出一种理想政制结构的轮廓。或许他们会同意对这一基本结构作相当详细

---

①Donald Jenne 是第一个指出这一悖论的人[《墨子与霍布斯》("Mo Tzu and Hobbes")，第62—65页]。冯友兰可能是第一个比较霍布斯与墨子的人（《中国哲学史》第1卷，第100—103页）。

的说明。① 无论如何，墨家方法的真正独特之处是对"尚同(obeying one's superior)"的极端强调。这一点有六个部分，每一部分都是写给下属的：(1)让你的上级知道你的问题和成功之处（"闻善而不善，皆以告其上"）；(2)证明你的上级所证明之事（"上之所是，必皆是之"）；(3)谴责你的上级所谴责之事（"上之所非，必皆非之"）；(4)向犯了任何过错的上级提出劝诫（"上有过则规谏之"）；(5)当你的下属表现出色时，荐举之（"下有善则傍荐之"）；(6)不要和你的下属同事拉帮结派（"上同而不下比"）。② 那些遵循这些操行的就会受到奖赏，而背离这些操行的就要受到惩罚。奖赏有三种形式：誉之贵之（高予之爵）、富之（重予之禄）和晋升（任之以事，断予之令）。惩罚包括定罪、减富、降阶、流放，以及对最严重的案例施以"五刑"（黥、劓、刖，宫，大辟）。③ 墨家似乎认为，这种胡萝卜加大棒的方式足以保证顺从（这是墨家对人类性情具有可塑性的信心的一个例证）。

墨者不断地重复说，这些做法的目的是，使里、乡、国乃至

---

①《墨子》第 13 章中给出了一份更详细的职位清单。参见梅贻宝：《墨子》，第 71—72 页。

②《墨子》第 11 章，"尚同"，《读本》，第 66 页。

③关于奖赏，参见《墨子》第 8 章，"尚贤"，《读本》，第 63 页。关于惩罚，参见《墨子》第 8 章，"尚贤"，《读本》，第 62 页；《墨子》第 9 章，"尚贤"，梅贻宝：《墨子》，第 36 页；《墨子》第 11 章，"尚同"，《读本》，第 67—68 页。墨家强调，在实施最严厉的惩罚时，必须明智审慎，引用谴责一个部落的做法的令人难忘的话："唯作五杀之刑，曰法。"（《墨子》第 12 章，"尚同"，梅贻宝：《墨子》，第 64 页）。

(最后)天下之人皆"从事乎一同之义"(unify the norms followed,遵循统一的准则),以便"良好秩序[治]"得以维护。①在某种程度上,统一准则与良好秩序之间的关系是明显的。如果我们从诸种准则相互对立的状态进入到拥有相同准则的状态(并且假如这些准则强调社会和谐,像墨家的准则那样),那么我们将会有更少的冲突。然而,墨者还提供了两个明确的论证来支持拥有共同准则。第一个论证将准则与奖赏和惩罚的效果联系起来:

上唯毋立而为政乎国家,为民正长,曰:"人可赏,吾将赏之。"若苟上下不同义,上之所赏,则众之所非。曰人众与处,于众得非,则是虽使得上之赏,未足以劝乎!②

此段行文紧接着提出了关于惩罚的平行观点。那么,这个论证即是,要使奖赏与惩罚成为有效的手段,准则的公共性就是必要的。所以奖赏和惩罚维持了准则的公共性,但是它们也需要准则的公共性以使之有效。这一点令人着迷,但一个霍布斯主义者(或者某个稍晚的中国哲学家像韩非子)将会建议,即使人们并不认同政府的准则,惩罚和奖赏也是有效的。如果政府对某人施以死刑、监禁、鲸面或刖足,这肯定将是一个有效

---

①《墨子》第11章,"尚同",《读本》,第66—67页。[作者此处所引《墨子》应该是第12章"尚同(中)"里面的内容。——译注]
②《墨子》第12章,"尚同",梅贻宝:《墨子》,第66页。参考《墨子》第13章,"尚同",梅贻宝:《墨子》,第72页。

的震慑。同样地,如果政府推扬、荣耀并从经济上奖励某种行为,人们肯定都会努力以这种方式去做。

第二个论证是,通过服从上级的政策(尚同),政府的效能将会大大提升:

> 助之视听者众,则其所闻见者远矣;助之言谈者众,则其德音之所抚循者博矣;助之思虑者众,则其谈谋度速得矣;助之动作者众,即其举事速成矣。①

严格地说,这并不是由共同准则实现秩序能力的一个论证。然而,它(至少在我看来)是一个对强调互相合作的准则达成一致有益的还算合理的论证。

从我们21世纪初的视角来看,墨家的政府学说可能是威权主义的。然而,有三个因素缓解了它的威权主义。首先,回想起来,尽管每人都对一个人也就是天子负责,墨家还是强调,天子最终要对一个更高的权力即天负责(参见第II.B节)。所以,强调了准则被统一前的人类生活的野蛮状态,墨者又写道:"天下之百姓皆上同于天子,而不上同于天,则灾(Heavenly

---

① 《墨子》第12章,梅贻宝:《墨子》,第67—68页。参考《墨子》第13章,梅贻宝:《墨子》,第76页。无论是这个论证还是前面那个论证都没有出现在《墨子》第11章("尚同"的这个版本在《读本》中的译文)。然而,这些论证为《墨子》第11章所粗略描述的立场提供了进一步的支持,并且我没有在《墨子》第12章或第13章中看到与第11章所言相反的内容。因此,我认为将这几章的论证联系起来是合理的。

disasters)犹未去也。"①

认识到如下一点也很重要,除了天子之外——天子的统治是世袭的——理想的墨家政府是由贤能统治的(meritocratic):"故古者圣王之为政,列德而尚贤。虽在农与工肆之人,有能则举之。高予之爵,重予之禄,任之以事,断予之令。"②因此,墨者相信,他们创造了一个体制,在其中政府的权力将被掌握在有能力且有公德心的人手中。

缓和墨家体制威权主义的最后一个因素是在支配尚同的规则中得以提出的:"上有过则规谏之。"③那么,这就存在着一种在下位者向在上位者表达不满的机制。

虽然墨家对威权主义的指控给出了理论回应,但其中的两个回应存在实践上的困难。即使天子应该遵从天的道德指令,什么又能强迫他服从呢?墨家对这个问题也有一个回答,但是它诉诸他们那可疑的信仰,即天直接介入天下事务的信仰。他们宣称,顺从天意的君王将会受到奖赏,而违反天意的君王则会受到惩罚。因此,像禹、汤、文王和武王这样的圣王兼利百姓,所以

> 故使贵为天子,富有天下,业万世子孙,传称其善,方

---

① 《墨子》第11章,《读本》第67页。艾文贺(颇有道理地)解读"菑"字为"蛮荒(wilderness)",在文本中则是"灾",即"灾害(disasters)",并基于《墨子》第12章的平行文字补以"天",即"上天的(Heavenly)"。参考孙诒让:《墨子间诂》,第70页,以及梅贻宝:《墨子》,第58页。

② 《墨子》第8章,《读本》,第63页。

③ 《墨子》第11章,《读本》,第66页。

施天下,至今称之,谓之圣王。

相反,残暴的统治者对百姓别则恶之,交而贼之,所以"故使不得终其寿,不殁其世,至今毁之,谓之暴王"①。有趣的是,对于如何推翻一个残暴君主的王权,孟子说得更多。他对如下事实直言不讳:普通百姓的不满,就足以证明政府的无能,以及这种不满剥夺了为政者统治的授权。在这种情况下,明确允许人民的革命。

尽管墨者说,当在上位者做了错事,在下位者应该对他们进行规谏,但是有人会怀疑实际上他们是否敢那样做,况且(即使他们那样做了)他们能否会被倾听。在墨子的政制体系里,有着如此之多的在下位者遵从其上级,而上级又拥有如此之大的赏罚权力,以至于对于一个想要提出规谏的下属而言,承受的压力将是巨大的。墨家可能会回应,其贤能政治体系将会选择那些能够接受规谏的上司,并且他们的评价标准是如此明确,以至于当他犯错时,将会很容易就能看出来。虽然,人类在等级制方面的经验表明,政府之间可能需要更多的相互制衡,以保证在上位者不会滥用他们的权力。

IV. D. 应用性理论

IV. D. 1. 反对儒家

除了讨论基本的政体结构之外,墨家也将他们的后果主义标准运用到特殊的政策问题上。他们在很多这些问题上都与

---

① 《墨子》第 26 章,"天志",《读本》,第 92 页。

儒家相冲突。在"节葬"中,墨者描述了由儒家的礼为"王公大人"铺陈的厚葬久丧:

必大棺中棺,革阓三操,璧玉即具,戈剑、鼎鼓、壶滥、文绣、素练、大鞅万领、舆马、女乐皆具,曰:必捶涂差通,垄虽凡山陵。此为辍民之事,靡民之财,不可胜计也,其为毋用若此矣。①

除了牺牲活人殉葬之外——被孟子援引孔子的支持坚决予以禁绝之事(1A 4)——没有理由怀疑墨子所描述的是一种与贵族身份相符合的儒家葬礼仪式。墨者还指出,礼规定的服丧时间长达三年之久(在母亲、父亲、妻子或长子逝世的情况下),并且在此期间服丧者被期望通过哭泣和节食来表达他们的悲伤,其所吃用如此严苛简朴,以至于他们"必扶而能起,杖而能行"②。此外,礼节上还禁止他们在服丧期间参与公职或结婚。

在解释为什么这样的做法错误时,一贯系统的墨家援引其三"利(benefit)"之每一种以证之:

1. "细计厚葬,为多埋赋之**财**(wealth)者也;计久丧,为久禁从事者也。"③
2. "若法若言,行若道,苟其饥约又若此矣,是故百姓冬不

---

① 《墨子》第 25 章,"节葬",《读本》,第 87 页。
② 《墨子》第 25 章,"节葬",《读本》,第 82 页。
③ 《墨子》第 25 章,"节葬",《读本》,第 83 页。着重粗体为我所加。

仞寒,夏不仞暑,作疾病死者,不可胜计也。此其为败男女之交多矣。以此求**众**(population),譬犹使人负剑而求其寿也。"①

3. "上不听治,刑政必乱;下不从事,衣食之财必不足。……是以僻淫邪行之民,出则无衣也,入则无食也,内续奚吾,并为淫暴,而不可胜禁也。……夫众盗贼而寡治者,以此求**治**(good order),譬犹使人三还而毋负己也。"②

顺便提一下,这些段落说明了墨家论证形式的一个有趣方面。他们的类比通常只是修辞上的表面文章,而不能反映其立场的实质性内容。所以这些段落中的比喻使讨论富有生机,但它们没有给我们提供什么新的信息,因为比较的主题只有在最明显和最表面的句式结构方式上是相似的。(使人民饥馑会杀死他们,故使他们倒在刀剑之上也会杀死他们。就是此类的修辞。)我们可以说,对墨家而言,比喻通常是一维的。然而对儒家来说,比喻通常而言是多维的。因此,按照孟子的观点,我们的内在道德倾向就像是好多方面的端芽(sprouts):它们具有发展的潜力,这种发展有一个自然的过程,它能够被"培育良好"(这是一个与端芽隐喻相互关联的新隐喻!)或培育不良。一维的比喻只是说明了已经被说出的东西。多维的比喻导入了新的信息,是"开放式的(open-ended)"。它们向发现新的分支的可能性保持开放,以便人们对其进一步反思。因此,对孟子来说,如果没有这种观念,即我们与生俱来的道德倾向是

---

① 《墨子》第 25 章,"节葬",《读本》,第 83 页。着重粗体为我所加。
② 《墨子》第 25 章,"节葬",《读本》,第 84 页。着重粗体为我所加。

"端芽(sprouts)",那可能是一种实质性损失。①

不过还是回到墨家的论证上来:在解释了儒家丧葬做法对富、众和治的否定性后果之后,墨者又论证道,在这三方面被削弱了的国家很容易成为可能攻击它的侵略性国家的猎物,从而激起战争。另外,缺乏这三利的国家将无法充分地维持对鬼神的祭祀,所以,

> 上帝鬼神始得从上抚之曰:"我有是人也,与无是人也,孰愈?"曰:"我有是人也,与无是人也,无择也。"则惟上帝鬼神,降之罪厉之祸罚而弃之,则岂不亦乃其所哉?②

(而假如我们需要关于墨者真的相信精神性生物存在的任何更进一步的证据,这个就是了。如果它们意味着主张相信鬼神是有用的,但却仍不是真的,那么,提出儒家的做法是无用

---

① 我在第4章第 III 节更多地讨论了孟子的端芽比喻。森舸澜(Edward Slingerland)在他的《无须努力的行动:"无为"作为中国先秦的概念隐喻与精神理想》(*Effortless Action: Wu-wei As Conceptual Metaphor and Spiritual Ideal in Early China*)一书里考察了儒家和"道家"对本喻(essential metaphors)的使用。我倾向于认为,隐喻在人类自然语言中最终是不可消除的。所以在某种意义上,墨家不可能离得开隐喻(因为没有人能离得开)。我们可以根据思想家是否愿意有意识地使用多维隐喻来区分他们。对于隐喻概念,对比戴维森(Davidson):《隐喻意味着什么》("What Metaphors Mean"),以及莱考夫(Lakoff)和约翰逊(Johnson)的《体验哲学——体验心智及其对西方思想的挑战》(*Philosophy in the Flesh——The Embodied Mind and Its Challenge to Western Philosophy*)。

② 《墨子》第25章,"节葬",《读本》,第85页。

的,因为鬼神实际上不会回应他们,这对墨家来说就是逻辑上不连贯的。)

到目前为止,所有的论证都诉诸墨家三表中的第三表,"用(application,应用)",都是以其后果来判断事物。但是他们也用第一表,"本(precedent,先例)",援引圣王如何实施节葬的所谓历史实例。他们似乎没有用第二表,"原(evidence,实迹)",但我们在此并不希望他们用这一标准。百姓耳目之实被墨者用来作为某物是否存在的检验,所以它似乎与丧葬应该节俭还是奢华的问题无关。

墨家在反对两种其他做法上提供了平行论证:奢侈品生产和某种音乐表演。他们对后者的拒绝很容易引起误解。相关的墨家文章题目字面意思是"对音乐的非难(A Condemnation of Music)",并且在其中他们重复着叠句"子墨子曰:'为乐非也!'"①这可能会让人觉得墨家是在倡导一个悲伤、严酷的社会,就像设想在皮特·汤森(Pete Townshend)的摇滚歌剧《生命之屋》(Lifehouse)里,音乐被禁止一样。② 然而,细心地解读

---

①《墨子》第32章。艾文贺将这一篇名译为"对音乐表演的非难(A Condemnation of Musical Performances)",那个叠句被译成"我们的老师墨子说:'音乐表演是错的!'"(《读本》,第105—110页,散见各处)。他的翻译更好地传达了短语的大意,但我还是按字面意思来翻译。

②皮特·汤森谁人乐队(The Who)背后的创造性力量,影响深远的摇滚歌剧《汤米》(Tommy)的作者。《生命之屋》从未完成,而多年来,汤森为它将会是什么样子提出过各种版本。《谁是下一个》(Who's Next)构成了为那个项目准备的主要歌曲。(一旦把它们与这首歌剧的前提联系起来,它就为《曲终人散》["The Song Is Over"]的歌词打开了另一层意义。)

就会明确,墨家所反对的,是由君主和高官排演的通常伴有舞蹈的豪华管弦乐表演。这些表演一般是典礼仪式,所以墨家拒绝它们是对儒家采取的另一种打击。"节用(For Moderation in Expenditure)"在某种程度上可能也是针对儒家的,因为对墨家来说,仪式用品并不直接(*directly*)产生财富、人口和秩序,并且似乎还可能是对资源的巨大浪费。无论是就精心制作的音乐表演还是奢侈品方面,墨家都以同样的方式运用"用"这一种"法":他们宣称这些做法浪费了本应留作衣食住行等必需品之用的资源,而它们让官员和百姓远离了生产性的活动。

我认为需要严肃对待墨家的批评。如果为了个人或礼节用途而将大量的资源(无论是物质性资源还是劳动力方面的资源)花费在葬礼、服丧、音乐表演、仪式性的舞蹈和奢侈物品上,这种花费足以造成饥馑、营养不良、流行病和普遍的社会混乱,那么,毫无疑问,这些资源被愚蠢地误用了。此外,作为一个历史事实,人们以儒家理想的名义行动,有时会浪费资源,损害自己的健康和普遍的福祉,或至少会损害那些不幸的农夫,他们不得不承担起支撑他们一切的税负。

而且,黎惠伦(Whalen Lai)提醒我们注意墨子及其弟子们

> 并不反对日常礼仪、简单音乐或善品、纯粹的乐趣本身。农夫在播种季节欢唱;为庆祝丰收欢饮……或人们只是在试图生育(并且像[墨子]将会喜欢的那样增加人口)时享受美好的性爱——这些都不是[墨子]会加以非难的活动。不会有好的理由取缔它们——除非并且直到它们

自己过度扩张[原文如此]。①

尽管如此,还是有人怀疑墨家是否走得太远了。他们宣称:"去[除**一切**(everything)]无用之费,[而行]圣王之道,天下之大利也。"②对什么有用?为墨家所特别认可的善品只有财富、人口和社会秩序。但是如果有足够的布料来满足人们的基本需求,还有剩余可用来做衣服,那些衣服比只是满足"冬加温,夏加清"的需求还要多呢?③在那种情况下,我们的衣服、房子和普遍的环境能变得更美一些吗?假如我们有足够的剩余物资来举办一场仪式性的音乐表演,配以"大钟鸣鼓、琴瑟竽笙",不会让人们饿死或死于寒热,我们又将如何呢?④我们能享受音乐的美妙、舞会的壮观,甚至成为音乐舞蹈不同表演形式的鉴赏家吗?如果礼仪活动(及其非实用性的手工制品)实际上通过表达和加强我们对社区的归属感,从而有助于社会秩序呢?⑤或许

---

①黎惠伦:"Public Good that Does the Public Good",第137页。

②《墨子》第20章,"节用"(For Moderation in Expenditures),《读本》,第80页。着重粗体是我所加。

③《墨子》第20章,"节用",《读本》,第78页。

④《墨子》第32章,"非乐",《读本》,第105页。

⑤公平地说,墨家确实鼓励某些礼仪活动。正如我们在早些时候所看到的,他们认为对神灵举行祭祀仪式是很重要的。但是他们为这种表演仪式给出的理由却是,如果我们这样做,神灵就会奖赏我们,要是我们不这样做,神灵就会惩罚我们。他们的仪式就是弗雷泽(Frazer)建议的那种:为获取人们想要的东西而实施的一种原始技术(第2章第II.A.1.a部分)。而他们显然要拒绝一切不能服务于这一狭隘目标的仪式。

一旦人的基本需要得到满足之后,墨家将会认识到美和其他善品的作用。但他们从未这样说过。

IV. D. 2. "正义战争理论(Just War Theory)"

在本章开篇我就提到,墨家文献中很大一部分致力于防御性的军事技术。虽然那些篇章可能是后期的,但墨家似乎从相当早期就开始反对进攻战,因为总括性章节包括一系列标题为"非攻"的内容。墨家区分了三种类型的战争:攻(aggressive wars of conquest,侵略性战争)、守(defensive wars,防御性战争)和诛(punitive wars,惩罚性战争)。

他们认为征服战争是不义的,这一论点来得很快,并且切中要害。人们谴责一个从别人的果园里偷水果的人。人们意识到偷牲畜甚至更加严重,因为被偷走的东西更值钱。人们又认识到,杀人抢劫是一项更为严重的罪行,因为更有价值的东西被拿走了。

> 杀一人,谓之不义,必有一死罪矣。若以此说往,杀十人,十重不义……杀百人,百重不义……当此,天下之君子皆知而非之,谓之不义。今至大为不义攻国,则弗知非,从而誉之,谓之义。①

墨家意识到有些君王将不会对进攻战是否是正义的这个问题感兴趣,而只会去关心战争是否会给他们带来好处(墨家倡"利",但倡导的只是公利,而不是某一国、某一家或某一人

---

① 《墨子》第17章,"非攻",《读本》,第73页。

的狭隘私利)。作为回应,墨家指出,战争是代价极其高昂的事情,其所带来的利益通常是微不足道的。事实上,在他们那个时代有很多未开垦的土地,很少有人去耕种,所以驱使人们赴死地以夺取更多的土地,"则是弃所不足,而重所有余也"。①但是每一个人都知道战争有时候是有益的。墨者对此的回应是

> 虽四五国则得利焉,犹谓之非行道也。譬若医之药人之有病者然,今有医于此,和合其祝药之于天下之有病者而药之。万人食此,若医四五人得利焉,犹谓之非行药也。故孝子不以食其亲,忠臣不以食其君。②

那么,侵略性战争就像是一副药,万人之中只有四五个人能有药效。

有人可能会认识到,侵略战争很少成功,但却会反驳说,这是因为那些实施战争的人,大多缺乏需要辨识战争将获成功的时机的足够智慧,以及指挥战争的技巧。一个才华横溢的军事战略家能够——并且极有可能——在侵略战争中证明自己的成功。墨家通过援引两个天赋极高的军事战略家的例子来回应这一异议,他们短期内是成功的,但最终却走向了毁灭。③

---

① 《墨子》第 18 章,"非攻"。译文引自梅贻宝:《墨子》,第 103 页,英译文为:is to give up what is needed and to treasure what is already in abundance。此观点的一个类似表达可以在《墨子》第 19 章中发现。

② 《墨子》第 18 章,"非攻"。参考梅贻宝:《墨子》,第 103—104 页。

③ 《墨子》第 18 章,"非攻"。参考梅贻宝:《墨子》,第 104—106 页。

但是这些例子怎么来回应这个异议的呢？异议者难道不会直接说："他们犯了错误。我会从他们的错误中吸取教训，而不是犯错误。此外，显然也有侵略战争已然取得成功的例子。"

墨者没有明确地回应这一点。然而，我认为他们的回应将会是，侵略战争的成功取决于如此多的变数，以至于我们永远无法有把握地判断它是否会成功。侵略战争（用一个现代类比）就像是一种彩票，它有极高的买入成本，相对较低的支出，而获胜的可能性微乎其微。

不过，墨家又是如何坚持侵略性战争绝无正当性，而又论证防御性战争和惩罚性战争都是正当的呢？直观地看，一个从事防御性战争的人正在以正当的方式行动。然而，对墨家而言，正义（righteousness）和公利（impartial benefit）必须指向同样的结果。那又怎么可能满怀信心地说，侵略性战争是有益的（即使只是对侵略者而言狭隘的私利，因为这是墨者正要拒斥的一种可能性），但显然防御性战争是有利于公益的？推测起来，墨家必须承认，在某些情况下，投降会更好。假设抵抗的代价很高（可能造成大量人员伤亡和财产损失），而这种努力又不太可能有效。墨家意义上的统治者不会投降？

在这里，我们发现了一个例子，在这个例子里，如果墨家是规则后果论者，那么他们的立场将会更有意义。换句话说，可能他们会认为，我们应该决定，什么样的规则，如果我们遵循它们，将使财富、人口和社会秩序最大化，然后我们就按照那些规则行事，即使在个别情况下，遵循规则会让我们做出不会带来最大化好结果的行为。有人可以看起来颇有道理地反驳说，如果每个人都遵循规则,"当受到攻击时进行防御战",那将会有好的结果,即使这会导致在几乎没有机会成功防御的情况下进行战斗,因为国家自我防御的通常政策将会阻止侵略战争。而显而易见,如果每个人都遵循这样的规则:"不要参与侵略战争",那么我们将会拥有比我们现在所拥有的更好得多的世界。

基于后果主义理解墨家关于"正义战争(righteous warfare)"的观点是很吸引人的,但它涉及如此之多的猜测,以至我不想将它仅仅作为一种可能性而提出来。

无论如何,墨家显然是想为防御之外的另一种战争辩护。在"兼爱"篇,援引大禹说的话"蠢此有苗,用天之罚"后,墨者热心地评论道:

> 禹之征有苗也,非以求以重富贵,干福禄,乐耳目也;以求兴天下之利,除天下之害。即此禹兼也。①

墨者把大禹的所作所为称为"诛(punitive war,惩罚性战争)"。所以墨者反对攻(aggressive warfare,侵略战争),是因为君王想要以牺牲他人为代价为自己或他的国家谋利。但是他们赞成诛,发动诛这样的战争是为了使天下的财富、人口和秩序最大化。

正如本杰明(Benjamin Wong)和慧杰(Hui Chieh Loy)曾观察到的,这是一个危险的退让:"通过向他们介绍惩罚性战

---

① 《墨子》第 16 章,"兼爱",《读本》,第 73 页。

和防御性战争的区别,以及建议惩罚性战争既是正义的又是有利的,他实际上是在教导储君们将他们的军事行动描述为[惩罚性]战争。"①代表墨家给出如下回应是很诱人的。我们总是可以说侵略性战争是惩罚性战争,但是改变不了如下事实,即存在着重要的差别:惩罚性战争实际上是普惠于天下的,而侵略性战争则不是。然而,对于墨家来说,这一举动带来的问题比起初看起来的要多。回想一下墨者对君王们所说的话,那些君王并不关心侵略战争正义与否,而只关心战争是否对他们自己或自己的国家有利。墨者说,无论一个人有多聪明,他也无法确定一场侵略性战争对他自己是否是有利的。但是现在他们似乎在说,我们能够确定一场战争会不会对整个世界有利。换句话说,墨家对寡廉鲜耻的君王——他们认为侵略战争有利可图——的回应,是以假定人的认知能力有某种局限性为前提的。但是他们在侵略性战争和惩罚性战争之间所作的区分,要依赖于对那同一种局限性的超越。看起来墨者像是在说我们既能又不能确定发动任何一场战争的可能结果。

本杰明和慧杰再次修正指出,墨者对这个问题的解决是"神学上的(theological)"(在这个词的宽泛意义上)。不是人类能决定一场惩罚性战争是否是正当的,而是天来决定:

昔者三苗大乱,天命殛之,日妖宵出,雨血三朝,龙生

---

① 本杰明和慧杰:《墨子政治哲学中的战争与鬼神》("War and Ghosts in Mozi's Political Philosophy"),第347页。

于庙,犬哭乎市,夏冰,地坼及泉……禹亲把天之瑞令,以征有苗。……搲矢有苗之祥。苗师大乱,后乃遂几。……天下乃静,则此禹之所以征有苗也。①

随后,关于武王决定讨伐暴君商纣的超自然事件也有了一个类似的夸张描述。根据这一点,一国之君不可能作出随随便便的主张,接受上天对一场"惩罚性"战争而不是"侵略性"战争的制裁。

不过,有一点我与本杰明和慧杰存在分歧。我们都一致同意墨家是真的相信鬼神的存在。然而,他们补充说:

> 墨子最终没有试图去证明鬼神的存在。他甚至暗示,无论如何都不会有**理性的证据**证明这件事。严格地说,因此就可以从墨子的前提中推断出这样的结论:世界上所有问题都将不可能得到**合理并完全的解决**。②

我关心的是"证明(proof)"这个词。什么是证明?就一个概念来说,证明就是一种论证,它从我们认为必然正确的前提出发,通过严格的演绎推理,得出一个具有绝对确定性的结论。启蒙运动时代的哲学家,如笛卡尔,将这一点视为哲学方法论

---

① 《墨子》第 19 章,"非攻",英译文引自梅贻宝:《墨子》,第 111—112 页。

② 本杰明和慧杰:《墨子政治哲学中的战争与鬼神》,第 356 页。着重粗体是我所加。

的典范。然而，笛卡尔哲学死了。我们现在知道，在形式逻辑和数学之外，没有什么东西可在这种意义上得到"证明"。我们在人文学科（包括哲学）、社会科学（包括那些假装成"科学"的）和经验自然科学中所拥有的，只是有说服力的论证——而不是"证明"，甚至是一个演绎推论的结论，都不如其最薄弱的前提更确定。这似乎令非哲学家感到惊讶，但是可错论感染了一切的观念，在当代知识论中司空见惯。

本杰明和慧杰对墨家的解读依赖于"证明"和论证的区分，后者只是在理性上有说服力。他们认为墨家没有"证明（prove）"鬼神的存在，他们意识到了这一点，并且他们视此为他们自己哲学计划的一个局限。但是中国古代没有人在"证明"和其他不太严谨的论证形式之间做出区分。那时只有"辩（argumentation）"这个字。所以，墨家没有"证明"鬼神的存在，这是千真万确，但是"证明"也不是他们渴望的标准。（这对他们来说更好，因为"证明"只是海市蜃楼！）他们确实渴望创造好的并令人信服的论证。并且，正如我们所看到的，我们完全有理由认为，以他们的标准，他们已经很好地论证了鬼神的存在。

墨家哲学将是令人印象深刻的，即使它仅仅包括迄今为止我们所讨论的内容。但是我们还没有触及墨家立场中可能是最有趣、最独特且给予了最巧妙辩护的那方面的内容。

V. 兼爱（impartial caring）

V. A. 导言

如同我在第 2 章第 II. A. 2 节指出的,在儒家的整个历史中,有一个可被看作是儒家标志性特征的教义,就是一种与行为者相关的义务,通常被称为"差等之爱（graded love）"。与儒家相反,墨子提倡"兼爱",这个短语通常被译为"博爱或普遍之爱（universal love）",但我将把它译成"公正之爱（impartial caring）"。兼爱教义指出,我们应该平等地关心每个人福祉的提升,并对其拥有平等的道德义务,无论这个人可能与自己是何种特殊的关系。因此,它就是一种行动者无涉的（agent-neutral）义务。

"兼爱"篇——墨子后学在其中展现了他们老师的学说,并为之辩护——似乎使解释者的观点产生了分化。一方面,黄百锐（David Wong）在为儒家提出深思熟虑的辩护之前,驳斥了大多数关于"兼爱"的论证,认为它们是"真的肤浅且不重要,它们只是伪装成论证的愿望"。① 而在另一个极端上,陈汉生（Chad Hansen）声称墨家提供了"对普遍关怀的毫无问题的乞愿论证（原文如此）"（a nonquestion begging [sic] argument for universal concern）,并展示了儒家关于偏等或差等之爱的观

---

① 黄百锐:《普遍主义 vs. 差别之爱》,第 263 页。

点是"自我挫败的(self-defeating)"。① 我同意黄百锐和陈汉生的部分评价。但根本上我还是赞同黄百锐对儒家差等之爱要优于墨家兼爱的某个版本的支持。然而,像陈汉生那样,我发现墨家的论证比黄百锐快速驳斥的建议要更有力,也更吸引人。比如,在"兼爱"篇,墨者在中国哲学中进行了可能是第一次的"思想实验(thought experiments)",并且也许是他们在世界上对思想实验的第一次使用。考虑到对墨家主题的内在兴趣和他们对此的论证,令人惊讶的是,尽管许多著作都对文献中的论证进行了简要的概述,但却没有关于它的详细分析。② 我希望在本节中弥补这一不足。

V. B. 看护人论证(The Caretaker Argument)

"兼爱"篇中的一个关键论证是下面的理想实验(*gedanken-experiment*):

> 今有平原广野于此,被甲婴胄,将往战,死生之权未可识也;又有君大夫之远使于巴、越、齐、荆,往来及否,未可识也。然即敢问:不识将恶也,家室,奉承亲戚、提挈妻子而寄托之,不识于兼之有是乎? 于别之有是乎? 我以为当其于此也,天下无愚夫愚妇,虽非兼之人,必寄托之于兼之有是也。此言而非兼,择即取兼,即此言行费也。不识天

---

① 陈汉生:《中国思想的道家之论》,第112页。
② 比如,史华慈:《古代中国的思想世界》,第145—151页,散见各处;葛瑞汉:《论道者》,第41—43页。

下之士,所以皆闻兼而非之者,其故何也?①

这段文字中的关键问题是,"一个人宁愿将家人托付给兼士(信奉兼爱之人)手里,还是愿意将他们托付于别士(信奉偏爱之人)的手里?"(不识将恶也,家室,奉承亲戚、提挈妻子而寄托之,不识于兼之有是乎?于别之有是乎?)墨者显然认为,把一个人的家人托付给信奉兼爱(impartial)的人,这是毫无疑问的,因为他们甚至都不会操心解释为什么这是最好的选择。但是,事实上,兼爱之人是不是最好的选择还很难说。假设你在执行一项危险的任务,并把家人托付给别人照料。我们把这个别人称为"看护人(the caretaker)"。② 现在考虑一下下面精心阐述的墨家例子。假设在你离开了家庭的那个区域里,发生了饥荒,导致大范围地饿死人。如果看护人是一位兼爱主义者,他将没有理由把你家人的健康和生存置于其他人的健康和生存之上。事实上,如果你的家人不大可能活下来,信奉兼爱

---

①《墨子》第16章,"兼爱",《读本》,第70页。

②墨家的论证讨论了应该选择哪种看护人。但将家人托付给"看护人"的人呢?他循何道而行呢?他是一位儒者、"杨朱学派"(参见本节后面的内容),还是一个墨者?假如他已经是一位墨者了,那他就不需要说服。假如他是一位杨朱学派中人,他为什么要关心他自己的家人呢?无论他是一位杨朱学派中人,还是一位儒者,这个论证似乎都倾向于表明,他的信念是自相矛盾的(或他的信念与他的行动中不一致的),因此他应该放弃某些信念(尤其是对兼爱非难)。然而,如果这个论证成功地将一个人转变为墨家的兼爱主义,那么他就将丧失这个论证所假定的原初动机(只偏爱他自己的家人)。(我要感谢方岚生指出了这一点。)

主义的看护人可能会有意将资源从你家人那里转移到其成员有更大机会活下来的家庭那里。如果在那种情境之下,我把我的家人托付给那样一位信奉兼爱主义的看护人,他们还会说:"哎呀,谢谢爸爸!"对此我表示怀疑。

相反,假如信奉等差之爱的看护人与你有一种特殊的关系,如亲属或朋友关系,那么他将会把你家人的福祉置于陌生人的福祉**之上**。因此,很多情况下,儒家看护人是比信奉兼爱的看护人**更好**的选择。甚至陈汉生似乎也同样承认:"儒家士兵会把自己的家人安置在亲戚家里来更好地保护他们。尽管他们会被置于原生家庭**之后**,但却还是会在饥饿的陌生人**之前**。"①

然而,如果看护人按照儒家的差等之爱行动,比起你家人的福祉,他更愿意实现他自己最亲近的家人福祉。因此,如果在让你的家人挨饿和让他自己的家人挨饿之间有一个选择的话,信奉差等之爱的看护人将会让你的家人挨饿。所以,一个人可以编撰一些关于此类情况的复杂故事,故事里他的家人在信奉兼爱的看护人手下被照管得更好。假设你的三个家人与看护人的三个家人被隔离在一间小屋里,附近的路被大雪封住了,并且假设食物只够三个人吃。由于信奉兼爱的看护人是完全不偏不倚、公正公平的,他尽可能地将食物既分给你的家人,也分给他自己的家人。所以在这种情况下,你最好还是选择信奉兼爱主义者。然而,值得指出的是,这是一种很少被实现的场景。虽然我不认为这一主张(或其否定)可用数学确定

---

① 陈汉生:《中国思想的道家之论》,第 112 页。着重粗体是我所加。

性来证明,但我还是要大胆猜测自己的家人在绝大多数情境下最好还是托付给儒家看护人。

所以为什么墨家把这个思想实验看作是如此明显地支持信奉兼爱的看护人的呢?答案可以在一些奇怪的评论里找到,这些评论出现在紧接这个思想实验之前的文本中:

> 谁以为二士,使其一士者执别,使其一士者执兼。是故别士之言曰:"吾岂能为吾友之身,若为吾身?为吾友之亲,若为吾亲?"是故退睹其友,饥即不食,寒即不衣,疾病不侍养,死丧不葬埋。别士之言若此,行若此。兼士之言不然,行亦不然。曰:"吾闻为高士于天下者,必为其友之身,若为其身;为其友之亲,若为其亲。然后可以为高士于天下。"是故退睹其友,饥则食之,寒则衣之,疾病侍养之,死丧葬埋之,兼士之言若此,行若此。若之二士者,言相非而行相反与?当使若二士者,言必信,行必果,使言行之合,犹合符节也,无言而不行也。①

这里对兼士的刻画有一个令人惊讶的方面:他被描述为将其朋友的福祉与他自己的福祉一视同仁。而汉字"友"——类似于英语单词"friend"——表明,这个人跟他有一种特殊的关系,不同于一般人。如果墨家兼爱主义者是那种只是在由他自己家人和朋友构成的群体成员之间无差别之爱,只是将他的家人和朋友的福祉置于陌生人福祉之上,那么与偏爱之士相比,

---

①《墨子》第 16 章,"兼爱",《读本》,第 69—70 页。

我们当然就会更倾向于选择信奉兼爱的看护人。但是墨家在行文中明确主张对一般而言的人类的无差别之爱,而不是对其家人、派系、城区或王国的无差别之爱。所以看起来很可能,墨者是在某种宽泛的、非标准的意义上使用了"友"这个字(但是他们应该提醒我们这一事实)。那么,我们就可以假定,兼爱之士是那种与一切人皆为"友",并像关心他自己那样关心一切其他人的人。

对墨者的论证而言,更成问题的是他们对持有差等之爱的人的描述。很显然,以此种方式来描述他们,并且假如这些就是其唯一的选择,那么他就应该更倾向于选择一个信奉兼爱的看护人,而不是主张偏爱的看护人——因为主张偏爱的"看护人"根本就不会提供任何看护!就像在前面段落里描述的那样,偏爱之士将不会给他的朋友(以及很可能对他朋友的家人)提供任何好处或帮助。所以对偏爱之士的这种补充描述,使得墨家的论证不再是一个简单的不合逻辑的推论。然而,关于墨家的论证,当下至少还有两个不同的问题需要考虑。

(i)首先,姑且认为墨家的思想实验在理性上是有说服力的。它用什么来说服我们呢?墨家的论证最能说明的是,我们有理由选择信奉兼爱的看护人来照料我们的家人。或许我们甚至能够把墨家的论证普遍化,以便证明我们应该宁愿我们社区的其他的每一个人都是兼爱之士。不过要注意的是,对于偏爱之士而言,他应该是一个兼爱之士,这是无法证明的。偏爱之士有理由想让其他的个人或家人都是不偏爱的(im*partial*),这个事实(假如那是一个事实的话)并不能表明,偏爱之士有任何理由想让他自己或他的家人变成不偏爱的。

陈汉生对这种反驳提供了一种回应,他指出,"道"本质上是社会性的,而不是个体的,所以墨家(而且早期中国其他思想家也一样)所关心的问题是,"社会应该教给天下人以哪一种类型的道?"①作为对早期中国思想的一种概念,这似乎是错误的。例如,韩非子明确地认为,君主之道与为臣之道存在张力:每一方都想操纵控制另一方。② 鉴于韩非子能够使这种可能性概念化,为什么对墨家的批评就不能概念化如下可能性:此种个体之道与其他的道存在张力? 然而,让我们(为了这个论证)假定陈汉生是对的。那就假设一下,对墨家而言,唯一可以想象的道就是让每一个人都瞄准同一目标的那个道。换句话说,假设墨家不能设想一种道,那种道将会指示我自己去做一件事,但却鼓励其他人去做另外的事。即使如此,如果按照某人遵循的道,他偏爱自己的家人,但却鼓励其他人无偏私地爱每一个人,那这个道就不会被普遍接受。因此,唯一可行的选择就将是对整个社会而言的偏爱之道(每个人都有所偏私的行动),或对整个社会而言的兼爱之道(每个人都无所偏私地行动)。

然而,墨者的观点仍然是有问题的。诚然,那些不得不把家庭托付给他人照顾的人,在一个完全由偏私者组成的社会里,境况会糟糕得多。但同样真实的是,那些不那么聪明、更软弱、不那么好斗、通常更需要他人帮助的人,在一个偏爱主义盛行的社会中处境会更糟。这些事实本身都不能证明墨者想要

---

①陈汉生:《中国思想的道家之论》,第113页。
②比较《韩非子》第5章,"主道",和第12章,"说难"。

证明的结论:一个人若选择生活在一个偏爱主义盛行的社会里,他就会是一个"蠢货"。这个论证表明的只是,除非我聪明、强壮、好斗,而且不太可能需要别人的帮助,否则我不会喜欢一个偏爱主义盛行的社会。①

(ii)当我们追问这个论证针对的是谁时,墨者这个论证的第二个问题就变得清晰了。在我们的讨论中,迄今我们已经假设(像黄百锐、陈汉生以及所有其他我所知道的解释者的假设一样),"兼爱"篇中的批评性论证针对的就是儒家的立场。困难在于,墨者此处所描述的那种偏私之爱根本就不像是儒家的立场。② 无论如何,儒家都没有倡导对他人福祉的完全漠然态度,而且他们显然也不会倡导对他们朋友所遭受苦难的漠然态度。正如黄百锐观察的:"儒家拥有某些普世的价值倾向……它坚持'差等[道德]引力'的观念,以这样一种方式,每个人都至少拥有某种实质性的引力,这种引力体现在如下观念之中:某些特定事物要对整体感恩。"③这就使得墨者们看起来好像只是在攻击一个稻草人。

现在这种仁爱和人道原则鼓励我们寻求不同的解读,假如这个解读是我们目前将愚蠢归之于我们的解释对象的那一种。避免把墨家看作是稻草人论证的唯一方式是,证明某人或某个群体严肃地倡导他们正攻击的立场。被攻击的偏私之士是有

---

① 尽管如此,陈汉生发现墨者的论证还是有说服力的,理由我在本书的附录 II 中加以讨论。

② 信广来:《孟子与早期中国思想》,第 240 页,注释 51。

③ 黄百锐:《普遍主义与有区别的爱》,第 253 页。

时被称为"自我保护主义者(self-preservationists)"的松散群体的成员。这不是一个有组织的运动,但却是早期中国思想家中流行的倾向之一。典范性的自我保护主义者是杨朱。我会在第4章第Ⅰ节详细讨论杨朱,但是我将先作一点讨论,以便解释墨者可能对此的反应是什么。(我有时会用"杨朱信徒[Yangist]"的标签来指像杨朱这样的自我保护主义者,但是我只是把它当作是一个松散的标签——就像"保守派[conservative]"或"自由派[liberal]"之类——而不是指像儒家或墨家那样的有组织的运动。)

在描述杨朱和墨子之间的差异时,孟子说:"杨子取为我,拔一毛而利天下,不为也。墨子兼爱,摩顶放踵利天下,为之。"(《孟子·尽心上》7A26)孟子还宣称,至少在他那个时代,"杨朱、墨翟之言盈天下"(《孟子·滕文公下》3B9)。因此,有些人认为杨朱倡导一种类似于墨者描述的极端偏私主义者所拥有的观点,并且有一个时期,杨朱的思想是与墨家相竞争的一种重要的(或许是唯一重要的)智识对手。另外,在墨者文本的下一个论证中("君王论证[the ruler argument]",在第Ⅴ.C节中予以讨论),有一段被归于一个信奉偏爱主义的君王的重要话语:"人之生乎地上之无几何也,譬之犹驰驷而过隙也。"《庄子》"盗跖"篇中使用了一个非常接近的比喻,葛瑞汉证明它起源于"杨朱信徒":它说一个人的生命之流逝"就像一匹良驹突然从墙缝中飞驰而过一样迅速(忽然无异骐骥之驰过隙也)"。① 此外,《列子》(大约成书于公元300年)一书

---

① 葛瑞汉:《论道者》,第64页。[中译本参见前引,第79页。——译注]

记载了在杨朱、杨朱的一个弟子和墨子的一个弟子之间展开的一场哲学对话。虽然整本《列子》的成书日期要远远晚于假定的这场对话发生的时间,但葛瑞汉还是认为,其中的墨-杨对话来自更早的文献资源。如果葛瑞汉是正确的,那么《列子》的对话表明,墨者感到有回应"杨朱信徒"论证的必要。①

另一方面,对于证明墨者第一个(和第二个)论证的目的与"杨朱学派"的偏私主义者之间是一致的那种解释,还有几个问题需要解决。(1)杨朱生活于墨子之后。(2)尽管孟子指责他是极端的自我主义(extreme egoism),更多晚近的学者却把杨朱解读为在帮助他人方面持有更温和得多的立场,这可能允许对他人的某种关心。例如,葛瑞汉在讨论墨家时写道:"人们有这样一种印象,即中国思想家把人理解为或多或少天生自私(selfish)的社会存在,而不是除非接受道德教化否则将是纯粹个人主义者(pure egoists)的孤立个体。"②(3)在"看护人论证"本身之中,偏爱主义者被描述为对他自己的家人有某种关心。③(4)正如我们将要看到的,这段文字之后有一个论证,那个论证假设无偏私照料的对手确实有一个对"孝"(filial

---

① 葛瑞汉:《论道者》,第60—61页。我援引的这段对话以及关于"盗跖"篇更多内容在第4章第I节。[中译本参见前引,第74—75页。——译注]

② 葛瑞汉:《论道者》,第61页。[中译本参见前引,第76页。——译注]

③ 在对偏爱主义者最初的描述中,他提了一个修辞性问句:"吾其能为吾友之亲,若为吾亲?"此外,在"看护人思想试验"中,出发执行任务的那个人关心他妻子、双亲和孩子的福祉(然而,出门执行公务的人并没有明确地说要成为文中定义的那种偏爱主义者)。

piety)的承诺。这似乎排除了他们是狭隘的自利主义者(narrow egoists)的可能。

然而,所有这些异议都可以被回答。针对(1):我们并不知道"兼爱"的第三版是什么时候撰写完成的;它可能是那段文字的一个版本,撰写于比墨子自己的时代还要晚的时间,特别是作为对杨朱观念的一种回应。针对(2):即使孟子误解了杨朱的教义,他这样做的事实表明,这恰恰是他们容易产生的误解。或许墨者也犯了同样的解释性错误。(将在其文化中明显普遍存在的误解归咎于他们,并不违背仁爱和人道原则。)针对(2)和(3):或许"杨朱信徒"并不是纯粹的自利主义者,而是对其直系家人也有某种关心。如果这是真的(并且假如墨者们了解这一点),那么,他们为什么把偏爱主义者描述为拥有这样一种关心,就会得到解释。最后,针对(4):注意到在后文中有孝心的人绝对没有被明确地证明为"偏爱主义者"。可能的是,这段文字的第一部分内容里的那个论证针对的是"杨朱信徒",将其认定为偏私主义者,而后文"孝的论证"(第 V.E 节中讨论)则是针对儒家的。

我还不能确定,墨者在他们对偏私主义者的描述中想到的是"杨朱信徒"(而不是儒者)。但是我确实想建议那是一个颇为有趣的可能性。如果我们真的把看护人论证看作是针对自利的"杨朱信徒",这就提出如下问题,即类似于墨家的"辩驳(refutation)"如何符合于西方反驳伦理个人主义(ethical egoism)论证的某种标准。伦理个人主义是"这样一种立场:从全面性来考虑,一个人应该做出某个行为,当且仅当那个行为符合他整体的自我利益"①。很多晚近的西方哲学家论证了伦理个人主义在逻辑上是矛盾的,或者以某种方式而前后不一致。② 这一论证线索的多种表述方式之间存在重要差别,但以下面为典型。个人主义蕴含着我应该做符合于我自己的整体自我利益之事,并且你也应该做符合于你自己的整体自我利益之事。但是假设存在一个你能够做出的行为,它会(至少轻微地)伤害你,但却会有利于我。由于伦理个人主义适用于任何人,我必须承认你应该做符合于你自己利益的事,而不应该去做那个将会有害于你却有利于我的事。然而,由于我重视我自己的自我利益,所以我必定认为应该发生的就是你要去做那个将会有利于我的行为,这似乎也是合理的。因此,看起来就像个人主义蕴含着你既应该也不应该去做讨论中的行为这两种相互对立的可能。

杰斯·卡林(Jesse Kalin)对认清这个论证中哪里存在逻辑错误提供了明确的方法。③ 在"你应该做这样那样的事"和"这样那样的事应该被做(而你恰好就是那个能做事的人)"这

---

①卡林(Kalin):《两种道德理由》("Two Kinds of Moral Reasoning"),第323页。

②例如,参见弗兰克纳(Frankena):《伦理学》(*Ethics*),第16—18页;梅德林(Medlin):《终极原则与伦理个人主义》("Ultimate Principles and Ethical Egoism");以及坎贝尔(Campbell):《对伦理个人主义的简短辩驳》("Short Refutation of Ethical Egoism")。关于对这些论证的回应,参见卡林:《为个人主义一辩》("In Defense of Egoism"),以及卡林:《两种道德理由》。

③卡林:《两种道德理由》,第341—344页。

两种语句形式之间存在重要差别。后一种语句形式暗示有些事物在客观上是有价值的。但个人主义恰恰否定了这一点。因此，个人主义者只是会拒绝从"我重视我自己的自我利益"到"应该发生的就是你要去做那个将会有利于我的行为"这一推论。

墨者的论证是卡林仔细分析的那种形式吗？我认为不是。对伦理个人主义的当代批评者认为，他们在个人主义所必需的条件中发现了一个逻辑上的矛盾。（附录 II 讨论了帕菲特[Parfit]的论证，其中认为，在个人主义试图获取的目标和如果忠实地遵守它实际上成功产生的结果之间，存在着一种实践上的矛盾。）相反，在墨者的论证里，矛盾存在于偏私主义者的"言"与"行"之间："虽非兼之人，必寄托之于兼之有是也。此言而非兼，择即取兼，即此言行费也。"①

让我回顾一下我们到目前为止的进展。我们对墨者思想试验的最初考察表明，这只是一个不合逻辑的推论。乍看之下，一般而言，一个与你是朋友关系的儒者与某个完全信奉兼爱原则的人相比，似乎是看护人的更佳选择。但是我们也注意到，墨者在紧接着这段文字之前的文本里提供了对偏爱之士的一个描述。假设墨者对偏爱之士和兼爱之士的描述，以及再假设这两者是我们唯一的选择，那么墨者的论证就成为逻辑上有效的了。然而，那样被描述的偏爱之士看起来就与任何对儒家貌似合理的理解都是完全不相一致的了。那样就使得墨者的论证，尽管技术上是有效的，但似乎像是一个稻草人论证。除

---

①《墨子》第 16 章，"兼爱"，《中国古代哲学读本》，第 70 页。

了把稻草人论证归咎于墨者之外,唯一的替代性选择是证明偏爱之士与"杨朱信徒"的一致性。

通过回顾,我们现在可以看到墨者论证的另外两个问题。首先,如果偏爱之士是自我保护主义者,一位霍布斯主义者可能会反驳说,在某些条件下,偏爱主义的看护人可能是一个更好的选择。① 例如,假设你对看护人可能比他对你更危险,而已知你有对你的危险采取行动的意愿。那么,你会将你的家人托付给一位偏爱之士,并且告诉他,如果你回来发现他没有很好地照料你的家人,你就会杀死他。只要这位偏爱之士不能确切地知道你死了,他就愿意照料你的家人。此外,他也会承诺,要把照料你的家人置于别人的家人之上,所以可以认为他是比兼爱主义的看护人更好的选择。即使你确实死了,一位霍布斯主义者也将论证,履行他照料你家人的承诺,可能是符合偏爱主义看护人的利益的,因为他可能会从获得一个可靠地执行其协议的人的那种名声中受益。总的来说,我自己并没有被霍布斯主义的论证所说服。但是,霍布斯主义作为一个替代性选择确实表明,选择的情境要比墨家所认为的复杂得多。而这一点又表明,即使接受了墨者论证的前提,要是没有补充论据(这些补充的论据并不是由墨者提供的),他们的结论就不能成立。

墨者论证的第二个问题更加严重,且必须得利用一个重要的隐含前提:墨者假定兼爱和偏爱(按照定义)是仅有的两种

---

①尽管历史地看,墨者并不了解霍布斯哲学,但我们可以在哲学上提问,他们能否对这一反对作出反应。

选择。但是这是一个错误的二分对立。对墨者定义的兼爱和偏爱来说,存在着几乎无穷数量的理论选择,并且(更重要的是)至少有一个墨者将会了解且应该加以考虑的乍看之下合理的选择:儒家的差等之爱。一位儒者几乎可以确定是比极端个人主义者更好的看护人。另外,如前所述,一个强有力的例子可以证明,作为看护人,一位儒家通常要比墨家兼爱之士更可取。我们的实践选择实际上是在信奉兼爱的看护人、"杨朱信徒"的看护人和儒家看护人之间展开的。信奉兼爱的看护人是最好的选择,这一点并不明显。事实上,一个颇为合理的例子可以证明,儒家看护人才是最好的选择。

我能够想到把墨者从这种反对中拯救出来的唯一方法。很可能墨者认为,只有在这一节文字中,表明墨者的兼爱主义相对于"杨朱信徒"的偏私主义的优越性,才是必要的,因数他们在随后的文字("孝道论证")中又给出了一个论证,试图表明儒者应该成为墨家兼爱主义者。如果这就是墨者们的真实想法,那么看护人论证的成功最终要有赖于孝道论证的成功(第V.F节)。

简而言之,在看护人论证中,有三种立场可能会被讨论:墨家、"杨朱信徒"的偏私之爱和儒家的差等之爱。如果看护人论证想要表明,墨家比儒家更可取,那么这个论证就是在攻击一个稻草人。儒者并不提倡被归之于这个论证中的偏私主义看护人的那种行动。另一方面,如果看护人在这个论证中是一位"杨朱信徒",那么,这个论证就提出了一个错误的二分对立。即使墨家看护人要比"杨朱学派"的看护人真的更为可取,这一点也不蕴含人会选择墨家看护人,因为还有第三种可能性:儒家看护人。然而,看护人论证很可能只是想要解释,一个人为什么应该是墨者而不是"杨朱信徒",并且后面的孝道论证对它是一个必要的补充,解释了一个人为什么应该是墨者而不是儒者。

V. C. 君王论证(The Ruler Argument)

为了回应如下反对,即兼爱不可能作为一种标准在君王的选择中被运用,墨者让我们想象有一个信奉偏爱的君王和另一个信奉兼爱的君王:信奉偏爱的君王"是故退睹其万民,饥即不食,寒即不衣,疲病不侍养,死丧不葬埋"。相反,信奉兼爱的君王为其臣民做了偏爱的君王都没有做的所有事情。然后墨者让我们考虑如下情况:"今岁有疠疫,万民多有勤苦冻馁,转死沟壑中者,既已众矣。……我以为当其于此也,天下无愚夫愚妇,虽非兼者,必从兼君是也。"①

我们再一次面临或者是稻草人论证或者是错误的二分对立。显然,儒者不会将忽视其臣民需求的君王视为其理想的君王。所以一个儒家君王不会像这段话中描述的偏爱之士那样。相反,如果偏爱的君王被认为是"杨朱信徒",那么墨者就不能考察一个儒家君王的可能利益了。事实上,墨者在这段文字中归于信奉兼爱的君王的行为,与一位在相同环境下的儒家君王的行为没有什么区别,所以信奉兼爱的君王治下的臣民境况为什么更好,这一点根本就不清楚。

一个儒者也可以指出,有些情境下,儒家君王治下的臣民

---

① 《墨子》第 16 章,"兼爱",《中国古代哲学读本》,第 71 页。

更好(better off)。假设存在一种国际局势,其中一项偏爱政策将惠及其他国家大多数臣民,但却以这个君王自己国家的少数臣民为代价。取决于相对的收益与成本,一位信奉兼爱的君王将会牺牲他自己臣民的福祉以获得更大的善,而一位儒家君王则会保护他自己臣民的利益。

有一些情境(未被墨者所讨论),由于儒家对其亲人拥有的行动者相涉的义务(the agent-relative obligations),在其中儒家君王的行为可能会导致道德困境。在早期儒家传统中,这些道德困境最终由孟子加以讨论。在其中的一种情境下,他被问道,

"舜为天子,皋陶为士,瞽瞍杀人,则如之何?"
孟子曰:"执之而已矣。"
"然则舜不禁与?"
曰:"夫舜恶得而禁之?夫有所受之也。"
"然则舜如之何?"
曰:"舜视弃天下,犹弃敝屣也。窃负而逃,遵海滨而处,终身欣然,乐而忘天下。"(《孟子·尽心上》7A35)

在孟子对道德困境的解决中,舜设法避免了违背他作为国王或作为儿子的义务。这一点是灵活的,但是,可以说,如果舜保留君权,让其父被逮捕(并被处死),其臣民的境况会更好。

据我所知,儒者从未直接回应这一异议。(话说回来,墨者也从未直接提到这一点。)尽管如此,我认为有一种儒家的回应。他们可能承认,理论上而言,在某些罕见的情况下,一个

纯粹的兼爱主义君王要比一个儒家君王对其臣民更好。然而，他们可能会论证，充满爱心且不偏不倚兼爱天下的墨家君王，在最好的情况下，也是极为罕见的，因为对其亲生父亲遭受的苦难都完全漠然置之任其被处以死刑，这样的人，不太可能充满仁爱之心成为一个好的君王。（而如果墨家理想的君王是罕见的，那么，墨家政治体系在实际条件下本质上是不稳定的。）作为一个纸上谈兵的心理学家，我发现此一儒家论证颇具合理性（不过它要基于一项经验心理学的主张，这一主张应该有更进一步的证据加以支持。）

我刚才概括的儒家立场有赖于两个单独的主张：(1)爱双亲是爱他人的一个心理上必要的先决条件，以及(2)这种爱与兼爱在根本上是不一致的。有趣的是，孟子曾经与一个叫夷之的墨者进行过一场辩论，后者被视为将上述两种主张加以分开的人，接受第一个主张，而拒斥第二个主张。我们将在第4章第 VI. B 节考虑夷之的立场。

V. D. 历史上的先例论证（The Historical Precedent Argument）

墨者提出的下一个关注点是，实践兼爱是不可能的，就像"挈泰山以超江、河"一样。墨者的回应是，从历史文献中给出文本根据，证明兼爱被历代圣王所实施。如果兼爱在事实上被早先的君王成功地实施过，那么实践兼爱是可能的，这就是决定性证据。然而，再次地，墨者的这一论证也有一个问题。墨者援引四个文献作为证据以支持他们的主张。尽管墨者将这些文献中的每一个都解释成为其兼爱品牌提供了证据，但是，前三个文献实际上所写的内容完全与儒家的王权观念相一致。

例如,在第三个文献里,援引圣王汤在一场旱灾期间向上天的祝辞,说:"万方有罪[而致上天降下此次旱灾],即当朕身[责任在我]。"君王牺牲自己来拯救他人的修辞在中国源远流长,并且和墨家一样,它也是儒家传统的一部分。①

墨者引用的最后一个文献确实提供了一些证据证明,某种像墨家兼爱之类的事情被更早的君王看作是一种理想。这是一首颂诗,被认为撰作于周朝,其(部分)诗曰:"王道荡荡,不偏不党。"然而,我认为一个儒者很大程度上会将这首诗解释为仅适用于这位君王与其臣属的关系:他对等自己的臣民应该毫无偏私,一视同仁,但他(以及其他任何人)对其至亲有更强烈的关心和更特殊的义务。(孟子对夷之引以为证据的历史文献采取了类似的解释路径。)当然,儒家对这首诗的解释可能是错误的,但一个直接支持墨家主张的文本证据中的模糊性表明,墨者并没有给我们提供支持如下主张的足够证据:兼爱在历史上被实践过。

V. E. 孝道论证(The Filial Piety Argument)

这一论证特别有趣,因为它似乎把它的前提看作是确定儒家差等之爱的那种承诺,但又从这一前提中推断出墨家的普世主义(universalism):

---

① 相关讨论,参见倪德卫:《甲骨文和金文中的"德"》(" 'Virtue' in Bone and Bronze"),第21—24页。[中译参见倪德卫著,万百安编:《儒家之道:中国哲学之探讨》,周炽成译,南京:江苏人民出版社,2006,第21—36页。——译注]

> 孝子之为亲度者,……即欲人之爱、利其亲也。然即吾恶先从事即得此?若我先从事乎爱利人之亲,然后人报我以爱利吾亲乎?意我先从事乎恶人之亲,然后人报我以爱利吾亲乎?①

墨者诉诸如下原则:"任何关心别人的人都会得到别人的关心,而任何厌恶别人的人也将反过来被人所厌恶。"以此为基础,他们得出结论:"即必吾先从事乎爱利人之亲,然后人报我以爱利吾亲也。"②因此,这个论证就是,如果有人(像儒家那样)承诺尽孝道,那么他就不应该"恶、贼他人之亲",而是应该"爱、利他人之亲"。需要注意的是,虽然这个论证是用孝道来表达的,它涉及对双亲之福祉的特别承诺,但它也能被普遍地应用于任何特别承诺:丈夫对妻子的承诺,兄弟姊妹之间的承诺,父母对孩子的承诺,等等。因而,我将以其普遍化的形式来对待这一论证。

这个论证的关键前提我认为很有道理。对他人的善意或冷漠会得到回报,这并不是一成不变的。然而,我们似乎确实发现了,在各种各样的文化和环境中,善良往往会得到善良的回报,而冷漠则会得到冷漠的回报。另外,我们大多数人关心的是我们自己父母的福祉(或关心我们的其他家人)。因此,在其他条件相同的情况下,我们似乎有充分的理由与他人交朋友,而不是树敌。

---

① 《墨子》第 16 章,"兼爱",《中国古代哲学读本》,第 74—75 页。
② 《墨子》第 16 章,"兼爱",《中国古代哲学读本》,第 75 页。

这个论证的问题是,它似乎没有导致墨者用它想要确立的结论。要记住墨者反对儒家,支持兼爱。但是他们在这里的论证,即使是成功的,也没有提供任何理由驳斥儒家,因为儒家明显不会提倡伤害别人的父母。实际上,像孟子这样的儒者倡导将对自己家人的仁爱"推扩"到他人身上:"老吾老,以及人之老;幼吾幼,以及人之幼。"(《孟子·梁惠王上》1A7.12)①此外,墨者的论证也没有为兼爱提供任何理由:它所表明的只是,如果一个人偏爱其家人,他就不应该伤害别人的家人。

或许墨者假设,一项儒家差等之爱的政策,虽然不会直接命令我们去伤害别人的家人,但却将会导致对他人的伤害。一般来说,这明显是错误的。我们大多数人在做利于我们家人之事的所有时间里,都无须伤害其他人的家人。确实有些情况下,遵守差等之爱将需要做违反他人家人利益的事。假设我们在一艘正下沉的船上,甲板上有另外一家人和一艘救生艇,并且那艘救生艇只能容下一家人。在这种紧急情况下,儒家差等之爱要求我努力为自己的家人确保救生艇。

然而,这个例子不能表明墨者"孝道论证"为成为一个兼爱主义者提供了理由。首先,墨者的论证开始于如下假设:我们承诺要致力于我们自己父母(或一般而言自己家庭成员)的福祉。一旦我们那样承诺了,如果我们发现我们正处于上述"救生艇场景"的处境之下,我们就应该放弃不损害他人利益的通常策略。在这样一种不同寻常的紧急情况下,说我应该一

---

① 也就是说,对待家里的老人与孩子,就像他们应该被对待的那样,而且将那种对待方式推扩到别人家里的老人和孩子身上。

视同仁地对待我自己的家人和陌生人,就否定了这个论证的前提之一,也即我想让我的家人受益。其次,像"救生艇场景"这样的境况可能是相当罕见的。尚不太清楚的是,这种情况被实现的微小可能性在实际中有什么意义。

V. F. 可行性论证(The Practicability Argument)

在西方针对兼爱(公正)后果主义的某些形式而被提出的一个通常的反对观点是,完全的兼爱(impartiality,公平公正)(至少对大多数人来说)在心理上是难以达成的。因此,此篇中最后的墨者论证是对"兼爱难而不可为"之异议的一个反驳,这也就不令我们感到惊讶了。这似乎只是对"历史上先例论证"中所处理的更早异议的一种重复。然而,"历史上的先例论证"关注于在统治其臣民时作为君王遵循的一项政策的兼爱的可行性问题。此处的"可行性论证"则是对社会上大多数普通人不能使之根据兼爱而行动的异议作出回应。

墨者的反驳就是提供对这一异议的反例,以成功政策的形式,这些政策形式似乎要求人们的行为改变,至少要像普遍之爱的改变那样剧烈。那些例子是,一个"好细腰"的君王,结果是,其臣属们"饭不逾乎一,固据而后兴,扶垣而后行";一个"好勇"的君王,而命令士兵们勇敢时,他们在燃烧的船上改变了;还有一个"好粗服"的君王,他的臣属们都"大布之衣,牂羊之裘,练帛之冠,且粗之屦"。墨者得出结论说:"是故约食焚舟粗服,此天下之至难为也,然后为而上说之,未逾于世,而民可移也。"通过比较，兼爱很容易实施。① 墨者在关于可以修改行为的实践的这一节的后面，给出了更详细的名单：上司使他们高兴，用奖赏和赞扬激励他们，用处罚和惩罚阻止替代性做法。

我们拥有充足的历史知识来评价墨者对这些君王及其行为矫正项目有效性的说明。然而，我们自己对人类实践的认识表明，这些说明在一定程度上是有道理的。例如，在我们自己的社会中，女性普遍出现饮食失调，这让人痛苦清晰地认识到一个社会的这样一种可能性，即在其中，许多人都想变得苗条，即使由此导致不健康也在所不惜。然而，墨者想要用这些例子表明的是某种更加极端的事情。具体而言，墨者要论证的是，赞同一种哲学人类学，根据这种学说，人的动机和性情结构是高度可塑的。② 换句话说，人类就像黏土一样，"未逾于世"即可被彻底地改造，只要统治者提供适当的领导和行为激励。如果我们以"人的本性（human nature）"指的是一种人生而具有

---

① 《墨子》第 16 章，"兼爱"，《读本》，第 75—76 页。我在讲授"兼爱"时的经验是，学生经常反对墨者给出的例子都是君王粗暴地对待他们的属下的例子，而不是兼爱的例子。这是真的，但是这并不是对墨者论证的一个反驳。墨者没有认可这些君王的行为。他们使用这些例子，只是为了证明从根本上改变一个种群行为的可能性。

② 据我所见，唯一识别出他们思想的这一方面的注释者是倪德卫。参见他的《中国古代哲学中的意志无力》（"Weakness of Will in Ancient Chinese Philosophy"），第 83 页，以及《公元前 4 世纪中国的哲学唯意志论》（"Philosophical Voluntarism in Fourth-Century China"），第 130 页。[中译参见倪德卫著，万百安编：《儒家之道：中国哲学之探讨》，前引，第 102 页，第 162—164 页。——译注]

且很难加以改变的动机和性情结构,那么我们可以说,墨者拥有一种哲学人类学,根据这种学说,根本就没有人的本性。①(意味深长的是,中国术语人的本性,即"性"这个字,在总括性章节里甚至一次都没有出现。)

其他的段落表明了同样的观点。回想一下"尚同"的开篇就说,在建立政府之前,生活是混乱和暴力的,因为人们对什么是正确的观念大相径庭。我们注意到这一点不同于托马斯·霍布斯的观念,根据后者,在没有政府的情况下的残酷生活是由这样一个事实造成的,即人类按其本性纯粹是自私自利的。换句话说,墨者坚持认为人按其本性不是纯粹自私自利的,但还是坚持对于人类来说,没有一种自然的倾向会集中在一个特定的正义概念上。总之,这些信念表明,根本就不存在人的本性。还可以考虑一下"节葬"中的一段话,在那里,墨者描述理想的葬礼:

> 棺三寸,足以朽骨;衣三领,足以朽肉。掘地之深,下无菹漏,气无发泄于上,垄足以期其所,则止矣。**哭往哭来,反,从事乎衣食之财。**②

---

① 我应该指出,墨者的观点不同于纯粹的斯金纳观点,在后者那里,墨者似乎承认某种超出形塑人之形为的惩罚和奖赏的东西:一种遵循其上级行为的倾向。(我要感谢方岚生提醒我注意最后这一点。)

② 《墨子》第 25 章,"节葬",《中国古代哲学读本》,第 89 页。着重粗体为我所加。紧接着援引的这段话,墨者又补充道:"佴乎祭祀,以致孝于亲。"对儒家来说,这样的祭祀仪式是对逝者表示崇敬和哀悼的场合。但是,就像我在先前(第 IV.D 节)所注意到的那样,墨者对仪式活动的描述是把它视为简单的精神交换,通过这种交换,我们赢得了他们的青睐。

这段话主要是关于葬礼的实践和卫生要求的内容。结尾处附加了一句,需要(稍稍有一点)哀悼,而这一点确实表明了至少是对人的某种动机和性情结构的承认。然而,总的来说,这段话也显示出,对他们而言,人的性情几乎没有天生的结构,所以它们不会对人类学习如何更有效地哀悼造成任何障碍。

墨者似乎不仅指出存在最低限度的人的性情结构,而且他们还必须(need)坚持某种类似的观点,因为(正如我在第1章第Ⅱ.A节所论证过的)差等之爱似乎是我们很多人的"常识"观点,不只是在当代美国,而且在世界范围内的大多数社会都是如此。因此,如果有这样一种人性,它似乎也是强烈反对墨家兼爱的。

墨者关于行为修正的例子,作为在小部分人群中操作的实践,或者在短期内大部分人群中实施,貌似是合理的。然而,墨者需要表明的是,兼爱可以作为一种实践,在大多数普通人中长期实行,使其具有足够大的实际效力。他们的例子不够详细,并且(没有进一步的文件证据)也不足以令人信服地证明这一点。实际上,差等之爱在世界上的流行,以及像斯大林主义之类将人性看作是高度可塑性的社会哲学的彻底破产,都表明确实有这样一种作为人的本性的东西,而我们轻视它是很危险的。①

---

①我将在第5章第Ⅲ.A.2节返回这一主题,并引用一些经验上的证据以支持我的主张。

VI. 结论

墨者"兼爱"篇是早期哲学论证的一个令人印象深刻的范例。它努力证明对兼爱的支持,反驳兼爱的主要替代性选择(如果我没错的话,包括"杨朱学派"和儒家),并提出了每一种针对兼爱的异议(包括兼爱不能在普通人群中被反复灌输之类的异议),上述这些展示了"兼爱"篇的系统性。另外,这一文本还运用了经典的思想实验方法。

然而,我相信这个文本最终是没有说服力的。看护人思想试验提供了一个错误的二分对立,除非它依靠后来的孝道论证排除了作为一种道之选择的儒家差等之爱。而孝道论证也是一个纯粹不合逻辑的推论。

我将对整个早期墨家给出一个相似的评价:它在智力上令人印象深刻,在历史上也很重要,但最终未能让人信服。当然,一个哲学家可能无法使我们相信他的立场的细节,但还是会激发我们捍卫和发展他的主要洞见。一个人发现一个特定的哲学立场能否启人心智,这总是一个见仁见智的问题。但是,就我而言,我没有发现墨家是能启人心智的。部分的问题是,后果主义的西方版本是非常复杂的,而我不明白墨家为它们提供了什么教诲。但更深层次的问题恰恰在于任何形式的兼爱后果主义观念(the very notion of impartial consequentialism of any form)。

如果我们要在中西哲学家之间做任何比较的尝试,我们必须谨慎从事。借用李耶理的一句话来说,我们可以发现标志厚重差异的"真实但很细微的相似之处"①。或者,在注意到一个给定的中国哲学家和某西方哲学家之间的一个特殊的相似性后,我们可以不假思索地假定,中国哲学家在其他方面与所说的西方哲学家是相似的。然而,我认为我们在墨家和功利主义的某些版本之间确实看到了真正的和令人眼前一亮的相似性。功利主义的动机,在某种程度上,是出于一种类似于墨家动机的考虑:发现一种明确客观的道德标准的渴望。而我们发现类似的教义也来自这种关切:一种后果主义的规范性观点,对(在他们各自的社会中的)很多传统做法的拒斥,拒绝行动者相涉的义务,以及(我将要证明的)贫乏的人类情感概念。托马斯·内格尔(Thomas Nagel)曾将功利主义描述为(在西方哲学很多领域中都能发现的)如下方法的一部分,即采取"无源之见(the view from nowhere)"的尝试和一种"去中心化的(centerless)"世界概念的结果的方法。② 墨者的"天志"采取的是"无源之见"。如果我在墨家与功利主义之间的比较透露了一些真实的情况,那么内格尔对后者的批评就与墨家相关:

> 超然的、客观的观点对一切事物都加以考虑,并且提供一种关于选择的立场,而从那种立场出发,在什么事情

---

①李耶理(Yearley):《孟子与阿奎那》,第 189 页。另参见前引,第 4—6 页,第 188—196 页。[参见前引中译本。——译注]

②尤其参见内格尔:《本然的观点》,第 3—12 页。至于"去中心化"一词,参见前引,第 56 页以下。比较普特南批判对世界采取"上帝视角(a God's Eye point of view)"的努力(《理性、真理和历史》,第 49 页以下)。

应当发生这个问题上,所有选择者都能达成一致。① 但是,我们每一个人都不仅仅是一个客观的自我,而且也是一个具有特殊视角的特定的人;在世界中,我们并非只从一种超然的意志的观察角度出发做出行动,并且也从那种特殊的视角出发做出行动,而行动的方式就是选择和拒绝一些世界状态。②

任何兼爱后果主义的致命弱点是,它试图迫使我们采取"无源之见(view from nowhere)"。因而它就忽略了我们独特视角的有效性,并无视使我们成为我们之所以是的特定承诺和关系的价值。

所以如果不是兼爱后果主义,我们又应该遵循哪一种道呢?杨朱和孟子为墨家提供了两种不同的选择,对此我们将在下一章中予以讨论。

---

① 参考《墨子》第 11 章"尚同"开篇,《读本》,第 65 页。(这段话在本章第 IV.B 节被引用并讨论。)

② 内格尔:《本然的观点》,第 183 页。[参见前引中译本,第 210 页,译文稍有改动。——译注]

Chapter four
Mengzi

第 4 章

孟子

> 仁者,人也。
>
> ——孟子

> 偶然所是的人(man-as-he-happens-to-be)与实现其本质性而可能所是的人(man-as-he-could-be-if-he-realized-his-essential-nature)之间有一种根本的对比。伦理学就是一门使人们能够理解他们是如何从前一状态转化到后一状态的科学。①
>
> ——阿拉斯代尔·麦金太尔

孟子抱怨"杨朱、墨翟之言盈天下! ……杨氏'为我',是无君也;墨氏'兼爱',是无父也。无父无君,是禽兽也。"(《孟子·滕文公下》3B9.9)。为了回应墨家的兼爱,孟子论证了人性限制了人所能够和应该遵循的道。对孟子的同时代人来说,如下一点似乎并不比对我们而言更合理,即能够使得社会上所有的人都像关心自己的家人一样关心陌生人,这一点就像训练士兵走向燃烧的船只去赴死一样容易(参考第 3 章第 VI. F 节)。在诉诸人性以反对墨家这方面,孟子与杨朱一致。然而,孟子又以如下观点反驳杨朱:就人性而言,存在比生存欲望

---

① 中译文转引自 A. 麦金太尔:《追寻美德:道德理论研究》,宋继杰译,南京:译林出版社,2008,第 59—60 页。——译注

和肉体满足更多的东西。对遭受痛苦的他者投以同情与羞于做可耻之事,这也是人性的构成部分。

所以,要是不理解孟子的工作是对早期墨家和杨朱的共同回应,就不可能理解孟子。

I 杨朱论人性

杨朱,大约生活于公元前4世纪中期,很明显并不是中国历史上提到"性"这个字的第一人,我们把它翻译为"nature"。然而,他似乎是第一个以一种前人未曾运用的方式使"性"字处于哲学讨论的核心的人,而他以此方式所做的,对儒家和墨家都提供了貌似合理的批评。

但是杨朱关于人性的观念是什么?可以可靠地确定由杨朱所写的文献,没有一本流传下来。实际上,有理由相信,他从未写过任何著作(甚至有人认为他是一个虚构的人物)。也没有理由相信,他有一群组织严密的门徒,他们在他死后继续他的"活动"。"杨朱学派"一词(类似于西方的"保守派"或"自由派")对一种思想的总体趋势而言,有时候是一个有用的标签。或者我们使用"大量杨朱学派的文献",通过这些文献就能构建出逻辑一致的哲学观点,或者我们对杨朱的人性论一无所知,而这完全取决于你询问的是哪一个学者。① 《淮南子》记

---

① 葛瑞汉持前一种观点,在认识论上持乐观态度(葛瑞汉:《孟子人性论的背景》,第13—16页;葛瑞汉:《论道者》,第53—64页),而伊若泊(Robert Eno)却认为,根本没有理由将杨朱与任何关于人性的教义相关联(伊若泊:《儒家天的创造》[*Confucian Creation of Heaven*],第110页,第257—258页注释41)。

载:"全性保真,不以物累形,杨子之所立也,而孟子非之。(Keeping one's nature intact, protecting one's genuineness, and not letting the body be tied by other things-these Yangzi advocated but Mengzi condemned.)"①同样的主题出现于各种早期文本中。所以,假如主题上的相似性表明了某种普遍且一贯的智识来源,那么我们就可以很好地了解杨朱自己的观点。然而,同样的语句可以在不同的作品中突然出现,而不需要这些作品代表相同的早期观点。我们最好的做法就是,基于有关一般意义上的事物之"性"的早期评论,连同我们所拥有的关于杨朱观点的少数二手阐述,尝试去重构杨朱的思想。

《吕氏春秋》有如下富有启迪意义的评论:

> 夫水之性清,土者抇之,故不得清。人之性寿,物者抇之,故不得寿。物也者,所以养性也,非所以性养也。……是故圣人之于声色滋味也,利于性则取之,害于性则舍之,此全性之道也。②

---

①《淮南子》第13卷"氾论"。英译引自葛瑞汉:《论道者》,第54页,译文稍有改动。

②《吕氏春秋》纪部1.2,"本生"(关于水因土而浑浊的本性,一个类似的评论出现在《淮南子》第2章中)。《吕氏春秋》很可能编撰于公元前240年前后,而《淮南子》则编撰于公元前140年左右。每一种情况下,这都与杨朱本身的年代相距久远了。但是有时候我们不得不利用已有的历史资料。《吕氏春秋》的全译本,参看约翰·诺布洛克(John Knoblock)和杰弗瑞·瑞杰尔(Jeffrey Riegel)的《吕不韦编年史》(*Annals of Lü Buwei*,《吕氏春秋》)。

在这同一部著作的另一节里,我们发现:

夫登山而视牛若羊,视羊若豚,牛之性不若羊,羊之性不若豚,所自视之势过也。①

还有在很多文献里,我们得知"性者,所受于天也"②。总起来看,这些段落表明了某物之"性"的概念的如下方面内容:
- 不同的事物有不同的性。
- 一个事物之性是由天所赋予的。
- 外部干扰或伤害可能会损害事物的自然属性。

对孔子、孟子和早期墨家来说,天被视为是具有道德上的权威性的。由于我们的本性是由天赋予我们的,所以更进一步的论断就是:
- 我们应该遵循我们的本性,培育之,并存养之。

基于相当多的文献证据(包括我们在上面引用的文字),

---

①《吕氏春秋》论部23.5,"雍塞"。
②《淮南子》第10卷"缪称训"。(参考《吕氏春秋》纪部7.2,"荡兵"。)《淮南子》第10卷尤其将"性"从归之于命的事物(在这个语境下,我们应该明确地将此译为"命运[fate]")中区分出来,因为紧接着上引这句话的下一句话就是"命者,所遭于时也(Fate is what one encounters in one's circumstances)"。然而,其他文献则把性和命(在那种语境下,"命"这个字最好译为"命令[decree]")联系起来。例如,《中庸》以"天命之谓性"开篇。将性和天命联系起来的一个类似的文本可在《性自命出》中看到(本节后面将会对此加以讨论)。

葛瑞汉得出如下结论：直到并包括孟子时代，"生物之性通常被理解成是这样的方式，即当这个生物未被伤害并得到适当的培养时，以此方式它从生到死得以发展并走向衰亡，比如在其完全健康及其生命周期之内的状况"①。这一观点，我将称之为"关于性的发展观念（the developmental view of xing）"，似乎清楚地体现了孟子使作"性"这个字的方式。因此，他提到一座山上树和植物的生长就是那座山的性，并描述了几种因素（像下雨）如何滋养了这种性，而其他因素（人砍伐树木以收集木材，动物把植物当作食物来吃）如何伤害这种性（《孟子·告子上》6A8）。在不同的语境下，对性的发展式理解会略有不同："当其未被伤害并得到适当的培养时，生物从生到死得以发展并走向衰亡的方式"；描画一事物当其正处于发展之中或以其适当的路线得到发展的那种属性和活动；以及当事物未被伤害且受到适当培养时"标志其特征的根本倾向"。很明显，这些含义都紧密相关，所以对我们的目的而言没有必要将它们加以拆解。②

葛瑞汉注意到荀子在一种不同的意义上使用"性"这个

---

①葛瑞汉：《孟子人性理论的背景》（"Background of the Mencian Theory of Human Nature"），第27—28页。对孟子有关"性"的观点的类似解释，在艾文贺的《儒家传统伦理学》（*Ethics in the Confucian Tradition*），第37—46页，以及信广来的《孟子与早期中国思想》，尤其是第180—187页，都有辩护。

②这三种意义在葛瑞汉的《孟子人性理论的背景》一文的第27—28页，前揭，第11页，以及信广来的《孟子与早期中国思想》第186页（都分别）有所讨论。

字,指的是我们先天固有的性向,它先于任何发展或培养。因此,荀子写道:"今人之性,目可以见,耳可以听;……目明而耳聪,不可学明矣。"①我将把荀子的观点看作是"关于性的先天固有观念(the innate conception of xing)"。所以对于孟子来说,一个关于自然属性的典型例子就是一棵长得很高的树的健康,这棵树随着时间的流逝,在阳光、雨露、空气和土壤的助力下,从一个小幼芽成长为很高的大树。但是对荀子而言,一个自然属性的典型例子则是眼睛的视力,自出生时(或出生后很短的时间里)它就拥有视力,并且除非受到严重的创作,它将持续拥有。这种如何理解性的差异导致了一个有趣的结果:荀子对孟子关于性的厚的观念(thick conception of xing)进行了批判,但由于他与孟子关于性的薄的观念(a thin conception of xing)并不相同,所以他的批判并不总是切题。

葛瑞汉指出,在荀子之前,人性的发展观念一直处于主导地位,而荀子的性的先天固有观念是非常独特的,考虑到当时可获得的文献证据,这似乎是很有道理的。然而,1993年散佚很久的郭店儒家简的出土却使得葛瑞汉的这一解释过时了。这些可能是作于公元前300年前后的郭店简,表现了一套明显与孟子的人性论相当不同的儒家观念。就像金鹏程在一篇讨论这些作品哲学意义的最好的文章中观察的,"由于种种原因,郭店楚简是迄今为止已出土的最困难的文

---

①《荀子》23,"性恶篇",《读本》,第 299—300 页。参考《荀子》22,"正名篇",《读本》,第 292 页。

献之一"①。因此,从中得出的任何结论都必定是试验性的。然而,其中的一组目前被称为"性自命出"的简片,似乎提出了一种更符合先天固有观念的关于性的观点。尤其是,"性自命出"没有提到作为道德修养之基础的先天固有的道德性向(innate ethical dispositions),并且它强调通过经典文献进行实践和教育,这些文献是"磨砺"(厉)或"增加"(长)一个人的本性的必要之物。② 这一文本从未明确地说,性只是从出生时就存在的东西,与后来发展的东西相对立,但这一点似乎至少是与它所说的相一致。

以下一点在理论上是可能的,即两个对性拥有不同观念的哲学家(一个持先天固有观念,而另一个持发展观念)只能南辕北辙地相互争论,完全不能建设性地参与彼此(打个比方,假如我们争论是不是大多数猫都有毛,你谈论的是家猫[house cats],而我谈论的则是九尾鞭[a cat-o-nine-tails],那么我们就只是在各说各话)。然而,我认为,在古代中国,实质性的、有意义的人性辩论确实发生过,尽管事实上参与者并不总是对人性概念拥有相同的看法。辩论能够持续具有重要意义的原因是,对话者没有谈论完全不相关的主题。事实上,每一方都对对方在说什么有自己的看法。比如,我们将会看到,孟子持性善论的观点,他的意思是,人有先天的美德倾向,在既定的健康

---

① 金鹏程:《郭店楚简参照下的荀子》("Xunzi in the Light of the Guodian manuscripts"),第 37 页。
②《郭店楚墓竹简》,第 179 页("性自命出"简 11—12 简片)。参考金鹏程:《郭店楚简参照下的荀子》,第 40—41 页。

环境和道德修养之下，这种倾向就会发展。荀子持性恶论的观点，他以此所指的是，我们在受文化熏染之前所拥有的先天固有性向几乎是完全利己主义的，如果人类追随它们，就将导致相互毁灭。孟子和荀子已经在一定程度上产生了分歧，因为孟子认为我们天生就具备德性倾向，这种倾向甚至在文化熏染之前就已经存在，而荀子则否定了这一点。然而，真正的实质性分歧在于道德修养。荀子（与《性自命出》的作者一起）不同意孟子的如下观点，即人类仅仅由于健康的环境就会发展出美德，就像只要有雨露、阳光等等，小小的幼芽就能成长为一棵大树一样。荀子认为，当且仅当被强迫违背并重塑先天固有的性向，人们才会发展出美德，就像一根直木被用力弯成一个马车的轮子那样。① 所以孟子和荀子持有不同的薄的人性概念这一事实，并不妨碍他们会产生实质性的分歧，因为他们那独特的人性概念是更大的信念框架的一部分。我们应该意识到并时刻牢记人性先天固有观和发展观之间的区别。然而，这种区别，在理解思想家们讨论人的先天固有属性和发展模式问题时产生的实质性分歧上，并不总是那么重要。

那么，杨朱的人性观是什么？或许我们所拥有的关于杨朱观点的同时代资料只有孟子自己了。他总结杨朱对表现人性

---

①孟子和荀子的不同观点反映了自我修养的发展模式和转化模式之间的区别，在本书第1章第II.B.3.A小节有过概述（当然，我在这里简化了孟子和荀子观点的很多微妙差异。例如，我们将会看到，孟子更相信的是道德修养的必要性，而不仅仅是良好的环境。我的立场只是概括我为什么认为孟子和荀子有一种实质性分歧，尽管他们都拥有不同的薄的人性论述。）

之物的解释是"为我",字面意思就是"为我自己(for myself)",不过我们可以粗略地把它译为"自利(self-interest)"或"各人为己(every one for himself)"。孟子补充道:"拔一毛而利天下,不为也。"(《孟子·尽心上》7A26)但是孟子的描述是向各种解释保持开放的。这里是几种可能性,每种可能性都至少有一些文本支持:

1. 杨朱是一个享乐主义者(a hedonist),他相信最大程度的感官享受,即使这会冒以伤害一个人的健康因而折损其寿命的风险也在所不惜。

2. 杨朱是一位心理个人主义者(a psychological egoist),他认为人只会被激励着去做他们认为符合自己利益的事情。

3. 杨朱是一位伦理个人主义者(an ethical egoist),他认为人只应该去做符合其自身利益的事情。

4. 杨朱主张使人的肉体健康和寿命最大化。

5. 杨朱提倡适度而又可持续的肉体欲望的满足。

6. 杨朱是某种类型的"自利的空想家(self-interest utopian)",他相信假如每个人都追求他或她自己的利益,而不是试图通过政府行为让世界变得更好,那么,每个人的福祉就会最大化。

7. 杨朱是一个"个人主义者(privatist)",他认为人只应该去做符合自己及其直系亲属最佳利益的事情。

《列子》有一章标题是"杨朱",声称要传授他的教义。在那里我们发现的立场是上述立场 1 的一种版本:无拘无束的享乐主义(unrestrained hedonism)。尽管乍看之下,这似乎像是一个难以置信的立场,但在这部作品中,它被以非凡的严谨慎性和复杂性得到了辩护。然而,正如葛瑞汉所表明的,《列子》极大可能是一部撰写于公元300年左右的作品。由于我们没有发现证明杨朱与立场1相一致的任何其他材料,所以我们可以有把握地排除将那部作品看作是对他的观点的一种解释。①

然而,这一篇的结尾是杨朱、禽滑厘(墨子的一个弟子)和孟孙阳(杨朱的追随者)之间的一场简短对话,葛瑞汉认为这场对话可能确实发生于先秦:

> 禽子问杨朱曰:"去子体之一毛以济一世,汝为之乎?"
> 杨子曰:"世固非一毛之所济。"
> 禽子曰:"假济,为之乎?"
> 杨子弗应。禽子出语孟孙阳。孟孙阳曰:"子不达夫子之心,吾请言之。有侵若肌肤获万金者,若为之乎?"
> 曰:"为之。"
> 孟孙阳曰:"有断若一节得一国,子为之乎?"
> 禽子默然有间。
> 孟孙阳曰:"一毛微于肌肤,肌肤微于一节,省矣。然则积一毛以成肌肤,积肌肤以成一节。一毛固一体万分中

---

① 关于这个文献的年代,参见葛瑞汉英译的《列子》,第 xiii 页,第 1 页,第 135 页。关于"杨朱"这一章的英译,参见前引,第 135—157 页。尽管"杨朱"篇辩护的极端享乐主义立场可能既非先秦作品,也不代表杨朱自己的思想,但作为一篇哲学文本,它本身就够有趣的了,因此它应该得到比它所得到的更仔细的关注。

之一物,奈何轻之乎?"①

这与孟子在《尽心上》7A26处对杨朱的描述是一致的。然而,杨朱学派/墨家的争辩与孟子的评论也似乎与上述从2到7的任何一种立场均相符合。

我们了解了杨朱依据"人性"明确表达了他的立场。根据早期中国思想中所理解的"性",我们每一个人都要"为我(for ourselves,为己)",这种说法将意味着什么呢?那就必将得出如下结论:为了自己的利益以外的任何目的而行动都是一种人性的变形。这样就使得杨朱的观点更接近立场3,而不是立场2。你会记得,立场2是心理个人主义,其教义是,人类真实拥有的唯一动机是,得到符合其自身利益的东西。立场3是伦理个人主义,其教义是,人类应该拥有的唯一动机是,得到符合其自身利益的东西。换句话说,心理个人主义否定了任何人会拥有不纯然为了自己之私利的一切动机。伦理个人主义承认人类有些时候确实会有不是为了自身利益的动机,但他主张拥有这种对自身不利的动机是愚蠢的,并且将任何不是自身利益的东西当作目的也同样是愚蠢的。那么,它可以被损坏或变形,也就是关于性的观念的一部分了。如果人性就是只追求自己的私利,那么,一个其本性被加以改变了的人会是什么样子呢?本性上的改变想必会导致"不自然的(unnatural)"动机,在这种情况下将包含追求某种不是其自身私利的东西。所以就我们所考虑的观点来看,

---

① 英译转引自葛瑞汉:《论道者》,第60—61页,译文有改动。

人能够去追求不是他自身私利的东西,但仅当其本性被损坏或改变的情况下。因此,杨朱的立场很可能是一种伦理个人主义。另外,如果杨朱是一个伦理个人主义者,而不是心理个人主义者,那么他在哲学上就更有趣,因为心理个人主义是少数几个被明确反驳的哲学立场之一,而伦理个人主义则是一个活的哲学选项。

心理个人主义在当代西方流行哲学中占有独特的地位,所以或许值得绕个圈子解释一下它为什么是错的。有两种情况证明心理个人主义是错误的:利他动机(altruistic motivations)和自毁动机(self-destructive motivations)。孟子关于乍见孺子将入于井而产生"怵惕恻隐"之心的例子显然是直接对杨朱的部分反驳(《孟子》2A6,后面第III节将加以讨论),并且它还漂亮地成功说明了一个事实:人有时会关心他人的福祉。对上述例子的标准反驳是,那些被利他主义(altruism)所激发的人做出行动,只是因为如果别人遭受苦难,他们就会感到难过。这完全是正确的,但是它证实了,而不是证伪人类仁慈的存在。假如一个人不关心他人的福祉,他人遭受的痛苦就不会使他感到难过。那些我真正对之漠不关心的人和事不会给我带来积极或消极的动力。然而,我们不需要求助于人类仁慈的例子,就能明白为什么心理个人主义是错的。人们似乎经常被驱使去做一些甚至是根据他们自己的判断都既不仁慈也不符合自我利益的事情。举一个老套的例子,有人试图戒烟,但却总是失败,按他自己的话来说,这就是在做不符合他的最佳利益的事情。作为回应,学生们经常注意到,吸烟者继续吸烟只是因为他对尼古丁有痛苦的渴望,并从吸烟中获得乐趣。完全正确!但是,这再次证明了,而不是证伪,不以自我利益为目的的动机的存在。如果我们有一种动机(比如对尼古丁的渴望),它会导致我们做出违背自身利益的行为(比如每天吸一包烟),那么很明显,并不是我们所有的动机都是自私自利的。所以人们拥有某些不是自私自利的动机——除非每一个说戒烟对他更好,但却由于无论如何都摆脱不掉的强烈的吸烟欲望而失败的吸烟者,不是在撒谎就是犯错。①

回到杨朱,如果他的观点是道德就是人性的变形,那么什么事物会引起这种变形呢?有一个文献(尽管在历史上要晚出)可能反映了杨朱观念的影响,那就是《庄子·盗跖篇》。在这一想象的对话中,盗跖严厉地谴责孔子,说他推销道德是由于对名望的渴求和对什么对自己有益的错误认识:

夫可规以利而可谏以言者,皆愚陋恒民之谓耳。……盗莫大于子,天下何故不谓子为盗丘,而乃谓我为盗

---

① 更详细地通俗讨论,参见詹姆斯·雷切尔斯(Rachels):《道德哲学诸元素》(*Elements of Moral Philosophy*),第53—64页。(关于伦理个人主义,参见前引,第65—78页。)霍布斯是唯一一个提倡心理个人主义的重要哲学家(《利维坦》),约瑟夫·巴特勒(Joseph Butler)在其《在罗尔斯教堂的五场布道》(*Five Sermons Preached at the Rolls Chapel*)一书中仔细剖析了他的哲学心理学。[雷切尔斯的《道德哲学诸元素》一书中译名为《道德的理由》,杨宗元译,北京:中国人民大学出版社,2014;巴特勒的《在罗尔斯教堂的五场布道》,实为《在罗尔斯教堂的十五场布道》。——译注]

跖?……[圣王]皆以利惑其真而强反其情性。①

但是任何讨论自我利益的人,无论在中国还是在西方,都必定会提出什么是一个人的自我利益的问题。现有的文本证据难以在杨朱持有的是像4(遵循本性使人的健康和寿命最大化)还是5(遵循本性以获得适度而又可持续的人的肉体欲望的满足)这样的立场之间做出决定。立场5确实像是更有那么一点道理,因为立场4提出了明显的异议,要是并没有赋予他各种快乐,为什么还要活得那么长寿且保持健康呢?"盗跖"篇真的主张长寿与感官欲望的满足是很重要的:

> 今吾告子以人之情:目欲视色,耳欲听声,口欲察味,志气欲盈。人上寿百岁……除病瘦死丧忧患,其中开口而笑者,一月之中不过四五日而已矣。天与地无穷,人死者有时。操有时之具,而托于无穷之间,忽然无异骐骥之驰过隙也。不能说其志意、养其寿命者,皆非

---

① 《庄子》29,"盗跖",《读本》,第372—373页。(盗跖嘲弄地称孔子为"盗丘",因为丘是孔子的名字。)参考葛瑞汉英译:《庄子》,第236—238页。此处盗跖所说的那种"利(profit)"明显不是指(他会认可的)真正的个人利益,而是指超出用于自我保存和快乐之外的钱财和财产意义上的"利益"。葛瑞汉证明了"盗跖"编撰于公元前3世纪末(葛瑞汉:《庄子》,第234页)。我在此节将多次援引之,但更多的是作为我关于杨朱之假设的一种例证,而不会作为我的主张的证据。

通道者也。①

若有人持有通常像杨朱那样的立场,他就必须回应进一步的挑战:如果每个人都只为了自己的个人利益而行动,那社会如何能够持存? 立场 6 提供了对此挑战的一种回应:如果每个人都去追求他或她自己的个人利益,那么所有人的福祉都会最大化。此外,立场 6 是与像《道德经》(也可认为是《庄子》)这样的文献相联系的乌托邦主义的一个亲密表弟(我们或可说是"叔叔",因为它可能是上一辈)。关于如何实现乌托邦,"杨朱学派"与"道家"的憧憬是非常不同的。正如葛瑞汉所观察的,

> 杨朱学派不同于其后继者,它没有神秘因素。它与墨家一样出自对利害的权衡,但它关注的问题不是"我们应该怎样利天下?"而是"什么对人真正有利?"②
> 但是在"哲学道家(philosophical Taoism)"中,健康与生命被**没有**受到利害算计干扰的自然所引导,而杨朱学派的思想则是方法与目的的仔细权衡。③

---

①《庄子》29,"盗跖",《读本》,第 374 页。(着重粗体是原英译本所加。)参考葛瑞汉:《庄子》,第 238—239 页。

②葛瑞汉:《论道者》,第 56 页。[参见前引中译本,第 70 页。——译注]

③葛瑞汉:《论道者》,第 58 页。着重粗体为原文所有。[参见前引中译本,第 73 页。——译注]

然而,在每一种世界观中,社会乌托邦是在每个人都尽可能多地选择退出政府服务,却从不打算这么做的情况下实现的,用20世纪的口号来说就是,"为人民服务"。在我们"杨朱学派"的测试文本中,盗跖充满好感地说起远古时代,当时的人们:

> 卧则居居,起则于于。民知其母,不知其父,与麋鹿共处,耕而食,织而衣,无有相害之心。**此至德之隆也!**①

他继续哀叹局势恶化的事实,以及儒家所崇敬的圣王开始了血腥战争的历史。

杨朱要是持有像立场7那样的立场,提倡不是那么严格的个人主义(egoism),而不是我们可称之为的"利己主义②(privatism)",那将是一种颇为有趣的可能性。再说一遍,个人主义是如下观点,即人只应该去做符合自己及其直系亲属利益的事情。没有确凿的证据表明杨朱持有这种观点。但是有趣的是,孟子在其对墨子和杨朱的平行批判中,说"杨氏'为我',是无君也;墨氏'兼爱',是无父也"(《孟子·滕文公下》3B9)。那么,如果杨朱是某种类型的个人主义者,他的情况就至少应

---

①《庄子》29,"盗跖",《读本》,第372页。着重粗体是英译本所加。参考葛瑞汉:《庄子》,第237页。

②我们将egoism译为"个人主义",而将privatism译为"利己主义"。这两者的区别是,"个人主义"强调独立自主的个我的存在,在此前提下注重个人利益的维护,而"利己主义"则强调利益的优先性,即不讲原则地以私己利益为核心关切,为了私己利益可以无所不为。——译注

该像墨子一样,也会是"无父"。然而,如果杨朱是一个"利己主义者",他就还要关心自己的父母、配偶和孩子,但是他会拒绝服务社区的任何义务。在这种意义上,他才可能被说成是"无君",因为他不会在某个君主治下任职,也不会在与自己或家人利益相冲突时去做君主指示之事。① 另外,如果杨朱是一个利己主义者,他就会同意孟子的如下观点,即人们自然地拥有对自己家人的关切。这也许会让我们更好地理解孟子这样的评论:"逃墨必归于杨,逃杨必归于儒。"(《孟子·尽心下》7B26)很容易就能看出一个幻灭了的墨家兼爱主义者是如何转变成个人主义或利己主义的。但是从"杨朱学派"向儒家的转变可能更容易理解,要是"杨朱学派"已经承认了家族关切的话,因为那也是儒家的核心关切。最后,如果杨朱是一个利己主义者,我们也将更好地理解"兼爱篇"中的某些墨家论证所反对的是谁了(回想一下那些论证反对的似乎是既关心他们自己福祉,也关心他们家人福祉的人们[第3章第 V. B 节])。立场7与立场3是不一致的,但杨朱可能持有立场7,连同立场4,5或6。我们不能保证杨朱是否持有立场3或立场7,但我们无需强调这个问题。在本章中,我们关注的是与孟子相关的杨朱,而如果杨朱承认我们自然地拥有对家人的感情,那么在这一点上,孟子是不会反对他的。

---

① 将杨朱解释为"利己主义者"是由约翰·爱默生(John J. Emerson)在其《杨朱对身体的发现》("Yang Chu's Discovery of the Body")一文中提出来的。当然,儒家也将承认某些情境下,一个人不必遵守君主下达的符合于其家人利益(更稀有的情况下,符合于其个人利益)的命令。但是杨朱似乎将会拒绝在任何情况下为了更大的善而牺牲自己及其家人。

杨朱持有的是一种关于性的发展观点还是先天固有观点？在这种情况下，这两种观点之间的差别是微乎其微的。要是关于性的发展观点的话，杨朱的主张就意味着，如果有一个对人类有益的良好环境，我们每个人都只会为了自己的利益而行动。相反，就性的先天固有观点而言，杨朱的主张是指，人类天生就被赋予了为自己的利益而行动的性向，但却完全没有为了他人福祉而行动的性向。这两种观点都没有认为一个人不能做违背自身利益的事，或不能为了别的什么（比如名望或他人的利益）而行动。就像天然清澈的水会被弄脏一样，或者就像一棵树能被雕琢成杯子和碗，按照杨朱的观点，一个人也能够被扭曲，从而不只去做为了他自己个人利益的事。因此，"盗跖"谴责所谓的美德，说他们那些人"皆离名轻死，不念本养寿命者也"①。关于为什么会发生这种情况，发展观念和先天固有观念确实有分歧。就发展的图景而言，杨朱会说，一个人没有受到健康有益的培养，这可能会导致他去做违背自己利益的事。从先天固有的图景来看，杨朱将会提出，做违背个人利益之事，是不利环境因素（比如儒家或墨家的教义！）扭曲了人的先天固有本性的结果。然而，这似乎很可能是"纤如秋毫之末"（借用汉语中的一个比喻）一样的微小差别。即使杨朱持有一种关于性的发展观点，他也有可能认为（就像我们今天倾向于认为的那样），无须太多的激励，人们就会去追求自己的利益。所以在持有自身利益是先天固有的和持有只需要很少培养的发展倾向，这两种观点之间的实际差别是微乎其微的。

①葛瑞汉：《庄子》，第238页。

因此,在讨论杨朱时,我将不考虑这一区别。

综上所述,杨朱很可能认为,人的本性是自私自利的。追求自己的利益就涉及去做那些使其健康和长寿最大化的事情,也可能包括肉体欲望的谨慎满足。人们可以为了其他事物而付诸行动,但这是对他们自然状态的一种扭曲。此外,如果我们只是遵循我们的本性,以利己的方式行事,每个人都会过得更好。杨朱也可能承认,人们拥有关心其直系亲属的自然情感,关于这最后一点,他与孟子是一致的。

我们将更详细地考察孟子对人性和道德修养的不同看法,但首先让我们看看孟子观点的主要来源。

II. 文献问题

尽管孟子声称他并不"好辩"(《孟子·滕文公下》3B9),但他是一个经常参与辩论且技巧娴熟的辩手,运用的技巧像归谬法(例如《孟子·告子上》6A3)和思想实验法(例如《孟子·公孙丑上》2A6,《孟子·滕文公上》3A5),去攻击对手的哲学立场。然而,对于孟子自己的建设性哲学立场是什么,注疏者们意见不一。部分的困难在于孟子的表达方式。在现存的文献中,孟子没有系统地阐述自己的观点。孟子为什么不像墨者们那样撰写系统的文章?[①] 我相信孟子的风格

[①] 也就是说,假定在赵岐未将之纳入其编定的《孟子》版本的"外篇"中没有多少真实的材料。他迫不及待地报告说,"外篇"中的一篇题为"性善辩"。(关于赵岐,参见本节后面的内容。)

部分地是由他的人性和道德教化观念决定的。孟子认为,人先天地拥有德性倾向的端芽(《孟子·公孙丑上》2A6)。道德教化的任务就是耐心柔和地培养这些倾向,以使它们成长为完美的德性。缺乏教化可能会损坏这些倾向,但努力迫使这些倾向比其所能发展得更快,也会如此(《孟子·公孙丑上》2A2.16)。孟子可能认为在他人中激励道德成长的最好方式就是,在精确的恰当时机为这种特定个体的发展寻找措辞巧妙的话语、适切比喻或最佳例证。一篇系统的道德文章可能会使初学者备受打击,让他对伦理学既困惑又厌恶。(我们能发现今天的哲学课堂里大多数学生有什么不同吗?)结果就是孟子的话语都是与上下文语境紧密相关的。这使得孟子显得很不系统。然而,我希望表明,如果将《孟子》文本作为一个整体来阅读,我们就会发现,孟子是一位非常系统的思想家。事实上,我认为孟子要系统得多,而不是像孔子那样特殊。

葛瑞汉对各种早期哲学文献语言学上的困难做了一些最重要的工作,他觉察到,《孟子》这部著作"以其可靠性不成问题而在早期哲学文献中显得异乎寻常",我们几乎能听到他在写作这个文本时如释重负的叹息。① 关于《孟子》本身的编撰,有两种说法,一种认为它是在其弟子万章和公孙丑协助之下由孟子自己撰写的(在他不再尝试公务的"退

---

① 葛瑞汉:《论辩者》,第111页。这是大家的共识。例如,参见刘殿爵英译《孟子》的附录3:"关于《孟子》文本。"[参见前引中译本,第131页,引文有改动。——译注]

休"之后），另一种认为它是在孟子死后不久由弟子们编撰而成。

赵岐（死于约公元201年）撰写了现存的第一部《孟子》注疏。他报告说，在他那个时代，有11卷书被归于孟子，被划分为"内篇"七卷和"外篇"四卷。基于其内容（不幸的是他没有详细描述那些内容），赵岐不认为外篇是真实的，所以他没有把它们包括在他的《孟子》版本中。赵岐的版本成为标准，因此他没有收录的四卷外篇也就随着时间的流逝而遗失了。赵岐把他认为真实的内篇七卷再分为"上""下"两部分（英译文用"A""B"来称之）。所以，在引用《孟子》时，我们通常用由赵岐所认定的卷数，后跟"A"或"B"，再后跟章数来明确一段话的位置。那么，《孟子》中的第一段文字就是1A1。（对于较长的段落，我有时候还给出"句"数，简单地说，就是根据理雅各[James Legge]的英译在章内分配给各节的数字。理雅各在朱熹插入注释的点节处将句子打断。）

我同意上述共识，即总的来说，《孟子》是一部被保存得很好且可靠的文献，但是我对两段文字的真实性保持怀疑：4A12和7A4。在这两段文字里，我们都能发现《孟子》中很不寻常的"诚"字的使用。"诚"字在《孟子》中通常是一个副词："真诚地（genuinely）"，"真实地（truly）"，"实际上（actually）"。但是在4A12和7A4处，它却具有"对自己真实（true to oneself）"或"对其本性真实（true to one's nature）"的含义。在这种意义下，"诚"是儒家某些派别的专业哲学术语。（例如，参见《中庸》第20—25章。）现在考虑一下如下事实。(1)在《孟子》中,"诚"字的这种含义只出现在这两段话中。(2)《孟子》4A12 的接近版本可在《中庸》(第 20 章)和《孔子家语》中发现,这两部作品都比《孟子》晚了很多——但是在其中都没有将这段话归于孟子。①(3)4A12 的"论证链"风格在其他早期儒家文献中常见,但不是《孟子》的。(有趣的是,我们在《论语》13.3 处看到了同样的风格,另一个可疑的段落[参考本书第 2 章第 I.B.2 节]。)(4)《孟子》7A4 含有《孟子》中只出现一次的"恕"字("己所不欲,勿施于人"),它也是《中庸》第 13 章的核心术语。(关于《论语》中对"恕"字的使用,参见本书第 2 章第 I.B.1 节。)(5)《孟子》7A4 包含有《孟子》中仅出现一次的词"万物"和"万物皆备"。然而,"万物"和"万物备"这样的词都是在较晚的哲学文献如《庄子》和《荀子》中才出现的。结论就是:4A12 和 7A4 都是《孟子》中的衍文。

然而,这些都是一部原本非常连贯、保存良好的文献的例外情况。先不谈这一文献学上的序言,让我们转向孟子哲学的内容上来吧。

---

① 朱熹典型的解决妙方是,孟子在这段话中自觉地引用孔子,所以其他文献自然将这段话归于孔子而不是孟子(《四书集注》对《孟子》4A12 的注疏)。但是这似乎只有在一定数量的历史和文本的假设下才有可能,而这些假设在今天对我们来说已经不再有说服力了。

III. 孟子论人性

孟子说:"仁也者,人也。"(《孟子·尽心上》7B16)①这个地方我译为"humaneness"的字是"仁",我们看到它对孔子而言是人的美德的总和。孟子经常在更狭窄的意义上使用这同一个字,指一种特殊的德性,仁爱(benevolence),它被描述为恻隐之情(compassion,同情)。然而,在像 7B16 的文字中,"仁"似乎又保持了它的更早、更宽泛的意义(像 2A6 处清楚地阐明的,"仁"在狭义上仅指人之所需的四种德性之一)。所以孟子说成为一个人就是仁爱或人之美德,意味着什么呢?他不可能指所有的人都已经德性具足。这不仅明显是错的,而且孟子似乎明确而痛苦地意识到,大多数人远不是德性具足。那么,孟子指的是什么呢?

我们从孟子经常使用的关于农作物生长的比喻中得到一丝线索:

富岁,子弟多赖;凶岁,子弟多暴,非天之降才尔殊也,其所以陷溺其心者然也。

今夫𪎭麦,播种而耰之,其地同,树之时又同,浡然而

---

① "仁也者人也。"我们在《中庸》第 20 章同样也发现"仁者人也"的表述。参见埃里克·施维茨格贝尔(Eric Schwitzgebel):《孟子、荀子、霍布斯和卢梭思想中的人性与道德发展》("Human Nature and Moral Development in Mencius, Xunzi, Hobbes, and Rousseau"),作为比我在此节中提供得更具比较性的一个富有洞见的说明。

生,至于日至之时,皆熟矣。虽有不同,则地有肥硗,雨露之养、人事之不齐也。(《孟子·告子上》6A7)

这段文字表明,人天生就具有某种德性之"才(potential)",它既可以被培育,也可以被抵制。在其他段落中,孟子用"性(nature)"字来指这种发展过程,即一物拥有若给予健康良好的环境即可实现的潜力(potential)。根据孟子,不仅有这样一种潜力和发展过程,而且(不仅对人而言,也对一般意义上的事物而言)一类事物之潜力的完全实现为评价这一类实例提供了标准。因此,当被要求说明他的"性善"学说时,孟子回答:"乃若其情,则可以为善矣,乃所谓善也。若夫为不善,非才之罪也。"(《孟子·告子上》6A6)在这同一段话里,孟子继续说"或相倍蓰而无算者,不能尽其才者也",然后赞许地引用一句诗:"天生蒸民,有物有则。"①

很明显,不同种类的生物,其本性也将是不同的。因此,孟子将它看作是反驳对手哲学家告子观点的一种归谬法,那就是犬之性与牛之性是相同的,而牛之性与人之性也是相同的(《孟子·告子上》6A3,相关讨论见后面第 VI. A. 1 节)。类似地,孟子谴责有人说"人必得为蚯蚓"(而不是成为人)才能实现人所赞成的理想(《孟子·滕文公下》3B10)。每个生物都有一种能力来引导实现事物特殊本性的生命历程。

孟子不仅主张人拥有这样一种本性;他还为他的论点提供了证明。艾文贺为孟子关于人先天拥有倾向于德性的性向的

---

①参考《中庸》第 13 章:"伐柯伐柯,其则不远。"

论证提供了一个颇有助益的类型学:"思想试验(thought experiments)""自然流露(give-aways)""历史先例(historical precedents)"。① 当他论证圣人的行为表明了人有德性能力且德性是先天固有的时,孟子就诉诸历史先例。所以,比如,孟子说圣王舜是在恶劣的家庭环境中长大的(《孟子·万章上》5A2),并且原本是完全没有被教化的,但是他却能够对其环境中所有的无关紧要的美德作出反应,并从道德上加以发展(《孟子·尽心上》7A16)——如果没有先天的德性倾向,那种事情就是不可能的。

"自然流露"是人们拥有的揭示其自身善的本性的自发反应。例如,当齐宣王因同情一头牛的遭遇,就饶了它,不让它被牵去宰杀,这表明他的本性是善的(尽管齐宣王自己没有意识到这一点,直到孟子给他解释他才恍然)。

但是,关于孟子对人性善的论证,或许令现代哲学家感到最容易辨认也最有兴趣的,是思想试验。其中最著名的一个思想试验是《孟子·公孙丑上》2A6 讲述的"孺子将入于井"的故事:

> 人皆有不忍人之心。先王有不忍人之心,斯有不忍人之政矣。以不忍人之心,行不忍人之政,治天下可运之掌上。
>
> 所以谓人皆有不忍人之心者,今人乍见孺子将入于

---

① 艾文贺:《儒家的道德自我修养》(*Confucian Moral Self Cultivation*),第 18—19 页,前揭,《儒家传统伦理学》,第 39—40 页。

井,皆有怵惕恻隐之心。非所以内交于孺子之父母也,非所以要誉于乡党朋友也,非恶其声而然也。

由是观之,无恻隐之心,非人也;无羞恶之心,非人也;无辞让之心,非人也;无是非之心,非人也。

恻隐之心,仁之端也;羞恶之心,义之端也;辞让之心,礼之端也;是非之心,智之端也。

人之有是四端也,犹其有四体也。有是四端而自谓不能者,自贼者也;谓其君不能者,贼其君者也。凡有四端于我者,知皆扩而充之矣,若火之始然,泉之始达。苟能充之,足以保四海;苟不充之,不足以事父母。

这段话包含有孟子哲学心理学的两个重要术语:"心(heart)"和"端(sprout)"。

我选择"Heart"一词来翻译"心",后者也可译为"heart-mind"或"mind"。孟子对这一术语的使用是复杂而系统的。就其"核心意义(focal meaning)"而言,"心"指的是思考和感受情感的心理能力。① 通过转喻,这个术语就意指那种能力所表现的情感。而通过举隅法,这一术语又能指"心"的四个方面中的任何一个方面(几乎就像是次要功能),它们体现了孟子四种基本德性的典型的情感和态度。(我将在后面第 V 节

---

① 对"核心意义"概念的讨论,参见李耶理:《孟子与阿奎那》,第188—196 页。一个术语的核心意义不必与其原初意义相同。术语"心"似乎原本意指作为肉体器官的心脏。[参见前引中译本,第 220—228 页。——译注]

对这些德性的每一种都详细地加以讨论。)要注意"心"结合了认知和情感两个方面。它认识并感受,觉知并渴望。我们在这里看不到心的认知与情感两方面之间的明显区分。这种区分是笛卡尔之后西方哲学的典型特征(有趣的是,那并不是笛卡尔之前大多数西方思想的典型特征。例如,对柏拉图来说,认识善也就是爱善)。这种认知和情感的结合对于理解我下面会称之为孟子的"外控型的道德自我修养(outer-directed ethical self-cultivation)"(第 IV. B. 2 节)将是至关重要的。

再来看"端(sprout)",我追随刘殿爵、倪德卫、艾兰以及其他人,将"端"(通常是指"尖芽[tip]"或"发端[endpoint]")看作是在这一语境下"耑"的对等词,后者是指植物的"幼芽(sprout)"(原本是一个表示植物幼芽的象形字)(这很明显就是这个字的小型的密封形式,中间那个水平线象征土壤的表面:耑)。不过,有一个强大的证据反对这一解读:除了 2A6 之外,不存在已知的用"端"替代"耑"字的例子。然而,我相信将"端"解读为"耑"的这一个例子就是令人信服的。首先,我们注意到字形相似。很显然,"耑"是"端"字的右边字形。它在"端"字中发挥着声符(a phonetic component,声旁)的功能,但是它也可以很好地发挥意符(形旁)的作用。其次,需要注意"耑"字是孟子时代的古体形式。尽管孟子希望用"耑"字,但他很可能选择用"端"字来写它。另外,如果孟子开始写成了"耑"字,后来的抄写者也可能将它"纠正"为"端"字。第三(在我看来这是决定性的因素),孟子非常喜欢使用对"端(sprouts)"的培养作为道德修养的一个比喻。并且他还在不同的段落中大范围地使用具有"端"的一般意义的词:"苗"(2A2.16),"萌"(6A8,6A9),以及"蘖"(6A8)。这些比喻对于揭示孟子如下观念的含义是很重要的:我们天然地拥有只是发端状态的德性倾向,并且这些性向需要培养以便成长为成熟的德性。因此,将"端"字解读为"端芽",这种解读使它符合了孟子对道德修养的整套比喻。

但是,即使我错了,那也不需要对我关于此段文字的解释作大幅度修改。如果"端"指的是"尖芽"或"发端",孟子就是在说,比如,"恻隐之心就是仁爱的尖芽(the tip of benevolence)",我认为它是指"恻隐之心就是仁爱的发端(the beginning of benevolence)"。如果我们把恻隐之心看作是一个已然完整的仁爱线段的顶端,那就会产生误导,这样一种解释就将无法公正地对待孟子修养观念的发展方面。然而,只要我们把最初萌芽的恻隐之心想象成必须加以扩展以充分发挥其潜能,"端"解读为"尖芽"就与我的整个解释相一致。①

让我们来看 2A6 这段文字的整个内容,主要的一节是孺子将入于井的思想试验。孟子让我们考虑一下,假如有人突然面临看到一个将要掉到井里去的小孩的局势,在我们看来,这个人会做什么。他期望我们会同意,无论是谁,在这种情境下,"皆"会产生"怵惕恻隐之心"。此外,他说这种反应不同于任

---

① 朱熹将"端"释为"绪","尖端(tip)",他把它理解为完全形成的德性的一种迹象(《四书集注》对 2A6 的注疏)。我认为我们在这里再次看到了佛教关于自我修养隐喻的发现对朱熹的影响。

何别有用心的动机,比如想要结交孩子(可能是很有影响力)的父母,或者是渴望获得赞美,或者只是对孩子一旦掉进井里时的哭声的厌恶。

注意到孟子在此处没有说什么,这很重要。孟子没有说任何人都会实际地做出救孩子的行动。任何在危急时刻被吓住的人都认为那不一定是真的。此外,孟子关心的是我们"突然之的"(乍)反应。他相信这种反应之突然的、前反思的特征表明,它是我们本性的真实表达。也有可能,在我们有了这种悲悯之情后的那一刻,我们就开始反思救这个孩子可能的好处和风险。或许我们会认出这是敌人家的孩子,抑或假如我们尝试将之抢救出来,我们自己就会处于掉进井里去的危险之中,或者要是我们救出了这个孩子,我们就将被视为英雄。

不过,还有一个麻烦的问题。任何一个人实际上都会有孟子所描述的那种反应吗?我们现在清楚地意识到反社会者和连环杀手,他们中的一些人似乎不仅对别人的痛苦漠不关心,而且实际上似乎喜欢给别人——包括小孩子——造成痛苦。孟子在 6A8 "牛山之木"的叙事中谈到了这个一般性的问题。但在我们考察这段话之前,还是先看一看与 2A6 平行的一个思想试验吧,孟子在那里证明了义之端的存在:

　　一箪食,一豆羹,得之则生,弗得则死。嘑尔而与之,行道之人弗受;蹴尔而与之,乞人不屑也。万钟则不辨礼义而受之。万钟于我何加焉?为宫室之美? ……乡为身死而不受,今为宫室之美为之; ……是亦不可以已乎?此

之谓失其本心。(《孟子·告子上》6A10)

尽管"端"字没有出现在这段话中,但它似乎可以最自然地被解读为是对义之端的一个例证。孟子提出了一个心理学上的主张,那就是没有人会让自己蒙羞,即使那是为了生存所必需的。如果这一点是真的,那就可以得出,所有人都拥有义之端,因为驱使我们避免羞恶或耻辱的性向正是这一端芽。(我将在后面第V.B节考察羞耻与义之间的关系。)然而,孟子提出的这一心理学主张似乎让人难以置信。我们知道有一些个案,有的人为了生存,不惜以各种方式羞辱自己。但是,为了证明义之端的存在,孟子也不必做出这样一种强主张。为了证明存在义之端这样的目的,孟子只需要一个真实的主张:对每个人来说,都有一些行为是他要避免去做的,尽管这些行为会让他获得渴望的东西,因为他相信这样的行为是可耻的。

6A10和2A6之间有着重要的相似之处:两者都指出,在某些情况下,以我们目前的教养水平,我们不会有同情或轻蔑的反应,但在某些情况下,我们应该有同情或轻蔑的反应,因为后一种情况在伦理相关细节上与前一种情况类似。《孟子》2A6表明,我们必须对我们的义之端"扩而充之"。《孟子》6A10指出,我们不应该为了一份高薪而牺牲自己的尊严,就像我们不应该为了一份施舍而牺牲自己的尊严一样。逐渐拥有这些反应的过程被称为"扩充(extension)"。

我会在后面(第IV.B.2节)讨论"扩充"概念,但首先我们应该提出一个我推后了的明显问题。要是一个人没有显示仁之端,或义之端呢? 要是他两者都没显示呢? 似乎很清楚,存在这样的人。《精神障碍诊断与统计手册》(*Diagnostic and Statistical Manual of Mental Disorders*, DSM - IV)确定了"反社会型人格障碍(antisocial personality disorder)",在这种状态下,一个人显示出经常违反法律和社会规范的行为模式,并且经常涉盗或损害他人财产和人身攻击。美国大约有6%的男性和1%的女性被认为有反社会型人格障碍。① 某些研究者把反社会型人格再细分为两种类型:精神变态者和反社会者。虽然不能在术语上达成一致,但有一种标记这一区分的方法是说,精神变态者缺乏正常的人类情感,如同理心,而反社会者或多或少有正常的人类情感和动机,但从来没有适当的社会化。② 反社会者拥有同理心和良知之类的情感,但是他从不习惯于延迟满足、诚实、尊重他人等等。反社会者本身实际上并不会针对孟子的观点提出特别的问题。事实上,孟子坚持培养人的德性端芽的重要性。然而,精神变态者是一个更大的挑战。似乎精神变态者所缺乏的,恰恰是仁义的端芽。

孟子在 2A6 明确指出:"无恻隐之心,非人也。无羞恶之心,非人也。"但这是什么意思呢? 它有道理吗? 对这些问题

---

① 托马斯·奥特曼斯(Thomas F. Oltmanns)等:《变态心理学案例研究》(*Case Studies in Abnormal Psychology*),第 299 页。

② 比较奥特曼斯等:《变态心理学案例研究》,第 298—299 页,和戴维·吕肯(David Lykken):《反社会人格》(*Antisocial Personalities*),第 21—38 页。(两位作者都没有像我一样使用这些术语,但他们一致认为,反社会人格之间存在着区别,在有反社会人格的人和没有反社会人格的人之间,都有爱和同理心等情感。)

的答案取决于孟子以"人(human,或 person)"这个字指的是什么。至少有三种可能性。(1)孟子有可能就智人物种的所有成员作出了一个断言。当然,孟子不会有我们关于某个物种的精确的现代概念,但是他显然能够对作为一个种群的人这种动物形成概念,以与非人类动物相区别。(比如,参见 3B9.4,在那里"人"与"鸟兽"相区别。)(2)孟子可能是在宣称,人类物种中有一个很大的子集,这个子集的定义是,它的成员有某种适当的修养。(这一点与下述观念相联系,即"人"有时被用来指"君子[noble people]",以与"民",也就是"平民[the common people]"相区别。)①(3)孟子可能是在做一种关于人类的"普泛性的主张(generic claim)"②。这就意味着,孟子是在对"正常的"人的样子所做的一个断言。换句话说,孟子的思想试验让我们(对这第三种解读)去想象这样一个人,他既没有先天畸形,也没有受到会对其道德倾向产生不良作用的极端负面环境的影响。

关于第一种解读,据此人作为"人类种群成员"而拥有相

---

①参见刘殿爵英译:《论语》,第 16—17 页,安乐哲:《孟子的人性概念》("Mencian Conception of *Ren Xing*"),第 149 页,第 162—163 页,以及信广来:《孟子与早期中国思想》,第 190—192 页。

②艾文贺:《儒家的自我修养与孟子的扩充概念》("Confucian Self Cultivation and Mengzi's Notion of Extensig"),第 222—223 页。中译参见艾文贺:《儒家的自我修养与孟子的扩充概念》,陈志伟译,载杨国荣主编:《规范性问题和中西哲学:〈思想与文化〉》第 23 辑,上海:华东师范大学出版社,2019,第 128—149 页,关于"普泛的主张",尤其参见第 131 页。——译注

同所指(the same referent)，由于精神变态者的例子，孟子的主张结果却是明显错误的。因此，如果能找到对孟子主张的另一种解释，那就太好了。

第二种解释提出了人为了成为人而必须具备什么样的基本特征，以及有多少人拥有那些基本特征这样的问题。在一种极端情况下，孟子可能希望将自己的主张限制在某些道德高贵者身上。然而，这会使得 2A6 和 6A10 在根本上变得无关紧要。孟子会说，所有 N 组的人都有特质 S，拥有特质 S 是成为 N 组成员的必要条件。（这让人想起林肯的妙语："那些喜欢这类书的人会发现这就是他们喜欢的那类书。"）此外，这种解读会导致孟子对 2A6 或 6A10 中的人性论根本不感兴趣。相反，就这种解读而论，他感兴趣的是将一个社会或伦理阶层的人与另一个社会或伦理阶层的人区分开来。这是可以想象的，但他对农作物比喻的运用不断使我们返回到如下结论中，即他对各种事物之性确是很感兴趣。植物是没有社会阶级属性的。

第三种解释在主张对人而言要拥有德性的"端芽"就需要某种教化或文化熏染方面与第二种解释类似。然而，需要的教化和文化熏染是我们所期望的除野孩之外任何人所能得到的最低限度的要求。另外，根据第三种解释，恶劣的环境（例如严重地虐待儿童）或道德相关的先天性畸形所造成的破坏可能会损害人类成员资格。简言之，就第三种解释而言，"人"，尽管在很多方面千差万别，但在这种物种的宽广的正常限界之内，他们是人类。

一个古老的笑话可能有助于说明第三种解释。据说，一位中世纪大学里的哲学教授在课堂上宣布，人可以被定义为没有羽毛的两足动物。第二天，他的一个学生对教授说，他找到了那个定义的一个反例，并递给他一只拔了毛的鸡。这则轶事很有趣（嗯，还算有趣），但是任何一个有能力的中世纪哲学教授都会立即回答说，"没有羽毛的两足动物"这个定义意味着将人这种典型实例从非人动物的典型实例中作了区分。很明显，一只拔了毛的鸡并不是鸡的典型实例。换句话说，"人是没有羽毛的两足动物"是一个普泛性的断言。

这是对孟子主张的正确解释，此一论断得到了他在2A6中评论的支持："人之有是四端也，犹其有四体也。"无疑，孟子知道有些人——或者因基因缺陷，或者由于恶劣环境——没有四肢。同样地，我们种群里有些成员也可能没有四端。但无论哪一种情况下，那都不是人的典型实例。

但是，这是否冒着我所指责的第二种解释的危险：将2A6和6A10的论证简化为同义反复？当孟子说"无恻隐之心，非人也"的时候，这真的只是因为"人"就是指"某些有恻隐之心的人"？我不这样认为。我们能够看到，孺子将入于井的思想试验之所以有内容，是因为有多种证据可以支持（或挑战）它。支持它的一条证据是，在孺子将入于井的案例和那些看起来明显不涉及人的正常特征的案例之间似乎是不能相互类比的，要考虑到这种不相类比性正在受到威胁。例如，假设有人突然收到了奶油糖果冰淇淋。任何人在此情境下都会想吃掉那个冰淇淋吗？显然不是。有些人不喜欢奶油糖果冰淇淋。假设有人坚持认为任何正常的人都喜欢奶油糖果冰淇淋，并且认为那些不喜欢奶油糖果冰淇淋的人,必定或者有基因缺陷,或者遭受过来自环境的严重负面影响,从而破坏了他们喜欢奶油糖果冰淇淋的自然能力。这简直令人难以置信,恰恰是因为人不可能对毁掉了假定的喜欢奶油糖果冰淇淋正常能力的基因或环境的破坏给予充分地说明。一个人能够对将精神变态者与我们其余人区别开来的基因和环境因素给出合理说明,这一事实赞成作为人类正常行为一个方面的某种意义上的恻隐之情,而不可能给出"怕奶油糖果(butterscotchphobes)"的一种相应解释却表明,这类人并不是不正常的。

我的"怕奶油糖果"的例子有点古怪,所以让我们挑一下不那么古怪的例子。假设人类学家发现了一种拥有如下特点的文化,我们把这种文化称为"布尔(Bull)"。布尔人经常说谎,偷东西,并且互相攻击,甚至是至亲之间也是如此。他们也帮助别人,仅当这样做明显符合他们自己的短期利益时。布尔人永远不能指望从合作中获得长期利益,因为他们很容易违背相互之间的承诺和委托。当被告知世界上有人在没有直接回报的情况下帮助别人时,布尔人会轻蔑地笑起来,因为他们要么认为这些报告是不可思议的,要么认为按照报告行事的人是天真的傻瓜。布尔人认为旁观别人的苦难很有趣。如果一个还不太懂事的孩子伸手去摸火,布尔人不会试图去阻止,而是满心欢喜地等着孩子受伤,然后在孩子哭的时候他就开心地笑。最后,布尔人不会把前述任何行为看作是可耻的。实际上,他们似乎对任何事情都没有羞耻感。如果有一种像"布尔人"这样的文化报道出来,这将是反对孟子在2A6和6A10处思想试验的经验证据。①

然而,布尔文化的存在会是孟子观点的最终证伪吗? 当然不会。孟子以"牛山之木"叙事提供了一种解决像布尔文化这样案例的方式。在这个叙事中,孟子运用端芽比喻来证明,由于人的道德潜能的脆弱性,也有可能无法识别出某物之"情(genuinely is,真实情况是什么)",因为人会被在非常有害的环境中孕育出来的那种事例的出现所误导:

牛山之木尝美矣,以其郊于大国也,斧斤伐之,可以为美乎? 是其日夜之所息,雨露之所润,非无萌蘖之生焉,牛羊又从而牧之,是以若彼濯濯也。人见其濯濯也,以为未尝有材焉,此岂山之性也哉?

虽存乎人者,岂无仁义之心哉? 其所以放其良心者,亦犹斧斤之于木也,旦旦而伐之,可以为美乎? 其日夜之

---

① 有些读者可能会识别出我对神秘"布尔人"(包括他们欢快地看着孩子烧伤自己)的说明是基于人类学家科林·特恩布尔(Colin Turnbull)关于非洲 IK 部落的描述(《山岳人》[The Mountain People])。IK 部落是真实的,但特恩布尔关于他们的故事却被证明大多是虚构(例如,参见巴尔特[Barth]:《论责任与人性》["On Responsibility and Humanity"],以及格林克[Grinker]:《在非洲的怀抱中:科林·特恩布尔的一生》[In the Arms of Africa: The Life of Colin M. Turnbull])。然而,我使用特恩布尔的描述,只是将其看作是对想要证明孟子观点有经验内容的思想试验的激发,所以即使特恩布尔在撒谎也没关系。有人可能会争辩,事实上存在像布尔人那样的文化,比如说像一些戒备森严的监狱里的文化。这可能是如此,但我认为这样的监狱文化为孟子"牛山之木"的案例提供了一个例证(本节稍后将会讨论)。

所息,平旦之气,其好恶与人相近也者几希,则其旦昼之所为,有梏亡之矣。梏之反复,则其夜气不足以存;夜气不足以存,则其违禽兽不远矣。人见其禽兽也,而以为未尝有才焉者,是岂人之情也哉?

故苟得其养,无物不长;苟失其养,无物不消。(《孟子·告子上》6A8)①

这如何适用于布尔人的案例呢?假设我们发现了这些有关布尔人更多的事实。一代或两代之后,布尔人被强行从他们祖先的土地上迁移。由于他们自然环境的变化,以及他们累积的资本的丧失(农田、农具、家居、宗教圣殿、村庄学校等等),传统布尔人的经济和社会关系在他们的新家园不再适用。结果就是,布尔人处于贫穷、饥饿状态之中,政府、宗教以及其他社会制度几乎完全崩溃。另外,布尔人的新邻居

---

① 我对"情"字的解释沿袭了戴震《孟子字义疏正》第 30 条;刘殿爵英译《孟子》(6A6 和 6A8 的译文);以及信广来的《孟子与早期中国思想》,第 183—186 页和 214—215 页。其他有些人把"情"字解释为"情感",并且在前面的文本中有些文字以这种方式解读"情"字可能是合理的。一种同时容纳《孟子》中那些段落和"情"字的这种用法的方式,将会是这样,就其薄的意义而言,"情"字指的是标志一事物之所是的特性,而如果没有这种特性,它就不会以那样一种名称存在。然而,人类情感则是这种人之"情"之所是的一种厚的含义。需要注意的是,"盗跖"篇中的对话(第 I 节)对"情"字给出了一个非常不同于孟子的厚的说明:"人之情(the human essence)"即"目欲视色,耳欲听声,口欲察味,志气(the emotions)欲盈"。

在军事上要比他们强大,并对他们怀有敌意,所以布尔人还经常受到袭击和迫害。假如情况就是这样,一个孟子信徒将会证明,布尔人就像"牛山之木"一样,一直处于一种对他们仁义之端的成长,甚至是继续存在都充满敌意的环境中。因此,为什么他们缺乏孟子所论证的先天固有的人性特征,也就有了一种解释。

但这难道不说明孟子的理论缺乏经验内容吗?难道不可能有任何明显的证据来反驳孟子的观点吗?会的,因为孟子对布尔人案例的回应取决于如下一点,即有人能够就他们的社会崩溃和充满敌意的自然与社会环境讲出一个貌似合理的故事。如果布尔人没有经受文化崩溃,如果他们世代生活于容易获得自然资源的物产丰富的环境之中,如果他们有友好的邻居,后者为他们树立了善良和正派的榜样,这将是反驳孟子观点非常有力的证据。① 但是布尔人仍然是残忍且无羞耻的,因此无法反驳孟子。

总之,孟子认为(至少某些)事物拥有诸多基本特性,尽管它们可能不同于其表象,但却刻画了它们的"情",或它们"真正之所是"。对生物来说,这还包括给予健康的环境就能够以某种方式发展的潜能(the potential,才)。源于这种潜能("性",或此类事物的"本性")之实现的生命过程和特性为什

---

① 我们不能指望在这个主题上有证据;我们最希望的是支持或反对孟子观点的证据。但是这并不是孟子立场的一个弱点。回想一下我在第3章第IV.D.2节的评论:甚至在自然科学领域中(数学可能是个例外),"证据"都是很难获得的。

么是"善"提供了一种标准,或为那种事物提供了评价"规范"。因此,当孟子说"仁者,人也"时,他是在暗示,作为人之所是的一部分,人类拥有发展出完善德性的潜能,他们能够并且也应该实现它。

但是这为什么会导致孟子要明确地说人性是善的呢?这个问题也被孟子的弟子公都子所提出,他说:

"(1)告子曰:'性无善无不善也。'(2)或曰:'性可以为善,可以为不善;是故文武兴,则民好善;幽厉兴,则民好暴。'(3)或曰:'有性善,有性不善;是故以尧为君而有象,以瞽瞍为父而有舜;以纣为兄之子,且以为君,而有微子启、王子比干。'(4)今曰'性善',然则彼皆非与?"

孟子曰:"乃若其情,则可以为善矣,乃所谓善也。若夫为不善,非才之罪也。"(《孟子·告子上》[6A6])

我们能够立即看到,孟子为什么要拒绝第二种和第三种立场。他将显示,基于像他的思想试验这样的论证,我们能看到每个人(牛山的情况除外)都拥有成为美德的积极潜能。这一点在周幽王和周厉王这样的暴君统治之下和在周文王和周武王这样的圣王统治之下都是真实的。然而,孟子如何区分他与告子的立场,这一点乍看之下尚不清楚。当我们在后面(第Ⅵ.A节)更加详细地考察了孟子与告子之间的辩论,如下一点才变得清晰,即告子同意人应该成为有德者,并且也能够做到。但请记住,当孟子谈到人能为善的"潜能(potential)"或人"真实之所是(genuinely are)"时,他指的是"端芽(the sprouts)",这是一种内在的、积极的美德倾向。这一点在下面引用的文字中得到了证实,其中孟子继续谈论(来自2A6的)四心和四大相关基本德性。所以孟子拒绝告子的观点,是因为告子企图否定人类拥有积极的美德倾向。

公都子没有提到两种重要的立场,一种是由更早的哲学家石硕为之辩护的立场,即人性既是善的,其中也有恶的因素。再次地,似乎乍看之下孟子好像会同意这种观点。端芽就是我们本性中善的方面,道德修养即在培育它们的发展的同时,抑制我们本性中恶的方面的增长。但是什么会是我们本性中恶的方面?一位禁欲主义者将会回答,我们本性中恶的方面就是饮食、性爱等感官欲望。然而孟子明确认为感官欲望就其自身而言不是不道德的或恶的。事实上,他在一位统治者那里竭力强调,成为一个好的君主与对性欲和财富的渴望是完全一致的——只要他能确保他的臣民们也能满足他们对这些东西的欲望(《孟子·梁惠王下》1B5)!因此,根据孟子,我们本性中的所有因素都是善的。做错事只是一个人本性中某些方面相对于其他方面发展过度的结果。

公都子没有提到的第二种重要选项是后来由荀子加以辩护的立场,即人性是恶的。这一点意味着什么?我们尝试将它与奥古斯丁的观点结合起来,后者认为,人可能会为邪恶而作恶。然而,在中国的传统中,没有人曾经为这种观点辩护过。[1]

---

[1] 参见万百安:《孟子与奥古斯丁》("Mencius and Augustine"),以及斯托内克尔(Stalnaker):《克服我们的恶》(Overcoming Our Evil)。

当说人性恶时,荀子的部分意思是指,人们缺乏任何内在的德性倾向。但是在这一点上,他又与告子相一致。实际上,告子把道德修养比喻为雕琢刻木料,与荀子将道德修养比喻为蒸弯直木或染布非常相似。(并且,很显然,这些比喻也与孔子衷心认可的道德修养的比喻很类似,"如切如磋,如琢如磨",而与孟子培养四端的比喻不相似!)①所以荀子为什么不简单地跟随告子说人性无善无恶呢?答案部分地来自孟子对告子的一个过去的评论。在描述某种崇高的道德状态时,孟子说它"是集义所生者,非义袭而取之也。行有不慊于心,则馁矣。我故曰,告子未尝知义,以其外之也。"(《孟子·公孙丑上》2A2.15)孟子说那种崇高的状态"非义袭而取之",他指的是什么意思?倪德卫曾根据告子是"唯意志论者(voluntarist)"而提出一个假设,对于后者,成为有德者是一个相当简单的事情,做出成为那样的一个人的承诺即可。在告子看来,孟子所提倡的循序渐进、精心培育德性端芽的过程是不必要的。现在我们再来看看荀子为什么甚至会说人性是恶的。荀子不同意孟子关于人拥有先天固有的德性倾向的观点。然而,他也不同意告子克服道德修养的困难的做法。荀子对这一主题的讨论(例如在"劝学"篇和"修身"篇)清楚地表明,道德修养是一个沿途需要很多步骤的艰辛而又耗时的过程。荀子人性恶的口号既揭示了他与孟子的不同之处,也表

―――――――

① 分别比较《孟子》6A1,《荀子》"劝学"篇,以及《论语》1.15。关于早期中国思想中的比喻作用,参见森舸澜:《无为:早期中国的概念隐喻与精神理想》。

明他与告子的相异之点。①

IV. 道德修养

孟子对道德修养的形式作了精心的阐述。为了显示其立场的丰富性,我要对下述几个方面用标签加以归类。"被动培养(Passive cultivation)"是指有助于道德发展的环境因素。"自我修养(Self-cultivation)"是指个体通过他自己的主体所从事的实操。自我修养又可被划分为两类:"内在指向的(inner-directed)"和"外在指向的(outer-directed)"。内指向的修养潜心于把精神专注力转向内心。外指向的修养则注重将精神专注力转向外在的情境、个人和文本。这几种修养方式之间的界线是模糊的。如果被动培养有效,培养的主体就必定会在对所给定的环境的恰当回应中扮演积极的角色。另外,外指向的修养也涉及对外在经验过程的内在处理。

---

① 关于对告子的假设,参见倪德卫:《公元前4世纪中国的哲学唯意志论》。在我下面对告子的讨论中,我将论证,主张义是外在的就是坚持认为,义就是在给定的情境下采取适合于自己角色的行动,而不需要出于任何特定的动机。这符合倪德卫的假设,因为如果义不需要出于任何特定的动机的话,那就更容易想象,我们如何仅仅通过对正义行动的承诺,就会变得正义。然而,我不想让自己承认如下主张,即告子为了一个简单的选择行动,而回避了所有的道德修养技能。将告子与荀子区分开来的问题仅仅是,人性对道德修养的抗拒程度。[关于倪德卫对告子所作的假设,参见倪德卫著,万百安编:《儒家之道:中国哲学之探讨》,前引,第152—165页。——译注]

IV. A. 被动培养

牛山的故事提出的问题是,哪种事物"桔亡"了人的德性潜能,以至于他逐渐看起来像个"禽兽"而不是一个人。孟子强调与肉体幸福直接相关的条件。他认为这些条件对于实现人的本性并不是绝对必要的(有些英雄人物能超拔有害的条件),但是大多数人没有这些条件就无法实现他们的本性:

> 无恒产而有恒心者,惟士为能。若民,则无恒产,因无恒心。苟无恒心,放辟,邪侈,无不为已。及陷于罪,然后从而刑之,是罔民也。焉有仁人在位,罔民而可为也?是故明君制民之产,必使仰足以事父母,俯足以畜妻子,乐岁终身饱,凶年免于死亡。然后驱而之善,故民之从之也轻。(《孟子·梁惠王上》1A7.20–21)

暴力也会阻碍人的道德本性的成长,滋生对他人苦难的冷漠(《孟子·尽心下》7B1)并导致更进一步的暴力(同上,7B7)。因此,尽管孟子认识到战争有时可能是必要的,但他强调唯一正当的战争理由是将民众从暴君的统治中解放出来(同上,7B4)。

孟子明确主张一个人的文化和教育环境会影响道德发展:

> 人之有道也,饱食、暖衣、逸居而无教,则近于禽兽。圣人有忧之,使契为司徒,教以人伦:父子有亲,君臣有义,

夫妇有别，长幼有序，朋友有信。(《孟子·滕文公上》3A4.8)

目前还不清楚孟子在多大程度上认为这种教育应该让儿童参与，而不是让成年人参与。有趣的是，在《孟子》中，关于儿童教育和条件设置的讨论很少。① 柏拉图和亚里士多德，还有现代各种派别的发展伦理学家们，都强调儿童经验是人格形成中的关键因素。当代心理学家大卫·莱肯（David T. Lykken），在描述反社会型人格障碍的原因时，评论说：

> 作为社会性动物，我们大概都拥有正常的爱和依恋能力，但在关键时期缺少一位养育者可能会妨碍这种能力的发展。我们知道，如果孩子天生的语言倾向在早年没有得到发展，他们可能永远也学不会说话，而我们天生的亲和倾向似乎也需要在童年早期得到刺激和强化。有些孩子很少或从未与他人有过养育、关爱或快乐的互动，或者他们对待父母的方式受到无法预料的惩罚，以致他们的生命被耗尽了。这样的孩子在社会化过程中不会发展出亲社会的成分，而且他们在情感上无法与他人建立联系，这使得他们在成年后的适应能力有问题。②

---

① 一个可能的例外是 4A18，孟子在那里指出，父亲不应该去教他自己的儿子，而应该把这个任务转交给其他人，以免在需要纠正和训斥时导致两人之间的怨恨。不过不太清楚在这段文字里儿子有多大。

② 莱肯：《反社会型人格》，第 26 页。

这听起来像是孟子的牛山寓言,其中不利环境因素阻碍了情感的发展。另外,正如黄百锐所指出的,有儒家文献提到了在家庭中养育孩子对道德发展的重要性。① 然而,孟子自己似乎并不强调孩童时期本身的重要性,认为它是保证我们四端的成长和持续存在的一个独特的、不可替代的时机。换句话说,尽管孟子强调环境因素的重要性,但他似乎更感兴趣于环境对成年人的影响,而不是对孩童的影响。不过如果莱肯和黄百锐是正确的,那么,一种极端恶劣的童年环境,可能会使一个人很难(如果不是不可能的话)在他或她的成年生活中成为有德性的。

无论如何,孟子显然相信道德教育对成年的平民和君主都很重要:

> 无或乎王之不智也。虽有天下易生之物也,一日暴之,十日寒之,未有能生者也。吾见亦罕矣,吾退而寒之者至矣,吾如有萌焉何哉?(《孟子·尽心上》6A9)

总之,孟子强调,一种满足人们基本物质需要、不受暴力威胁并提供伦理教育的环境对于道德发展的重要性。他可能还认识到为孩子们提供既充满爱(以激发仁的发展)又边界明晰(以激发义的发展)的环境是很重要的,但这一点尚不太清楚。我们可以将环境对人的道德发展的影响描述为"道德修养的被动方面",因为它是被强加给一个人的事情,或者是被动地

---

① 黄百锐:《普遍主义 vs. 差别之爱》。

发生在他身上的事情。但是孟子也强调我们所说的"道德修养的积极方面",或"自我修养"。①

IV. B. 主动的自我修养

IV. B. 1 内在指向的

在下面的段落里,孟子用一个精巧的比喻来说明(除了有助于道德生长的外在因素之外)主动自我修养的必要性:

> 今夫弈之为数,小数也;不专心致志,则不得也。弈秋,通国之善弈者也。使弈秋诲二人弈,其一人专心致志,惟弈秋之为听。一人虽听之,一心以为有鸿鹄将至,思援弓缴而射之,虽与之俱学,弗若之矣。为是其智弗若与?曰:非然也。(同上,6A9)

这段话强调需要专注于自我修养。接下来的一段话帮助澄清了需要什么样的精神专注:

> 耳目之官不思,而蔽于物,物交物,则引之而已矣。心之官则思,思则得之,不思则不得也。此天之所与我者,先

---

① 正如我在本节开始时所注意到的,主动修养和被动培养并非截然不同的。比如,教学涉及被动培养,因为老师要把比如建立学习的课程和指导教育的过程等事情强加给学生。然而,为有效起见,学生必须主动地参与到教育之中,做这些事情以思考教给他的内容(《论语》2.15,本书第2章第 II. D 节给予了讨论),确定他不理解或困惑的内容,提出问题,并且当然还要把他所学的东西应用到自己的生活之中。

立乎其大者,则其小者弗能夺也。此为大人而已矣。(同上,6A15)

在这里我们发现孟子对另一个转喻的运用,其中"耳目"代表着各种感官欲望。这些感官欲望被描述为被动的和自动的,在它们那里,物质性的欲望对象"只是牵引着它们(引之而已矣)",不需要人的任何主动。与此相反,心则或者能执行其参与思之"专注"的功能,或者不能执行。如果专心,它就能获得美德。思的部分行为或许是,当感官可能被诱人但却不合适的欲望对象所"遮蔽误导"时,克制感官或重新为感官定向。(这就避免了当其不应该那么做时"物""对感官的牵引"。)例如,假设我很想去偷别人的 iPod ®。我应该努力把注意力集中在这样一个事实上:偷窃是可耻的(义[righteousness]),并且专注于我要从他那里偷东西的人将会遭受的痛苦(仁[benevolence])。同时,我应该避免沉湎于那个 iPod ® 将会给我带来的愉悦。因此,感官欲望是不道德行为的主要根源。但是,正如我早先注意到的,孟子并不是一个禁欲主义者:他主张对音乐、巡狩(1B1)、财富和性(1B5)的享受都是正当的,只要是以道德的方式获取之。

所以当这些感官对象不合适时,思就会引导心远离它们。但是它将心引向什么呢? 6A6 和 6A15 都指出思和四端之间的关联。6A6 那段话在讨论了四端之后就引入了思的主题,而6A15 则把思和"大体"(这很可能是与感官相对立的四端)联系起来。因此,准确地说,什么样的精神活动才是思? 正如我们所见,孟子专业性的哲学词汇表由一些术语组成的,这些术语或基于从日常经验而来的隐喻,或运用从日常用法中稍加提炼而来的意义。"思"这个字也不例外。在《诗经》的第一章中就给出了"思"的一个通常用法的例子,说的是一个深爱着他的未婚妻的君子"日夜衷心想念她"(寤寐思服),这里的"想念(longs for)"就是"思"。同样地,《论语》9.30引用了一句诗,说"未之思也,夫何远之有?"①但是"思"也可以指更具认知性的精神活动。因此,在《论语》2.15处(上文第2章第Ⅱ.D节作了讨论),我们发现"学而不思则罔,思而不学则殆"这样的说法。而我们看到"思"在《孟子》本身的如下段落中既在第一种意义上使用,也在第二种意义上使用:

> 周公思(longed to)兼三王,以施四事;其有不合者,仰而思之(concentrate upon it),夜以继日;幸而得之,坐以待旦。(《孟子·离娄下》4B20)

鉴于其拥有情感的和认知的两种成分,如下一点看起来就很有可能:对四端的思就是以深切地渴望它们得到正确发展的方式将注意力专注于四端。这种对思的理解有助于澄清下面一段话的含义:

> 仁之实,事亲是也;义之实,从兄是也。智之实,知斯二者弗去是也;礼之实,节文斯二者是也;乐之实,乐斯

---

① 参见《孟子》3A5(下文第 Ⅵ.B 节引用并加以讨论)在同一意义上对"思"的用法。

二者。

　　乐则生矣;生则恶可已也,恶可已,则不知足之蹈之、手之舞之。(《孟子·离娄上》4A27)①

　　对四端之思包含着在其运作中感到快乐。孟子 4A27 告诉我们这种快乐引发了四端的生长。因此,心将会通过自觉的道德行动"获得(get)"美德。

　　帮助一个人积极地将其注意力专注于四端上,这似乎是孟子在 1A7.4 – 12 处与齐宣王的著名对话中所做事情的一部分。在这段文字中,我们了解到,齐宣王赦免了一头要被牵去宰杀的牛,可能是因为他为它的遭遇感到难过。孟子告诉齐宣王,他对那头牛有同情心的能力表明,他拥有真正的美德,有能力成为真正的王。需要齐宣王做的只是从那头牛"推恩"(extend his kindness)到他的人民身上。通过他与齐宣王的对话,孟子帮助他认识到以下几件事情:他对遭受苦难的牛拥有同情心,这种同情的能力是一个好事,以及这种能力(如果得到适当发展的话)会使他成为一个真正的王。

　　罗浩(Harold Roth)最近对中国古代"神秘实修(mystical praxis)"的研究也有助于理解孟子的"内在指向的"修养。有文本证据支持早期中国静坐冥想配合呼吸控制和精神集中的实修(类似于禅宗传统中的打坐)。公元前 4 世纪的文本(《管

---

①倪德卫:《孟子的动机与道德行动》,第 105—106 页,对 4A27 文字的解读方式与我类似。[参见前引中译本《儒学之道:中国哲学之探讨》,第 130 页。——译注]

子》的)"内业"谈到气之"精(quintessence)":

> 浩然和平,以为气渊。
> 渊之不涸,四体乃固。
> 泉之不竭,九窍遂通。
> 乃能穷天地,破四海。①

这只能提醒我们记起孟子高深莫测的声明:

> 我善养吾浩然之气。……其为气也,至大至刚,以直养而无害,则塞于天地之间。其为气也,配义与道;无是,馁也。是集义所生者,非义袭而取之也。行有不慊于心,则馁矣。我故曰,告子未尝知义,以其外之也。(《孟子·公孙丑上》2A2.11–15)

葛瑞汉将这样的相似性看作是"内业"的教义和实践被早期儒家,比如孟子,所共同分享的证据。然而,我认为罗浩是对的,他论证了孟子修养的目标与"内业"以及其他更晚的道家经典文献像《道德经》和《庄子》所提出的冥想实修(meditative practices)的目标完全不同。对于后者来说,其目标是清空内心的一切事物,以便人能接收非人格的(impersonal)气的激发。

---

① 《管子》49,"内业"。英译转引自罗浩:《原道》(*Original Tao*),第74页。参考葛瑞汉:《论道者》,第103页。[葛瑞汉《论道者》中译本参见前引,第123—124页。——译注]

就像庄子说的,

> 无听之以耳而听之以心;无听之以心而听之以气。听止于耳,心止于符。气也者,虚而待物者也。唯道集虚。虚者,心斋也。

所以,孟子告诉我们要存养(cultivate)心性,而"内业"传统之下的文献则告诉我们要"放空(empty)"心灵。①

尽管如此,孟子对养其"浩然之气"的讨论确实指出了早期冥想实修和他的自我修养理论之间的某种关联。至少,看到以静坐冥想、呼吸控制和精神集中作为帮助消遣不适当或过度情感的技巧之价值,这一点与孟子的立场并不矛盾。例如,错误的或过度的愤怒会阻碍仁爱倾向的发展或发挥作用,通过适当的冥想练习可以减少甚至消除这种愤怒。

IV.B.2. 外在指向的

《孟子》1A7 也有助于阐明道德修养的"外在指向"方面。孟子主张有一种将人心专注于外在情境的方法,用这种方法,人们就逐渐既能更清楚地明察,也能够(我们可以说)"更清晰地感受到它们"。关于孟子如何思考这一点的诸多细节,自从

---

① 《庄子》4,"人间世"。英译引自《读本》,第 228 页,有改动。葛瑞汉关于"内业"的观点,参见《论道者》,第 100—105 页。[葛瑞汉中译参见前引,第 120—125 页——译注]关于罗浩的回应,参见《原道》,第 30—33 页。罗浩看到了"内业"篇与《孟子》2A2.16 之间更深层的相似:《原道》,第 219 页注 28。把 2A2 看作是更"外在指向的"解读,参见艾文贺:《儒家的道德自我修养》,第 20—21 页。

倪德卫在几篇经典论文中提出这一问题以来,已经被大量讨论。① 倪德卫尤其对《孟子》1A7.4—12 那段文字感兴趣。令倪德卫疑惑的是,齐宣王如何才能实现从牛到其臣民的"推恩"? 倪德卫注意到孟子的扩充概念对西方已然普遍存在的一种观点提出了挑战。很多现代西方哲学家追随康德,主张我们对自己的感受没有道德责任。这些哲学家会说,我们或许要对我们的行动理由和意图进行道德上的评价,但不会对我们的情感作道德评价。相反,孟子认为我们要为"出于我们道德动机的安排"负责。但是,这如何可能? 或者说,在孟子看来这如何可能? 我无法决定如何感受。(如果我能这样做,那么在根本没有人的本性这个论断上,墨者就有可能是对的。)

孟子用了几个字词来说"扩充(extension)",包括"推","达"(7B31),"扩而充"(2A6),以及"及"(1A7.12)。扩充概念与孟子人拥有德性之"端"——先天固有但却是初始的德性倾向—— 的观点紧密相关。扩充的过程在 7B31 处得到概述:

> 人皆有所不忍,达之于其所忍,仁也;人皆有所不为,达之于其所为,义也。(《孟子·尽心下》)

朱熹对这段话的解释,我认为颇有道理,他说:"恻隐羞恶之心,人皆有之,故莫不有所不忍不为,此仁义之端也。然……则于他事或有不能者。但推(extend)所能,达(reaches)之于所

---

① 倪德卫:《孟子与动机》,参见前引,《孟子的动机与道德行动》。

不能,则无非仁义矣。"①孟子这段话之后又给出了具体的例子:

> 人能充(fill out)无欲害人之心,而仁不可胜用也;人能充无穿踰(trespass)之心,②而义不可胜用也。人能充无受尔汝之实,③无所往而不为义也。士未可以言而言,是以言餂(flattering)之也;可以言而不言,是以不言餂之也。④ 是皆穿踰之类(the category)也。(同上)

所以无论是认为非法侵犯邻居的房屋财产是可耻的,还是反对被无礼地对待,都是义之端芽的表现。同样地,我们所拥有的欲望,至少在某些情况下,不会去损害他人,就是仁之端芽的表现。

---

①朱熹:《四书集注》,对 7B31 的注疏。[参见朱熹:《四书章句集注》,北京:中华书局,2012,第 380 页。——译注]

②字面上翻译为:"如果人们都扩充其不去钻(墙)跳(墙)的心。"朱熹指出此"皆为盗之事也"。(参考《论语》17:12。)不过也有可能的是,孟子脑子里想的是钻过或跳过一堵墙去执行一项非法的任务或私奔。(参考《孟子》3B3。)

③参考 4A27 处"实(core reaction)"的用法(上面第 IV.B.1 节已有讨论)。

④比较《论语》15:8。一般而言,"不可以"有"不应该(should not)"之义,而"可以"含有"能够(can)"或"允可(may)"之义。所以我们可将这个句子译为"如果人们可以说,但却又没说……"然而,有时候(像这里就是)"可以"似乎需要"应该(should)"或"应当(ought to)"等词语更强的意义。(参考《荀子》22,HY 85/22/60 等处的用法。)

然而,由于四端只是初始的德性,所以还将有其他情境,未受教化的个体应该在那些情境中表现仁或义,但却没有表现。孟子此处使用了"类(category)"字,这一点很重要,因为它表明在人们应该表现特定德性的各种情境之间存在某种相关的类似性。这些类似性并不总是显而易见。乍看之下,一位向君主进谏的献言者,在他应该反对君主行动时却保持了沉默,这种情况与为了某种非法目的而穿逾邻居房屋盗取财物的人的情况似乎非常不同。但是孟子说,就道德目的而言,它们实际上是同一种行为:都是义的失败。扩充的部分任务是认识到这种相似性。但是扩充不只是一个识别各种行为或情境之间关于道德的相似性的认知过程。孟子还强调正确情感或感觉的重要性。他在4B19处以一种非常简洁的方式强调了这一点,在那里他说,圣王舜"由仁义行,非行仁义也"。朱熹对此解释得很好:"由仁义行,非行仁义,则仁义已根于心,而所行皆从此出。非以仁义为美,而后勉强行之。"①

所以孟子的扩充,至少从概念上来说,有两个方面,我们可以标记为"认知扩充(cognitive extension)"和"情感扩充(affective extension)"。认知扩充就是要辨识出两个行为、个人或情境之间道德上相关的相似性(或差异性)。情感扩充就是要拥有对两个行为、个人或情境作出适当反应的动机或情感。至少对解释的目的来说,似乎很清楚的是,我们能够区分这两个方面。一方面,孟子谈到动机和情感;他认为任何正常的人都已

---

① 朱熹:《四书集注》,对4B19的注疏。[参见朱熹:《四书章句集注》,前引,第299页。——译注]

经拥有某些正确的动机和情感,但是在他看来,我们(除非且直到我们成了圣人为止)必须有动机和情感反应来应对我们目前没有遭遇的行为、个人和情境。这个过程就是情感扩充。另一方面,孟子也明确主张,在讨论中的行为、个人和情境之间存在道德上相关的相似性。如果我们是正常人,我们就会认识到,有些事情是可耻的,恻隐之情是对某些事情的适当反应。但是另有一些事情与这些事情是同类的,但我们不承认它们是同类的。现在,当扩展完成时,一个人的情感和认知反应将是完全一致的。自从倪德卫在英语研究中首次提出这个问题以来,解释者就面临着一个难题,即情感和认知方面在扩充过程中是如何联系起来的。

何艾克(Eric Hutton)曾观察到,段落3A5对扩充如何发挥作用设置了重要的约束条件。在这段话中,孟子批评了后期墨家哲学家夷之,后者(区别于我们在第3章第V.F节考察过的早期墨家)承认,人有一种先天固有的倾向,更爱他们的至亲,而不是别人。然而,夷之建议,用墨家的主体中立的后果主义作为我们的理由和指导,我们应该重新引导我们对亲人的爱,使它平等地扩展到每个人。我们将在下文(第VI.B节)详细考察孟子的反应,但是一个关键点是,孟子拒绝了夷之的立场,因为它提倡按照与它们不同的标准重塑我们天生的情感反应。因此,正如何艾克所指出的,3A5似乎使孟子承认这样一个原则:道德的"教义——通过扩充,一般意义上的理性反思——不应该被允许超越我们的自然道德冲动。"换句话说,孟子认为,我们必须避免任何"使道德动机与道德义务的内容相分离并拉伸前者以适应后者"的伦理路径。① 这就使得无论认知扩充如何发挥作用,它也必须允许情感扩充遵循一种发展过程——某种意义上我们还没有搞清楚——对它而言,那是一种自然的过程。

在这一点上,有人可能会怀疑,认知扩充是否在引导情感扩充中发挥了任何作用。或许这两者总是同时发生,抑或情感扩充可以引导认知扩充,但反过来不行。我认为我们必须承认,对孟子来说,认知扩充能够引导情感扩充。我们可以通过考察孟子道德推理的一个样本来理解这一点。我们看到孟子在很多段落中与其他人进行了说教式的道德对话。每一个这样的段落在原则上都对应着某种道德独白。换言之,孟子与他人的对话为我们提供了他心目中的道德推理的范例。可以将5A2作为一个范例来考虑:

> 万章问曰:"诗云:
> '娶妻如之何?必告父母。'
> 信斯言也,宜莫如舜。舜之不告而娶,何也?"
> 孟子曰:"告则不得娶。"(《孟子·万章上》)

正如在后来的一段话中所解释的,舜的父母虐待他,并且想夺走他的财产。他们也出于恶意反对他的婚事,以至于舜将没有妻子和孩子继承他的财产。孟子继续说:

---

① 何艾克:《孟子的道德鉴赏力》,第176页。

"男女居室,人之大伦也。如告,则废人之大伦,以怼父母,是以不告也。"

万章曰:"舜之不告而娶,则吾既得闻命矣;帝之妻舜而不告,何也?"

曰:"帝亦知告焉则不得妻也。"(《孟子·万章上》)

这个例子很简单,但却很恰当,因为对我们来说,要想搞清楚按照孟子,道德推理是如何发挥作用的,这是一个很好的例子。

万章因《诗经》确认的道德规则与作为美德典型的圣王舜做出的行为之间存在的张力而产生了困惑。很有可能,万章自己既接受那个规则,也在大多数情况下也有适当的感受:他乐于向父母汇报自己的结婚愿望,并认为私奔的前景是可耻的。他也认可舜在他所做的一切事情上都是道德典范的判断,并且对舜有一种崇敬之情。所以,当面对那个规则与舜的行为之间的张力时,他迷茫了。或许他认为对舜的行为一定有某种好的解释。但这本身并不能减轻他的认知或情感上的困惑。总之,他不知道如何将他当前的感情和判断扩充到这个新事例中去。考虑一个类比。我非常尊敬和信任李先生的良好品格,但是我看到一盘录像带,好像是他为了抢钱而袭击了一些人。即使根据我对李先生性格的了解,我确信他不可能行凶抢劫,可是我的感情却备受困扰。我应该为我在录像带中看到的事情感到高兴吗?我不能,因为我没办法理解那样一种情境,那种情境使李先生的行为看起来受人崇敬(甚或是可以接受)。有人可能会建议,如果我真的信任李先生,那我就应该在看到那盘录像带时感到高兴,或至少保持平静,即使我不了解所发生的事情。但是不可能是我的情感反应的全部叙事。不知道正确的解释是什么的不确定性,使我摆脱不掉困惑的心境。或许,当我知道了真实的情况时,我会感到害怕,因为某个拥有可由其自行支配的大量资源的人正在伪装成我的朋友李,试图毁掉他的声誉。也许我会为我的朋友感到骄傲,因为李先生实际上是在挫败一起抢劫案,而不是在实施抢劫。也许我会非常担心,因为李先生的脑瘤会导致不寻常的暴力行为。

类似地,即使万章对舜的正直抱有最大的信任,他的感情也不可能完全安定下来。孟子做的事情就是对舜的行为是道德的原因提供一个解释。在正常情况下,告知父母是一种义务。然而,在这种情况下,遵循此规则将会(考虑到舜父母的品格,会永久地)阻挠舜想要有一个妻子的愿望。有一个妻子是人类关系的核心。这样的欲望被阻挠,即使是大舜也将会对他的父母心怀憎恨。为了避免这样的憎恨,舜就不会(也不应该)告诉他的父母。我认为孟子的解释对大多数我们来说是可以理解的,也是合埋的。在当代西方文化中,就像孟子的文化一样,父母都希望知道孩子的婚礼计划;他们希望以某种方式参与到婚礼之中;并且我们将此看作是一个正当的期待。然而,我们也承认,在情有可原的情况下,这种正常的期待也可能被合法地推翻,其中就包括一个不正常的家庭,它会使结婚的合理愿望落空。① 正因为孟子的道德论证对我们来说是如此

---

① 从崇高到平庸,这样的情况是罗德·斯图尔特歌曲《年轻的土耳其人》的主题。

的直观,所以我们可以较少地关注于重建这一论证,而更多地关注这一推理样本如何符合孟子的道德修养观。

由于所涉及的推理是如此简单和直接,我们可以假设万章立即理解并同意孟子对情况的解释。在这一点上,他取得了认知扩充。现在他知道如何将他先前拥有的这一道德之"类"(例如舜的行为不是可耻的)运用到舜的情境中。他理解了这一类道德为何适用或不适用(例如,舜的行为之所以不可耻,正是因为在他的特殊情势下,那是避免某种坏结果且获得某种好结果的唯一方式)。而且,我认为,他在扩充的技巧上也做得更好了:他在思考复杂的道德情境时,有了更好的思维习惯。

认识到对万章来说什么事情没有发生是很重要的。万章还没有学到一条可以适用于将来案例的不可违背的实质性规则。(万章的道德教育是特殊主义的,而不是普遍主义的。)他可能会被从这个讨论中的案例中得出的什么普遍规则所吸引?(1)是这样的规则吗,"将你的结婚计划告诉你的父母,除非这样做会阻止你结婚"?但是这并不是一个不可违背的规则。如果我的判断力很差,而且容易冲动地与施虐者建立伴侣关系,那该怎么办?如果情况如此,我的父母很可能应该阻止我在某些情况下结婚。在当代西方社会,可能很难想象他们怎么能合法地这么做,但他们可能只是说服我不要这么做,或者施加某种合理的社会压力,比如拒绝继续为我的公寓付款。如果我真的通过结婚来做出自我毁灭的行为,这可能是(用现代心理咨询的行话来说)"产生后果(creating consequences)"的一个完全合法的方式。因此,第一次基于舜的情况来制定一个规则的尝试,给出的也许是一个有用的经验法则,而不是一个绝对原则。(2)但是舜的父母虐待他。或许万章应该归纳出的规则是,"把你的结婚计划告诉你的父母,除非他们只是会因为虐待你而阻止你结婚"？不过这也不是一个不可违背的规则。可能还有其他理由不告诉你的父母,除了他们虐待你这个事实。或许一个战士突然应征入伍,在前往交战区之前想嫁给她的未婚夫。她的父母是感情丰富而敏感的人,如果他们不出席婚礼就会受到伤害,但在她出发之前却没有时间邀请他们。所以她和未婚夫结婚了,发誓在她完成任务回来后会举办一个正常的婚礼,邀请她的父母参加。① (3)或许我们只需要转换到相反的论述方式,虽然:"如果你的父母将会阻止你结婚只是因为他们虐待你,那么你就不应该告诉他们结婚的事。"这可能是一个不可违背的规则。② 但是我们如何遵守它呢？"虐待"是一个模糊的词。确实存在一些情况,父母如此强烈地虐待孩子,以至于很明显,最好不要告诉他们。如果我们的父母是危险的暴力分子,我们知道这个规则的"假设条件(if-clause)"就被触发了(而舜的父母确实试图要谋杀他)。但是大多数父母与子女的关系都是复杂的,既有好的方面,也有坏的方面。父母可能会虐待孩子,因为他们大部分时间都很冷漠,面无表情。但是对有些像这样表现的父母来说,婚礼是他

---

① 无需说,如果她的父母如此敏感,向他们解释这种情况将是不明智的,因为这将提醒他们,为什么她不想等她回来之后再结婚。(她有可能回不来了。)

② 事实上我能想到一些不适用这个规则的情况,但它们是牵强附会的。本着孟子的伦理精神,我愿意举一些现实的例子。

们为数不多的表达爱意的场合之一。另有父母可能会给孩子很低的自我评价(也许只是让孩子染上了她自己的自我怀疑)。但是她可能在其他方面是模范家长。在这两种情况下,邀请父母可能都是每个人的最佳利益。也许,对规则做进一步的微调将使我们得到比经验规则更多的东西。但我对此表示怀疑。而我并不认为孟子希望万章提出任何这样一种绝对规则。综上所述,认知扩充不是一个逐渐归纳出不可违背的规则、然后我们再将之运用到更多实例中的过程。相反,它是在发展一种思考道德案例之间的相似性和差异性的技能。

所有这些如何与万章的情感扩充相联系呢?正如何艾克指出的,我们必须(如果我们不想让孟子背上他在3A5处拒绝了的那种"两本"的观点的话)避免说这些认知性判断和技能在根本上重塑或重新引导了万章初始的情感反应。但是还有什么别的选择呢?

关于认知扩充可能如何引导情感扩充,黄百锐提出过一个考虑周到的解释。一般而言,在一些道德情感,比如恻隐和羞耻,与某些信念之间存在某种联系,若没有这种联系,这些情感就会显得不合适。正是这种关联使得认知扩充培育情感扩充,而不会从根本上重塑它。道德发展的两个例子将有助于证明这一点。假设你同情那些没有得到适当治疗的动物。因此,当你在电视上看到动物被忽视的案例时,你会感到悲伤难过,你确保自己的宠物得到很好的照顾,而且你会捐一些钱给动物援助项目。此外,由于你同情被忽视的动物,你认为那些动物正在受苦,而它们不应该遭受那样的苦,要是它们不受苦会更好。

现在,进一步假设你对因为没有得到适当治疗正受苦的其他人却很冷漠甚或无视之。我向你指出,我们社会中的很多人确实由于缺乏充足的医护而遭受痛苦,他们中的大多数(在任何合理的意义上都)没有做过应遭受如此情况的事情,而要是他们不受苦会更好。如果你接受了这些信念,并且如果你让你的心灵对他们保持关注,那么,我们就将希望你会开始同情那些没有得到充足医疗护理的人们。你不会仅仅因为你从逻辑上推断出你应该有这些感情,就强迫自己有这些感情。相反,理解相关的类似性会自然地护养这种感情,以至于你开始在新的情境下也拥有它们。① 实际上,如果你宣称理解了这种相似性,而又不能将那种感情扩充到其他人身上,我们就将怀疑你真的理解了它。你已经对某个动物感到难过了,因为它生病或受伤却没有得到有效治疗。我所做的只是帮助那些感情"流通(flow)"到在所有相关方面都与前述情境相类似的新情境之中。

考虑一下另一个例子。你对种族偏见感到羞耻。因此,当你发现自己在思考、说话或做事都带有这种偏见时,你会感到

---

① 黄百锐用"具体化(crystallize)"一词描述这一过程(黄百锐:《孟子的理智和类比推理》["Reasons and Analogical Reasoning in Mengzi"],第193页,第199页)。这是一个颇有吸引力的词。然而,我使用"护养(nurture)"一词,并把它与"重塑(reshape)"作了对比,因为这都是孟子自己喜欢的比喻。再回想一下对孟子来说人性发展概念的重要性。我们养护一个事物的成长过程,以得到这个事物健康、成熟的形式。它与重塑(字面意思是"雕琢[carving up]",6A1)形成了对照,后者毁掉了原初的本性。

很糟糕。你试着认清自己的这些偏见并将其根除。此外,因为你感觉羞耻,所以你就认为你有种族偏见(比如,你会因为人们的种族而对其做出负面的评价),不存在很好的理由因为种族就认为某人是坏人,并且别人有权利因为你有这样的偏见而看不起你。现在,假设你不会对自己的宗教偏见感到羞耻。①我向你指出,你总是基于人们的信仰对他们作出负面的评价,而在宗教信仰本身与成为一个好人还是坏人之间并不存在任何相关性。如果你逐渐赞同这些信念,并且你使你的心灵对它们保持关注,你就将对自己的宗教偏见感到羞耻,就像你已然对你的种族偏见感到羞耻一样。

在前两种情况中,对主体来说,与情感相对应的信念在修养过程的开始就已经相当清楚了(好像几乎无须指出,同情受苦动物的人会认为,"要是它们没有受苦会更好")。然而,也可能有一些信念不那么明确的情况。(我们可以多种方式分析这一点。我们可以说,行为主体持有相关的信念,但这些信念是潜意识的。我们还可以说,行为主体无须拥有那些信念,但拒绝这些相关的信念似乎至少会使某些情感不合宜。)假设我年轻时生活在一个我的政治观点不受欢迎的团体中。在这种环境下,当我试图表达自己的想法,我通常会被压制。后来,我加入了一个不同的团体,在其中我的政治观点占据主流。你

---

① 这是一个当代知识分子通常没有意识到的问题。在世俗的校园里,基督徒和他们的信仰经常被模式化、嘲笑和诋毁,如果主题是与种族有关的非基督教的或文化上的差异,这种方式会被认为是令人无法容忍的。"反天主教是知识分子的反犹主义",这一点现在仍然经常是真实的。

会注意到,在这个团体里,我现在倾向于压制那些不同意我所持有的主流观点的人。我甚至会为有机会报复另一面而感到高兴。为了让我在道德上成长,你可以试着帮助我更好地理解我自己最初的感受,并专注于我的某些感受,而不是其他。为了鼓励这种专注,你可以用特定的问题来激发我。是什么东西让我感到被压制从而感到烦恼?据推测,其中一个因素是在道德上被冤枉的感受。怎么回事呢?我认为那些压制我的人是不公平、不厚道且低劣的。他们阻止那些持有不同意见的人表达看法,只是由于他们是多数,因此他们是不公平的。他们没有意识到受害者的感受,这是不厚道的。他们以这种方式对待不同意见,并乐在其中,这是他们的低劣。相反,如果他们允许不同意见,那将是公平、慷慨和高尚的。如果我(或许在你的帮助之下)能够认识到,这些(在某种意义上)是我对那一典范情境的信念,并且如果我能够专注于这样一个事实:在我的类似情境中,我所做的正是我之前在道德上反对的事情,那么,我就应该开始对我在类似情境下的行为有不同的感受。需要注意的是,在这种"道德治疗"中,存在着选择性存养的因素。其他情感也在我的典型情境中起作用。我大概会对我的意志受挫感到愤怒。我或许会对我的无能为力感到某种羞辱。我可能会害怕影响。如果我专注于这些情感,我就更有可能在相似的情境下继续压制不同的意见。①

有人可能会反对说,这些对道德成长的说明都太轻率,因

---

① 比较黄百锐关于人们对一个无家可归的人要求改变的反应(黄百锐:《孟子的理智与类比推理》,第 193 页)。

为很多人在所描述的情境下不会扩展他们的感受。但是这就忽略了这些例子的重点。孟子与其他所有严肃的道德思想家一样,也清楚地意识到,道德教育和修养的努力经常失败,因数它们取决于修养主体的承诺。你可能不能"专注于"我要让你注意的事实。你可以简单地拒绝这样做,因为承认那些事实对你来说似乎不方便。或者你可能会在这种故意的无知中得到他人的帮助,不管出于什么个人或政治原因,他们都试图让你从这些事实中分心。所以不能保证扩充必会发生。尽管对扩充来说,这些例子给我们提供的只是一种标记,显示它只是存养持续存在的先天倾向,而不是从根本上重塑它们。

另一种反对意见是,黄百锐的描述过于理性,从本质上讲,它让孟子背上了新康德主义道德观的包袱。尤其是黄百锐的解释如何与如下观点相区别(后者更像是发现的范型)?我们对特定事例的初始道德直觉被认为是"给定的"。我们发现了我们的特定直觉赋予我们的普遍原则。那么我们调整我们特定的道德判断,以达到与这些原则的一致性。最后,我们的情感(有些神秘地)发生了变化,从而与普遍原则和我们新的特定判断相一致。任何与此相类的观点都会存在各种各样的问题。正如我在其他地方已经指出的,这样一种观点似乎意味着,只有通过根除我们的道德性向而不是扩充它,我们才能够完全保证实现道德的一致性。[①] 但是黄百锐在几个方面与这

[①] 参见信广来:《儒家伦理中的道德理由》("Moral Reasons in Confucian Ethics"),以及万百安:《信广来论孟子的道德理由》("Kwong-loi Shun on Moral Reasons in Mencius")。

一立场不同。首先,黄百锐否认相关的信念(通常)是完美普遍性的原则。考虑一下我关于克服宗教偏见的例子:宗教信仰与一个人的品格不具有相关性,这个前提是一条很好的经验法则。然而,它不是一个不变的概括。否认如下一点将是愚蠢的:成为天堂之门邪教的成员是与多种性格缺陷相关的(最明显的是缺乏儒家意义上的智慧)。① 同样地,对受苦动物的同情也应该让人做一些事,比如给动物慈善机构捐钱。但如果一个人的收入仅够自己糊口,那就不能这样做。我也不认为所有动物都应该得到医疗护理。野生动物通常都应该由自然和运气来决定其生死。(同样,甚至这也不是一个不变的概括。如果这种动物是濒危物种的一员呢?对遇到的受苦受难的野生动物表示同情并决定帮助它,并没有什么不道德的,也没有什么值得赞扬的,即使将其作为一项一般政策,那就将是愚蠢的。)一般而言,对孟子来说,道德修养更像是发展一项技能,而不是运用一套运算法则。一个获得一项技能的人——无论他是打牌,拳击,欣赏精妙的艺术,还是成为有道德的——最初是通过遵守特定的规则来学习的。但是他的技能,如果达到了很高的水平,就会超越简单的规则,即使是最复杂的规则也不能穷尽了。同样地,对孟子来说,道德扩充不能被还原为规则的应用。

---

① 1997 年,天堂之门邪教组织的 39 个成员(在马歇尔·阿普尔怀特的带领下)在加利福尼亚州兰乔圣菲镇的一座豪华别墅里集体自杀,因为他们相信这样做将使他们登上一艘与海尔-波普彗星一同抵达的太空船。(一些成员曾接受过手术阉割。)

尽管自我修养很重要,但一个人还是不应该强迫自己去做那些还不能对之拥有合适感情的事情。孟子解释说,如果"行有不慊于心",其道德动机就将"馁矣"。相反,一个人,

> 必有事焉而勿正,心勿忘,勿助长也。无若宋人然:宋人有闵其苗之不长而揠之者,芒芒然归。谓其人曰:"今日病矣,予助苗长矣。"其子趋而往视之,苗则槁矣。天下之不助苗长者寡矣。以为无益而舍之者,不耘苗者也;助之长者,揠苗者也。非徒无益,而又害之。(《孟子·公孙丑上》2A2.16)

总之,孟子相信人拥有实现仁义礼智四种德性的能力,这种能力能够并且也应该被发展。环境因素,包括道德教育和免于剥夺和暴力的自由,使得一个人的本性更容易实现。此外,人的本性的充分发展需要一个人的"心"积极参与到学习的过程之中,包括内省和研究——最好在明智的老师指导下进行。

V. 孟子论美德

孟子的每一种美德是这样一种性向,它包含合宜的知觉、沉思、感情、动机和行为。换句话说,为了充分地拥有一种特定的美德,一个人必须以一种特定的方式看这个世界;他必须通过某种反思恰当地处理这些感知(那就可能会反过来导致新的感知);他必须对所感知的东西有特定的情感反应;他必须拥有以某种方式行动的动机;并且他必须至少在某种动机之下

展开行动。

感知和情感之间的关联尤其重要。很明显,孟子认为关于这个世界的确定事实(或至少是看待世界的特定方式)要求我们以特定方式去感受。齐宣王对将被牵去宰杀的牛感到不忍,那么对他自己受苦受难的百姓也应该感到不忍(1A7)。如果我们去乞讨,我们会因为接受施舍而感到羞耻,并且为了一份丰厚的薪水就出卖自己,对此我们应该感到耻辱。(6A10)那么,我们就会看到,孟子的观点似乎至少需要对情感有最低限度的认知。① 我以此指的是,孟子认为情感反应能够是"合宜的"或"不合宜的"(抑或"理性的"/"不理性的",或"适当的"/"不适当的",或"正当的"/"不正当的"——使用那些最不冒犯你感觉的词汇)。

一般而言,情感反应至少以两种方式来看,可以是合宜的,也可以是不合宜的。比如,我害怕坐飞机在两种方式上来说是不理性的(不适当的,不正当的):因为我相信飞行并不是特别危险,以及因为我对这个主题的信念本身是适当的。另一方面,如果一个十几岁的孩子认为他没有被运动队选中是很没面子的事,那么我们也应该说(我主张),他的羞耻感客观上是不适当的,因为他错误地认为这件事很丢人。然而,他的羞耻感在主观上又是适当的,因为(不像我害怕坐

---

① 近来的哲学有大量文献讨论情感的本质,对此我不可能在这里一一概括。比如,参见让-保罗·萨特(Jean-Paul Sartre):《情感》(*The Emotions*),罗伯特·所罗门:《激情》(*The Passions*),以及迪叟沙(Ronald de Sousa):《情感的合理性》(*Rationality of Emotions*)。

飞机)他持有使他的感情显得适当的那种信念(如果那些信念本身是正当的话)。此外,我假设,由于这些使其显得适当的情感和信念之间有趣的关联,尝试理解特定情感的最好的方法是,从(至少在主观上)使情感显得适当的那些事例出发来理解。

V. A. 仁(Benevolence)

V. A. 1. 孟子

就像我们在第2章(第II. B节)所看到的,《论语》有时在广义上用"仁"这个术语指人类美德的总和,而有时候又在狭义上用它指一种特殊的美德,后者在一段话中被描述为"爱人"(12.22)。我们也看到,对儒家来说,爱人是一个与行动关涉的义务(an agent-relative obligation),在此意义上,人就应该对与自己"更亲近"的人,如父母,而不是那些与自己"更疏远"的人,如陌生人,抱有更大的爱。墨家接受了仁的狭义概念,但在他们那里,它的含义略有不同,因为他们的爱是兼及所有人的(与儒家的差等之爱不同)。孟子有时用一种与出现在《论语》12.22中相似的表述:"仁者爱人。"(《孟子·离娄下》4B28)然而,或许因为墨家占用了"爱"字,所以孟子一般选择另一套术语来描述仁。实际上,正如倪德卫观察的,《孟子》7A45似乎是对墨家混淆爱与仁的一种攻击:"君子之于物也,爱之而弗仁;于民也,仁之而弗亲。亲亲而仁民,仁民而爱物。"①在

---

① 倪德卫:《论〈孟子〉的翻译》,载《儒家之道》,第197页。[参见前引中译本,第242页。——译注]

2A6 和 6A6 处，孟子说，仁的情感特征是"恻隐"，它可以被译为"怜悯（commiseration）"（理雅各），"悲痛（distress）"（多布森［Dobson］），"同情（sympathy）"或"慈悲或怜悯（compassion）"（威尔［James. R. Ware］），以及"慈悲或怜悯"（刘殿爵和辛顿［David Hinton］）。① 这一表达可能是一个同义复词，意思相同或相近的两个字词被组合在一起。（我认为"羞恶"这样的表达就是如此，它就是同义复词，用来描述下文将会讨论的义这种情感的基本特征。）然而，它也可能是一个动宾结构，因为"恻"是指"对……感到悲伤（to grieve about）"，而"隐"则指"遭受痛苦（suffering）"。所以"恻隐"就是指"对别人遭受的痛苦感到悲伤"。显然，对孟子而言，这是仁的一个重要方面。2A6 处"恻隐"的经典例子是一个人看到将要掉进井里去的孩子的反应。（注意仁的对象不仅可以是当下同时的苦难，也可以是"前瞻性的"：孩子还没有掉进井里，但这种掉进井里的可能性触发了仁之发端。）然而，似乎很明显的是，孟子也承认仁的积极方面：为其他人的幸福感到快乐。因此，在 1B1 处，孟子鼓励君主"与民同乐"，这句话的意思是（正如朱熹在他对这段话的注疏中解释的）"推好乐之心以行仁政"②。在后来的一段话中，孟子劝这位君主要"乐民之乐"，并且"忧民

---

①辛顿把 2A6 处"怵惕恻隐"表达中的"恻隐"译为"同情（pity）"（"怵惕恻隐"译为"heartstricken with pity"），但随后又转变立场，用"怜悯（compassion）"来译 2A6 和 6A6 处的"恻隐"。我不能确定他为什么这样做。

②朱熹：《四书集注》，对 1B1.7 的注疏。［参见朱熹：《四书章句集注》，前引，第 214 页。——译注］

之忧"(1B4)。这些段落都没有明确地使用"仁"这个术语,但是在每一种情况下的君主都是齐宣王,孟子在 1A7 处与他就"仁"的问题展有过广泛的讨论。因此,"仁"的两个"角色"分别是对他人的痛苦感到悲伤(忧其所忧)和为他人的幸福感到快乐(乐其所乐)。

仁对几种不同的主体发挥作用。孟子非常符合儒家思想立场,将仁看作是以对父母的爱为基础。正如孔子的弟子有子所说的:"孝弟也者,其为仁之本与?"(《论语》1.2),孟子也说过:

> 孩提之童,无不知爱其亲者;及其长也,无不知敬其兄也。亲亲,仁也;敬长,义也。无他,达之天下也。(《孟子·尽心上》7A15)

就像倪德卫提示的,这里的"达(extending)"是对孟子从我们的四端作道德扩充的学说的参照:我们从爱父母的感情开始,将这些感情推扩出去,以便使它们到达每一个人。① 这段话确定对兄长的敬是义的基础。在别的地方,孟子明确地将仁看作是某个作为兄长的人应该显示的典范性美德:"仁人之于弟也,不藏怒焉,不宿怨焉,亲爱之而已矣。"(《孟子·万章上》5A3)

由父母那里推扩出去的爱就像从扔进池塘的石头中泛起

---

① 倪德卫:《孟子的动机与道德行动》,第 101 页。[参见前引中译本《儒家之道:中国哲学之探讨》,第 124 页。——译注]

的涟漪。它在靠近中心的地方最强烈,随着它蔓延开来而逐渐变弱。所以我们的感情和道德义务对那些与我们"最亲近的"人(父母,近亲属)表现得最强烈,对稍远的人(朋友,老师)要弱一些,而对完全陌生的人最弱。

仁对陌生人表现得最弱这一事实并不意味着儒家君主会漠视其臣民的幸福,或只给予最低限度的关心。事实上,根据儒家的观点,一个人之所以有资格成为王,是因为他拥有如此丰富的仁慈,以至于可以惠及全体民众。

总之,孟子的仁是一种朝向包含他人福祉在内的行动者相涉义务的性向。它有几个面向或方面。为仁就是为他人所遭受的痛苦而感到痛苦,为他人所享有的幸福而获得快乐,无论这种痛苦或快乐是同时的还是前瞻的。仁需要差等之爱(differentiated love):一个人应该对至亲比对朋友拥有更大的关切,而对朋友又比对陌生人拥有更大的关切。无论如何,仁人将对任何人的幸福都存有某种程度的关心之情。这种关切的差等程度反映了差等的道德义务:对至亲的义务量大,对完全的陌生人的义务更小。仁的情感和认知两个方面是紧密交织在一起的。仁涉及对某种特性(如另一个人所遭受的痛苦)的感知所引起的情感反应(如同情)。仁人倾向于注意到这些道德上相关的特性,并在需要作出仁的反应的不同情境之间,看到那种相关的相似性。充分发展的仁常常需要行动。所以尽管一个人对孩子将要掉进井里而预料其痛苦的感知,会有恻隐之心的反应,这呈现出义之端绪,但拥有完善仁德的人会对这些感情和觉知回应以适宜的行动。

V. A. 2. 双向对比

如果我们将孟子的仁与其他两种利他动机做一比较,可能会有助于澄清我们的理解:托马斯基督教传统(the Thomistic Christian tradition)中的基督之爱(*agapê*)或博爱(*caritas*)(爱[love],或在《钦定本圣经》[*the King James Bible*]中被译为"仁爱[charity]")和儒家道学学派(以王阳明为代表)①所理解的"仁"本身。我们将会看到,这些利他主义形式在从个人来看的不同"范围"的"幅度"方面和解释利他主义为什么是适当的方面,都有差异。

V. A. 2. A. **托马斯基督教**。首先,《新约》提供了关于利他主义的矛盾混杂的观点。有时,家庭关系似乎被视为获得完美美德和救赎的一种障碍。耶稣宣称,

> 因为我来是叫人与父亲生疏,女儿与母亲生疏,媳妇与婆婆生疏。人的仇敌就是自己家里的人。爱父母过于爱我的,不配做我的门徒;爱女儿过于爱我的,不配做我的门徒。(马太福音10:35 – 37 新译本)②

同样地,耶稣叫一个人成为他的门徒,而这个人回答说:"主,容我先回去埋葬我的父亲。"耶稣说:"任凭死人埋葬他们的死人;你只管去传扬神国的道。"又有一人要跟随耶稣,然后

---

① 即宋明理学中尤其以王阳明为代表的道学家所理解的"仁"。——译注

② 中译文转引自简化字现代标点和合本《圣经》。——译注

他要去"辞别家里的人"。耶稣回答说:"手扶着犁向后看的,不配进神的国。"①有一次,耶稣传道的时候,有人告诉他说:"看哪,你母亲和你弟兄在外边找你。"他回答说:"谁是我的母亲?谁是我的弟兄?"然后,他指着他的门徒说:"看哪!我的母亲,我的弟兄。凡遵行神旨意的人,就是我的弟兄姐妹和母亲了。"②儒者会对这些言论感到震惊,尤其是无视埋葬自己父亲的要求!然而,耶稣也反复强调十诫的诫命"当孝敬父母"③。

至少有两种方法可以调和这些禁令。一个是由在所有三个符类福音书中都出现过的故事提供的方法。有一个人跑来见耶稣并问他:"良善的夫子,我当作什么事,才可以承受永生?"耶稣回答说:"诫命你是晓得的:不可杀人,不可奸淫,不可偷盗,不可作假见证,不可亏负人,当孝敬父母。"这个人对耶稣说:"夫子,这一切我从小都遵守了。"然后,《马可福音》就说:"耶稣看着他,就爱他,对他说:'你还缺少一件,去变卖你所有的分给穷人,就必有财宝在天上,你还要来跟从我。'"④由于种种原因,这显得很有趣。耶稣似乎在这里提出了双重的道德要求:一是较小的(但仍然是艰苦的)要求(demands)(包括孝敬父母),以及另一是更大的神召(vocation)。需要注意的

---

①《路加福音》9:59-62。(参考《马太福音》8:21-22。)

②《马可福音》3:31-35。(参考《马太福音》12:46-50。)

③《马太福音》15:4,19:19;《马可福音》7:10,10:19;《路加福音》18:20。参考《出埃及记》20:12,《申命记》5:16。

④《马可福音》10:17-22。(参考《马太福音》19:16-22;《路加福音》18:18-23。)

是,(至少在《马可福音》的版本中)耶稣在给那个人发出更大的神召之前,充满慈爱地看着他。当然,耶稣爱一切人。(那就是他的天职。)但在这里提到的他爱这个人的事实表明,耶稣希望为他提供一份特殊的神召。对天主教传统的基督徒来说,这段经文中所提出的观点引发了一种通过禁欲和贫穷的誓言而与俗世之人分离开来的神圣职责。第二种调和耶稣在家庭问题上明显不同的观点的方法是,指出两种观点都要保留,但是在不同的意义上加以保留。根据基督教传统,一个人必须爱上帝胜过爱其他一切——胜过爱自己的父母、配偶和子女。这并不意味着人应该使自己的家人蒙羞,甚或可以不爱他们。但是在爱自己的家人与爱上帝之间相互冲突的情况下,后者应该胜出。因此,在某些情况下,对上帝的爱将会"使人与父生疏,使女儿与母生疏"①。

阿奎那将这一点发展成为一个连贯的、成体系的哲学立场。② 阿奎那主张所有"灵魂的其他情感都是由爱引发的"(Ⅰ-Ⅱ,27,4)。这一点之所以有意义,是因为在他的概念体系里,爱(amor)就是对被认为是好的事物的欲望。人们很容易忽略这句简单话语其意义是多么深远,以及它对很多现代情感多么具有挑战性。爱(Amor)比我们在英语中所说的"love"意

---

①参考阿奎那在《神学大全》Ⅱ-Ⅱ,25,6 中的评论。
②毋庸讳言,阿奎那是建立在先前哲学家和神学家的广泛思想之上的,尤其是柏拉图(例如,灵魂通过爱得到提升的观念,就是在《会饮》篇中描述的),亚里士多德(包括他关于人的动机的一般心理学和他在《尼各马可伦理学》第 9 卷第 4 章把朋友当作"另一个自身"的观念),以及奥古斯丁(他自己就综合了柏拉图主义和基督教)。

义既更宽泛,也更狭窄。爱(Amor)几乎覆盖了我们可以标记为"欲望"的一切事物。然而,爱(Amor)又要比英语中的"爱(love)"或"欲望(desire)"在概念内容上更具体。一个极端存在主义者将会说,某物之所以好,就是它可被自由地选择。一个心理上的主观主义者将会说,好的就是被欲求的。但是,对相信托马斯主义传统的人来说,一个人渴望那些事物,只是因为他认为那些事物是好的。这并不意味着一个人不能做出糟糕的选择。一个人只会欲求好的事物,但他可能只关注事物好的一面(如第二份甜点是多么美味),而忽略被迫放弃的更大的好处(如身体健康)(I–II,27,1,释疑1)。那么,总的来说,一个人能够以两种方式爱那些好的事物(I–II,26,4)。他可因其自身而爱某些事物,或者他也会因另一事物而去爱这个事物。比如说,我因我自身而爱自己,而我则因适度的运动对我有好处而爱它。同样地,我因孩子自身之故而爱我的孩子,但我喜欢他们接受良好的教育,因为这是为他们好。一事物因另一事物而是好的,只要在它们之间存在某种联合或相似性(I–II,27,3;I–II,28,1)。比如,我想要健康食品,因为我认识到拥有健康食品是我幸福的一部分。而我爱朋友,因为我认识到,用亚里士多德的话来说,他是另一个我自身。换句话说,一个真正的朋友和我有共同之处。

到现在为止,阿奎那都在紧紧追随亚里士多德。对亚里士多德来说,友爱(philia)只有在那些彼此非常了解的人们之间维持。友爱(Philia)在亚里士多德的思想中扮演着重要角色,因为正是它使城邦(the polis)中的个体结合在一起,并且也正是它将亚里士多德理想中的有德性的人联结在一起,否则他们是完全独立的。

当阿奎那开始讨论"仁爱(caritas)"(charity)时,他就远远地超越了亚里士多德。仁爱是人对上帝的友爱(Ⅱ-Ⅱ,23,1)。① 因为"人最终的和主要的善是对上帝的喜乐",所以若没有仁爱,就不可能有完美的德性(Ⅱ-Ⅱ,23,7)。然而,阿奎那不同于奥古斯丁之处在于,阿奎那允许一个行为可以是善的(尽管并不那么完美),即使它缺乏仁爱,只要它的目标是某个真正的具体的善(像他人的幸福)。然而,阿奎那赞同奥古斯丁,主张仁爱不是人类可以通过自己的努力获得的。它必须通过神圣的力量"注入"人类(Ⅱ-Ⅱ,24,2-3)。

虽然仁爱是对上帝的友爱,但它却是阿奎那理解我们对他人关心的核心。阿奎那对这一点的评论值得详细援引:

> 与人结交的友谊有两种方式。第一种方法是对他本人;这样的友谊,只以朋友为对象。第二种方法是为了另一个人,而对某一个人的;例如,一个人与某人为友,为了这个朋友,凡是属于这个朋友的,他一概都爱,不管是朋友的孩子也好,仆人也好,或是与这朋友有着任何关系的也好。我们对朋友的爱确能大到这种地步,致使我们为了朋友,而爱那些属于他的人,即使他们伤害我们,或憎恶我

---

① 亚里士多德将会认为与神为友是不可能的,因为朋友必须有共同的生活,而亚里士多德认为神不关心人类事务。相反,阿奎那的上帝带着道德目的创造了这个世界,他如此关心人类,以至于他被具体化(像耶稣),使人类的救赎成为可能。

们。仁爱的友谊即是以这种方式延伸至仇人。我们在与天主的关系中,出于仁爱而去爱这些仇人;因为仁爱的友谊,主要是指向天主的。(Ⅱ-Ⅱ,23,1,释疑2)①

所以我们对他人的爱类似于我们对最好朋友的孩子的爱。这可能使对他人的仁爱显得非常苍白,且看起来像是衍生的:只是因为我们与上帝的共同关系,我们才应该对一切人都抱有仁爱。然而,要是我们试一试,我们就能在任何人之中看到上帝的一面,正如我们能在我们最好朋友的孩子之中看到最好朋友的方面。所以,就像我们爱上帝那样,我们也应该爱其他人。

阿奎那强调,我们的仁爱有一个恰当的"次序(order)"。我们应该爱上帝高于一切(Ⅱ-Ⅱ,26,1-3)。了解到阿奎那认为,一个人应该爱他或她自己胜于爱除了上帝之外的其他事物(Ⅱ-Ⅱ,26,4),有人可能会为此感到吃惊。(阿奎那并不认为这与伦理相悖,因为他认为伦理是真正地符合于人类利益的。)不过,有趣的是,阿奎那断言,我们应该爱我们的"邻人(neighbor)"胜于爱自己的身体(Ⅱ-Ⅱ,26,5)。这是因为一个人与他的身体是不同的。然而,阿奎那注意到"仁爱并不必然要求人为了邻人的得救,而危害自己的身体,除非他有照顾邻人得救的责任。所以,如果他自动为此而牺牲自己,这是属于

---

① 中译转引自圣多玛斯·阿奎那:《神学大全》第8册:论爱德,第2集,第2部,第23题至第46题,胡安德译,周克勤审校,台北:中华道明会/碧月学社,2008,第3页。译文稍有改动。——译注

完善的仁爱行动"(II-II,26,5,释疑3)。①

总之,阿奎那的利他主义观念不同于孟子的地方在于,对于阿奎那来说,对他人幸福的关心以我们对上帝的爱为基础。我们爱他人,是因为我们与他们分享与上帝的共同关系。虽然孟子相信每一个人的本性都是由天赋予他的,但他并没有证明我们对他人的仁爱要根据我们分享与天的共同关系。(按照孟子的观点,我们不能对他人抱有同情,是因为我们在他们之中看到了天,或者是因为他们也是天之子。)另外,阿奎那认识到有一个更高的神召,有人可能会被它召唤(而去过一种独身牧师的生活),这就贬低了家庭关系。孟子将会发现独身的观念是令人憎恶的(就像后来因其有不结婚的僧人而批判佛教的儒家道学学派[宋明理学]那样)。这种差异是与他们不同的形而上学假设相关的。孟子的天并不像阿奎那的上帝那样在根本上超越于这个世界。因此,孟子看不出有什么正当的理由来减少与我们身体自然的联结。

V.A.2.B. 王阳明。王阳明后来对仁的描述揭示了孟子仁的概念的独特之处,也揭示了孟子的仁概念与他后来的道学学派仁概念的不同:

> 大人之能以天地万物为一体也,非意之也,其心之仁本若是,其与天地万物而为一也。岂惟大人,虽小人之心

---

① 中译转引自圣多玛斯·阿奎那:《神学大全》第八册,前引,第81页。译文稍有改动。——译注

亦莫不然,彼顾自小之耳。是故见孺子之入井,而必有怵惕恻隐之心焉,是其仁之与孺子而为一体也;孺子犹同类者也,见鸟兽之哀鸣觳觫,而必有不忍之心焉,是其仁之与鸟兽而为一体也;鸟兽犹有知觉者也,见草木之摧折而必有悯恤之心焉,是其仁之与草木而为一体也;草木犹有生意者也,见瓦石之毁坏而必有顾惜之心焉,是其仁之与瓦石而为一体也。①

这一段有趣的文字展示了证据,证明所有人都拥有对存在着的一切事物的仁。另外,它还对为什么如此提供了解释:人之"仁"与其他一切事物"为一体"。

孟子显然会同意王阳明的如下主张,即人至少会显示出对所有其他人的某种怜悯。毕竟王阳明关于见孺子之入井的例子,还有"怵惕恻隐之心"的表达,都是从《孟子》2A6处挪用的(然而,有趣的是,王阳明犯了一个常见的误读孟子的错误,因为他将孟子的"乍见孺子将入于井"改为"见孺子之入井"。但是,正如我们先前所看到的,在孟子精挑细选的思想试验中,每一个细节都是重要的)。孟子也会同意王阳明下面的主张,即(至少有些)人显示了对遭受苦难的动物的同情。在这种情况下,王阳明用的例子是从《孟子》1A7.4—12处摘引的,在那里齐宣王对被牵去宰杀的一头牛的"觳觫"表示"不忍",这被视

---

① 王阳明:《大学问》,载《传习录》,第659—660页。英译文略有改动。[参见吴光、钱明、董平、姚延福编校:《王阳明全集》下卷,上海古籍出版社,1992,第968页。——译注]

为他具备仁的一种迹象。

然而,王阳明为这些事实提供的解释,与孺子和鸟兽"为一体",却是孟子不会承认的一种观念。此外,孟子也不太可能会同意王阳明所认为的"小人"也显示出对动物的同情。对孟子而言,齐宣王不能忍受那头牛的觳觫,是一种至少从某些方面来看,已高度发展了的道德感的迹象。孟子把齐宣王对动物所做的事比作明足以察秋毫之末,或力足以举百钧,并不是每个人都能做到的。这与我之前提出的仁如水之涟漪,向外扩散时波幅减弱的比喻十分一致。一头牛距离一对父母、一个孩子或无关的人都"很远"。因此,对一头牛感到同情是只有有教养的人才能做到的事。① 因此,孟子评论道,由于其高度细腻的敏感性,"是以君子远庖厨也"。只是,孟子从未建议应该停止吃肉或动物祭祀的做法。(虽然肉类在中国通常是奢侈品,但作为一种选择的素食主义是在孟子时代很久之后由佛教传入中国的。)所以很显然,孟子认为"小人"通常会对动物的痛苦无动于衷。贤者子产如何为一条观赏鱼的幸福而感到高兴,而他的仆人——可能是一个"小人"——却把那条鱼煮来吃了(《孟子·万章上》5A2,后面第 V.D 节将会讨论),这个故事也证明了这一点。

王阳明下面两个例子甚至更偏离了孟子的世界观。孟子

---

① 因为人们往往对受苦的(非人类)动物比其他受苦的人更容易产生怜悯之心,这似乎是令人难以置信的。然而,对孟子的立场来说,这一点不是根本问题,因为他的观点是,德性端芽的显现起初是偶然的,需要加以培养,使它们始终如一地显现出来。

从未提出人对被"摧折"的植物会有"悯恤之心"。① 实际上，王阳明在这里使用的"悯恤"这一特别术语，就不是孟子词汇表的构成部分。② 不过，这种观念对儒家道学学派来说是很熟悉的。事实上，有这么一个著名的故事：周敦颐（二程的老师，他发展了道学学派成熟的形而上学）拒绝剪除他的草。③ 而我难以想象孟子除了对人在"瓦石之毁坏"时会觉得"顾惜"这一说法感到困惑之外，还会有其他的想法。

王阳明将自己视为孔孟之道的忠实信徒，那么他是从哪里得出我们与万物"为一体"的观念的呢？又是从哪里得出一切人（不只是真正的"君子"）都会对动物的痛苦有不忍之心的呢？又是从哪里得出当植物被摧折时我们会感到悯恤、瓦石被毁坏时我们会有顾惜之情的呢？所有这些观念都是受佛教形

---

①有人可能会争辩说，牛山之木的故事就是想利用人对植物的某种同情，但对我来说，这个比喻的重点似乎应该只是要证明，某物的本性是如何可能与其当前的表象有相当大的不同的。

②孟子确实单独使用过"悯"这个字，但只是指一位圣人对他自己遭受的苦难感到哀伤："阨穷而不悯。"（《孟子·公孙丑上》2A9，《万章下》5B1）当然，我们能够看到，"悯恤"的含义如何从这一意义中发展出来：从"哀伤（悯）"到"对其他人的痛苦感到哀伤（悯恤）"。但是很明显这不是孟子的意思。（显然，从王阳明使用了一个没有在《孟子》中出现的词就推断出他的解释是不适当的，这将是"词汇谬误"。然而，我把这种词汇差异看作只是一个更深层次问题的表象：类似与万物"为一体"这样的概念运用，是与孟子的世界观格格不入的。）

③陈荣捷：《中国哲学文献选编》，第462页，其中引自《四部备要》版的《二程全书》中的《遗书》3:2a。[《二程遗书》卷三原文："周茂叔窗前草不除去，问之，云：'与自家意思一般。'子厚观驴鸣，亦谓如此。"——译注]

而上学和伦理学,特别是华严宗"一切即一,一即一切"教义的影响。①

V.A.3. 孟子、阿奎那和王阳明

孟子与阿奎那和王阳明的相似之处在于,他们三者都相信,一个至关重要的人类美德包括以他人的幸福为乐,对他人的痛苦感到悲伤,并以合宜的方式对这些感受有所行动。然而,对于为什么这是一种美德,以及这种美德的范围和幅度,他们中的每一个都提供了不同的解释。作为一个儒者,王阳明提倡差等之爱。但他也相信对一切存在之物,从我们人类,到其他动物,到所有生物,甚至非生物对象,我们都应该以仁待之。对拥有这种同情之心的正当理由是,我们与其他一切存在之物"为一体"。与此相反,对阿奎那来说,我们应该对其他人拥有仁爱之心,而这一点的正当理由是我们与上帝的友爱,后者使所有人成为兄弟姐妹。阿奎那和王阳明的相似之处在于,他们都把对他人的关心建基于一种形而上学的共通性上。然而,因为他的形而上学的共通性来源是超越的,所以阿奎那就有可能证明像禁欲这样的做法是正当的。相反,王阳明的共通性基础是内在于世界之中的。孟子关于仁的观点与王阳明仁的观点的差异程度,几乎同孟子与阿奎那之间的不同是一样的。孟子主张我们应该对父母拥有最大的仁爱,对其他家人也要有差不多同样多的爱,而对"民人"则要少一些,以及(如果我们非常仁慈的话)对非人动物只有一点点爱。孟子为拥有仁爱之心

---

① 回想一下"导论"中对孟子思想与宋代和后来朝代中他那受佛教影响的道学运动的思想之间差异的讨论。

给出了几个论证,包括真正的仁对统治者是有好处的这样的事实。然而,他的主要论证则是,我们作为人,将永远不可能完全实现我们的本性,除非我们发展了包括仁在内的所有美德。

V. B. 义(Righteousness)

一部早期文献提供了关于"义"的一个可能被所有中国思想家接受的定义:"义者,宜(appropriate)也。"(《中庸》20.5)但这只是一个"薄的定义(thin definition)"。哲学家们在什么是合宜的以及如何决定它的问题上存在分歧。因此,正如我们看到的,墨者论证所谓的义就是使整体上所有人都受益,而孟子却与此相反,他反驳用利益或功利作为选择合宜行为的标准。

就像仁的情况那样,孟子认为我们先天地拥有倾向于义的初始性向,但我们必须"扩充"它们以便使之成为完满的德性。回想一下孟子在7B31处提供的例子:

> 人皆有所不为,达之于其所为,义也。……人能充无穿踰之心,而义不可胜用也。人能充无受尔汝之实,无所往而不为义也。士未可以言而言,是以言餂之也;可以言而不言,是以不言餂之也,是皆穿踰之类也。(《孟子·尽心上》)

孟子在这里明确指出所有人都有避免某些行为和抵制某些对待的性向。① 另外,孟子还指出,我们要通过将这些反应

---

① 我在前面第IV.B.2节讨论了这一段话。关于7B31和7A17两段文字的关系,参见倪德卫:《儒家之道》,第171—172页。

扩充到其他我们还未拥有它们的相同类的情境中,以使之成为完满的德性。他以一个中国古代观众熟悉的场景来说明这一点:受聘为政府官员的学者应该与朝臣们一起奉承统治者还是保持沉默?他应该表达对轻率政策的反对意见吗?孟子说,当扩充实现了时,我们会将看待在这些情况下做错误之事与我们现在看待穿踰钻营或接受贬低对待一样,属于相同的类。

孟子说与义之端相联系的"心"是"羞恶"。这个同义复词翻译过来就是"羞耻与厌恶(shame and dislike)"(理雅各英译),"羞耻与反感(shame and repugnance)"(翟林奈[Lionel Giles]英译),"羞耻与丢脸(shame and disgrace)"(多布森英译),只是一个词的"羞耻(shame)"(威尔与刘殿爵英译),以及(令人惊讶地)"良心(conscience)"(辛顿英译)。在一方面"羞"字及相关汉语字词的使用和另一方面与"羞耻(shame)"一词相关的西方词汇的使用之间,存在着实质性的重叠。因此,我认为把"羞"字英译为"shame"是相当合法的。"恶"字可以具有与"羞耻"一词不同的意义,但是孟子经常将它与"羞"字及相关字词交换使用,所以有理由认为他在讨论义之端的段落中就是以那种意义来使用的。我会援引一些汉语文献以证实这一点,但是首先我将概述一下我对孟子的义是什么的理解。

义的部分与仁的部分是平行的。义是这样一种倾向,它与主体相关的禁令相一致,这些禁令涉及一个人自身的道德品格的表达和保持。尤其是,拥有义的人鄙视去做(或允许对他本人做)将会贬低他的品格的事,并且会因做了(或允许对他本人所做的)贬低其品格的事而感到羞耻。义主要包括与道德标准相关而不是只与外观标准相关的鄙视和羞耻。(比如,拥有义的人会耻于自己的品质不佳,但不会耻于自己的衣着破旧。)拥有义的人倾向于注意与道德相关的情境属性(像如下事实:为一大笔贿赂而出卖自己与为一笔小贿赂而出卖自己同样可耻),并且他也会敏锐地感受到这些觉察并对此回应以合宜的行动(比如出于鄙视的感觉而拒绝贿赂)。

V.B.1. 概念澄清

为了支持我们可将孟子的义理解为一种羞耻感的主张,我应该就"我们"所理解的羞耻感是什么说上几句。在最近西方的讨论中,将羞耻与罪责(guilt)作对比来理解是很常见的。有多种方法可以兑现这种区别。据我所见,其中最有帮助的一种方法是,根据它们的关注点来区分这两种情感。正如伯纳德·威廉斯(Bernard Williams)指出的,

> **我做过些什么**(*What I have done*)一方面指向在他人身上发生了什么,另一方面则指向我是什么样的存在(*what I am*)。罪责首先关注第一个方面……羞耻关注我是什么样的存在。①

另外,这两种情感还可根据它们在其他人身上所引发的反应来加以区分:

---

①伯纳德·威廉斯:《羞耻与必然性》(*Shame and Necessity*),第92—93页(着重粗体为原作者所加)。[中译转引自伯纳德·威廉斯:《羞耻与必然性》,吴天岳译,北京大学出版社,2014,第102—103页。——译注]

在一个行动者那里唤起罪责的某个行动或疏忽,大致来说,通常会在其他人那里引发愤怒、憎恶或义愤。……而另一方面,那唤起羞耻的则通常会在其他人那里引发轻蔑、嘲笑或回避。①

威廉斯让我们理解了羞耻与罪责在通常意义上是如何相区分的。但是似乎存在不同种类的羞耻。我曾在别的地方论证过,西方哲学文献中有两种典型的羞耻:"传统羞耻(conventional shame)"与"道德羞耻(ethical shame)"。② 不同的观点只在他们强调哪种范例和他们如何充实范例的一些细节方面有所不同。在一个极端的情形中,传统羞耻是那种当我们相信其看法对我们来说很重要的人基于我们共有的外观标准看不起我们(或看不起那些我们认同的人)时,我们所产生的不愉

---

①伯纳德·威廉斯:《羞耻与必然性》,第89—90页。[参见前引中译本,第100页。——译注]

②参见万百安:《孟子的义之德》,其中我考察了西方关于羞耻的几次有重大影响的讨论,包括亚里士多德、罗尔斯(《正义论》)、纳斯鲍姆(Nussbaum),《羞耻、分裂与政治团结》[Shame, Separateness and Political Unity])、约翰·戴(John Deigh)(《羞耻与自我评价》["Shame and Self-Esteem"])和约翰·凯克斯(John Kekes)(《羞耻与道德进步》["Shame and Moral Progress"])。就像我在这篇文章中所认识到的,我的工作得益于信广来的作品,尤其是他的博士论文《美德,心灵与道德:孟子伦理学研究》("Virtue, Mind and Morality: A Study in Mencian Ethics")。此外,我认为阿诺德·艾森伯格的《自然骄傲与自然羞耻》("Natural Pride and Natural Shame")一文,在其首次发表五十多年之后,仍然是对羞耻最深刻的哲学思考。

快的感觉。让我们来考察一下这一定义的某些结果。首先,"那些其看法对我们来说很重要的人"并不局限于我们喜欢或崇拜的人。在这种意义上,我们可能会在我们的"敌人"面前感到羞耻。还要注意这种羞耻取决于我们的外观标准是什么。在公共场合打嗝这种事情,在一种文化中可能会引起羞耻感,在另一种文化中则不会。你可能会因为我穿的衣服便宜而小看我,但如果我并不赞同你的外观标准,这就不会引起我的羞耻感。① 传统羞耻感可能会被以如下几种方式批评为不合时宜或没有根据:别人并没有看不起我们,那些轻视我们的人的看法无关紧要,我们不应该认同蔑视我们的人,或者我们不应该分享使别人看不起我们的外观标准。比如,试着去减轻我们朋友的羞耻感,我们会这样说,"除了你自己,没有在乎你的口音","谁在乎他怎么想?他就是一个混蛋","是你丈夫在晚会上出了洋相,不是你",以及"我不在乎他们会不会觉得它俗气。我认为它很有品位"。

相比之下,道德羞耻是那种当我们相信我们(或我们认同的人)有明显的性格缺陷时,我们所产生的不愉快的感觉。我们也似乎只能对我们的行为(或我们所认同的人的行为)产生道德上的羞耻感。这是真的,但我要指出,我们之所以对自己的行为产生羞耻感,是由于我们认为这些行为暴露了我们的性

---

①这必须是有条件的。就我们不确定自己价值的程度来说,他人的轻视态度可能会致使我们怀疑自己的价值并因而感到羞耻。有时候这很显然是一件坏事。例如,种族主义可能会被一些受害者内化。然而,我在本节稍后会论证,其他一些易受羞耻感影响的价值变化可能是一种善良谦逊和思想开明的表现。

格。像传统上的羞耻感一样,道德羞耻感也会被批评为不合时宜或没有根据的,因为我们不会认同那些我们不应该认同的人:"因入店行窃而被捕的是你哥哥,不是你。"然而,无论别人是否觉察到我们的人格缺陷,或者他们是否因为这些性格缺陷而看不起我们,或者他们的看法对我们来说是否重要,这与道德羞耻都无关。与道德羞耻有关的,只是我们的人格是否真的有缺陷。因此,我们可以告诉我们的朋友,"你不应该对20年前发生的事情感到羞耻。现在你已经是一个完全不同的人了",或者"别那么守旧!那种感觉并没有错。"

让我们看一些具体的例子。(1)苏珊因早上与丈夫争吵感到很生气。但是,苏珊推论,她急匆匆地赶着要去批改所有她必须批改的论文。她一时的暴躁并没有反映出任何稳定的性格缺陷。她决定回家后就道歉,把这件事抛到脑后。在这个例子中,苏珊不感到羞耻,这是理所当然的。(2)在去上班的路上,苏珊的头发被风吹乱了,以至于在她早上做报告时,头发都竖起来了。当苏珊做完报告照镜子时,她有感到传统上的羞耻。(3)苏珊有了婚外恋。她跟她的丈夫婚姻幸福、美满,他们并没有多角恋关系,而苏珊要是发现她丈夫有了婚外恋,一定会很伤心且愤恨。现在,如果(不考虑这件事有没有被发现)她并没有对她所做的事情感到道德上的羞耻,这暴露了苏珊的什么人格呢?要是暗示她认识到在她认为自己应该是的那种人与她发现自己实际所是的那种人之间存在严重的错位,她仍然不感到羞耻,这甚至也是可以理解的吗?(下面,我会转而讨论传统羞耻与道德羞耻是如何相关联的。)

荀子在回应早期哲学家宋子提出的一些主张时从根本上

阐明了道德上和传统上的羞耻之间同样的区别。宋子论证了(1)遭受侮辱不是一种耻辱(辱),(2)认为遭受侮辱是一种耻辱的信念会导致暴力,以及(3)认识到遭受侮辱不是一种耻辱会消除(至少会减少)暴力。荀子对宋子的看法提出了两个异议。首先,他指出,对自己来说认为是耻辱的行为既不是施暴的必要条件,也不是施暴的充分条件。人们通常会对他们厌恶(恶)的行为回以暴力,即使他们并不认为那是可耻的。① 例如,一个攻击强盗的人并不是因为他认为强盗的行为是可耻的而这样做。② 同样地,人类有时也不会诉诸暴力,即使他们确实认为这种行为是对他们的侮辱。例如,弄臣接受羞辱性的侮辱,甚至可能都不讨厌它们。

荀子的第二个异议对我们的目的而言尤其有趣,因为他在"义"荣(righteous honor)和"义"辱(righteous disgrace),与之相对的"势"荣(conventional honor)和"势"辱(conventional disgrace)之间作了区分:

> 志意修,德行厚,知虑明——是荣之由中出者也,夫是之谓义荣。爵列尊,贡禄厚,形势胜,上为天子诸侯,下为卿相士大夫——是荣之从外至者也,夫是之谓势荣。流淫

---

① "恶"的这种用法表明,有时候这个词被用来描述一种不同于将某事看作是可耻的态度。亦参见本节下文。

② 想必宋子认为把遭受侮辱看作是一种耻辱是暴力的一个根源,而不是只有这一个。然而,荀子不客气地认为,宋子使这一主张更强了(从而使其成为暴力的唯一根源)。宋子的全名是宋钘,与孟子有过一场对话,我将在本章稍后第 VI. B 节加以讨论。

污僈,犯分乱理,骄暴贪利——是辱之由中出者也,夫是之谓义辱。詈侮捽搏,捶笞膑脚,斩断枯磔,藉靡后缚——是辱之由外至者也,夫是之谓势辱。是荣辱之两端也。

故君子可以有势辱,而不可以有义辱;小人可以有势荣,而不可以有义荣。①

要注意荀子在不同的辱之间作出的区分似乎非常类似于我在西方传统中确认的"传统上的羞耻"与"道德上的羞耻"之间的不同。

V. B. 2. 作为羞耻词的"羞"与"恶"

记住这些区分和观察,让我们检查一下几部早期儒家文献关于"羞""恶"及其相关词汇说了些什么。它是《论语》(13.22)中的一个罕见词,在孔子明确从《易经》中引用了一"行语句"的语境中:"不恒其德,或承之羞。"然而,更早些时候我们看到,这段话有些可疑(第2章第I. C节)。所以,"羞"字可能实际上并没有出现在《论语》任何被可靠地归之于孔子的话中。

在《孟子》那里,除了涉及柳下惠的那个例子(本节后文将会讨论)之外,孟子描述了一名因在狩猎中帮助一个射手作弊而感到"羞"的御者(3B1),还有因她们的丈夫乞讨以获取奢侈品而感到"羞"的一位妻子和妾(4B33)。此外,"羞"在古汉语中与另外两个羞耻词紧密相关:"耻"和"辱"。实际上,这三个字通常可以彼此相互界定。因此,我将假设后面两个字的用法

---

① 英译是我自己的;参见《荀子·正论篇》,HY 69/18/105 – 9。

会把"羞"的意义清楚地显示出来。①

我们从《论语》中了解到,尽管人们有时会"耻"于"恶衣恶食"(4:9),"耻"于"下问"(5:15),以及"耻"于"衣敝缊袍与衣狐貉者立"(9:27),但是他们本不应该"耻"于这些事情。我们也了解到,无论人们是或不是,他们都应该对"邦有道,贫且贱",或者"邦无道,富且贵"而感到"耻"(8:13),因所言"躬之不逮"而感到"耻"(4:22),以及因"匿怨而友其人"而感到"耻"(5:25)。

我们从孟子那里了解到,一个君主可能会因他的国家遭遇军事上的失败而感到"耻"(1A5.1),会对另一个君主残暴的行为而感到"耻"(1B3.7),为接受另一大国的命令而感到"耻"(4A8.3-4),或者对君子为了出仕的愿望而受饿于其国中感到"耻"(6B14.4)。一般而言,一个人会"耻"于为"人役"(2A7.3),"耻"于"声闻过情"(4B18.3),"耻"于"立乎人之本朝,而道不行"(5B5.5),以及"耻"于"不若人"(7A7.3)。

无论是孔子(就像《论语》中表达的)还是孟子,都强调成为一个有羞耻感的好人的重要性。例如,当被问到要成为一个真正的士,必须做什么时,孔子回答(13:20)说:"行己有耻,使

---

① 例如,参见诸桥辙次(Morohashi)的《大汉和辞典》(*Daikanwajiten*)收录的条目"耻"(4-10585)、"辱"(10-38686)和"羞"(9-28471)。这三个术语之间有一些语法上的差异。"吾羞之"和"吾耻之"都可以或者指"我对此感到羞耻",也可以指"我使之蒙羞"。然而,"吾辱之"只能指"我使之蒙羞"。我认为,"耻"是三个术语中唯一一个可以指一种羞耻感的字。(注意在2A6和6A6中,孟子使用"羞"不是指羞耻感,而是指那种感觉所特有的态度。)

于四方,不辱君命,可谓士矣。"类似地,孟子也说"人不可以无耻。无耻之耻,无耻矣"。(7A6)他也提到那个反问:"不耻不若人,何若人有?"(7A7)然而,似乎在《论语》中更多地强调,当那样做不合宜时,就不应有羞耻感的重要性(如士不应该为清贫而感到羞耻),而《孟子》中更多地强调,当那样做是合宜的时,就应有羞耻感(或对某些深思熟虑的行动方案感到羞耻)的重要性。

总之,如果回顾一下我从《论语》《孟子》和《荀子》中援引的例子,我们就会发现,什么可能会被认为是"辱",或什么会被认为是"羞"或"耻"的可能对象,这与西方传统中或者被看作是传统羞耻或者被看作是道德羞耻的典型实例是非常接近的。①

在早期中国文献中,"恶"是相当常见的,它有几种不同的意义。在这里我会把讨论局限于我认为特别能阐明"恶"与义的关联的那些文字。通常,"恶"似乎只是指"厌恶(dislike)",就像孟子曾谈到厌恶潮湿(2A4)、死亡(4A3,6A10)和有一根受伤的手指(6A12),或者他也曾建议君主不要去做他们的臣民厌恶的事情(4A9)。然而,在其他地方,"恶"似乎更接近于"羞",其中它包含将某些事情看作是在道德上该受责罚的,而不仅仅是令人讨厌的。因此,孟子说起过"恶辱"(2A4),"恶

---

① 信广来总结说,"羞"和"耻"都是对低于一定标准的事情的蔑视态度,这些标准可能是"社会标准(social standards)"(《孟子与早期中国思想》,第 60 页),也可能是"道德标准(ethical standards)"(同上,第 62 页)。这似乎与我自己的结论是一致的。

无礼"(3B7),"恶醉"(4A3),"恶污君"(6B6),"恶心不若人"(6A12),"恶似而非者"(7B37),厌恶与不体面的人相交往(2A9),以及厌恶接受被羞辱性的对待(6A10)。

鉴于"恶"有如此广泛的含义(其中有些含义与"羞"的那种道德蔑视特征毫无关系),孟子为什么还要使用同义复词"羞恶"来表达与义之美德相对应的那种态度呢?朱熹可能是第一个提出关于同义复合词"羞恶"的准确含义问题的注疏家。他主张,"羞,耻己之不善也。恶,憎人之不善也"①。然而,正如信广来曾指出的,这不可能是正确的,因为孟子有时候也用"恶"来描述一个人对其自身的非道德行为的态度(比如,6A10,6B6)。② 孟旦(Donald Munro)论证说:"'恶'表明了对某些行为先天的极度厌恶,而'羞'则表示随犯罪越轨而来的感觉(这感觉被认为是普遍的)。"③信广来提出了补充建议,即"羞"和"恶"之间是不同的,即使它们都指向"一个人自身的行为或恰巧发生在自己身上的事情"。尤其是,"当它指向这样的方向时,与'恶'相关的态度就像一个人对他在其他人那里所厌恶的事情持有的态度一样。"④这可能是正确的。然而,似乎对我说,在"羞"和"恶"之间作出准确区分的任何努力注定要失败,因为孟子有时候交替使用这两个术语。所以,在2A9以及再次在5B1处,我们被告知,柳下惠"不羞污君",然

---

① 《四书集注》2A6.4。[前引,第239页。——译注]
② 信广来:《孟子与早期中国思想》,第60页。
③ 孟旦:《早期中国"人"的观念》,第75页。[参见前引中译本,第83页。——译注]
④ 信广来:《孟子与早期中国思想》,第60页。

而在 6B6 处我们又被告知,他"不恶污君"。我们知道,从仕于腐败的君王是柳下惠确实做过的事,所以这是涉及他自己的那一类行为。就孟旦或信广来的解释而言,孟子在 2A9/5B1 和 6B6 处肯定想给柳下惠对他从仕于一个腐败君主的事情赋予略显不同的态度。为了使人信服,我愿意对孟子为什么在这些段落里想给柳下惠赋予不同的态度作一个解释。

所以,我认为存在某种理由,它能解释为什么孟子将"羞"与"恶"组合在一起(比如说不是把前者和"耻"加以组合)。似乎有一个传统,这个传统用"恶"来指对应受谴责的事情的蔑视态度。例如,在《论语》卷四中,我们发现这样的说法:"唯仁者能好人,能恶人。"(4.3)以及"我未见好仁者,恶不仁者。好仁者,无以尚之;恶不仁者,其为仁矣,不使不仁者加乎其身"。(4.6)同样地,在卷十七,我们发现君子所"恶(disdains)"的一连串的事情(17.22)。最后,《大学》刻画了道德上的"真诚"(诚),说对待道德上恶和善的正确态度"如恶恶臭,如好好色"(《大学》之第六章)。现在,回顾一下白牧之(E. Bruce Brooks)和白妙子(A. Taeko Brooks)已经论证过的《论语》卷四是最早的文本,而卷十七则被崔述证明在《论语》晚出的第二部分,《大学》则始于古典时代末期。因此,这种用法似乎在很长的历史时期内都很普遍。

关于"恶"的这种用法,哲学上的部分重要性是,它表明我们的道德蔑视态度与我们一般意义上的不喜欢和不赞同的态度并无二致。相反,我们对令人讨厌的潮湿环境的厌恶就像我们对可耻事物的蔑视一样(2A4);我们对死亡的厌恶就像我们对行不义之事的蔑视一样(6A10)。所以用"恶"这个词——其意义叠加了羞耻和我们对像潮湿这种令人不快的事物的天然反感——帮助我们将我们的羞耻感概念化为一种自然本能。

那么,似乎有很好的理由相信,"羞"和"恶"都是汉语羞耻词。特别地,对孟子来说,"羞 X"就是把 X 视为可耻的,而取决于上下文地去"恶 X",也可以是把 X 视为可耻的。取决于 X 和某人自身之间的关系,"羞 X"和"恶 X"有可能涉及也有可能不涉及羞耻情感的感受。所以"羞"和"恶"都指的是与羞耻情感(the emotion of shame)有关但却又不完全等同于羞耻情感的态度。因此,我们可以把它们看作是"情感态度(emotional attitudes)",并将《孟子》2A6 和 6A6 两段文字中的[羞恶]这两个字翻译为"蔑视和厌恶(disdain and dislike)"。

拥有这种情感态度的能力(孟子称之为"义之端"),准确地说,就是一种羞耻感。而且,它是一种道德上的羞耻感,因为(如同上述例子所表明的)孟子几乎总是在与人格失败的关联中使用其"羞耻词汇(shame vocabulary)",而不是外观标准。总之,我们考察的例子表明,早期儒家极力贬低"传统羞耻"的重要性,而致力于强调"道德羞耻"的重要性。

V. B. 3. 由羞耻引发的哲学问题

我们把传统上的和道德上的羞耻都称为"羞耻",这只是同音异义的问题吗?我认为在这两种情感之间存在着深刻的联系。这种联系之所以存在,是因为正如亚里士多德和孟子很久以前所强调的那样,人是社会性动物。人是社会性的,不只是因为我们喜欢与他人互动,而且还因为与他人互动是帮助我们正确运用理论和实践理性的必要条件。成为一个好的理论家(像经济学家、物理学家或英文教授)的一部分是积极回应同事的意见。一个对同事的赞扬和批评完全漠不关心的研究人员实际上是一个糟糕的研究人员。同样地,成为一个好的实践理性者的一部分是对一个人的道德团体成员的意见作出回应。一个对他人的道德观点完全漠不关心的人是危险的狂热分子。①

我承认并不是每一个人都共同拥有这种理论和实践理性的观念。在其《谈谈方法》一书中,笛卡尔展示了理论推理者的一幅清晰而又有影响力的图画,"独自关在一间有火炉的暖房里",追踪他的思想痕迹,不会受到其他人的打扰。这个在很多现代文学作品的英雄人物中都有其在道德上的对应者,面对乌合之众总是遵循他的纯粹的良知。②(想一想易卜生的《人民公敌》。)但确实也存在一些情况,在那些情况下,甚至在面对极端的批评和反对时,人们也应该坚持他们理论和实践上的承诺。但是,正如缺乏创新或挑战他人的能力显示了一种不健康的傲慢缺陷,对他人观点的无动于衷也展示出狂妄自大的恶习。

所以道德羞耻和传统羞耻是紧密相关的,因为关心一个人

---

①孟子认清了传统标准和道德羞耻之间的关联,这由他看到了义的美德和礼的美德之间的紧密关系表现出来。关于这一点,参见本章后面的第 V.C 节。

②笛卡尔:《哲学著作选》,第 25 页。实际上,威廉斯批判了他称之为的"伦理笛卡尔主义(ethical Cartesianism)"(威廉斯:《羞耻与必然性》,第 99 页。[参见前引中译本,第 110 页),而我在这个地方的立场与他非常接近。——译注]

在他人面前的表现需要谦逊的美德。我不否认,在概念上有可能存在受道德羞耻而非传统羞耻支配的生物。但我不认为人是那种生物。我认为,人类不可能在心理上拥有那种既能让我们向他人学习又不会感到传统羞愧的谦逊。

伯纳德·威廉斯在其《羞耻与必然性》一书中,与古典希腊思想相联系,对羞耻提供了在哲学上颇有启发意义的讨论。威廉斯在这部书中所说的很多内容对早期中国思想的学习者而言也应该是很有意义的,但是在这里我将只关注这样一点:他对经常听别人说的如下主张的讨论,即古希腊人持有一种"耻感文化(shame culture)",与我们自己时代的"罪责文化(guilt culture)"相对立。正如威廉斯所阐明的,如果我们假设对羞耻是什么有一种漫画式的粗略印象,这种主张可能会非常误导人。而且,希腊人有时用他们的羞耻词汇来描述错误行为的受害者(而不是施动者)的情绪,他们认为不光彩的行为会正当地激起别人的义愤感(而不是轻蔑的感情)。但是,正如我们早先所看到的,这些是负罪感的显著特征。这些观点严重限制了将希腊视为一种"羞耻文化"的有效性。①

---

①尽管如此,威廉斯认为这种区分是有一定道理的:他们的情感反应"并没有单独地作为罪责而被承认,那么它们就不完全是罪责;就好像羞耻没有罪责作对比,它就不再是同样的羞耻"。(《羞耻与必然性》,第91页。[参见前引中译本,第101页——译注])威廉斯也反驳了如下主张:以任何简单的方式被羞耻所驱使,都是肤浅的、不自主的或自我中心的。我愿意请认为羞耻是非道德的或道德的远古观念的任何人,都去读一读威廉斯的《羞耻与必然性》,尤其是这本书的第4章,以及艾森伯格的文章《自然骄傲与自然羞耻》。

我的感觉是,当人们把希腊或中国描述为"耻感文化"时,他们通常想的是"传统羞耻",而"道德羞耻"则被排除在外。然而,我们看到,早期儒家传统强调"道德羞耻"要过于"传统羞耻"。只要我们记住这一限制条件,我认为我们就可以公平地说,古代中国文化,与古希腊文化相比,更完全是一种耻感文化。在我发现的所有例子中,中国人的"羞耻"总是集中在情感的主体上,而不是那些被主体所影响的人(如果有的话)。我为我所做的事而感到羞耻,或为我遭受了这样的事而感到羞耻,但却不是对由于我所做的事恰巧发生在你身上而感到羞耻。那么,中国人的伦理学没有为受害者的视角留出任何空间吗?确实是,但它是以一种不同的方式提出的问题。像"仁"和"恩"这样的美德,以及与其相联结的情感(比如怜悯之情),都关注于受害者。例如,回想一下《孟子》1A7,在那里齐宣王被要求要对其臣民施以怜悯之情(在很大程度上,臣民的苦难是由这位君主的疏忽和虐待造成的)。①

那与古希腊的羞耻有关的义愤呢?儒家对待义愤的态度很复杂。比如说,孟子时代的儒者似乎持有一种传统观点,即一个人不应该屈从于怨恨(怨),即使这种怨恨是由他人糟糕的对待引起的(2B13,5A1.2,5B1.3,6B3.1)。孟子有时候似乎也分享这一观点(2A9.2,5A3.2,5B1.3),但是在其他地方他好像又在尽力证明有德者怨恨或愤怒(怒)的合理性(1B3,2B13,5A1.2,6B3.2-4)。因此,他称赞圣王舜,因为他对他的

---

① 还需要注意的是,相比之下,仁慈(benevolence)既不被柏拉图所提及,也不被亚里士多德所谈及。

弟弟"不藏怒焉,不宿怨焉"——尽管他的弟弟"日以杀舜为事"(5A3.2)！另一方面,孟子也赞许地提到武王,他因有人"衡行于天下"而"耻之","一怒而安天下之民"(1B3.7)。然而,需要注意,武王感到羞耻的是,其他人以一种顽固的方式行事。他们的行为是对天的一种冒犯,而武王认同天的"意志"。要是说在这一语境中,武王对其他人的顽固行为感到有"罪责",这似乎很怪。而且,另一段文字说到某个经历了道德转变的人,他"悔过,自怨自艾"(5A6.5)。这些例子表明了如下几个结论:(1)早期儒家对义愤的态度是矛盾的。(2)儒家的羞耻不像是在对他人的义愤预期中的罪责;就义愤与羞耻相关联的程度而言,它是对自己的愤怒,或者是对那些使自己屈从于羞耻的其他人的愤怒。(3)就像我们上面所指出的,儒家的羞耻关注于情感的主体,而不是可耻行为的受害者(如果有的话)。

中国的一种"建国传统"与西方的一种建国传统之间的这些差异可能有助于解释其他不同。举例来说,已经表明,中国传统没有本土的"人权"概念。① 这可能是一个太过极端的主张。"权利"观念在如此之多的可选择的厚的意义上被概念化,以至于很难想象在中国传统中完全没有任何相应的概念。例如,在某种薄的意义上,我们可以说,儒家认为人们拥有其君主给予的仁慈对待的"权利"。但是古希腊似乎确实比古代中国更强调某种像罪责之类的东西,而且权利与罪责联系得更紧密:当我们考虑对一个人的权利的侵犯时,重点通常放在受害

---

① 罗思文:《中国之镜:对政治、经济和社会的道德反思》(*A Chinese Mirror: Moral Reflections on Political Economy and Society*)。

者身上,我们预料到他们会义愤不平。因此,尽管荷马的文化在所有方面都与我们不同,但在这方面,希望看到自己的权利被尊重的普通西方人与最优秀的阿卡亚人而不是与圣王舜有更多的共同点。

有趣的是,亚里士多德否定了羞耻感是一种德性:

> 此外,说由于一个人在做了坏事之后会感到羞耻,我们就应当说他是有德性的,这是荒唐的。因为,那个引起羞耻的行为必定也是出于意愿的行为,而一个有德性的人是不会出于意愿做坏事情的。然而,羞耻只是在如下假设下才是德性:如若[有德性的人]要去做[坏事情],他就会感到羞耻;但是这一点不适用于诸德性。①

这并不完全清楚。然而,我猜测亚里士多德的观点是下面这样的。有德性的人具有这样一种性向,即他要去做某件可耻之事,他就会感到羞耻。不过,将这种性向等同于德性,存在概念上的问题。首先,有德性的人,作为有德性者本身,是不会去做可耻之事的,并且也根本不会有机会运用这种性向。其次,德性的运用是人类繁盛的构成性要素,但是感到羞耻这样一种性向的运用绝非人类繁盛的构成部分。因此,这种性向似乎不

---

① 亚里士多德:《尼各马可伦理学》,第 115 页(第 4 卷第 9 节,1128b)。(方括号中的文字是所引的英译补充的。)[中译参见亚里士多德:《尼各马可伦理学》,廖申白译注,北京:商务印书馆,2003,第 125 页,译文据英译文有改动。——译注]

可能是一种德性。亚里士多德的观点是言之成理的,但是我们应该补充如下限制条件。虽然有德性的人不会以有德性者本身去做令人羞耻之事,但没有真正的人是完美的。真正的人将会有机会运用感到羞耻的性向。而且,亚里士多德似乎忽略了作为一种性向的"羞耻感"的作用,这种性向将某种行为过程看作是可耻的(因此是需要避免的)。

帕特里夏·格林斯潘(Patricia Greenspan)作过一些评论,可能有助于解释与孟子相比,亚里士多德为什么似乎要弱化羞耻的重要性:

> 亚里士多德对有道德的成年人的羞耻感不屑一顾,这突出了他的德性观念毫不妥协的品质。亚里士多德列出的德性清单并不是精心设计的,有人可能会说,单刀直入地直接向行动者而不是教育者或其他人提出建议,他们处于可以从一开始就计划生活,或从整体上判断生活的状态。①

相比之下,在《孟子》中,我们发现我们的哲学家通常都是直接向远非完美的成年人提出建议。

总之,对孟子来说,义是这样一种性向,它蔑视某种人格特征和将是其基本特征的行为,或将这种人格特征和行为看作是可耻的。任何可辨别为人类的人都会认为有些事情是可耻的,

---

① 格林斯潘(Greenspan):《罪责与美德》("Guilt and Virue"),第62页。

并且不屑于去做。然而,道德发展的一部分就是逐渐将一个人会产生蔑视反应的案例"扩充"到相关的相似案例中去,在后一种案例中,人还不会产生那种反应。人们有时候会对传统上在一个人的社会中被视为可耻的事感到羞耻和蔑视,包括社会地位低下和贫穷。但是一个人应该鄙视去做道德上可耻之事。真正可耻的行为,其典型例子包括在游戏中欺骗,接受贿赂,帮助或奉承邪恶的统治者,以及允许自己被侮辱地对待。悲哀的是,人们经常做那些真正可耻的事,以避免只是传统上让人感到可耻的事(例如,接受一份有声望的、能赚钱的工作,而这意味着要贬低自己。)

V. C. 礼(Propriety)

在第 2 章第 II. A. 1 节,我泛泛地讨论了作为仪式的社会践履意义上的礼在儒家中所扮演的角色。然而,对孟子来说,"礼"不仅是指实践仪式,而且还指的是德性。立即就有三个问题浮现出来。作为一种德性的"礼"(我将之译为"礼义[propriety]")是什么?它与作为仪式的"礼"("礼节[rites]"或"仪式[ritual]")是如何关联起来的?礼义与其他德性是如何区别开来的?在《孟子》里有内在的证据表明我们的哲学家关于这种德性本身有点不太确定。礼是唯一与不同情感反应相一致的德性,这体现在描述四种德性的两个关键段落里:在 2A6 处它与"辞让"也即"恭顺(deference)"相一致,而在 6A6 处它则与"恭敬"即"尊敬(reverence)"相一致。在 4A27 那里,孟子对礼的描述也令人困惑,这段话是他最详细地讨论诸德性及其相互关系的地方。在讨论了仁、义、智之后,孟子又说:

"礼之实,节文[仁义]斯二者是也;乐之实,乐[仁义]斯二者。"解读这句话的一种自然的方式是,主张礼的仪式规范和修饰了仁与义的表达。因此,一个人可以通过一场生日派对中的仪式为其父母(仁慈的表现)而表达他的喜爱之情。而我用葬礼来表达并减轻我对父母去世的伤痛之情。在讨论礼之后,孟子马上提到音乐问题,这一事实表明,他是在谈论礼节,因为很多礼的实践都有音乐伴奏。然而,如果这种解读是正确的,那么孟子自己似乎主要是在仪式的意义上而不是德性的角度来考虑"礼"的。

李耶理基于信广来在其博士论文中提供的分析,对礼这种德性发展出一种很有诱惑力的复杂叙述。① 他赞同信广来的核心主张:礼包含通过仪式活动对敬的表达。李耶理对这一点做了补充,解释了孟子为什么将对敬的表达与仪式活动相联系:对人类来说,只有通过这样的传统行为,才有可能充分地表达敬。李耶理还通过提供礼为什么对孟子而言是一种核心德性的解释扩展了信广来的说明。他指出恭敬或辞让是由礼来"纠正……人所遭受的一种主要扭曲"实现的,"它纠正人们对权势的喜爱和自我膨胀的扩张,因而也就纠正他们怨恨他人和力图获得超过他们需要和应得的东西的倾向。……无论是[智]还是勇……都由于没有辞让而受到损害"②。这在理论

---

① 李耶理:《孟子与阿奎那》,第 211 页注释 11。[可能是中译本李耶理:《孟子与阿奎那:美德理论与勇敢概念》,前引,第 42 页的脚注①。——译注]

② 李耶理:《孟子与阿奎那》,第 41—42 页。[参见前引中译本,第 49—50 页。译文稍有改动。——译注]

上为孟子的观点提供了一种很好的解释,尽管李耶理没有能够从《孟子》中援引具体的文本证据来支持它。然而,《论语》中有一些证据能证明这一观点。据说孔子曾说过:"恭而无礼则劳……勇而无礼则乱。"(8.2)此外,也有可能以一种支持李耶理的方式解读4A27那段文字。我假设上引"礼之实,节文[仁义]斯二者是也"这句话的意思是,仪式的践履(ritual practices)"规范和修饰"了仁与义。然而,可以想象,它也可能意味着仪式性的礼义(ritual propriety)"规范和修饰"了仁与义这两种德性。换句话说,礼有可能是一种有助于维持其他德性的德性。

伊若泊曾提出,礼根本就不是一种独特的德性,而只是义的另一种称呼:"'义'与'礼'都有'做什么是正确的'那种含义,但是它又不被[传统的]行为准则所限制,因此似乎具有一种普遍意义,与严格意义上的'礼'不同。"①伊若泊收集了一些惊人的证据来支持他的假设。例如,他注意到,在6A5处对义的延伸讨论中,正确(义)行为的例子全部都是由礼仪所规定的行为。② 而且,同一段文字把敬描述为与义相合宜的情感,但这在6A6处却是符合于礼的情感。③

我认为信广来、李耶理和伊若泊的论述最终是彼此一致的,都提供了对孟子将礼理解为一种德性的分析,这在文本上是站得住脚的,在哲学上也很有趣。有一种倾向,当我们认为

---

① 伊若泊:《儒家天的创造》,第112页。
② 伊若泊:《儒家天的创造》,第115页。
③ 伊若泊:《儒家天的创造》,第118页和第261页注释64。

它是做普遍意义上的正确之事的倾向时,我们就把它置于"义"的描述之下来讨论了,而当我们认为它是做由我们所处的社会习俗和持续的传统所规定之事的倾向时,我们就把它置于"礼"的描述之下来讨论。(孟子会将这两种描述方式看作是相互重合的,因为他认为他的文化传统[可被恰当地理解为]在道德上是正确的。)"礼"因如下两种理由而是一种重要德性。首先,人需要仪式活动以表达特定的感情(例如通过鞠躬或让某人先过一扇门来表达尊敬之情)。其次,"礼"是重要的,因为人容易自我膨胀。作为一种德性,"礼"在恭顺和敬重的仪式表达中实现了自身。这些活动加强了我们在面对我们所属的更大群体时的谦卑感。(因此就可以理解,作为一种德性的"礼"会使用仪式活动来表现我在第2章第 II. A. 1 节赋予它们的那种功能。)

V. D. 智(Wisdom)

273   对于西方美德伦理学传统而言,智处于核心地位。然而,在产生了孟子思想的那个传统里,它明显是隶属于仁和义的。实际上,对孟子来说,智是什么,以及它为什么是基本德性,这些几乎没有得到讨论。不过,我主张,如果我们仔细地阅读《孟子》,我们就能看到关于这种美德及其意义的一个很成熟的概念。

《孟子》5A9 是一个被忽视的文本,而这个文本深入阐释了智:

万章问曰:"或曰:'百里奚自鬻于秦养牲者,五羊之皮,食牛,以要秦穆公。'信乎?"孟子曰:"否,不然。好事者为之也。百里奚,虞人也。晋人以垂棘之璧与屈产之乘,假道于虞以伐虢。宫之奇谏,百里奚不谏。知虞公之不可谏而去,之秦,年已七十矣,曾不知以食牛干秦穆公之为污也,可谓智乎? 不可谏而不谏,可谓不智乎? 知虞公之将亡而先去之,不可谓不智也。时举于秦,知穆公之可与有行也而相之,可谓不智乎? 相秦而显其君于天下,可传于后世,不贤而能之乎? 自鬻以成其君,乡党自好者不为,而谓贤者为之乎?"

这段文字不断强调百里奚的智。因此,对这段话进行仔细分析,应该能揭示孟子对这一德性认识的更多信息。

为了他自己的一点礼物以作为交换,虞国的君主允许晋国军队假道虞国去攻打虢国。这种让步的危险是显而易见的。虞国位于晋国和虢国之间。如果晋国成功攻克了虢国,虞国就将被晋国控制的领土所包围(在它攻克虢国之后,晋国将成为一个更大的且更强有力的对手)。如果晋国攻打虢国失败了,虢国将成为虞国的敌人。事实上,晋国攻克了虢国,随后又继续打下了虞国。

百里奚的表现从几个方面来看都是令人惊异的。① 首先,

---

① 《孟子》中反复出现的一个主题是如下事实,即大多数人很难理解真正的有美德之人,经常把他们看作是令人困惑的甚或是恶毒的。吊诡的是,那些有美德的人往往令人钦佩。这一点无疑与如下事实相关:道德鉴赏家欣赏那些非道德鉴赏家看不到的东西。(参见本书第1章第II. B. 3. b节。)

他没有规劝虞国的君主不要做出接受那些贿赂的决定。孟子解释说:"[他]知虞公之不可谏……[他知虞公]不可谏而不谏,可谓不智乎?"这就表明,智的一部分是对他人的品格做出很好的判断。明智的人能对品格作出良好判断的更进一步的证据可能出现于后面的段落中,当时孟子评论道,百里奚"知穆公之可与有行也而相之,可谓不智乎?"我的学生有时候被百里奚接下来的行为弄糊涂了,虽然:"[他]知虞公之将亡而先去之,不可谓不智也。"然而,对我来说,孟子在此处关于智的假设似乎非常有道理:一个明智的人对他自己的福祉有着健康的关切。百里奚(正确地)判断出他所生活的诸侯国要灭亡了,因为其君主是一个贪婪的大傻瓜。如果百里奚坐以待毙,那他就将一事无成,所以他逃走了。然而,这段话主要的谜团是百里奚最终是如何跑到秦国去养牛的。万章报道是"有人说(或曰)"百里奚自卖为奴,以此他便能够通过把他的牛照料得很好而获得秦国国君的注意。孟子驳斥了这种可能性:"[他]年已七十矣。曾不知以食牛干秦穆公之为污也,可谓智乎?"又一次,孟子的假设始终是,百里奚是明智的。所以他的行为给我们揭示了智的表现,我们可以排除关于他的可能的断言,因为这些断言与他的智慧不一致。因为一个明智的人不可能卖身为奴以求见国君,并且因为百里奚是明智的,所以他不会这样做。因此智的另一部分是理解什么是"卑劣"(污)。最后,孟子评论道,百里奚"相秦而显其君于天下,可传于后世,不贤而能之乎?"可以推测,百里奚做了很多使秦国国君"显于天下"的事情。然而,作为一国之相,其工作的重要部分必定涉及"手段—目的的慎思权衡

(means-end deliberation)"。换句话说,百里奚一定很善于找出达到既定目的的最佳方法,也善于判断各种行动方案可能带来的后果。①

所以从这样一段文字里,我们能看出孟子的智至少有四个部分:(1)正确评价他人品格的倾向;(2)在手段—目的的权衡方面技巧娴熟:对获得特定目的之最佳手段的深思熟虑的能力和确定各种行动方案之可能后果的能力;(3)理解并倾向于避免卑污之事(例如,对美德行为的欣赏和承认);以及(4)对个人福祉的健康关切。每一部分也都体现在《孟子》的其他部分之中。

(1)《孟子》2A2.25处指出,智是正确评价他人品格的一种倾向:宰我、子贡和有若据说都"智足以知圣人"。然而,孟子也煞有苦心地指出,智,即使是圣人的智,在品格判断上也不是绝对正确的。事实上,拥有完全的美德似乎会使人容易受到某些欺骗。所以孟子承认(2B9)周公,尽管是一个圣人,但仍然没有认识到他的哥哥管叔会领导一场反抗周朝的叛乱。孟子补充说,尽管"周公,弟也;管叔,兄也。周公之过,不亦宜乎?"因此,周公的失误似乎是他的美德的一个结果,而不是其美德的失败。在《孟子》5A2处还有一系列有趣的(尽管是复杂的且难以解释的)轶事,这些轶事可能阐明了同样的观点。

---

① 也许有人会怀疑孟子最后的评论是否真的是关于智的,因为他从谈论"智"转到谈论"贤"了。然而,"贤"是一个比"智"意义更广的概念,所以前者可以包含后者。(我们在后面也将看到,有更多的文本证据表明,对孟子而言,好的手段—目的的慎思权衡是智的一部分。)

孟子弟子万章询问有关圣人舜几乎被他那邪恶的弟弟象谋杀的故事。不为象所知的是,舜做了生存的尝试。那么,当舜发现象在舜的房子里,已经开始享受他哥哥的所有之物,象提供了一个合理的解释,即他之所以在那里,是因为他关心舜的安全。舜的反应是,在其治下给他弟弟提供了一个官职。万章想知道舜是否真的没有认识到(知)象计划要谋杀他。孟子回答说,舜当然知道这一点,但是他这样做是出于对他兄弟真挚的感情。然后,孟子讲了另一个圣人子产的故事,他吩咐一个仆人去把一条珍贵的鱼放生到一个池塘里。仆人清晰地描述了鱼被放进池塘之时的快乐情形,子产为此感到很高兴。然而,现实是,那个仆人把那条鱼烹掉吃了。"孰谓子产智?"仆人洋洋得意地说。孟子评论道,

> 故君子可欺以其方,难罔以非其道。彼以爱兄之道来,故诚信而喜之,奚伪焉?

这则关于子产的轶事清楚地阐明,圣人之智实际上会使人容易受到某些欺骗。然而,孟子对此并不感到惋惜。舜的情况更加微妙。很明显,孟子想要否认舜根本没有认识到正在发生的事情。不过,他对他年幼的弟弟①的关爱之情胜过了他的认知。(这几乎是一种"善良的意志薄弱"。)那么,我们可以说,

---

① 万百安此处用的是"his elder brother",似乎是将象看作是舜的哥哥,但事实上象是舜的同父异母弟弟,所以此处译为"年幼的弟弟"。——译注

舜和子产在不同的地方都被欺骗了,他们都是由于他们自己的最佳特征而被欺骗,其中舜是部分地被骗,而子产则是完全被骗。我担心我可能对这段文字过度诠释了,但它似乎需要这样一种细微的解读。

总之,孟子将智与很好地判断他人的品格关联起来,但对于这种美德的完满性,他比《论语》表达了更多的怀疑。

(2)《孟子》5B1处也有一段有趣的文字,我认为它证明了作为智的一部分的手段—目的之权衡的技巧:

> 智(Wisdom),譬则巧(skillfulness)也;圣(Sagacity),譬则力(strength)也。由射于百步之外也,其至,尔力也;其中,非尔力也。(《孟子·万章下》5B1.7)

这里的"智"明确与"巧"和射箭准确地射中靶心相比较。但是孟子希望用睿智(sagacity)来做什么对比呢?睿智被与力量相对比,后者是射箭远的能力。现在,如果射箭远的能力不与射得准的能力相组合,那它就很危险。另一方面,如果瞄准目标的能力不与实际达到目标所需的力量相组合,它就毫无用处。这就像智与其他德性之间的关系。如果我是"明智的(wise)"但却不仁不义,我会了解如何做是合宜的,但我将缺乏坚持那样做的正确动机。如果我拥有仁义,但却不明智,我会有正确的动机,但我将缺乏准许我达到目标的技巧。

我相信在手段—目的权衡方面的技巧是1B3处强调的智的一部分,在那里,孟子观察到,"以小事大者,畏天者也……

畏天者保其国"。一位君主发现他的国处于更大的国的主宰之下,他的处境就岌岌可危了:他的国就经常处于被更大的国家吞并或被其需求榨干的危险之中。只有掌握了手段—目的权衡的重要技巧,才能成功地驾驭这个过程。

(3)对美德行为的欣赏和承认尤其表现在4A27处,那个地方在讨论了仁和义之后,孟子评论道,"智之实,知斯二者弗去是也"。

《孟子》2A7处既表达了对(3)智是一种"元美德"的理解,也表达了(4)智涉及对一个人自身福祉的承认的事实。有趣的是,孟子是通过援引《论语》4.1来做到这一点的:

> 孔子曰:"里仁为美。择不处仁,焉得智?"夫仁,天之尊爵也,人之安宅也。莫之御而不仁,是不智也。

换句话说,如果一个人无法欣赏仁之"美",或如果当他可以"里仁为美"时,他却没有这样做,那么,这个人就是真正地不明智的。而且,仁既是一种"尊爵",也是我们的"安宅"。所以安居于仁之中是符合于我们自己的利益的。无法欣赏这一点并依据它行事,就是一种不智。

虽然我们在《孟子》中表达的观点和《论语》标准文本中表达的观点之间发现了很多重要的差异,但智德的四个部分在两部著作中都有明显的体现(参考第2章第II.B节)。

VI. 孟子的论辩

在他所处的智识环境中,孟子的哲学立场是非常强有力的。即使对于我们今天来说,孟子很多道德观念背后的直觉,都是简单而令人信服的。部分吸引力在于如下观点,即对人类而言自然的就是对他们来说健康的(广义上的"健康"),而这显然是值得的:

> 今有无名之指,屈而不信,非疾痛害事也,如有能信之者,则不远秦楚之路,为指之不若人也。指不若人,则知恶之;心不若人,则不知恶,此之谓不知[重要性之]类也。(6A12)

在本书的结论部分,我会解释为什么我认为孟子立场的一个版本甚至在今天都是站得住脚的(第 5 章第 III 节)。然而,如果我们看一看孟子自己与他同时代人的论辩,就会更好地理解他的观点。

VI. A. 反驳告子:一位年轻的哲学家留下了自己的印记

在《孟子·告子上》6A1 – 5 处孟子和告子(及其后学)之间的争论,作为论辩的样本,是极其令人感兴趣的。著名的有,阿瑟·韦利(Arthur Waley,在这一点上他受到孟旦和陈汉生的追随)把孟子的论证看作是无力的而加以摒弃:"作为一个喜好辩论的人[孟子]是琐碎而无价值的。整个(卷六)关于善良

(Goodness)和责任(Duty)是内在还是外在的讨论只是一堆毫无不相干的类比。"①不过,我同意那些发现孟子在这些争论中的论证通常是相当深刻敏锐的那些人(包括刘殿爵、倪德卫和信广来)的看法。

如此令人着迷但又可能是如此让人感到困惑的部分原因是,我们在这些段落中看到了两种同等合理但又非常不同的论证风格之间的一种对照。告子,像很多西方哲学家一样,诉诸我们的直觉。他向我们提供他认为对我们来说似乎是可信的比喻,他给出例子,期望(或希望)我们对它们的看法会和他一样。这是一种非常普通的哲学方法,尤其是在伦理学领域中。(如果告子说英语的话,我们会期望他经常这样说:"但是确然无疑的是……","难道你不会说……?"以及"难道你不会认为……?")相比之下,孟子则会采取更为冷静的方法,一种在西方也是很普通的方法。当他面对告子的例子或诉求于直觉的时候,孟子随后就表明,告子的比喻和例子证明不了告子想用它们证明的东西。另一方面,孟子在与告子辩论中并没有显示他自己的立场是正确的。这一点,我认为,正是其论证的品质在其争辩中被挑战的部分原因。但是孟子在这些段落中没

---

① 韦利:《古代中国的三种思维方式》(*Three Ways of Thought in Ancient China*),第194页。陈汉生主张孟子"歪曲和搞乱了[他使用的论证]的形式,以至于我们甚至无法想象他是如何被引诱从而认为它是有效的"(《中国思想的道家之论》,第192页,着重粗体为原著所加)。但是我们在此需要提醒自己记住仁爱和人道的原则:如果我们"甚至不能想象"某人"如何可能被引诱去认为"我们归于他的观点是真的,那么,我们就有极其强烈的理由相信,我们的解释是错的。(参见第1章第I.A节。)

有试图去证明他自己的立场。他只是批评告子的立场。这本身就是一种合理的哲学活动。这对于年轻的哲学家来说也很常见,他们可能会花时间去批判更资深的哲学家的观点,然后再详细地发展自己的立场。这一点与倪德卫给出的两个建议相符合。他注意到,"[《孟子》]卷六中的论辩好像可以读作这样一种记录:孟子通过成功地攻击一个老的、已确认地位的哲学家的观点而使自己出名"。① 另外,出现在《孟子》卷六这个地方的告子很可能与出现在墨家总括性章节中跟墨子辩论的告子是同一个人。但是需要指出的是,《孟子》卷六的讨论发生在非常老的告子和相当年轻的孟子之间。还要注意的是,孟子使用水的类比来阐明人性善(6A2),这似乎是他对人性论的一种比我们在其他段落(如2A2或2A6)中找到的稍显简单的表述。只要有机会,水就会往下流。这与孟子的农作物比喻形成了对比,孟子的农作物比喻认为,要充分开发人的美德潜能,积极的培养是必要的(至少在大多数情况下是必要的)。如果6A1 – 5(以及可能还有6A6)的孟子正处于其生涯的较早阶段,这种差异就能够得到解释。因此,我首先讨论这些辩论。(尽管如此,如果事实证明孟子后来在他的职业生涯中参与了这些争论,那么在我的解释中一切都不会受到影响。)

VI. A. 1. 人性:《孟子》6A1 – 3

为了理解孟子与告子关于人性的争论,我们应该记住对他们而言"性"或"本性(nature)"意味着什么。正如我们在上面

---

①倪德卫:《公元前4世纪中国的唯意志论》,第24页。[中译本参见倪德卫:《儒家之道:中国哲学之探讨》,前引,第156页。——译注]

第 I 节所看到的,不同种类的事物,其本性是不同的;这是使它们成为不同种类事物的部分原因。(这一点在 6A3 处孟子反驳告子的论证中尤其重要。)另外,拥有本性的事物才具备先天固有的属性或性向。(这一点在 6A2 处孟子反驳告子的论证中尤其重要。)

告子的立场是,人性既没有善的倾向,也没有恶的倾向。他认为人性是由感性欲望以及还可能是任何满足一个动物的生命所必需的其他活动(比如新陈代谢)所构成。然而,告子并不反对德性修养。他相信人能够也应该成为仁爱和正直的。成为有美德的人是一个以人为方式转变我们的本性的过程。从这种描述来看,告子的立场似乎非常接近于荀子后来将要发展和辩护的观点。因此,孟子与告子关于人性的争辩使我们对孟子可能会如何批判荀子提供了一定的认识,尽管他从未反驳过荀子。① 然而,荀子说人性是"恶"的,而告子则似乎主张它在道德上是中立的。我认为这里并不只是术语上的差别。荀子提出成为有美德的人是一个艰苦的过程。相比之下,告子的比喻表明,成为有美德的人是相当容易的。实际上,孟子(在

---

① 还可以回想一下本章第 I 节所说荀子持有一种先天固有的人性观念,而孟子持有一种发展的人性观念。根据发展的人性观念,事物之本性是这样一个事物,若其未受伤害且被给予了对此类事物而言是健康的环境,就会得到发展的那些属性。相比之下,对于先天固有的人性观念,一个事物之本性是这样一个事物生而就有的属性,它先于最微小的生长和培育。告子很可能持有一种先天固有的人性观。然而,就像我在荀子和孟子的情况下所证明的,这一点并不意味着告子就不可能与孟子发生实质性的分歧。

2A2.15 处)指出,根据告子,美德是一个人能够轻易"获得"的东西。

6A1

告子曰:"性,犹杞柳也;义,犹桮棬也。以人性为仁义,犹以杞柳为桮棬。"孟子曰:"子能顺杞柳之性而以为桮棬乎?将戕贼杞柳而后以为桮棬也?如将戕贼杞柳而以为桮棬,则亦将戕贼人以为仁义与?率天下之人而祸仁义者,必子之言夫!"

为了说明他的立场,告子把使人成仁义与雕木为杯碗两者做了比较。这似乎是一个完美无缺的比喻,但是孟子却看到告子的类比暴露了其人性论的一个概念上的问题。如果仁义与我的自然(nature)相悖——换句话说,如果对我来说美德之道不是自然的——那我究竟为什么要成为仁义之人呢?为什么要为了遵循一些外部强加的标准而扭曲我这种生物呢?这正是杨朱学派所提出的反对遵循儒家(或墨家)之道的方式。并且它貌似是一个非常有道理的反对。

当然,孟子不容易受到这种反对,因为他相信人性是拥有自然地倾向于美德的性向(因此,孟子说遵循某一事物的本性就像是圣王大禹[因其努力治水而闻名],他"之行水也,行其所无事也"[4B26])。但是告子对杨朱学派的反对是持开放态度的,荀子也是如此。荀子巧妙的回应是,我们为改变我们的本性找到了自我利益的理由。换句话说,甚至在当前的非道德状态下,我们也有很好的理由成为道德生物。荀子能否使这个论证变得合理是一个有趣的问题(但这个问题超出了本书的讨论范围)。

从逻辑上讲,孟子的论证结构是一种否定后件的假言推理。如果人性就像告子所说的那样,那么成为有美德的人就将是对人们有害的。但成为有美德的人并不是对人有害的。(这是一个告子和孟子都赞同的前提。)所以,人性并不像告子所说的那样。

6A2

告子曰:"性犹湍水也,决诸东方则东流,决诸西方则西流。人性之无分于善不善也,犹水之无分于东西也。"孟子曰:"水信无分于东西。无分于上下乎?人性之善也,犹水之就下也。人无有不善,水无有不下。今夫水,搏而跃之,可使过颡;激而行之,可使在山。是岂水之性哉?其势则然也。人之可使为不善,其性亦犹是也。"

告子特别强调说,所谈论的水是"湍水"。因此,我们可能不应该想到死水,就像在桶里,它是通过在一边戳一个洞来流动的。相反,我们应该考虑一个地下喷泉或自流井,那里的水已经冒泡或在活跃的地下喷涌。

孟子在这里的辩驳遭到大量批评。既然告子只是用水的类比来说明他自己对人性的立场,孟子又怎能只是用同样的类比来提出不同的观点,从而真正反驳告子的立场呢?我们有巧妙的修辞烟花,但我们真的有论证吗?

在 6A1 处,孟子并不怀疑如下事实,即告子所使用的类比是告子人性论的精确模型。相反,孟子接受了告子的类比是告子自己观点的表现,但他随后表明,告子的人性观具有无论是告子还是孟子都不想接受的后果。在 6A2 处,告子提供了一个不同的类比,希望规避孟子较早时提出的反驳。这时,孟子对告子的类比是否足以代表告子的立场提出了质疑。

为了了解问题出在哪里,请思考如下问题。告子为什么用水而不是用黏土或金属作喻体呢?我相信告子的选择有很好的理由,并不是每一个事物都拥有自身的"性"。黏土和金属都没有一个正常的、健康的发展过程。因此,它们不具备一种"性"。但是我们知道,至少某些早期中国思想家相信水具有一种本性:"夫水之性清,土者抇之,故不得清。"①如果不反复(用力)搅动,浑浊的水就会变清。如果告子选择黏土或金属作为他的喻体,并指出无论你把黏土做成杯子还是碗,你都不会伤害它,孟子就会很容易地回答说,这说明不了人类,因为(不像黏土那样)人类是有本性的。(记住,孟子和告子对人性是什么看法不一,但他们都认为人是有本性的。在这一点上,他们都不赞同墨家的观点。)所以告子以水为喻体,试图说明如下事实:一个人可以取一个拥有本性的事物,使它以不同的方式发展,而不违反那个事物的本性。

现在考虑一下水从一个喷泉或自流井里喷涌而出。即使它对东方或西方没有任何偏爱,我们也不能使它向东或向西流动而不遵循它向下运动的自然偏好,或使用力量来克服这种向下的偏爱。这不仅仅是告子类比的一个非本质的缺陷。为了

---

① 《吕氏春秋》,纪部 1.2,"本生"(本章第 I 节已对此有所援引)。

避免孟子在6A1处提出的反驳,告子忽略了水的自然倾向(例如,它向下流淌的偏好),没有这种自然倾向,它甚至都不会具备告子所关注的那种属性(例如,对东西流向的漠不关心)。所以告子的类比没办法解释如下事实,即一般而言,形成一个拥有某种本性的事物,必须或者利用那个事物的本性,或者违背它。告子在培育人的德性和修改拥有某种本性的事物之间作出的任何类比,都会产生同样的问题,并且任何与没有本性的事物的类比都将是一个非类比(disanalogy)。

告子可能会反对说水不拥有一种本性的观点。他毕竟说过人性就像水一样;他没有说人性像水之性。《孟子》6A3甚至可能正好表明了这种反应,因为告子由说"生之谓性"开始的那段话。如果这就是"性"所意指的含义,那么水就不拥有一种本性,因为它是没有生命的。① 但是这种反应对告子来说是致命的。如果告子试图规避孟子在6A2中通过主张水不拥有本性而提出的反驳,那么孟子就将立即回应,告子的类比是不切题的:一个人不能通过求助于某个不拥有本性的事物来展示某个拥有一种本性之事物(比如人类)的事实。所以孟子在6A2中对告子类比的回应假定水是有一种本性的,而告子的类比本身就一定假设了这一点(或者它与人性问题是无关的)。

到目前为止,在卷六中,告子已经提出了两个类比来说明他的人性概念。孟子对每一个类比都指出了一个问题。6A1中的第一个类比暴露出告子的立场是朝着"杨朱学派"反对道

---

① 我要把这一观察归功于一位匿名的评审专家。

德教化的老生常谈开放的。在 6A2 中,孟子论证了告子不能同时坚持如下两个主张,一方面,有一种像人性这样的事物,并且人性是无关于道德伦理的,但随后又主张使一个人成为道德的不会违背任何自然的性向。还是在 6A2 中,孟子利用水的类比指向了他自己的人性观念。孟子在这段话里没有证明这种观念是正确的。但是我不认为这是他的意图。它是对告子批评孟子的类比或告子让孟子证明其人性论的正确性保持开放的。告子放弃了这个机会,试图不借助类比来陈述自己的立场。

6A3

告子曰:"生之谓性。"(Being alive is what is meant by "nature."[译按]或可译为:"生活着就是指'性'。")

告子用类比来解释自己的立场,结果只会给自己带来麻烦,所以现在他转而用更字面化的阐述。使用古代汉语阐述一个术语的标准结构(X 之谓"Y"),告子解释了他把人性看作是什么。① "生"可意指"活着(to live)"(这就是我将之译为英文的方式),但它也可以意指"出生(to give birth to)"或"创生(to create)",这使有些人把告子的这个阐述译为:"生而具有的就

---

① 在《中庸》开篇我们有三个 X 之谓"Y"的句式结构的例子:"天命之谓性,率性之谓道,修道之谓教。"我将之英译为:"The Heavenly Mandate is what is meant by the 'nature.' To follow the nature is what is meant by the 'Way.' To cultivate the Way is what is meant by 'education.'"

是'性'。"(The innate is what is meant by 'nature.')①可以想象,这就是告子所意指的含义,并且它与关于"性"的先天固有的概念相一致。因为孟子持有关于"性"的发展概念,他可能会与告子话不投机,就像荀子后来与孟子的立场产生了分歧一样。然而,孟子在这一节里将提出一个反驳,这会证明对告子来说,无论是关于"性"的先天固有的概念还是发展的概念,都是有问题的。

所以告子想要用"生活着"表达哪种活动呢?关于"生活着"所涉及的意义,我可以想象一种最小的、中等的和最大的解释。从最小的意义来说,他用"生活着"可能仅仅是指我们与新陈代谢有关的那种活动:摄取某种营养,通过加工来维持身体机能,然后清除废物。(在这个意义上,"生活着"[生]与"已死亡"[死]是对立的。)在复杂性的中等水平上,告子用"生活着"可能指的不仅是新陈代谢,还有与饮食和性爱相关的欲望。告子在6A4中提出的意见"食色性也"表明了他心中拥有这第二种观念。从最大的层面上来看,告子用"生活着"可能指的是某一特定种类的生物独特生命的所有活动,无论它们可能是什么。首先,这个最大的概念不会将他的人性观点与孟子的人性观点区别开来。孟子将会赞同生物的本性就是那一类生物健康成员的独特活动;他和告子只是在那些活动是什么这一点上产生分歧。其次,正如孟子质问的线索所表明的,告子把"生活着"看作是不同物种中相同的东西。事实上,正是这一论断使孟子能够对他的立场作一归谬法的推理。所以

---

① 比如说,辛顿的《孟子》英译,第198页。

我猜测告子持有的是中等立场：人性就是在新陈代谢和满足基本欲望如饮食和性爱的意义上生活着。

孟子的策略是表明，告子的界定将会蕴含不同种类动物的本性都是相同的这样的意思。这不仅是一个无论告子还是孟子都会加以拒斥的结论，而且它也不符合古代汉语使用"性"的方式。（正如《吕氏春秋》所观察的，"牛之性不若羊，羊之性不若豚"①。）在做出这一论证时，孟子诉诸一个隐含的前提："一只狗的活着与一头牛的活着是相同的；一头牛的活着与一个人的活着也是相同的。"（犬之生犹牛之生，牛之生犹人之生。）孟子把这一前提看作是如果明显，甚至都不值一提。乍看之下，孟子似乎能够直接从告子的第一个命题（"生之谓性"）和这个前提得出如下结论："犬之性犹牛之性；牛之性犹人之性。"所以他为什么没有这样做呢？

正如新墨家后来详细解释的那样，（1）存在一些情境，在这些情境下，我们会认为一个事物与另一个事物密切相关，关于前者的情况就是关于后者的情况（新墨家为此使用的句式是"或乃是而然"，即"X 与这一点相关，所以它就是这种情况"）。然而，（2）也存在另一些情境，在那些情境下，我们认为一事物与另一事物密切相关，但关于前者的情况并不是关于后者的情况。（墨者使用的句式是"或是而不然"，即"X 是这样，但它不是那种情况"。）关于前一种情境，墨者举出的例子是：

---

①《吕氏春秋》,《论部》23.5,"雍塞"（本章第 I 节引用过）。

(a) 白马是马。骑白马是骑马。
(b) 黑马是马。骑黑马是骑马。①

第二种情境,墨者给出的例子是:

(c) 她的弟弟是美男子,但是爱她弟弟却不是爱美男子。
(d) 盗贼是人,但有很多盗贼并不是有很多人。②

有人认为推理(c)是没有根据的,因为说"她爱美男子"表明了浪漫的爱情,而这不是她对其弟弟所应产生的感情。推理(d)被认为是没有根据的,因为我们"有很多盗贼"(作为我们人口的一部分),然而我们只有一小部分人口(因此总体上并没有"很多人"),这有可能是真的。

所以当告子说"生之谓性"时,孟子知道他必须谨慎地从这个论断中得出任何暗示。如果孟子直接说:"然则犬之性犹牛之性,牛之性犹人之性与?"如果告子足够聪明,他就会回应说:"这是这样一个例子,在这个例子中,某物是一个特定的事物,但是(后者的情况)并不是它的情况。一只狗的活着并不

---

① 葛瑞汉英译:《后期墨家的逻辑》,第485页。[引用的例子来自《墨经》"小取",原文为:"白马,马也;乘白马,乘马也。骊马,马也;乘骊马,乘马也。"——译注]

② 葛瑞汉英译:《后期墨家的逻辑》,第487页。对(c)的译文稍做改动。[引用的例子来自《墨经》"小取",原文为:"其弟,美人也;爱弟,非爱美人也。……盗人人也;多盗,非多人也。"——译注]

是牛的那种生活,而一头牛的活着也不是一个人的那种生活。"(此乃是而不然者也。犬之生非牛之生也,牛之生非人之生也。)

所以与此相反,孟子以其归谬法让告子一次次地从他所需要的观点上退让:

孟子曰:"(子意谓)**生之谓性**也,犹**白之谓白**与?"
(告子)曰:"然。"

在这里,孟子想要确定告子是否真的打算陈述我们称之为的严格的定义。这一点是重要的,因为很有可能以一种松散的方式使用"X之谓'Y'"的句式结构,以便并不严格地界定它的形式阐述一个术语。孟子用"白"这个例子,因为这是一个术语的常见示例,无论发生的上下文如何,它都发挥着相同的功能。这是由上面新墨家的样本例句(a)所证明的,也遵循了新墨家"大取"篇中的如下文字:

名实不必(名)合。苟是石也白,败是石也,尽与白同。是石也唯大,不与大同。①

因此如果我们说一块石头是"白的",我们就可以说这块石头的一小片碎石也是"白的"。但正因为我们可以说这块石

---

①葛瑞汉:《论道者》,第151页。[参见前引中译本,第178页。——译注]

是"大的",我们却不能必然地说这块石头的一片碎石也是"大的"。

在同意了他打算给出一个严格的定义之后,对告子来说,就很难不同意孟子接下来的论断。然而,孟子想让告子明确同意接下来的论断,封锁了任何可能的逃脱路径。

(孟子曰:)"白羽之白也,犹白雪之白;白雪之白,犹白玉之白与?"

(告子)曰:"然。"

重申一下,前面的内容通过下面隐含的假设与后面的内容相联系:"犬之生犹牛之生,牛之生犹人之生":

(孟子曰:)"然则犬之性,犹牛之性;牛之性,犹人之性与?"

显然,这是一个修辞上的问题。孟子认为遵循告子已经说过的话就会得出,犬之性犹牛之性,牛之性犹人之性。然而,孟子假定告子(或其他任何人)将会为其修辞上的问题给出的作案是,"否,犬之性非如牛之性,牛之性亦非如人之性"。但告子的人性观点就会产生无论是告子还是其他任何人都将不愿意接受的结论。

在这一点上,还不太清楚若不放弃他已然同意的前提之一的情况下,告子如何能够逃脱。假设告子坚持这个目标,并且说犬、牛和人之性都是相同的呢?这对他的受众来说似乎是荒谬的。要是他做出澄清并且随后否定孟子隐含的前提,说:"犬之生非如牛之生,牛之生亦非如人之生"呢?这将会有效地阻止孟子得出他想要得出的结论。不过,鉴于告子已经同意的情况下,要看清告子如何能够否定孟子隐含的前提,这是极为困难的。他已经同意"生之谓性"就像"白之谓白"。他还同意,就白的情况而言,这意味着白羽之白就是白雪之白,而白雪之白就是白玉之白。那么,他又怎么能否认,在每一种情境下,"生活着"都与同样的事物相关呢?①

VI. A. 2. 内与外:《孟子》6A4－5

《孟子》卷六接下来的文字中,发生于孟子和告子(及其弟子)之间围绕仁义内外的问题展开的争辩,令解释者感到棘手。症结就在于,说义(或仁)是"外在的"(外)而不是"内在的"(内),这意味着什么。诱人的是,还有其他早期文献讨论了这个问题。然而,他们所说的似乎于事无补。《管子》"戒"篇指出:"仁从中出,义从外作。"不过,文中并没有暗示这些区别意味着什么。郭店竹简"六德"篇确实解释了仁内义外指的是什么。它本质上是儒家"差等之爱"的一种表达。然而,正如金鹏程注意到的,"《孟子》卷六中,[告子]没有在任何地方提出一个甚至与这一点稍微相似的论证"。留给我们的似乎只有《孟子》6A4－5,作为我们的原始资料,来理解告子和孟子

---

①需要注意的是,即使孟子在 6A3 中的关注与新墨家讨论的问题存在明显的相似之处,他在这里仍然没有使用"名"这一术语,尽管这似乎是一个很容易调用它的地方。这表明那个术语的专业含义在孟子时代还没有被发展出来。并且它也表明《论语》13.3 的"正名"学说也是在孟子之后才出现的(第 2 章第 I. B. 2 节)。

用"内/外"的区分指的是什么。①

关于义是内在的意味着什么,信广来巧妙地概括了之前的三种主要解释:

> (1)一个行动之所以是"义",只有当它之被完成,不仅是因为它是正当的,而且是因为行动者完全倾向于这样去行动……(2)人类已经将"义"看作是四种值得拥有的属性之一,或已经倾向于去做"义"的行为……(3)一个人关于"义"的知识来源于心灵/心智的某种(内在)特征。②

解释(1)阐明"义"的内在性就是关于一种"义"的行动由此被做出的那个动机(motivation)。解释(2)说明"义"的内在性就是"义"的先天固有性(innateness)。解释(3)表明"义"的

---

① 参见《管子》X.26,"戒"篇,李克(W. Allyn Rickett)英译:《管子》,第379页;《郭店楚墓竹简》,第188页("六德",简26—30);金鹏程:《郭店楚简参照下的荀子》("Xunzi in the Light of the Guodian Manuscripts"),第54页。

② 信广来:《孟子与早期中国思想》,第98—99页。庄锦章(Kim-Chong Chong)还提供了第四种解释:孟子信徒仅仅是针对由告子信徒设计的完全的外在/内在之区分提供一种归谬法,孟子信徒只是为了论辩的需要假设性地同意仁是内在的(参见庄锦章:《孟子和告子论内外》["Mengzi and Gaozi on *Nei* and *Wai*"])。尽管庄锦章的论证耐人寻味,但我还是相信我的解释更佳,因为它与如下事实相一致,即孟子信徒从未明确地否定内在/外在这种区分本身。

内在性就是关于"义"的认识论(epistemology),或人的"义"的知识来源问题。信广来支持第三种解释。我倾向于第一种解释。我将把这称为朱熹的解释,因为——正如信广来注意到的——朱熹是它的早期倡导者。①

VI. A. 2. A. 对朱熹解读的一个辩护。我认为理解这种交流的关键是 6A5 处一个经常被忽略的评论。孟子的追随者公都子被问到他为什么认为义是内在的,公都子回答说:"行吾敬,故谓之内也。"这就表明,如果义是内在的,真诚地行义之事,除了某些特定的行为之外,还必须至少部分地需要由对"敬"的情感态度加以激发。如果那就是"义"是内在的将要意指的含义,那么,"义"是外在的又会是指什么呢?可以想象的是,它可能意指几种事情中的任何一种。② 然而,就像我认为 6A4–5 的讨论将要表明的,最合理的解释应该是,如果"义"是外在的,真诚地行义之事就只需要某种行为,而不需要出于任何特定的情感去行动。这种关于"内在的"和"外在的"解释

---

① "若长人,则是诚敬之心发自于中,推诚而敬之,所以谓内也。"(朱熹:《朱子语类》第 4 卷,北京:中华书局,1986,第 1379 页)。(我希望通过这一点来表明我不赞同朱熹或其他任何人关于这段话所说的任何事情。)

② 我假设孟子信徒和告子信徒都同意至少"义"的一部分是以某种方式行事。因此,争议中的论断就是,是否"真诚地行义之事需要由对敬的情感态度加以激发"。对这一论断的否定是,"真诚地行义之事不需要由对敬的情感态度加以激发"。这可能意味着真诚地行义之事需要出于某种其他情感态度的行动,或者它可能意指,真诚地行义之事不需要出于任何特定的情感态度去行动。考虑到告子信徒和孟子信徒在他们的讨论中所说的话,对我来说,后一种解释似乎更合理。

弄清楚了整个争辩。我们能够明白为什么告子及其追随者可能发现他们提供的论证是合理的，而我们也能够明白为什么孟子及其追随者认为他们自己的反论是决定性的。

"义"是一种需要在很多情境下采取行动的美德。至少乍看之下这似乎是难以置信的，即在每一种那样的情境之下正确地行动都是出于某种特定情感的行动。告子及其追随者们所诉诸的正是这种直觉。另一方面，孟子信徒们论证的力量在于如下事实：很难完全确定，不可能有一种情感态度适合于每一种需要"义"的情境（尽管各种情境之间在细节上存在很大差异）。

告子信徒们诉诸如下直觉："义"是对外在特性的一种反应。这种特性可以在各种各样的情境中找到，在这些情境中，我对之做出反应的对象与我没有什么特殊的关系。例如，"义"要求我对从秦国来的年长者要尊重，它也要求我对从楚国来的年长者要尊重，它还要求我对同乡的年长者要尊重。告子信徒隐含的意思是，任何情感都是由所有的人且只是在各种需要"义"的情境下触发的，这看起来是难以置信的。相比之下，"仁"含有对一个人自己家人的爱。如果我不能感受到那种爱，我就不会真正地对我的家人有仁爱。与"义"的情况不同，"仁"不仅仅是由外在特性所激发，因为我爱自己的弟弟，却不（必）去爱其他某个人的弟弟。因此，"仁"必定与你的感受有关，而"义"则必定与一种跟你的感受无关的外在属性相关。

告子的直觉貌似真实，但孟子的信徒回应道，即使"义"是由其他某个人所具有的一种外在属性（如年长）所激发的，那也并不表明，一个义人就不需要具备对那种属性的一种特定的情感反应。

让我们详细地看一看这一点是如何展开的。

6A4

　　告子曰:"食色,性也。仁,内也,非外也;义,外也,非内也。"

此处有两条主要的解释线索。告子可能是说,对食物和性的欲望,还有"仁",都是人性的构成部分。"内在的"则是以另一种方式说它们是人性的一部分,而以此方式,"外在的"就将意味着它们不是人性的一部分。这种解释有两个优点。首先,它解释了告子为什么没有从谈论"性"转向谈论内/外的区分。其次,在这段话中食色被描述为"本性",而饥饿在后来的讨论中被用作内在性的一个例证。

不过,这两个因素都不是决定性的。关于第一点,告子有关食色的评论有可能是对 6A3 中孟子的归谬法尝试的一个最终回应。无法成功地回答孟子对其人性观点的反对,告子就在改变主题之前,用那个观点即"食色性也"的一个最终陈述做了总结。他关于仁义的评论则是一个新主题的开始。① 我们很难责备告子引入了一个新的主题,因为关于人性的争论对他不利。对告子来说,在某种程度上提出这个问题是完全正当的,因为他或许了解他和孟子在这个主题上也是有分歧的。很

---

①我相信这是朱熹的观点:"上面'食色,性也'自是一截,下面'仁内义外'自是一截。故孟子辩告子,只谓:'何以谓仁内义外也?'"(《朱子语类》第 4 卷,前引,第 1379 页。)

可能他认为在这个问题上他会争辩得更好。

后来饥饿被用作内在性的一个例证,这个事实也并非不能证明我的解释,因为很有可能饥饿是本性的一部分,又是内在的。实际上,饥饿似乎的确像是人性的一部分,如果任何事物,并且考虑到我提出的关于"内在的"基本特征,饥饿也将是内在的,因为说一个人的行为是出于饥饿而又没有任何特定的动机,这毫无意义。

此外,在我看来,确定无疑的是,告子在6A4开始并没有说仁是人性的一部分,有两个强有力的理由支持这一点。第一个理由是,另外两段文字有力地表明,告子认为人性没有任何善良的性向。在6A1中,告子自己说:"以人性为仁义,犹以杞柳为桮棬。"在这里,义和仁都被比喻为对我们天性的人工改造。如果告子也认为仁是我们本性的一部分的话,他就不可能坚持这一点。此外,在6A6,公都子把告子的立场描述为"性无善无不善也"。

关于把"内在的"解读为"本性的一部分"的同义词,第二个主要的问题是,它使得告子用一种非常复杂费解的方式来表达他的观点。如果告子指的是第一种解释所表明的,那么,他为什么不直接说,"食色仁皆性也",或"食色仁皆内也",甚或"食色仁又性又内也"?告子真的想用此处的在一个句子里谈论"性"而在另一个句子里谈论"内"的方式说明某种区分吗?这是我更喜欢的解释。

所以,基于我的阅读,告子想要在上述段落里阐明如下两点。食色是人性。(这并不排除它们也是内在的。)区别是,仁义(尽管都不是人性的一部分)可以用仁内而义外这种方式加以区分。

> 孟子曰:"何以谓仁内义外也?"
>
> [告子]曰:"彼长而我长之,非有长于我也;犹彼白而我白之,从其白于外也,故谓之外也。"

孟子在这里并没有对指出仁内义外将意味着什么表示出任何的困惑。他的问题(至少像告子理解它的那样)是,告子认为"仁"符合内在性的标准(无论这种内在性是什么),而义却不符合,他的理由是什么?

告子的反应是,引入年长与白色之间的一个类比。在每一种情况下,事物都具有一种属性(对我们而言,用英语说存在一种"事物的外在属性"甚至似乎都是很自然的),可以使我们(至少在特定的情境下)作出某种恰当的反应。他年纪很大了。如果你在街上遇到他,你应该先向他鞠躬,并且要比他鞠躬鞠得更深。那块石头是白色的。如果我叫你去给我的花园搬一块白色的石头,你应该给我搬那一块,而不是它旁边黑色的石头。

另外,在每一种情况下,这种属性似乎是独立于我们的。年长者并不会由于我们而拥有年长的属性,正如白色的东西并不会因为我们而是白色的一样。我们就可以说,年长和白色都是绝对的或非关系性的属性。(在某种意义上,"年长"会是一种关系性的属性。假如我 40 岁了,相对于一个 18 岁的人,我是年长的,但一位 60 岁的人又是相对于我而言是年长的。然而,这并不是告子信徒或孟子信徒所诉诸的事实。)

告子似乎求助于一个明确的前提,即如果一种属性是独立于我们的,就不能期望我们对那种属性有特殊的情感反应。至少乍看上去,如下建议具有某种合理性,即我们不能期望对每一个具有完全独立于我们的属性的事物都有同样的感觉。然而,孟子回答道,

[长异于白也。]异于白马之白也,无以异于白人之白也;不识长马之长也,无以异于长人之长与?
且谓长者义乎? 长之者义乎?

孟子在这里给出了两个强有力的反论。运用我们的现代词汇,我们能看到孟子既攻击了告子的一个前提,也表明了告子的论证是无效的。①

首先,孟子注意到,与告子建议的不同,在白色和年长之间存在着重要的不能类比之处。正如我们在 6A3 的交流中看到的那样,白色是一种属性的范例,在出现的每一个语境中都发挥着同样的功能。白羽之白,白雪之白,白玉之白,白发(比如灰白头发)者之白,白马之白——将其视为白的,这在每一种情况下都是相同的白。然而,这种类比不能用于年长的属性上。一匹老马几乎没有什么价值(属性)。它只能得到最低限度的照料。相比之下,一位老年人就应该被尊重并给予敬意。

---

① 重申第 1 章第 I.B.1 节提出的一个观点,孟子并不需要像我建议的那样去明确地认为,要从"前提"和"有效性"的角度来批判告子的论证,就像在亚里士多德发明逻辑学的专业词汇之前,苏格拉底和柏拉图所做的那样。

因此，告子的论证建立在一个明显错误的假设上。

孟子不仅仅是赢得了一个小小的辩论点。我认为，告子的基本假设是，我们不能期望对完全独立于我们的一种属性拥有特定的情感反应。但是孟子的例子所表明的观点是，我们对年长的反应是有选择性的。它的确取决于我们。在这方面，我们对年长的反应更像是对弟弟的有所选择的反应（参见告子的下一个例子），而不像我们对白色的那种反应。

孟子的第二个观点，虽然更短，但却是两个观点中更具毁灭性的一个。用现代术语来说，孟子指出了告子的论证是一种不根据前提的推理（a non sequitur）。假设如下一点是真实的，即在事物中有某些属性是独立于我们的情感的，并且它们使得正义的回应是恰当的。从这一点得不出这样的结论：出于义的行动不需要由特定的情感所激发。毕竟我们感兴趣的是，在其对他人的反应中，是什么使得一个人是正直的。对于告子说的所有的话而言，那也可能是真实的，即当出于义而行动需要一种对外在属性的不变反应时，它还要求我们出于一种特定的情感对那种属性作出反应。

告子回答说：

> 吾弟则爱之，秦人之弟则不爱也，是以我为悦者也，故谓之内。长楚人之长，亦长吾之长，是以长为悦者也，故谓之外也。

在这里，告子放弃了年长和白色之间的类比，而代之以通过诉诸我们对特殊事例的直觉来捍卫自己的立场。这段文字也给我们提供了第一个例证,证明根据告子,一种德性是"内在的"意味着什么。很明显,这里提到的对某人弟弟的爱是"仁"的一个例子:爱一个人的家人对于很多早期哲学家而言是"仁"的一个典范例证。而需要注意的是,这个例证完全符合于我所假定的关于"内在性"的解释。"仁"之所以是内在的,是因为它包含我所拥有的(也即那是内在于我的)情感(爱和幸福)。相比之下,"义"之所以是外在的,是因为它只需要对他人的年长做出某种合宜的行为反应。

告子的论证是要我们思考在仁的典范案例和义的典范案例之间明显的不相似之处。告子同意孟子如下观点,即要真诚地仁爱就需要出于某种特定的动机而行动。例如,除非我爱我的弟弟,并且因为他的存在和福祉而感到幸福,否则我就不会是仁爱的。对我要求这一点是完全合理的,因为对那些与自己亲近的人来说,比如我们自己的家人,那样做就容易培养爱的感情。然而,对年长者表达"义"就不同于此。"义"要求我尊重各种各样的人,他们中的大多数人与我没有特殊的关系。例如,每一个年长的人,不管他们的其他情况,我都必须恭敬地对待他们。无论何时我遇到这些人,他或者是她,我都必须对他们中的每一个采取某种情感上的态度,告子认为这是不可能的。

告子为什么提到,当我向年长者表示恭敬时,年长者就会感到幸福?① 按照我的解读,严格来说,这并不是为了"义"是

---

① 信广来将此视为一种解释上的弱点,就像我认为的那样,很难解释这里提到的老年人的快乐(信广来:《孟子与早期中国思想》,第102页)。这一段是对这一异议的回应。

外在的这个目的而需要设定的必要条件。可以设想的是,"义"是外在的,即使没有人出于有义行的人们而获得幸福。但是"义"的意义是什么,那就将是非常难以确定的事了。假如"义"不能让任何人感到快乐,那它为什么是义呢?当然,孟子不需要,大概也确实没有去质疑,尊敬年长者会使他或她感到幸福。所以告子关于年长者幸福的评论有助于进一步阐明他的立场,但是这本身并不是他与孟子分歧的前提。

我应该提到,对于上述段落,还有另一种可选的解读方式。现有文本给出的"悦"可能原本应该是"说"。(在孟子时代,这个字是不存在的。当我们在现有文本里发现它时,这是因为后来的誊写者努力想消除原始文本所具有的歧义,它可能既可以被读作"说""解释",也可以被读作"悦""幸福"。但誊写者也有可能是错的。)把"悦"读作"说"将让我们对告子的反驳作如下翻译(用加重体标出不同的文字):

> 吾弟则爱之,秦人之弟则不爱也,**是以我为说者也**,故谓之内。长楚人之长,亦长吾之长,**是以长为说者也**,故谓之外也。

我的解释在这一可选解读上同样有效(有可能更好)。我爱我的弟弟而不爱秦人的弟弟这一事实,是由与我有关的某种东西(也即我的感受)来加以解释的。无论他们是楚国人还是我的同乡人,我都会把年长者当作年长的人来对待,这个事实只是由他们都是年纪大的这样的事实来解释的。告子明确地阐明了我认为奠定其立场之基础的观点:只有当美德施加的对象与我们存在某种特殊的关系时,那种美德才需要一种特定的情感。

孟子继续反驳,

> 耆秦人之炙,无以异于耆吾炙。夫物则亦有然者也,然则耆炙亦有外与?

孟子再次表明,告子论证的形式是谬误的。为了显示这一点,他使用了一种在西方很常见的论辩工具。他构建了一个与所讨论的论证形式相同的论证,并证明它是无效的。因为告子的论证与一个明显是谬误的论证具有相同的形式,所以告子的论证也是无效的。

喜欢吃烤肉是一种典型的内在行为,因为它涉及我们自己的内在动机。那么,就像这个世上有很多年纪大的人一样,世上也有很多烤肉。我们将会享受吃这些烤肉中的任何一种,无论这个烤肉碰巧是来自哪里。就此而言,完全没有什么不合理的。然而,如果告子就"义"和年长者所说的是真的,按照相同的推理线索,就会得出,喜欢吃好的烤肉是外在的,与我们自己的感情或欲望毫无关系。但这简直令人难以置信。因此,告子的论证是谬误的。

在下一段文字中,我们看到孟子扮演了一个有趣的角色:成了他的弟子公都子的"论辩教练"。

6A5

孟季子问公都子曰:"何以谓义内也?"

(公都子)曰:"行吾敬,故谓之内也。"

正如我在本节开篇所观察的,我们在这里对"义内"指的是什么有了一个非常清晰的论述:它不仅包括以某种方式行事,而且还包括出于某种特定的情感行动。在下文中,告子的追随者孟季子的策略是表明,尊敬的情感态度的对象与恭敬态度的对象完全不同。由于"义"要求对年长者的恭敬对待,所以这就将表明"义"确实不是内在的。

　　(孟季子曰:)"乡人长于伯兄一岁,则谁敬?"
　　(公都子)曰:"敬兄。"
　　(孟季子曰:)"酌则谁先?"
　　(公都子)曰:"先酌乡人。"
　　(孟季子曰:)"所敬在此,所长在彼,果在外,非由内也。"

　　孟季子诉诸公都子关于他在两种情境下如何感受和行动的直觉,以便展示反对他的一个否定式论证。孟季子正确地假设,公都子尊敬他自己的哥哥,但(在一场公开的晚宴上)却要在给他自己的哥哥斟酒前,先得给同席的乡人斟酒,因为这是在那种场合下"义"的要求。就这场对话而言,有两件事都特别有趣。首先,孟季子不否认公都子拥有尊敬的感情,或那是难能可贵的。他只是论证这种感情与评价一个人是不是义无关。其次,公都子事实上也没有否定如下一点,即当他在斟满他哥哥的酒杯之前先斟满乡人的杯子时,他也尊敬这位乡人。考虑到他和孟子在这个段落的下文中所说的话,似乎很可能的是,公都子的确尊敬这位乡人,但他看到了说这一点与他早前承认的看法之间的一种张力,原先他认为,他的哥哥才是他尊敬的对象,而不是一个只比他哥哥大一岁的乡人。换句话说,孟季子论证的逻辑是(隐含的前提用着重粗体标明):

- P1.我总是尊敬那些我以义的方式对待的人。(公都子关于"义内"的论点。)
- P2.**我或者尊敬我的哥哥,或者一位乡人,而不能两者都尊敬。**
- P3.我尊敬我的哥哥。(公都子的承认。)
- P4.我要先给那位乡人斟酒。(公都子的承认。)
- P5.**先给谁斟酒就是拿他当年长者。**
- P6.拿谁当年长者就是以义的方式对待他。(隐含在6A4和6A5中。)
- P7.我不会尊敬我的乡人。(从P2和P3中得出。)
- P8.我以义的方式对待我的乡人。(从P4、P5和P6中得出。)
- C.我不会尊敬那些我以义的方式对待的人们。(结论,从P7和P8中得出,与P1相矛盾。)

所以公都子最初关于义内的论点(P1)连同似乎像是某种不会有异议的前提一起,导致了一个与那个(义内的)论点相矛盾的结论(C)。因此,公都子的论点,似乎必定是错误的。

公都子不能答,以告孟子。孟子曰:"敬叔父乎?敬弟乎？彼将曰'敬叔父'。曰：'弟为尸，则谁敬？'彼将曰'敬弟。'子曰：'恶在其敬叔父也？'彼将曰'在位故也。'子亦曰：'在位故也。庸敬在兄，斯须之敬在乡人。'"

　　孟子的策略是巧妙的。他看到了孟季子在其论证中所假定的大多数前提都是不容易置疑的。唯一可以质疑的假设是我在上面 P2 中标明的：你只能尊敬一个人。所以孟子就给公都子举了一种具有如下属性的情形下的例子。(1)这是家庭内部成员之间的关系。这一点之所以重要，是因为告子的信徒似乎视其他家庭成员是特定情感的合适对象。因此，在 6A4 中爱自己的兄弟就被看作是一种内在反应的范例。而在 6A5 中，孟季子也没有否认对自己哥哥的爱是内在的。(他只是否认了义的行为总是带着尊敬而来。)所以孟季子不可能否定一个人对自己叔叔的尊敬。(2)孟子给出的例子也包含在祖祭上的尊敬。如果某人在孟子的历史情境下相信尊敬永远是一种合宜的态度，那么他们就会认为在祭祖时那就是合宜的。并且至少在某些仪式中，那种尊敬的对象将会是由另一个家庭成员所代表的死者。

　　因此，孟季子完全不可能否定下面的说法，即他通常会尊敬他的叔叔，但当弟弟在祭祀仪式中扮演死者角色时，他也会尊敬弟弟。一旦某人承认了一个人的尊敬可以合法地在人与人之间转移，那么，P2 所具有的任何合理性就都丧失了。孟子相信孟季子将为尊敬可以转移的事实提供的理由（故）是，一个人扮演的角色（位）是不同的。有趣的是，孟子会期望孟季子对这个问题给出一个如此特别的答案。我在上面已经给出了理由，孟子可以指望他以孟子所期望的方式回答前面的问题。但孟子是如何知道他会提到"角色（位）"的呢？至少有两个可能的解释。有可能在孟子的时代，对"角色（位）"的诉求在伦理讨论中已经得到了很好的确立，因此，对孟子来说，这似乎是一个显而易见的举动。然而，除了这一文献之外，我们没有其他文献使用"角色（位）"，就好像它是一个众所周知的专业术语一样。或者，有可能的是，孟子及其弟子事后"整理"了这场论辩，用他们自己的词汇解释尊敬的转移。不过，如果后者是事实的话，这并不影响孟子论证的力量。孟季子已经承认尊敬可以在人与人之间转移。他是否用"角色（位）"这个词来表达，这并不重要。由此类推，孟季子必定会允许公都子的尊敬同样可以从他的哥哥转移到一位乡人身上，要是情境发生了变化的话。

季子闻之曰："敬叔父则敬，敬弟则敬，果在外，非由内也。"

公都子曰："冬日则饮汤，夏日则饮水，然则饮食亦在外也？"

孟季子认识到，一个人在不同的情境下会感到尊敬，但却诉诸直觉，因为尊敬是随情境而变化的，所以它实际上是对那些情境的反应，而不是主要与感情相关。这是对公都子论证的一个弱反应。然而，对于我所能想象到的对这场辩论的任何解释，这似乎都是一个不充分的回应。你将会记得，孟季子较早的论证试图表明，"表示敬重"和"长人之长"在某些情况下是明显偏离的:"所敬在此,所长在彼。"这一点就被认为是为"义""果在外"的论断提供了证据。尽管如此,在 6A5 结尾处,孟季子承认"表示敬重"和"长人之长"不必是偏离的,因为这种"尊敬"可以追踪到人们所占据的"位"。无论以何种方式理解这段文字,孟季子几乎完全承认了这一论点。

公都子的回答很中肯。他给出了一个典型的内在反应的例子:口渴。他注意到,就像尊敬一样,口渴的对象也会随着情境而变化。因此,尊敬必定是外在的,因为它会随情境变化而变化,这种直觉是毫无道理的。

VI. A. 2. B. 信广来的反对。回想一下信广来关于 6A4–5 总结的三种主要的解释。我捍卫了朱熹解释的一种版本(信广来是第一个提出来的)。我在对 6A4 讨论的开始就论证了第二种解释:义外的论断与义不是人性的一部分的论断是相同的意思。信广来反对朱熹的解释,而支持第三种解释:"采取义(righteousness)的内在性(internality)观点就是主张人对什么是'义'的认知源自心灵/心智的某种特征。"①信广来认为,他的解释将更受欢迎,因为它能够搞清楚孟子信徒和告子信徒之间的整个对话,而像朱熹这样的解释就不可能。

例如,可以看一下 6A4 中告子这段陈述的第二部分:

彼长而我长之,非有长于我也。

信广来说,按照朱熹的解释,"我们期望(告子)要说的是,以

---

① 信广来:《孟子与早期中国思想》,第 103—104 页。

对老年人的态度那样对待某人,实施这种典型的义的行动时,并不是我倾向于以老年人的态度来对待他。但用这种方式来解读这一行文字是很困难的。"用那种方式解读这行文字是很困难的,但是这种解释不需要我们那样做。按照我假设的那种解释,告子在上面那句话中并没有陈述他的结论,即"义"完全不需要特定的情感,而是通过提供一个他希望孟子(及其信徒)将会接受的前提来论证他的结论。告子论证道,因为他们的年长无论在何种意义上都是独立于我们的,所以若是以义的要求对待他们时,我们需要有任何特定的情感,那就是不合理的。

信广来也援引6A4中孟子如下陈述的第二部分的一半内容,他认为,对朱熹解释而言这个内容是有问题的:

耆秦人之炙,无以异于耆吾炙。夫物则亦有然者也,然则耆炙亦有外与?

信广来说,他发现如果朱熹的解释是正确的,那么孟子为什么要说这最后一句话,就是"令人费解的"。然而,我觉得孟子此处的观点很直接。正如我在上面论证的,他是在表明,告子使用的论证形式是没有说服力的,因为它导致了荒谬的结论。他的最后一句话是一个修辞上的问题。预设的答案是:"否,耆炙非外也。"但是由于我们通过使用与告子试图表明义是外在的所用的相同论证形式,得出义是外在的错误结论,所以告子所使用的论证形式一定是错误的。

信广来援引的作为证明朱熹解读是有问题的第三段话是6A5中公都子和孟季子之间的最后交流:

季子闻之曰:"敬叔父则敬,敬弟则敬,果在外,非由内也。"

公都子曰:"冬日则饮汤,夏日则饮水,然则饮食亦在外也?"

根据信广来的解读,孟季子提出"由于随着情境而发生变化的我们更大的尊敬对象独立于我们",所以坚持如下一点似乎更有道理,"正是从这些外部环境中,我们获得了以更大的尊敬对待某些人的适当性"①。我将会说,孟季子提出,由于我们的尊敬会随着人们所占据的独立于我们的"位(角色)"的变化而发生变化,所以坚持如下一点就更合理,即义实际上是关于我们如何对那些角色作出回应,而不是关于我们如何感受的。无论根据哪一种解读,孟季子都没有提供一个好的论证。所以在澄清孟季子的回应上,这两个解读没有哪一个比另一个做得更好。但这并不令人惊讶,因为(正如我先前指出过的)孟季子已经承认了公都子需要他承认的一切。

实际上,公都子最后对孟季子的回答对我的解读似乎比对信广来的解读更一针见血(这是前一种解读的微小的,但不是决定性的优势)。信广来注意到"不像孟子关于烤肉的例子……说(公都子的)涉及偏好的例子是对外部情境的反应,似乎更有道理"②。然而,按照我的解读,公都子的回答非常清

---

① 信广来:《孟子与早期中国思想》,第 107 页。
② 信广来:《孟子与早期中国思想》,第 108 页。

楚地表明，孟季子犯了不根据前提推理的错误。我们喜欢在寒冷的日子喝热汤而在大热天里喝凉水的事实表明，(在饮食品味方面)有一种典型的内在反应会明显地随着外在情境的变化而改变。所有没有理由认为，义是外在的，只是因为它随着外在情境而发生变化。

所以我不认为信广来对朱熹解读的反驳是决定性的。尽管如此，信广来自己对6A4-5的解释本身是相当有道理的。我看不出有什么明确的反对意见。然而，我的确相信朱熹的解释比信广来的有比较优势。如果信广来是正确的，那么在6A4-5的这场论辩中的任何一点上，都将没有人能够切近地明确说出关于这场争辩的真正内容。告子的信徒绝不会说出像"以其长，知长之之义"这样的话，孟子的信徒也绝不会说出像"以吾敬，知长之之义"或"以敬之心，知长之之义"之类的话。这当然不是反对信广来的解释的一个有力论证。然而，如果朱熹的解释是正确的，我们就可以对(当公都子说"行吾敬，故谓之内也"时)问题中的内容有一个明确的陈述，并且有一个例子，即(当告子说"吾弟则爱之，秦人之弟则不爱也"时)能够明确提到我认为有问题的地方。因此，我感觉朱熹的解释更忠实于这个文本。

VI. B. 反驳墨者：1A1，6B4 和 3A5

且天之生物也，使之一本，而夷子二本故也。

——《孟子·滕文公上》3A5

> 不为自己看重的东西所感动……预示着一种精神疾病。不重视感动自己的东西,也预示着一种精神疾病。这样一种疾病,或这些疾病,可被恰当地称之为**道德精神分裂症**(*moral schizophrenia*)——因为他们在其动机和理由之间存在着分裂。
>
> ——迈克尔·斯洛特

孟子提出一系列有力论证来反驳墨家的后果论。可以用现代哲学词汇将它们分为三大类:墨家学说是"自谦的(self-effacing)"(在德里克·帕菲特[Derek Parfit]的意义上);墨家思想的含义与我们的深层道德直觉相对立;墨家学说是不切实际的,因为它与人类根深蒂固的动机背道而驰。

《孟子》开篇一段话相当耐人寻味,值得我们从哲学上给予比以往更多的关注:

> 孟子见梁惠王。王曰:"叟不远千里而来,亦将有以利吾国乎?"孟子对曰:"王何必曰利?亦有仁义而已矣。"

想象一下,这件事在其最初的背景下是多么引人注目!孟子会走上一段台阶,一直走到梁惠王宝座所在的高台上,并且一直走到梁惠王宝座的正前方。各种各样的官员和顾问可能也在场,站在梁惠王身边。整个场景威严肃穆,有意让人生畏。梁惠王的问题很有礼貌,看起来也很恰当。因此,孟子富有挑战性的回答一定像晴天霹雳,震惊了在场的人。当所有人都对

孟子的失礼感到震惊时,他继续说道,

> 王曰"何以利吾国"？大夫曰"何以利吾家"？士庶人曰"何以利吾身"？上下交征利而国危矣。万乘之国弑其君者,必千乘之家；千乘之国弑其君者,必百乘之家。万取千焉,千取百焉,不为不多矣。苟为后义而先利,不夺不餍。未有仁而遗其亲者也,未有义而后其君者也。王亦曰仁义而已矣,何必曰"利"？

孟子的论证集中在梁惠王注重"利"的恶果上,即使那是整个王国的利益（而不仅仅是他私人的利益）,以及梁惠王要是注重"仁义"会带来的善果上。具体来说,如果梁惠王强调利益,就会导致其他人以他们所属的社会单位的利益为目标：大夫将会以他们家族的利益为目标,士庶人将会以他们自身的利益为目标。这种对利益的一根筋的强调将导致一个被冲突撕裂的社会,因为人们都是"不夺不餍"的。

相比之下,如果梁惠王强调仁义,社会上的其他人也会强调仁义。这将导致他们会去照顾自己的亲人（这样梁惠王的亲人就不会背叛他,煽动革命）,也将意味着人们不会对他们的君王不忠。正如朱熹指出的："故人君躬行仁义而无求利之心,则其下化之。"①

程颐雄辩地总结了这段话的主题：

---

①朱熹:《四书集注》,对《孟子》1A1 的注释。[参见朱熹:《四书章句集注》,前引,第 202 页。——译注]

君子未尝不欲利,但专以利为心则有害。惟仁义则不求利而未尝不利也。当是之时,天下之人惟利是求,而不复知有仁义。故孟子言仁义而不言利,所以拔本塞源而救其弊,此圣贤之心也。①

那么,矛盾的是,以利益为目标是无益的,而不以利益为目标却是有利的。因此,孟子并不是在谴责利益,甚至也不是在谴责获取利益的欲望。然而,若想要成功获取利益,获取利益的欲望就必须服从于对仁义的关注。

尽管这段话完全没有特别提到墨家,但它很可能就是针对他们的。② 孟子反对以"利""利益(profit)"或"好处(benefit)"为导向,但以"利"为导向是墨家后果论的核心。陈汉生的如下观点显然是正确的:孟子批判的一部分是,公开地"说"或"谈论"(曰)"利"是与获取利益的目标不相一致的。然而,这段话的问题肯定不仅仅是墨家的后果论是否会"不能通过公开的测试",因为孟子谈论的事情不仅仅是"大声地公开说出使用墨家的利与弊的区分"。③ 他讨论了那些将会使人们在

---

①援引自朱熹:《四书集注》,对《孟子》1A1 的注释。[参见朱熹:《四书章句集注》,前引,第 202 页。——译注]

②我应该限定一下:1A1 处的论证将适用于任何强调"利"的人,即使他们不是严格意义上的墨家人物,比如说宋钘(本节后面会加以讨论)。

③陈汉生:《中国思想的道家之论》,第 159 页。着重粗体为原书所加。参考前引,第 113—114 页。

心理上感到"满足(餍)"的东西。孟子对语言和人的心理状态之间关联的兴趣,我们在后面一卷的一段对等文字中可以看得更清楚。在6B4中,孟子与一位名叫宋牼的哲学家有过一场讨论,后者打算用战争是不利的这种说法去说服秦王和楚王停止他们正进行的战争中的敌对行动。孟子赞美了宋牼的目标,但批评了他的方法:

> 先生以利说秦楚之王,秦楚之王悦于利,以罢三军之师,是三军之士乐罢而悦于利也。为人臣者怀利以事其君,为人子者怀利以事其父,为人弟者怀利以事其兄。是君臣、父子、兄弟终去仁义,怀利以相接,然而不亡者,未之有也。
>
> 先生以仁义说秦楚之王,秦楚之王悦于仁义,而罢三军之师,是三军之士乐罢而悦于仁义也。为人臣者怀仁义以事其君,为人子者怀仁义以事其父,为人弟者怀仁义以事其兄,是君臣、父子、兄弟去利,怀仁义以相接也。然而不王者,未之有也。何必曰利?

在这里,就像在1A1中那样,恰当地使用语言是重要的,但孟子对语言(以及可能还有相应的行为)如何影响他人的心理状态和行为更感兴趣:人们应该"悦或乐"于仁义并且要"怀"仁义,而不是"利"。

因此,孟子在1A1和6B4中的论证是:(墨家或任何其他各种)后果论都是自谦的。① 这类似于批判后果论的现代形式的一条主要线索。后果论者以之回复的一种方式是,发展出后果论的间接版本,根据这种版本,一个人为后果主义的理由而发展出动机和性向,以遵循无意识地被后果主义考量所引导的规则,而一般而言,仍会由此产生正确的后果。② 这与我在导论(第1章第 II. A 节)中提到的"规则后果主义(rule consequentialism)"稍有不同。一个"间接后果主义者(indirect consequentialist)"是一个行动的后果主义者,他坚持主张正确的行动总是使好的后果最大化的那个行动,但他也承认,有意识地追求好的后果可能并不总是最好的行动方案。我们将考察的下一段文字可能表明了一个墨者提倡某种间接的后果主义。

①陈汉生指出《孟子》1A1 中的论证是,墨家是"自谦的",我很感激他的工作,因为他展示了与帕菲特的联系。然而,陈汉生说错了对于帕菲特而言,"自谦的"指的是什么。对帕菲特来说,一个理论 S 是"自谦的",仅在于假设"S 告诉每一个人要使自己**相信某个别的理论**"(《理与人》,第 24 页,着重粗体是我加的)。相较之下,陈汉生指出了一个理论是"自谦的",仅在于假设"正确地遵循它可能只需要不**公开地提倡它**"(《中国思想的道家之论》,第 396 页注释 20,着重粗体是我加的)。因此,对帕菲特而言,一个自谦的理论指向的是一个不相信它的理论,而对陈汉生来说,一个自谦的理论就是一个我们应该接受,但却不公开提倡的理论。帕菲特指出,像陈汉生所描述的那种理论是"隐秘的",而不是"自谦的"理论(《理与人》,第 41 页)。[中译本参见帕菲特:《理与人》,王新生译,黄颂杰校,上海译文出版社,2005,第 34 页,第 60 页。——译注]

②西季威克(Sidgwick):《伦理学方法》(*Methods of Ethics*),IV. ii. 3,第 430—439 页。[中译本参见西季威克:《伦理学方法》,廖申白译,北京:中国社会科学出版社,1993,第 442—451 页。——译注]

孟子对墨者发起挑战的最著名的段落或许是3A5：

> 墨者夷之，因徐辟而求见孟子。孟子曰："吾固愿见，今吾尚病，病愈，我且往见，夷子不来！"他日又求见孟子。孟子曰："吾今则（不）可以见矣。① 不直，则道不见；我且直之。
>
> "吾闻夷子墨者。墨之治丧也，以薄为其道也。夷子思以（墨者之道）易天下，岂以为非是而不贵（墨者之行）也？然而夷子葬其亲厚，则是以所贱事亲也。"
>
> 徐子以告夷子。夷子曰："儒者之道，古之人（照料民人）'若保赤子'②，此言何谓也？之则以为爱无差等，施由亲始。"

孟子最初对夷之（也称为"夷子"，即夷先生）的挑战是明确的：墨家规定丧事要节俭，但夷之却给他的父母办了一个盛大奢华的葬礼，这似乎更符合儒家的习俗。因此夷之是虚伪的。（他不守"信"，不"忠诚[faithful]"。）在当代英美哲学语境下，这种指责可能令人尴尬，但也可能被视为人身攻击而加

---

① 根据现存文本这段话中孟子说的话是"吾今则可以见矣"。但随后他实际上根本没有见夷之。整个讨论都是由中间人徐辟的传话进行的。我所知道的注疏者或译者没有人注意到这种古怪之处，甚至目光锐利的朱熹也没有注意到。但是除非假设这句话中漏掉了"不"字，否则我看不到如何弄清楚这段文字。

② 这句话源自《尚书·周书》，"康诰"。参见理雅各英译：《书经》，第389页。

以忽略。在我们的文化中,我们不会期望道德哲学家必须成为有道德的哲学家。但是孟子和夷之所处的环境却并非如此。"道"是引导一个人应该如何实际生活的基本指南。如果一个人不按照"道"来生活,那他就没有资格信奉它。另外,没有按照一个人声称要遵循的"道"生活,就引发了一个问题,即是否任何人都有可能效仿这种做法。

尚不太清楚的是,夷之回答孟子的重点是什么。似乎很可能的是,他试图证明他为其父母举办盛大葬礼的行为是正当的。作为一位"子""先生",在他的文化中,他不能只是将问题当作人身攻击而忽略掉。但是他所说的话如何能成为他的行为的正当理由呢?他回答的第一部分是对一部经典文献的引用,夷之明显是把它解释为古代圣王对待人民就像他们是其自己的孩子一样。然后,夷之含蓄地评论道:"爱无差等,施由亲始。"我将把这句话看作是"夷之准则"。夷之准则至少可做如下解释:

(1)作为孩子,一个人首先要爱自己的父母。然而,当他成长为道德上成熟的时候,他就应该(在墨家道德教义的指导下)学会将这种爱平等地扩展到每一个人,以便那种爱不再有任何差等或区别(这一精妙的解释是由倪德卫提出来的)。①

(2)一个人应该致力于不偏不倚地爱每一个人。然而,考虑到人类心理的局限性,如果允许人们给予父母更多的感情,

---

① 倪德卫:《"二本",还是"一本"?》,载《儒家之道》。[参见前引中译本,第168页。——译注]

就会产生最好的结果。(这是间接后果主义的一种版本。)

第一种解释具备几种优势。它会说明夷之为什么会说他说的那些话,并且除了他的评论所包含的内容外,不需要对他的信念做太多的推测。此外,它还将表明,在孟子的时代,至少有墨家的一个分支经历了哲学意义上可理解的转变(第3章第V.F节),早期墨家的一个缺陷是,它拥有一种非常薄的哲学人类学,视人类动机结构为高度可塑的。夷之的立场,正如选项(1)所解释的,是对墨家的一种修正,它对人如何成为"兼爱"的主体提供了一种更为合理的说明:我们天然地更爱自己的父母,夷之承认,但我们也能够将那种爱重新定向,平等地指向任何人。

尽管如此,这第一种解释仍然有一个主要的缺陷。夷之大概想要为他给父母举办的盛大葬礼提供正当理由。如果他由于父母的葬礼而受指责,他必须已经是一个成年人。但如果他已经是一个成年人,为什么他仍然给他父母以更大的爱?为什么他没有已然到达兼爱的阶段?

解释(2)没有这种缺点。按照对夷之准则的这种解读,的确,在一个人的整个成年期,当其致力于兼爱时,他也可能给他的父母以更大的爱。(这一点之所以可能是真实的,是因为人们发现无论是从心理上还是从实践上来说,喜欢自己的亲人比喜欢陌生人更容易。)推测起来,如果这就是夷之的看法,那么他就将承认,在某些情境下,一个人必须在行动上违背自己对家人的偏爱倾向,而代之以为所有人的公正之善而行动。(这将是使他与像孟子这样的儒者相区别的地方。)

这第二种解释的缺陷是,它需要对夷之所说的话的字面意义作更多得多的外推和创造性解读(至少在我看来是这样。但是,正如我们所知道的,一个人的"文本外推",恰恰就是另一个人"明显的字面意义")。

无论如何,徐子这位中间人,把夷之的回答转给了孟子,孟子说:

"夫夷子,信以为人之亲其兄之子为若亲其邻之赤子乎?① 彼有取尔也。赤子匍匐将入井,非赤子之罪也。且天之生物也,使之一本,而夷子二本故也。"

对于孟子的修辞性问题"夫夷子,信以为人之亲其兄之子为若亲其邻之赤子乎?"的回答,既可以是"不,夷之不会如此以为",也可以是"是的,夷之确实如此以为,但他这样做就是个愚人"。但是这两种回答都有什么样的论证说服力呢?因为孟子没有在事实与价值之间预设一种明显区别,他大概是想让人们注意两个他认为密切相关的事实:(1)人们几乎总是更关心亲人而不是陌生人,以及(2)大多数人都共同持

---

① "Now, does Yizi truly hold that one's affection for one's elder brother's son *is like* one's affection for one's neighbor's baby?",或许应该是,"…one's affection for one's elder brother's son can *become like*(为若)one's affection for one's neighbor's baby."[万百安此处区分了"*is like*"和"*become like*"这两种作为对"为若"的不同英语译法,显然他是考虑到汉语中"为"字的施动意义"成为……"与仅只表示联系意义的"is"("是……")的不同。——译注]

有如下道德直觉：我们应该有这种不同的道德关切。（用现代哲学词汇来说，大多数人都认识到，他们对自己的亲人有一种行动者相涉的义务，而他们并不认为对陌生人也有这种义务。）

这些观点都与孟子对引自《尚书》的那句话所选择的解释有关，对此他用一个将要掉入井中的小孩作为例子来说明。正如2A6中孟子以极好的话所显示的那样，对于任何在这种情境之下的孩子，无论何人都会产生怵惕恻隐之心。孟子在这里表明，我们为什么总是会有这种反应，部分原因是，这个孩子是无辜的（"非赤子之罪也"）。孟子论证道，这正是赤子与圣王（古之人）的臣民之间的相关类似性，它使得圣王关心人民"若保赤子"。没有正确的引导，人民就会采取使他们陷入困境的行动。然而，人民不能因此而受指责，在这种情境下惩罚他们就是（如同孟子在1A7.20中所说的）"罔民"。实际上，避免惩罚那些"无罪"之人的重要性是《孟子》的一个常见主题（比如，1A7，4B4，7A33）。

圣王对待臣民就像对待濒临危险的婴儿一样，在这方面的事实并不意味着他们在任何情况下都把每个人当作自己的亲人。实际上，孟子指出圣王舜对其弟弟宽大到极点，正是因为他是他的兄弟（5A2-3），并且还以一种他不会保护陌生人的方式保护了他的父亲（7A35，第3章第Ⅴ.C节已讨论）。所以孟子在回应夷之的开始所诉诸的事实仍然有效：大多数人在大多数情况下更关心自己的兄长，而不是邻居家的孩子，并且大多数人感到那样做在道德上是合适的。

孟子对"一本"（字面意思是"一个根源"）和"二本"的区

分如何与所有这一切相联系呢？我们如何理解这一区分,取决于我们对夷之准则提供了何种解读。倪德卫的解释提出,"一本"之道是人心的一套先天固有的道德倾向和性向,它们会使他对自己的亲人有更大的关切。"二本"是前一个根源加上作为一种道德教义的墨家,它引导一个人将其对自己亲人的先天固有之爱加以扩展,直到它平等地到达每一个人。简言之,二本就是一个人的"内心"（心）和他的道德"准则"（言）。孟子说天赋予我们前一个根源,让它具有道德权威。道德准则只有在它们是对一种道德上被教化了的心的表达时,才是权威的。但是像夷之这样的墨者试图将"兼爱"设置为一种具有独立权威的准则。孟子对一本和二本的区分提出了如下问题:如果兼爱不是建立在我们内心的自然反应之上,那么它为什么应该具有道德权威?

正如我们所见,墨者接受了天的道德权威,他们认为天是公正无偏的。此外,在总括性章节里,墨者主张人的动机是高度可塑的。因此,在早期墨家关于心的看法和他们对作为兼爱根源的天的道德权威的承诺之间没有矛盾。然而,这一立场的代价是一种关于人类发展心理学的令人难以置信的观点。像夷之这样的墨者在人的心理学方面采取了一种貌似更为合理的观点,根据这种观点,对自己父母的更大的爱是一个自然的发展阶段。然而,这样做的代价是,它使墨家认为天是道德权威的承诺大打折扣。墨者主张,天支持兼爱,但对于我们如何获得心的先天固有性向这个问题,能够找到的唯一解释就是它们是天植入我们之内的。除非那些性向是真正道德的,否则天为什么要把它们植入我们之内呢? 总之,早期墨家思想是连贯一致的,但却在心理上是不合情理的。夷之的墨家观念在心理上是合于情理的,但却是前后矛盾的。

我们在上面所考虑的对夷之准则的第二种解释将会确证相同的两个根源(人的内心和准则),但对它们之间关系的解释略有不同。根据第二种解释,一个人的心自然地倾向于更关心自己的亲人,而不是陌生人。由于这一点(并且由于改变这种倾向的困难),他就允许人们保持这些不同的倾向,并在绝大多数情况下按照它们去行动。然而,这样做的正当理由是,它促进了利益的增长,不偏不倚地评价意义上的利益增长。而因为这是正当理由,所以在某些情况下,一个人可能就必须违背他的正常性情行事。比如说,圣王关心其臣民就像他们是自己的孩子一样,这样做在某些情况下就有可能忽略他们自己亲人的福祉。

那么,孟子的反驳在很大程度上像是迈克尔·斯洛特针对现代后果主义提出的反驳:它产生出一种"道德分裂症"——"在一个人的动机(心)和理由(准则)之间存在着分裂。"①这与对夷之准则的第一种解释稍有不同。按照对夷之准则的第一种解读,一个人先天固有的动机其自身就能够提供正当理由。然而,这些正当理由在某种程度上被兼爱准则所掩盖。(在一个人的先天固有动机和兼爱都由天所决定的框架之下,那种掩盖是如何被假定为正当的问题,就是孟子反对的关键所在。)根据对夷之准则的第二种解读,一个人的先天

---

① 斯洛特:《现代道德理论的精神分裂症》("Schizophrenia of Modern Ethical Theories"),第531页。

固有动机在根本上并不是与其行动的正当理由直接相关的。一个人行动的唯一正当理由是兼爱。这里的问题是,考虑到人的先天固有动机是由天植入我们之内的,那么夷之如何能否定这些动机为人的行动提供了某种正当理由,这一点尚不清楚。

孟子以一个故事结尾,这个故事可被视为一个思想实验,也可被看作是真实的历史叙事:

"盖上世尝有不葬其亲者。其亲死,则举而委之于壑。他日过之,狐狸食之,蝇蚋姑嘬之。其颡有泚,睨而不视。夫泚也,非为人泚,中心达于面目。盖归反蘽梩而掩之。掩之诚是也,则孝子仁人之掩其亲,亦必有道矣。"

徐子以告夷子。夷子怃然为间曰:"命之矣。"

孟子的论证细节是有问题的。正如中国墨者和古希腊希罗多德所观察的,丧葬习俗因文化而异。土葬并不是对关心死者遗体的普遍反映。① 真的有那么一天,人类不会再为死者提

---

① 参见第3章第IV.A节。艾文贺(在谈话中)向我指出杰西卡·米特福德的《美国的死亡之道(修订版)》,这本书讨论了美国现代丧葬习俗的历史偶然性和制度原因。例如,遗体防腐是一个昂贵的方案,在大多数情况下没有任何用处。在美国内战期间,作为保存战争死者遗体的一种方法,它变得很普遍,这样他们就可以从前线被送回家埋葬。由于公众的无知和殡葬业的经济利益,这种做法一直在持续。

供某种形式的葬礼吗?① 不过,孟子的故事若是被解释为一个思想实验,就至少部分地给出了关于某种殡葬习俗起源的合理说明:以一种与一个人对死者生前的爱相一致的方式处置死者遗体的需要。

然而,这一点如何对夷之所说的任何事情构成了一种挑战,最初是不清楚的。墨者并没有主张我们应该把死者的遗体抛给狐狸和虫子吃。他们仅仅是反对由儒家提倡的用复杂的仪式、昂贵的葬器和长时间的哀悼来举行葬礼(第3章第IV.D.1小节)。孟子的思想实验表明,哀悼仪式根植于人类先天的反应,所以它可能对早期墨家学说提出了某种挑战,后者不愿承认有这样的反应。然而,按照考虑中的任何一种解释,夷之是墨家的"修正主义者",他承认人类对自己的亲人有先天的关爱。所以夷之能够将孟子思想实验的每一个细节都吸收到他自己所遵循的道的视野之中。

他真的能吗? 孟子指出,殡葬习俗根源于先天内在的反应。("夫泚也,非为人泚,中心达于面目。")这些反应激发了那种掩埋行为,但是也证明那种行为是正当的("掩之诚是也")。这就是"一本"的情形。夷之有可能断言还有一个二

---

① 有证据表明,在西班牙阿塔普尔卡(Atapuerca)的西马·德·洛斯·休斯托斯(Sima de los Huestos)发现的一批遗骸,可能是迄今为止所发现的最古老的有意土葬。这个遗址的年代不晚于公元前30万年,包含了海德堡人的遗骸。因此,从根本上来说,葬礼似乎在人类(智人)出现之前就已经开始了。(我非常感谢瓦萨学院人类学系的Anne Pike-Tay与我讨论这个问题。)当然,孟子并不了解人类的进化发展,但即使从他的历史观来看,他所描述的这类事件发生的时间也不明显。在圣王尧之前?

本。但孟子所呈现的画面具有很强的直观感染力,并没有提及道的第二种根源。接受孟子的论述,意味着接受我们的性向,即不只是给予自己父母墨家所提倡的那种最基本的简单葬礼(不含双关语意),还要给他们更多:"则孝子仁人之掩其亲,亦必有道矣。"

所以孟子的思想实验其作用是,使孟子和夷之共同拥有的关于人的心的概念的含义清楚明白地呈现出来。一旦这一点清楚了,夷之遵循我们先天固有动机的承诺和允许墨家教义间接引导这些动机之间的张力就是显而易见的了。

在本节中,我们只是考察了孟子较有趣味的几个论证。我们绝不可能对孟子给出的每一个论证都加以讨论(这样做本身就需要一本书的篇幅)。但是我希望搞清楚的是,孟子确实提供了哲学论证,而这些论证往往颇具挑战性。解释并评价他的论证需要大量的思考,并且毫无疑问,其他人会对我的解释提出异议(正如我对先前解释的很多观点提出异议一样)。然而,任何熟悉西方哲学史研究的人都会认识到,理解孟子并不比理解柏拉图、笛卡尔或黑格尔需要更多的勤勉或想象式重构。

VII. 结论

在很多方面,孟子在内容和方法论上都与现存的《论语》不同。如果《论语》4.15 给出了孔子教义的"一贯之道",那么,孟子却选择忽略它。我们看到,没有证据表明"忠(dutifulness)"和"恕(reciprocity)"是孟子之道的两条主线。只有《论语》13.3提出的问题,在《孟子》里才稍微更有点兴趣。就像我们所看到的,当孟子拒绝称一位残暴的君主为"王"时,他才顺带着表现出对可以被描述为"正名"的内容的某种兴趣。但是甚至在他似乎对语言表现出最大兴趣之时(像6A3),这种兴趣也采取了一种与我们在《论语》中发现的非常不同的形式。对孟子而言,礼仪显然是生活的重要部分;礼是其核心德性之一。但是《论语》记录了整整"一卷"的对合宜的礼仪表演的观察,而孟子对礼仪的评论比较少见,并且经常强调礼仪的不可侵犯性(比较《论语》卷三和《孟子》4A17或6B1)。代替《论语》中不成体系的美德集合的,是孟子列出的四种基本美德的明晰清单。其中,有一种(仁)被前后一致地以比其在《论语》中经常使用的更狭义的方式加以运用,以及另外两种(义和礼)则把它们强调的重点从行为转移到人格上。① 我没有在《论语》中找到孟子如下观点的任何迹象:人性有向善的原初倾向。对孟子来说,人性就像端芽,只是需要被培育;对孔子而言,正如《论语》中所描绘的,人性就像璞玉,必须经过艰苦的打磨、雕刻和抛光。因此在自我修养方面,孟子强调"心勿忘(concentration,专心)"和发展已经呈现在人心中的根源,而《论语》则强调从经典文献和礼仪实践中"学习(learning)"。尽管如此,孟子也清楚地看到了学习的作用。他经常引用《诗经》来作为生活得好的例证,还把《诗经》用作教本。

---

① 公平地讲,尽管如此,孟子对仁的使用在《论语》中确实有某种先例,而他之对义和礼的使用也系统地与《论语》中对这些术语的使用相关联。

一般而言,如果孟子阅读一本像我们读的《论语》这样的书,他选择忽略其中的很多内容。另外一个事实就是,孟子经常归之于孔子的引语在现存《论语》中根本找不到,有人强烈怀疑,在公元前4世纪,流传着大量不同版本的孔子语录。

　但是孟子与《论语》以及接下来两千年里几乎所有儒者都持有几个共同的观点。他从伦理的角度相信家庭关系的重要性。他致力于宣扬行动者相涉的义务(对自己家人拥有更大的爱和义务)和行动者相涉的禁令(不愿做不义之事,即使其后果将是有利的)的生存方式。他认为生活得好包括"此世的"善品,如与自己的友人和朋友共同生活,对美的鉴赏,学习以及通过服务于社区而帮助他人。在一般的政治层面上,他认为解决社会问题的最佳方法是培育个人的美德,然后将政治权力授予真正有道德的人,他们将满足人民的基本需求,并通过道德激励而不是胁迫和战争来统治人民。

　鉴于孟子观点的精微、独创、广泛和系统性,任何哲学史家都应该发现孟子是很有趣的。但是他与任何当代哲学有什么关联吗?我们能像当代西方哲学家学习亚里士多德、休谟和康德那样向他学习吗?我将在下一章中谈及这个问题。

Chapter five
Pluralistic Ruism

第 5 章
多元化的儒家

温故而知新,可以为师矣。

——孔子

……当我们理解某一文本时,文本的意义已经在发挥作用。

——伽达默尔

I. 走过的路

在这本书中,我用一种特殊的方法讨论了孔子、早期墨家和孟子:这种方法就是将儒学理解为"美德伦理"的一种形式,将墨家解释为后果论的一种形式,并强调对论证的仔细分析和评价。在第1章,我注意到我的研究进路是"还原的诠释学"的一个"分析"哲学的版本。然而,本着方法论多元化的精神,无论是后现代的、文献的、社会科学的,还是怀疑的诠释学的版本,我都不排斥。当然,在赋予某人使用自己方法的权利的同时,我们可能会批评他们是如何成功地运用了它。

我已经批判性地吸收了理学家(新儒家)的注疏内容。像朱熹和王阳明这样的思想家的作品非常值得读,因为他们本身就是有趣的哲学家,而且他们对经典文本都有非常细致且有洞察力的解读。另外,他们的解释往往如此深刻(而无形)地丰富了当代对儒家的理解,以至于那些忽略这个解释传统的人注定要照着它再说一遍。然而,我同意有些学者(包括中国传统中的戴震在内)的观点,即他们争辩说,理学家从根本上歪曲了古代儒学,并将这种歪曲归罪于从晚期佛学那里借鉴的形而上学概念。打个比方说,宋明理学就是通过佛学来看的儒学(或者,用我喜欢的词汇描述,"宋明理学是透过佛教的滤镜来看儒家思想的")。

我虽然用英文写作且使用西方哲学的词汇,但是我试图客观公正地对待中西思想之间复杂的相似和差异。实现这一目标的一种方法是用美德伦理的薄的特征来描述(1)人类的繁盛,(2)支持过上繁盛生活的美德,(3)道德修养,或人如何获得那些美德,(4)哲学人类学,或关于人性的观点。在讨论这四个问题时,不同形式的美德伦理学是相似的,但他们提供的厚的叙述却在实质上有所不同。与西方美德伦理学的形式一样,儒学相较来看属于(与普遍主义相对而言)特殊主义,并强调培养道德行家。

我们可以区分道德修养的发现模式、发展模式和重塑模式。孟子经常使用"端"的比喻来表明他主要采用的是发展模式;然而,他认为对人类来说,发现他们自身内部拥有这种积极主动的、端始的美德倾向也是很重要的。荀子强调的是一种改造模式:使一个人成为有德之人,就像给布上色或磨砺金石一样。尽管如此,他确实指出了人类天生就对他人有某种未充分发展的情感关注,这可以被用来引向道德发展。王阳明有着一种近乎纯粹的发现模式:我们拥有一种完全成型的有德性的自然天性,这种自然天性只是被私欲遮蔽了。成为一个有德之人,就是一个简单地运用这种有德性的自然天性的问题。朱熹也有一个潜在的发现模式,但是他通过将重塑模式(传统"小学"中孩童必须经历的)和发展模式(因为《大学》就是从一个人已经在其真实的天性中发现的东西出发,然后"延伸"到其他事物上)的因素结合起来,提出了比王阳明更加细致入微的观点。

在第2章,我讨论了孔子和儒学的一些一般特征。人们几乎可以根据当代解释者是否强调《论语》4.15("忠"和"恕")或13.3("正名")是解释《论语》这个文本其他部分的关键而将他们加以区分。我已经论证了这两段文字都是后人窜入《论语》中的。它们在当代解释者中的重要性是由于偶然的历史因素的影响。《论语》4.15之所以引人注目,是由于朱熹希望发现文本中的系统性并验证孔子弟子曾子的影响力的强烈愿望。同样地,胡适和冯友兰也希望能在中国古代思想中找到与20世纪英美哲学的相似之处,这使得他们把重点放在了《论语》13.3上面。然而,这两段内容都不能代表整个文本。解释者只能通过"择优选取"来维护这些段落的中心地位:把重点放在对他们的解释而言最容易处理的段落上,然后忽略或轻视文本中将会对他们的解读带来更多问题的其他部分的重要性。

我在解读《论语》时强调孔子的特殊主义。《论语》11.22就说明了这一点,两个弟子提出相同的问题,孔子却给出了截然不同的回答。更重要的是,如下一点在《论语》通篇中都是显而易见的,即孔子会随着特定对话者或特殊语境的变化而对相同的问题给出不同的回答。尽管相较"系统性"文本而言,《论语》更多的是一种"唤起性"文本,但我们在其中确实能看到随后的两千多年来儒家的核心主题。另外,《论语》中悬而未决的紧张关系有助于解释后来的儒者围绕道统所采用的准确形式而展开的争论。

礼在儒学中的作用是足够独特的,以至于需要对其本身进行广泛的讨论。当我使用它时,礼被视为神圣的后天习得的人类活动。我强调礼的一种广泛的功能主义路径,这种路径首先是由古代的儒者荀子发展起来的,后来又在西方由涂尔干和拉德克利夫·布朗等人重新发现。根据功能主义的进路,礼表达并强化了对世界的某种态度和观念。特别是,礼常常与表达和加强我们同他人的联系、依赖和义务有关。

儒家还强调审美鉴赏,使自己成为更好的人的智力活动,关心和帮助他人,通过亲属关系这样的联结而必定与某人相关的"行动者相涉"的义务,参与家庭生活,面对物质匮乏表现出的快乐(由于这种知识,人才能生活得好),在真正的丧失时感到悲伤(比如亲人亡故)。

《论语》中讨论了许多美德,包括仁、义、智、忠、信、勇和孝。孔子并没有给出一个基本美德的列表。然而,如果强迫我给出自己的观点的话,我会说孔子最核心的美德是仁和智。在这一对概念中,仁将会有适宜的动机,特别是关心他人福祉;智将包括诸如对手段—目的慎思和对他人品格的判断等能力。仁和智双双出现在《论语》的很多篇章中,拥有仁和智将会赋予人以正确的动机以及按照那些动机行动的方法。

孔子似乎对人性没有一个明确的看法。然而,他用在道德修养上的比喻(比如雕琢玉石),还有他认为人类道德发展是艰苦且较少成功的工程,这些都表明他认为人性对美德有着非常大的抵触,因此他应该乐于接受一种道德修养的重塑模式。所以孔子含蓄的人性观更接近荀子而不是孟子。

《论语》显示了"学"和"思"之间的一种张力,这也影响了后来的儒家学者关于道德修养的观点。有些儒者倾向于强调"思"的重要性,比如孟子和王阳明,而其他儒者则倾向于强调"学"的重要性,比如荀子和朱熹。至少从《论语》所刻画的来看,孔子本人似乎更强调"学",这也与他所设想的道德修养的重塑模型保持了一致。

对于西方的读者来说,孔子对"学"和传统的强调会引起疑惑:孔子是否对真理和论辩有兴趣。在这里,重要的是看到古代中国哲学和古希腊哲学基本取向之间的某种重叠(而不是一致)。无论我们考虑的是在世界一方的毕达哥拉斯、苏格拉底和柏拉图,还是在世界另一方的孔子、墨家和孟子,我们都能找到那些关心将其社会从他们所认为的危机中拯救出来,并把这一点看作是与特定主张的真伪关联起来的思想家。区别似乎只是强调的重点问题:柏拉图想帮助人们学习真理,因为他认为这样才能告诉他们如何生活得好;孔子想要向其弟子表明如何生活得好,但是他认为他们必须知道很多真理才能做到这一点。

《论语》中显然缺乏明确的论证。然而,这并不是整个儒学的特征。后来的思想家比如孟子和荀子等就论证得明晰而又恰当。另外,正如考普曼所观察到的那样,支持一种哲学的论证可能只是它作为整体给我们提供了最好的可用的"卓有成效地理解这个世界的方向"①。孔子生活在一个正遭受社会和伦理危机的时代。他提供了使社会走出那种危机之大道的合理选项。因此,从某种意义上来说,《论语》整个文本就是自己的论证。

在第3章中,我解释了墨家的"核心信念"之一,即为判断行为、制度和人发现一种"明法"是至关重要的。这一点与儒家"道德行家"的理想形成了鲜明的对比,墨家将儒家这一理想视为精英蒙昧主义。此外,墨家还希望有一个"兼"的标准,或者说是"行动者无涉"的标准。他们发现这个标准的确立能使利益最大化远远超过害。所以,用西方的术语来说,墨家是不偏不倚的后果主义者。

但是墨家在评价这些主张时,除了产生好的结果这个标准("法")之外,还诉诸另外两个"法"——先例论证("本")和实迹论证("原")。学界曾就这些"法"是否是真理的指标展开讨论。我相信墨家确实关心教义(例如,鬼神是否真的存在,抑或是否真的存在命等问题)的真理性。然而,我并没有说他们关心真理的同时反对遵从教义带来的好处。墨家认为真正的教义也就是如果我们遵从就会带来最好的结果的教义。在假设这一点时,他们并没有给出一个定义性的主张("是真的"等同于拥有最好的结果),而是确定了一个真的指标。他们的信念,即好的结果就是真理的指标,建基于他们对这个世界美好秩序的信心上。

在《兼爱》篇中,墨家为"行动者无涉"提出了精巧的详细

---

① 考普曼:《向亚洲哲学学习》,第11页。

辩护。例如,在"看护人论证"中,墨家提出了一个思想实验,在这个实验里,我们必须把家庭的幸福托付给另外一个人,在托付前我们会被问究竟是选择有"偏私"的看护人还是选择"不偏不倚"的看护人。墨家认为,任何人都会选择"不偏不倚"的看护人。关于这个论证部分问题出在"偏私"的看护人所持立场的不确定性。这个论证似乎要么是稻草人谬误(如果这些偏爱之人是儒家的话),要么就是提供了错误的二分法(如果这个内容忽视了作为另一可选项的儒家立场)。

可行性论证给出了人类行为变化的例子,这些变化至少和朝向兼爱的变化一样剧烈。在每一种情况下,这种变化都是由奖励其所欲的行为并且惩罚其他行为的统治者来完成的。该论证表明,墨家设想人类在动机和性情方面的先天结构非常有限。另外,这个有限的结构仍然高度可塑。

墨家立场的几个方面都具有挑战性和革命性,包括他们使用一种自然状态的论证来证成政府的权威性。但是,无论是中国(例如墨家)还是西方(例如功利主义),所有形式的公正后果论都试图采用内格尔所称的"无源之见(the view from nowhere,或译'本然的观点')"——一种完全无利害关系的价值视角。但是,这样的视角既不可能也不可取。

在第4章我转向孟子,他把杨朱和墨子的学说视为儒家主要的哲学挑战。针对杨朱"为我"的人性主张,孟子运用"孺子入井"的思想实验这样的手段,论证了人拥有天生的但还处于萌芽状态的美德倾向,比如,同情他人所遭受的苦难或者不屑接受有辱人格的对待。他将这些萌芽状态的性情(用一个农业方面的比喻)指称为"端"。也许有一些人并没有"端"或者萌芽的迹象显露出来(我们可能叫他们反社会者或者精神病患者),但是,孟子论证道,他们的天性已经被恶劣的环境影响所破坏(他用"牛山之木"的故事来证明这一点)。

孟子的人性观也对墨家有一个回应:他们不偏不倚的后果论是不切实际的,因为它与人性的核心动机背道而驰。这一点尤其是对在墨家"兼爱"篇中发现的人的动机几乎是无限可塑的立场的一种强有力反驳。然而,孟子遇到了一个墨家的修正主义者夷之,后者认为"道"有"二本":(1)我们的心,这倾向于"行动者相涉"的义务,以及(2)墨家学说中"行动者无涉"的兼爱思想。夷之似乎赞成一种间接后果主义的形式:由于人性所施加的限制,我们通常允许人们有"行动者相涉"的倾向并依此来行事,但是最终这些倾向都要由它们不偏不倚的利益来证明其合理性(有时也需要根据这种利益来修正)。但是孟子指出了这种立场中隐含的致命张力。墨者承认天在道德上是好的,如果天在我们的心中植入了某种倾向,这种倾向必然是"道"的"一本"。然而,在什么基础上,人们可以像夷之那样证明,接受让我们从根本上修正这些倾向的任何学说是合理的呢?

孟子设计了一套复杂而又微妙的道德修养哲学,它有着"内在指向"和"外在指向"两个方面。孟子"内在指向"的道德修养中的一个关键概念是"思(concentration)"。"思"就是要把注意力集中在端芽上,这样人们就能意识到这些端芽,并对它们保持一种积极的态度,这有助于促进它们的生长。在"外在指向"的自我修养中,孟子强调的是"推扩"。"推扩"是建立在如下观念之上:由于这些"端芽",我们能对某种典范性的情境有德性反应,但并不能在所有的适当的情境中都有这种反应。认知性的推扩就是去发现,在我们作出德性反应的某种情境和我们应该做出但却没有作出德性反应的情境之间道德上相关的类似性。情感性的推扩就是在与我们在典范性情境中所作的相关的类似情况下,要拥有相同的情感和动机。比较棘手的问题是认知性和情感性的推扩是如何联系在一起的。

在《孟子》3A5 中,对"一本"之道的坚持和对任何"二本"观点的拒斥,似乎极大地限制了认知性推扩对情感性推扩能够加以塑造和引导的程度。我考察了(《孟子》5A2 中的)一个具体案例,其中孟子给在道德上困惑的弟子提供指导,我试图表明孟子正帮助弟子实现认知性推扩。我认为这个例子说明,认知性推扩不是对一个可以毫无问题地将之运用于新案例上的规则的普遍化过程。毋宁说,认知性推扩就像是在一项技能上做得更好。

这个例子也帮助我们看到,孟子相信某种概念性讨论或反思引导人的情感的可能性。至少在某些情况下,情感是可以由特定的信念来保证的。所以我为受苦的动物感到悲伤来源于我的如下信念,即我相信感情上的痛苦恰恰是忽略造成的结果。但是假设我真的开始相信动物并不是因为人们的忽视造成的结果而处于痛苦之中。("不用担心,那只狗并不饿,它是一只灵猩[一种高大、瘦长、行动迅速的狗]。它们本来就那么瘦。")我们将会希望悲伤就此消失。通过平行推理,如果我为这只受苦的动物感到悲伤,我就应该对那个受苦的动物也感到难过(假设它们的相关情境是相似的)。如果我对这只受苦动物的悲伤情感真的与我对此的信念相关,那么对那个受苦动物产生同样的信念,就应该让我的情感从这个情境流动到那个情境中。当然,不能保证这种流动必然发生。如果我们不能加紧进行积极的自我修身,情感性推扩可能就不会发生,甚至认知性推扩也可能消失(孟子看到这一点正发生在他试图帮助的统治者身上)。并且强迫这种推扩发生的努力可能会产生适得其反的效果(这正是孟子所讲的"宋人拔苗助长"的故事的重点所在)。

　　孟子确定了四大基本美德:仁、义、礼、智。与其他儒者一样,孟子将仁看作是包涵"行动者相涉"的义务。我们应该对自己的家庭成员有最大的同情心(也应该尽最大的义务),而对陌生人可以少一些。义是对道德品质缺陷的蔑视,这种缺陷会使别人将自己看作是可耻的。从直觉上讲,道德上的蔑视感类似于对某种不道德行为的厌恶感,像对潮湿、酗酒、把某人漂亮衣服弄脏以及恶心的气味等的厌恶。道德上的蔑视给"行动者相涉"的禁令提供了基础,从而阻止特定行为的发生。

　　礼和义密切相关。但是,当一个行为与某人的社会习俗或礼仪紧密相关时,它最好被描述为礼的表现。借助于这些礼,人们表达并维持了社会等级角色。这反过来又有助于人们抑制自我膨胀的倾向。因此这样理解的话,我们可以看到礼是如何有助于支持和保存仁与义的。

　　智有好几个部分,孟子在5A9中对百里奚的讨论就例示了智的很多方面:(1)恰当地评价他人品格的性向;(2)"手段—目的"慎思权衡的技巧:善于思考关于为实现既定目的而采取的最佳手段并决定各种行动过程的可能结果的问题;(3)对什么是卑劣可耻的理解,并避免它的性向(比如,对美德行为的欣赏和承诺);以及(4)对自己个人福祉的健康关注。

在《孟子》6A1-5开篇,孟子和告子等人之间的争论是整个文本中最有趣的论辩。理解 6A1-3 关于人性争论的关键是要明白这里的比喻并非修辞性的粉饰。告子和孟子都假定在事物的本性之间的一种潜在的本体论对应关系。孟子在每种情况下都展示了为何告子的比喻未能为这种对应关系成功辩护。在《孟子》6A4-5 中,关于义内还是义外的争论的关键,是对由孟子的一个弟子提出的他为什么认为义是内在的这个问题所做的解释:"行吾敬,故谓之内也。"这表明,某种美德要想成为内在的,就需要它是出于某种特定的情感而行动,而不是仅仅出于遵循对礼或义务的某种承诺而行动。

到目前为止,我对中国哲学的讨论几乎都是历史性的或者解释性的。然而,对西方哲学史的解释性研究通常被用来报告现代哲学的讨论(这里仅列举两个例子:当代的亚里士多德主义者,如玛莎·努斯鲍姆和当代的康德主义者,如科斯加)。很明显,再不改变某些历史立场而只是复制,就只会产生"恋尸癖"。历史的变化说明了以往哲学的局限性。(我本人虽然是黑格尔的崇拜者,但我必须承认历史并没有随着他那个时代的普鲁士国家而结束;历史也不会随着福山[Francis Fukuyama]所说的那样终结。)与有时被认为是不容置疑的真理相反,哲学确实只是通过讨论和论证而取得某种进步。(在某些方面,我们现在会比休谟或者他同时代的人更了解其关于理性和情感在伦理学中的作用的观点,因为我们比他们那个时代的人更清楚地认识到情感主义、心理主义、规范主义、错误理论、理想观察者理论和其他立场之间的区别。)

总的来说,如果我们想卷入到早期哲学观点的历史回顾中，我们的目标就应该是提供一种李耶理明确表达的"可信"和"适度"的立场。① 我们的解释在如下意义上应该是"可信的",即它对今天的我们来说是合理的。鉴于我们对文化多样性、历史变化、现代科学,以及至少某些作为西方启蒙运动的结果而被强调的价值和制度形式的广泛知识,对早期哲学观点的可信运用就成为当代思想家的"活的选择"。但同时,历史回顾也应该以"适度"的立场结束,这个立场在如下意义上是"适度的",即它忠实于激发它的那种哲学。在某种基本的层面上,它必须被认为是原初哲学的一个版本。第三个准则——李耶理虽然没有明确提出,但我认为这隐含在他的话语中——就是最终的立场一定是"鼓舞人心"的。我用这个冠冕堂皇的术语只是指,应该清楚的是,为何重塑的立场能够给正在进行中的哲学辩论提供一些独特的和有价值的东西。

在历史回顾方面,儒家已经是几种努力的主题。也许最值得注意的两种努力分别是由安乐哲和后期郝大维提倡的后现代的进路和所谓现代"新儒家(New Confucians)"的进路(我在第 1 章 I.B.3 节简短地讨论过)。我的个人观点是,现代新儒家和后现代主义者各自在特定事情上是正确的。现代新儒家在如下意义上是正确的,即儒家能够且应该在某些方面作出改变以成为合理的当代立场。尤其是,儒家必须与民主的某种版本和现代科学保持一致。(正如现代新儒家将会认同的那样,这并不意味着儒者应该接受恰好当下碰上的任何形式的民主,或者现代科学的任何应用。儒学可以被用来建设性地宣传和

---

① 李耶理:《儒家与流派》("Confucianism and Genre"),第 140 页。

批判民主,甚至是可以用来宣传和批判科学研究和应用的伦理学。)后现代的方向在如下意义上也是正确的,即任何对儒学的忠实解释都不会将它归类到任何形式的笛卡尔主义。儒者既不是形而上学的二元论者,也不是知识论上的基础主义者。

然而,我担心这两种进路都无法产生足够忠实或有启发性的关于儒学的说明。正如我已经论证的,现代新儒家是通过受佛学影响的"新儒学(Neo-Confucianism)"①的视角来看儒学的。目前尚不清楚现代新儒家对儒学的阐述在多大程度上不得不说西方哲学家应该去发现新的且具有启发意义的解释。一本颇具开创性的新儒家文献告诉我们,西方至少可以从儒家传统中学习五个方面的教益:"当下即是","圆而神的智慧","温润而怛恻或悲悯之情","积蓄人之生命力,使之不致耗竭过度","天下一家之情怀"。② 这些内容的确是现代西方需要学习的经验,但西方自身传统之内也有中西各自需要学习的先驱思想。

我发现后现代主义也是一个类似的扭曲的框架。诚然,儒家并不是"现代主义的",但这也并不意味着它就是"后现代主义的"。对我来说,阅读那些原始文献,如果使得我们认为儒家似乎提倡不受人性、天和传统约束的创造力,那就貌似非常牵强了。此外,正是因为对儒学的后现代主义解释使它与罗蒂

---

① 作者这里将现代新儒家(New Confucians)与宋明理学意义上的新儒学(Neo-Confucianism)区别开来,读者需注意区分。——译注
② 张君劢、唐君毅等:《为中国文化敬告世界人士宣言》,第548—558页。

的实用主义如此相似,所以它并未给当代的论辩提供任何具有启发意义的新内容。最后,如果我们在现代主义、后现代主义和解释学进路之间作出选择,我发现第三种进路是最有前途和最有成效的。①

但是,正如墨子所说:"非人者必有以易之,若非人而无以易之,譬之犹以水救火也,其说将必无可焉。"②

II. 留下来的路

我愿意先讨论一下作为一种伦理学体系的儒学的一些局限性和盲目性。如果儒学要成为对今天的我们来说仍然是合理的哲学选择,它就必须克服这些弱点。

---

① 这里所说的"解释学(hermeneutics)"不仅仅是指伽达默尔的立场(伽达默尔的"Hermeneutics"用的是首字母大写的"H"),而是更加广泛的哲学立场,这些立场同意后现代反对笛卡尔式的基础主义,但也寻求通过对话和建设性的论证来保持哲学不断进步的理想。(我会把各种各样的思想家放进这个阵营,包括麦金太尔、努斯鲍姆、泰勒、普特南[至少在《理性、真理和历史》一书中是如此],哈贝马斯,以及当然还有伽达默尔本人。)显然,现代新儒家和后现代主义对儒家的解读都值得比我在此处所提供的更深思熟虑地欣赏和批评。我只想勾勒出我为何选择走向不同的方向。有关后现代进路的讨论,参见南乐山(Robert Neville):《波士顿儒家》(*Boston Confucianism*),第47—50页,第147—154页;万百安对南乐山的《波士顿儒学》所写的书评;威尔逊(Wilson):《整合、个体性与美德的本性》("Conformity, Individuality and the Nature of Virtue");以及劳登(Louden):《天说了什么》("What Does Heaven Say?")。

② 《墨子·兼爱》,《中国古代哲学读本》,第68页。

儒家在道德上受到一元价值论、关于性别角色的性别歧视假设、非常强烈的"认识论乐观主义"形式（可能导致不宽容），以及对德性在政府中作用的霸权观念等的限制。若要突破这些局限，儒家可以而且必须学会将多元主义、女性主义、认识论上的谦卑（或易谬主义）和程序正义等放在更加重要的位置上。

II. A. 一元相对于多元

儒家一元论的主张很容易被误解。一元论和普遍主义并不是一回事。让我们回想一下，普遍主义是处在特殊主义光谱的另一极的一种立场。与像康德这样处于光谱的普遍主义一极相比，儒家更接近于光谱的特殊主义那一极。在将儒家描述为道德一元论时，我也并不是要否认他们承认在伦理价值生命中的多样性。在政府中教书和服务的士人、耕种田地为人们生产粮食的农人、生产工具和礼器的工匠、促进商品贸易的商人，以及他们所有人的妻子们（抚养孩子，纺织和处理家务等）的生活都是有价值的，这些都是社会运转所必需的。然而，儒家的一无论是就如下意义而言的，即社会中有价值的角色非常有限且等级森严，从最高到最低的地位是：士农工商。士是"大人"而其他人则是"小人"。（妇女的地位取决于他们家庭的地位以及她们在这个家庭中的角色，但妇女几乎总是处在从属于她们男性家属的位置。）等级制度原则上是流动的，且是一种贤能政治。圣王舜是从一个农民发端的。不过，这里有效的词是发端。由于他的德行卓著，他不由自主地就提升为官员，并在后来成为王。

与道德一元论相对,儒家应该成为多元主义的。但是,多元和一元同样都是容易被误读的术语。特别是多元主义与怀疑主义和相对主义有重大差异。① 道德怀疑论者会说,我们不知道什么是真正有价值的。"也许做一个连环杀手是好的,或者做急诊室的护士也不错。谁说得准呢?"怀疑论者会耸耸肩,若无其事地这样说。与怀疑论者和多元论者相反,相对主义者会说,价值取决于评价者的观点。对于伦理相对主义者而言,像"好"这样的道德概念其功能含义就跟"左"一样:

"院长就是站在左边的那个家伙。"

"那不是教务长吗?"

"好吧,我是说站在大学校长左边的是院长。站在我们左边的那个人是教务长。"

正如"左"是一个涉及空间视角的述词,所以(根据伦理相对主义者的观点)像"好""坏""对""错"等述词(至少隐含地)涉及文化(相对主义)或一个个体(主观主义)的评价。

道德相对主义者对价值判断的相关视角有不同的看法。文化相对主义者认为,道德价值取决于某特定文化群体的视角。例如,从当代美国主流文化的视角来看,奴隶制是错误的,但是,从古希腊文化的视角来看,奴隶制就是正确的。主观主

---

① 以赛亚·伯林(Isaiah Berlin)也许是多元主义理论的引领者,他坚持多元主义与相对主义的差别(参见,例如《18世纪欧洲思想中所谓的相对主义》["Alleged Relativism in Eighteenth-Century European Thought"])。

义是相对主义的一个特例,其中作出评价主张的相关群体是每一个具体的个人。所以主观主义者会说,婚前性行为相对于你的视角可能是不道德的,但是相对于我的视角却可能是道德上许可的。

非哲学领域的人有时会把相对主义和持有截然不同立场的道德孤立主义混为一谈。米奇利(Mary Midgley)提出了"道德孤立主义"概念,用它来描述人们不应该对其他文化进行道德评价的观点。许多哲学家怀疑这一立场是否连贯。① 在原则上排除对另一种文化进行道德评价的基础是什么?如果我对另一种文化一无所知,我确实不应该评判它,但是这显然与说我根本不应该评判它不同。而且,为了这样的目的,一个人如何决定什么才算是"文化"?当代人类学家将会强烈地反对任何文化都有清晰明确的界限的说法。我能从道德上评判其他的美国公民吗?大概是可以的吧,但是如果这个美国同胞是东印度裔呢?这会自动地将他置入另一种文化吗?我有一个朋友符合这种文化范畴:他从未去过印度,对印度文化没有兴趣,他会说的唯一的印度语言是英语(带着波士顿口音)。如果我能在道德上评价他,那么在我不能评价之前,他又会有什么不同?如果我不能在道德上评价他,这是不是意味着我只能在道德上评价(像我这样)拥有波兰和荷兰血统的美国同胞

---

① 米奇利(Mary Midgley):《心灵与思想》(*Heart and Mind*)。威廉斯(Bernard Williams)将这种观点称为"庸俗的相对主义",并将其描述为"可能是道德哲学中提出的最荒谬的观点"(《道德:伦理学导论》[*Morality:An Introduction to Ethics*],第 20 页)。

呢？最后也是最根本的一点，道德孤立主义究竟是说我们不能从道德上评价其他文化还是说我们不应该这样做？说我不能在道德上评判另一种文化，这种说法似乎是错误的。我据此断言："女性割礼是错误的。"通过这个断言，我只是在道德上评价了一种不同于我自己的文化。但是，如果我们说我们不应该从道德上评价别的文化，我们就会陷入两难境地。很少有文化会认同在道德上评价别的文化是错误的。假设某个来自另一种文化的人断言："美国人很懒。"根据道德孤立主义，他不应该作出那样的评判。但是道德孤立主义本身又是对他的一个评判。所以，如果我们同意道德孤立主义，我们就必须判断一个声称"美国人很懒"的非美国人所作出的道德评价是错误的。但是，道德孤立主义声称我们不应该作出这个道德孤立主义坚持让我们作出的那个评判。

另一个常见的概念错误是将相对主义和怀疑主义相混同。相对主义承认人们可能会犯错。即使主观相对主义是真的，我在解释或者应用那些来自我真实视角的主张也可能会是错的。（例如，假设相对于我的视角来说偷窃是错误的行为，但是我并不认为在工作中偷拿办公用品是错误的。尽管我可能不会承认，但是相对于我自己的视角而言，我就是错的。）即便这样，相对主义和真正的怀疑主义仍然很难调和。怀疑论者会说你根本不知道事物对你展现的样子究竟是不是事物本来的样子。但是，如果真相与我本人的视角相关，我怎么可能不知道真相呢？（或者，如果真相与我的文化视角相关，我怎么可能不知道我所在的文化所说的内容是对还是错呢？）如果相对主义为真，那么除了你自己（或你的文化）持有的观点外，没有什么能够判定你是错的。

真正的多元论既不是怀疑论,也不是相对主义。多元论者坚持认为世界上存在着多种价值,而且这些价值不可能被还原为一种价值。(他通常还会补充说,不可能在某种单独的生活或社会中具体化所有这些价值,至少不可能在相同的程度上呈现出来。)多元主义不是怀疑主义,因为多元主义认为我们至少对某些善品没有任何严重的怀疑。只有独断的一元论者和极端的怀疑论者才会否认,一名好的学校老师和一个好的警察都能过上有价值的生活。多元论也不是相对主义,因为多元论者不会说每一个人的生命价值取决于我们自己(或我们的文化)对他们的看法。如果我们的文化不能欣赏一个好的学校老师的价值,那么我们的文化就是对某种价值的无知。

这里举一个具体的例子可能会有所帮助。假设一个朋友正在考虑,究竟是攻读数学博士学位呢,还是开始一个画家的职业生涯。他意识到,如果同时做两件事情的话,无论是具有献身精神的数学家还是画家,所需要的时间和精力都会阻碍他取得更大的成功。因此他不得不选择其中一个。他来向我们寻求建议。如果我们是怀疑论者,我们就将告诉他某些(像柏拉图那样的)哲学家已经很好地论证,充满理论思考的生活是最好的,但是另一些(像尼采那样的)哲学家则论证创造性具有高于理论的至高无上性。这两种论证看起来都同样有力,所以不幸的是,我们并不知道对他而言究竟什么才是正确的选择,甚至都不知道是否有正确的选择。相反,如果我们是主观主义者,我们会告诉他,无论他决定什么样的生活是最好的,那都是相对于他自己的视角而言最好的选择。我们当然可能会对他的选择有自己的看法。也许我们认为数学是枯燥乏味的,而艺术却是时尚的和令人兴奋的。但是,向别人征求关于道德价值的意见就好像是问别人晚餐应该点什么。(老实说)我喜欢斯帕姆午餐肉。但这并不意味着你必须吃它。如果我们的朋友告诉我们他父母认为成为艺术家是轻浮的,我们应该回答,"对他们而言,确实是轻浮的"。(需要注意,怀疑主义和相对主义对于任何挣扎在严肃的决策中的人来讲都是显著地毫无助益的。)

最后,如果我们是多元主义者,我们会告诉我们的朋友,他所考虑的两种生活方式都有价值,都是非常好的选择。如果他的父母不欣赏艺术家的价值,那很可惜,但他们确实错了。然后,如果我们也是特殊主义者的话,我们就会从他自身处境的细节入手来帮助他作出选择。尽管他在数学和绘画这两方面的天赋比一般人要强,但是他有没有发现他在数学方面的天赋比绘画的天赋更高?也许他更崇拜艺术家而不是数学家,但是他有没有发现从个人本身来讲,他能够在教授和研究数学中获得更多的满足感?数学家一般在30岁以前作出他们最重要的研究贡献。那么,他如何看待现在研究数学并且保持开放的态度以期未来能够回到绘画的生活?如果他拥有"智"(足够智慧),多元的特殊主义者就会非常善于知道如何来提出问题。

尽管区分相对主义、怀疑主义、多元主义、特殊主义和道德孤立主义可能显得过于严苛,但弄不清它们的含义和差别就会导致人们混淆儒家的本质内容。我们应该认识到相对而言传统的儒家是特殊主义的,但是我们却不能据此判断它是相对主义或者多元主义的。(我认为)正是相对而言的特殊主义是传统儒家的一个强项,但它的一个弱点是没有更多元一些。不过,使儒家更多元,与鼓励相对主义和怀疑主义完全无关(更不用说道德孤立主义了)。①

II. B. 性别歧视相对于女性主义

逐渐多元化是使儒家克服道德一元论传统的一种途径。性别歧视是这种一元论的另一个面向。正如男性的角色受到高度限制,并在等级体系中被评价那样,女性的角色也是如此。在儒家社会中,女性确实扮演了不可或缺的角色。即使在儒家文献语境之内,女性有时也会被挑出来受到旌表,包括当她们在道德上表现得比自己的男性家属更卓越的时候。南子是一个很有政治影响力的女人,孔子很愿意去与南子会面,即便那次会见使其弟子子路深表厌恶(《论语》6.28)。据说孔子称赞鲁国姬氏的知礼,其被认为比她的男性家庭成员还要好。同样地,孟子谈到一则轶事,其中一对妻妾拥有比其丈夫好得多的羞耻感(这是义的基础)(《孟子》4B33)。相传孟母训斥孟子(包括站在孟妻一边反对他)的

---

① 郝大维和安乐哲的后现代主义儒家为孔子提供了一种有时是相对论的,有时是特殊主义的,有时是尼采式的解读模式,强调把过去仅仅当作解放自己创造性的跳板。我的多元主义的儒家承认孔孟的特殊主义,但是与相对主义和尼采式的解读有明显区别。此外,我认为多元主义是对儒家的一个非常友好的修正,而不是其最初形式的一个方面。

故事表明,女性被视为独立的道德行动者,有时甚至更为优越。① 另一方面,孔子和孟子都没有质疑男女在性别角色上的根本分歧。孔子信古,不收女性弟子。孟子说,夫妇角色是以"别"为标志的,一个称职的母亲建议女儿,在她离开娘家嫁入夫家,从最初的那一刻起,就必须"顺从"(《孟子》3A4.8,3B2)。

因此,儒者一定要学会成为女性主义者而不是性别歧视者。在发展女性主义儒学的方向上已经做了一些工作。② 我认为儒家本质上并不是性别歧视者。儒家强调按照我们的角色行事的必要性。但这并不是儒学本身的一个要求,即这些角色是静态的,或附着于特定的社会性别上。(这一点是由儒者李贽[1527—1602]加以阐明的,他呼吁阴阳宇宙论可以为女性平等提供一个非正统但却具有挑战性的辩护。)③ 也有一些建设性地重读儒家传统的方法,目的是为儒家的女性主义提供

---

①关于鲁国姬夫人参见瑞丽(Lisa Raphals)的《知礼的女人》("A Woman Who Understood the Rites")。关于孟母的故事,参见《列女传》1.11,另参见刘殿爵英译的《孟子》附录2。关于中国早期思想中女性代表的讨论参见瑞丽的《分享光明》(*Sharing the Light*)。如果想找关于原著的翻译材料,参阅王蓉蓉(Robin Wang)的《中国思想与文化中的女性形象》(*Images of Women in Chinese Thought and Culture*)。

②例如,参见李晨阳:《圣人与第二性》(*The Sage and the Second Sex*),以及郝大维和安乐哲:《汉哲学思维的文化探源》(*Thinking from the Han*),第79—100页。

③李贽:《焚书》;也可参见波琳·G.李(Pauline G. Lee)《李贽与密尔》(*Li Zhi and John Stuart Mill*)。

资源。我提到的孔子和孟子的故事是强调女性道德能力的资源方面很好的例子。另外,我感觉《诗经》中的某些内容代表了一种独特的女性视角,这种女性视角被主流的注疏传统所忽视或淡化,但能够加以恢复。例如,几千年来,我们倾听着《氓》这首诗中一个弃妇的悲苦之音。她吟哦起初丈夫对她有多好:

> 氓之蚩蚩,抱布贸丝。
> 匪来贸丝,来即我谋。

但是在她去跟他一起生活之后,他的行为发生了变化:

> 桑之落矣,其黄而陨。
> 自我徂尔,三岁食贫。
> 淇水汤汤,渐车帷裳。
> 女也不爽,士贰其行。
> 士也罔极,二三其德。
> 三岁为妇,靡室劳矣。
> 夙兴夜寐,靡有朝矣。
> 言既遂矣,至于暴矣。

她希望得到娘家人的支持,但他们却嘲笑她:

> 兄弟不知,咥其笑矣。

静言思之,躬自悼矣。①

儒家总是从《诗经》中寻求伦理的指导,包括适当地训练我们的情感。为什么不应该用它们来使我们适应肉体和精神虐待的困境?孟子教会了我们推恩(extending benevolence)的重要性。要更加同情地理解遭受痛苦的女性,包括强制性的性别角色加剧这种痛苦的方式,都是重要的推恩。

II. C. 知识论上的乐观主义相对于易谬主义

儒家在最好状态下是鼓励某种宽容和谦卑的。比如,孟子说:"仁者如射,射者正己而后发。发而不中,不怨胜己者,反求诸己而已矣。"(《孟子》2A7)此外,《左传》中一段被忽视的段落也为民众批评其政府的权力提供了有见地(且经典)的辩护:

郑人游于乡校,以论执政,然明谓子产曰,毁乡校何如,子产曰:"何为,夫人朝夕退而游焉,以议执政之善否,其所善者,吾则行之,其所恶者,吾则改之,是吾师也,若之何毁之,我闻忠善以损怨,不闻作威以防怨,岂不遽止,然犹防川,大决所犯,伤人必多,吾不克救也,不如小决,使道不如,吾闻而药之也。"②

---

①《诗经·卫风·氓》。译文改编自理雅各英译《诗经》,第 97—101 页。另一个女人哀叹生活悲惨的例子是《诗经·邶风·柏舟》。

②《左传·襄公三十一年》。译文改自理雅各英译《左传》,第 565—566 页。

一般而言,使用惩罚和暴力一直被视为任何真正遵从儒家之道的人所采用的最后措施(美国监狱犯人众多,以及使用暴力手段对抗示威者,都会受到孔子和孟子的谴责)。

然而,儒家的宽容在某些重要方面受到墨子刻(Thomas Metzger)所称的"知识论上的乐观主义(epistemological optimism)"的限制。墨子刻杜撰了这个标签来描述他所看到的宋明儒家和新儒家世界观的一个维度:能够获得知识的那种自信。① 在墨子刻看来,这一点能将儒家至少是与现代西方思想区别开来。按照墨子刻的观点,知识论上的乐观主义也是西方现代性的一个方面。像笛卡尔那样的理性主义者和像培根那样的经验主义者,都以不同的方式相信,只要遵循正确的方法,知识就可以被赋予坚实的基础(在方法上的这种自信是后现代主义,准确地说,有所反对的部分原因)。然而,如下一点也是真实的,即西方传统中的一条重要线索挑战了西方知识论上的乐观主义,其理由是一个人坚定信念中的确定性在道德上和政治上都是危险的。②

知识论上的乐观主义具有潜在的危险,因为如果我相信我的方法能够保证真理,那么一个自然的实际结论就是,我不可

---

① 墨子刻:《摆脱困境——新儒学与中国政治文化的演进》(*Escape from Predicament*)。

② 这种趋势由来已久。奥古斯丁强调理性被原罪腐蚀的事实。因此,我们不能完全相信自己的理性,也不能指望说服任何他人。奥古斯丁认识到这有政治含义。因此,当奥古斯丁将上帝之城与人世之城区分开来时,他对为了道德和政制两者而有一种秩序的可能性提出了质疑。

能在与他人的真正对话中获得什么。如果知识论上的乐观主义是真的,那么我无法说服别人可能只是因为他们比较固执己见。从中得出的自然的实际结论就是,他们应该保持沉默以免其用自己的错误诱导他人。同样地,如果我确信正确的行动方针是什么,那么似乎只有懦弱才能阻止我采取看似最极端的措施,即便这些措施都是由正确的方针所指引。当然,这里的问题是,当我们知道他们错了时,其他人在主观上往往会肯定自己的行为是正确的(把基督徒扔给狮子的异教徒,十字军东征时期的基督教骑士,反宗教改革时期的宗教裁判官,纳粹,"文化大革命"中的红卫兵,电影《地下气象》中美国激进暴力恐怖组织——随便选取你喜欢的例子吧)。

我也不建议儒家变成知识论上的悲观主义(epistemologically pessimistic)。对价值的普遍怀疑和教条主义一样在道德上都是极其有害的。考虑一下像谭嗣同那样拥有佛教精神的儒者,他为了中国能有好政府而奋斗牺牲,或者为救犹太人而被纳粹杀害的新教牧师潘霍华。如果他们想的是:"好吧,我不知道压迫别人是否真的很坏。我的意思是,当然,至少对我来讲是这样的。但是,嗨,谁说得准呢?"他们中的任何一个还会有这样的勇气吗?对自己信念的狂热肯定在道德上是危险的,但我担心当今流行的不加分析的怀疑主义可能以其自身的方式而变得非常危险。

儒家应该避免怀疑论和知识论上的乐观主义,以支持易谬主义,后者主张,我们能够知道有些事物是真的,但是(一般来讲)我们不可能拥有绝对的确定性,所以我们必定要不断地重新审视和修正我们的信念。① 满足知识论上的易谬主义的,是亚里士多德所描述的那种"理论美德(theoretical virtue)",因为它处理的是大脑的认知能力。然而,它需要与"实践美德(practical virtues)"保持紧密联系。它需要极大的谦逊、勇气和纪律才能在实践中真正承认一个人是容易犯错误的。我们所有人在这一点上时有失败,并且我们中的许多人总是做不到,甚至在我们口头上支持思想开放的时候。

知识论上的易谬主义并不要求完全的不偏不倚。正如康德在理论上论证的和库恩在历史上阐述的那样,完全的不偏不倚是不可能的。然而知识论上的易谬主义确实需要同情的理解和对话的论辩。同情地理解我们对话者的立场,需要我们看清楚,作为理性的人类同胞,他们为什么会那样看这个世界。他们的错误必须可被解释为其他的什么,而不是他们邪恶的表现。甚至(或许尤其是)当我们发现他们的观点令人憎恶时,这也是真的。一般而言,如果你不理解为什么大多数人会被你不认同的立场所吸引,那就说明你并没有足够仔细地考虑过这个问题。用库恩的话来说,人们必须发展从另一种范式看这个世界的学习习惯。

当然,同情的理解是有限制的。将世界看作是白人至上主义的,在道德上是危险的。在很多情况下,解释人们的信念时不考虑怀疑的解释学,这将是很天真的做法。但是尊重他人的部分原因是表现得好像他是理性的一样。(毕竟我们自己都

---

① 关于此观点的早期阐述和辩护,参见皮尔士(C. S. Peirce):《易谬主义、连续性和进化》("Fallibilism, Continuity, and Evolution")。

不是完全理性的,但我们希望我们的观点和论证能够被视为严肃的立场,而不是我们隐藏动机的征兆。)所以,我们必定很少做出且也不情愿作出完全放弃关于解释任何特定文本或个人的还原的解释学的决定。

对于大多数以同情的理解为目标的案例,我们必须将那种理解与对话式论辩结合起来。在对话中进行论辩,就是以一种不仅让我们满意,而且从我们的对话者视角来看原则上也是可以理解和具有说服力的方式,回应我们对话者的论证和反驳。对话论证也要求我们征求对话者对我们自己的反驳和论证的回应。同样,一般情况下,如果你不知道你的对话者会对你的论证作出什么样的回应,你就没有充分的理由坚持自己的信念。

所有的这些都不可能完美地、彻底地或通过精确的算法来做到。在最棘手的问题上,我们绝不会说服大多数对话者。我们最大的希望是,我们以必定能说服他们的方式对他们的反驳做出了回应。但是我们不可能确定我们已经做到了,因为他们究竟应该在何时被说服并没有决定性的检测手段。同样地,也根本没有检测手段能够确保我们已经充分理解了另一种立场。我们不可能对每件事、所有时间点都质疑,或考虑到每个可能的可选立场。因此,系统理解和对话论辩何时才能得出初步结论,知道这一点是需要智慧的(而什么时候需要重启对话,知道这一点也是需要智慧的)。

II. D. 美德与程序正义

正如我上文所呈现的,儒家是美德伦理学的一种形式。美德伦理学是一种对个体而言的道德进路,但是它也具有政治含义。如果美德伦理学的任何形式在最低限度上都是正确的,那么那似乎就是一个合法的政治体制的基本要求,它使得这个政治体制至少有可能成为具有美德的。正如杜威(John Dewey)所观察的:"说没有个人的洞见和选择就没有真正的道德,而实际上大多数人没有满足这些要求的可能性,却要忍受着这样的社会生活条件,这种说法就是自相矛盾的。"①从更实质的意义上说,我们可以将它看作是政治体制促进美德的义务。然而,我认为这项义务更有可能需要与一个政治体制的其他要求相平衡。例如,鼓励美德很可能与避免过于极端的知识论上乐观主义的要求关系紧张。也许,只有当我们确信这样做不会阻碍我们所知道的其他可能是拥有美德的可选生活方式时,在很大的程度上鼓励美德才是有必要的。我们社会中的很多人表现得好像非常确定地相信,促进至少是某种版本的基督教就是政府的一项道德义务。另一方面,学术界很多知识分子似乎把如下一点作为他们的主要教育任务之一,即让他们的学生从哪怕是最后一丝宗教信仰(至少是基督教信仰)中醒悟过来。任何一个这样的群体都对自己能够获得道德真理拥有巨大信心。

除了允许或鼓励美德之外,儒家(与西方某些版本的美德伦理一样)还设想了美德在统治中的一种基本作用。孔子希望训练和培养能够被信任拥有执政权威、包括拥有非常广泛的

---

① 引自威斯布鲁克(Westbrook):《约翰·杜威与美国民主》(*John Dewey and American Democracy*),第 48 页。[中译本参见《杜威与美国民主》,王红欣译,北京大学出版社,2009,第 50 页,译文有改动。——译注]

自由裁量权的有德之人。诚然,儒家的君臣在行为上受到礼和传统的限制。但是称其为特殊主义的要义在于,这些约束是灵活的,且取决于具体的环境。当然,这种政治特殊主义的吸引力是,一个真正有道德并且睿智的政府官员拥有实现善所需要的权威。危险则是那些具有较少睿智的德性的人可能会滥用他们的权威,要么屈服于金钱、权力或提拔等贿赂的诱惑,要么犯了简单的错误(比如一个善意的法官觉得自己不需要进一步调查,因为答案对他来说似乎十分清楚)。

那么,除了美德还需要什么呢?当存在一直被遵守的公共规则时,程序正义才得以实现。程序正义是一种制度之善,但是在历史上并未引起儒家的足够注意。显然,某些程序规则比没有规则还糟糕。无论人们对运用疑似女巫的"神断法"多么坚持,这都不会是一个好点子。但是很多围绕美国法院中的法定诉讼程序,或如何解决计票引发的宪政危机,甚至如何取得驾照等程序,都为人们提供了免受滥用职权侵害的保护。人们很容易低估程序正义的价值,强调程序正义经常在以下两种情况中失败。有些时候,恰恰由于程序正义被遵守,却既不能实现司法效率也不能实现实质正义,或者两者都不能实现,那它就失效了。任何人如果与州机动车辆管理局或邮局有过重要交易就会了解,这里面的问题通常不是程序正义被无视,而是程序正义被遵循到了疯狂的地步。此外,我们都可以举出我们个人最喜欢的案例:罔顾程序正义导致犯罪分子逍遥法外,而无辜者却受到惩罚。

儒家也会强调程序正义可能失败的另一种方式:除非至少拥有最低限度的美德的人来实施程序正义,否则它就不可能存在。仅当有足够多的人拥有义的德性,使他们耻于受贿,或在别人违反规则时耻于不执行处罚,那么反对受贿的规定才有意义。再者,读过维特根斯坦的儒者会注意到,规则并没有告诉人们应该如何或在何时运用它。① 无论有多少判例法或者多么具体的法规,法官都需要智慧去知道什么时候应该支持异议或排除证据,什么时候不应该。

但是在最小的美德和睿智的美德之间有一个重要区别。正如韩非子在批评儒家时所指出的,政府的运作不能寄希望于圣人,因为圣人太罕见了。大多数统治者既不是像尧舜那样的圣人,也不是像桀纣那样的暴君。如果他们都是中等的统治者,那么

> 抱法处势则治,背法去势则乱。今废势背法而待尧、舜,尧、舜至乃治,是千世乱而一治也。②

而我自己在学术政治方面的经历(俗话说得好,赌注越微不足道,争斗越凶暴残酷)让我更加欣赏那些由人们只是耻于违反的明确规则所提供的保护。这就是为什么我将这一节命名为"美德与程序正义"的原因。因为尽管我认为儒家对程序正义强调太少,而对想象中的美德的自由裁量权又过于信任,但我认为,程序正义恰恰需要至少最低限度的美德才能发挥作

---

①事实上,黄百锐也恰好提出了这一点(参见《孟子的理由和类推》["Reasons and Analogical Reasoning in Mengzi"],第205—206页)。

②《韩非子·难势》。

用,儒家在这一点上是正确的。①

综上所述,为了对今天的我们而言仍然是可信的或合理的,儒家必须适应与民主和现代科学相容(就像现代新儒家所强调的),同时也要与多元主义、女性主义、知识论上的易谬主义和程序正义相兼容。

III. 未来的路

我已经讨论了儒家应该向西方启蒙运动学习的一些方面。但是,儒学对今天的我们还有什么启发吗?儒家能够提供什么样的现代性呢?当然,这取决于我们讨论的是哪一位儒家哲学家。在这里,我将仅限于讨论一种新孟子的美德伦理的可能贡献。

III. A. 人性与自我修养

III. A. 1. 孟子式的自然主义

孟子的人性和自我修养观念既是合理的,又具有挑战性,尤其是当它与后来理学家的解释有分歧的时候。② 我们拥有

---

①我并不是要表明儒家传统完全忽略了程序正义。汉代哲学的成就之一就是将儒学与"法家"思想元素融合在一起,包括政治治理的更为程序化的方式。这在哲学上是辉煌的,在历史上是有意义的,而且(总体来说)也是对社会有益的。

②关于理学家在当代哲学中的生命力的讨论,参见万百安:《朱熹哲学中的生与死》("What Is Living and What Is Dead in the Philosophy of Zhu Xi?")。

先天的但却处于萌芽状态的美德倾向,并且这些倾向具有自然的发展模式,这种观念可能是独特的。正如麦金太尔指出,现代西方道德观倾向于摒弃潜能观念。人性沦为了单单只是未经教养的现实。因此,从霍布斯到摩尔及其以后,现代西方道德观都强调自我修养的发现模式(具有讽刺意味的是,这使他们与理学派的进路相似,要是只看基本的结构方式的话)。麦金太尔所倡导的西方早期美德伦理学进路确实强调从潜能到现实的转变。然而,像荀子一样,亚里士多德本人也有一个近乎纯粹的重塑模式,根据这个重塑模式,人性根本没有(或只是在最初有)先天的美德倾向。我们必须通过习俗(或荀子所说的礼)来重塑自己以获得贤良的感情、感知和性向。令人感到讽刺的是,西方柏拉图主义传统中的人通常在其思想中有发展的方面,这使其与孟子的立场存在某种结构上的相似。对柏拉图(以及某种程度上的奥古斯丁和阿奎那)而言,逐渐拥有美德只是去发现自己已经"知道"的东西。但是这种发现是以一个发展的结果的形式出现的,就像在孟子的情况中那样,一个人从出生开始这个过程的第一阶段已经完成。然而,正如后现代主义者很快指出的,柏拉图主义者和任何类型的儒者还是有很大的不同。对于柏拉图主义者来说,道德修养仍然是发现而不是发展模式。无论在道德修养方面,还是在作为受到教化之结果的一个人所过的生活中,柏拉图主义者总是比儒家更重视理论活动。与此相反,正如我们所看到的,对孟子来说,道德修养需要更加注重对情感的精心引导和训练。

此外,20世纪的英美哲学中,关于如何成为一个更好的人这个一般性问题尚未受到多少关注,哲学家们几乎已经把这个话题让给了心理学家和流行的自助专家。这是令人遗憾的,既是因为哲学家们甚至在西方传统上已经提出过这种问题,也由于哲学家接受的特殊的论辩和系统化的技能训练可能有助于丰富这种讨论。我希望我们能够看到对道德和自我修养技巧的哲学兴趣的复兴,同时也复兴与此相关的人性讨论。

我也希望道德修养讨论的这种复兴将会伴随着对说服的修辞越来越多的关注。当代英美哲学家通常极其擅长严密的逻辑论证。他们往往也擅长在辩论中让别人"沉默"。但是沉默不同于说服,如果我们在辩论中让某个人无话可说,我们就提出了一个他不知道如何回答的论证,但这并不能使他相信我们的结论。就更别提那会使他可能会被刺激以采取不同的行动。另一方面,如果我们说服某人,他就会接受我们结论的真实性。①

正如我们所见,孟子是一位敏锐的哲学论证的实践者。然而,他在写作说服方面也有独特的天赋。当然,不能保证说服一定会引起行动。但相比于说服没有发生的情况,被说服的行动似乎更有可能发生。一般来说,如果我们哲学家想在这个世界上有所作为,就必须更善于说服:用实际上有机会改变他人想法的方式进行辩论。这会涉及发展对我们的

---

① 我在这里想到的是理性的说服,在这种说服中我们让某人有充分的理由接受我们的结论。我认识到关于如何将理性说服从其他类型的说服中区分出来的问题存在许多复杂和有争议的点。这里没有足够的空间讨论这些问题。我仅将自己限制在我们所有人都在做的观察中,即在事实上区分一个人被合理地说服和他们被不合理地说服的情况。(我们能否就这一区别的标志达成一致意见,也是如此。)

论证如何影响他人情感的更好的感觉之类的事情。（换言之,我们如何使用认知推扩来实现情感推扩?）它还将包括实际倾听和理解大多数其他人是如何思考的。像所有的知识分子一样,儒者有时也会上升到罕见的高度,在那个高度上"民"的声音是听不见的。但是两千多年以来,大部分儒者都是非常成功的"知识分子"。

让人沉默和说服他人的区别与两种类型的道德推理的差异有关。一个现代隐喻有助于阐明我所认为的差异。对比一下理论物理和工程学。在理论物理学中,人们通常通过演绎证明试图得出非常普遍的论断。理论物理中的方程给出了关于力与质量和加速度、能量与质量、重力与质量和距离等的普遍关系。相反,在工程学中,人们面对的是一个具体问题,并且试图去寻找具体的解决方法。例如,一个土木工程师可能会被要求设计跨河桥梁。他需要知道如下信息:使用这座桥的车辆类型(车辆的载重和型号),桥上车道的数量,河流的宽度,修桥的工程预算和时间表,等等。考虑到这些特殊的限制条件和要求,他就能设计出一座特殊的桥。那么,道德推理究竟更像是理论物理学还是更像工程学呢?我怀疑很多哲学家在他们的内心深处已经将物理学作为伦理学应该运用何种方法的参考范式:两者在明确的规则方面都应该是普遍的、抽象的且用公式表达的。但是,把道德推理类比于工程学可能更加准确。如果道德推理是我们在生活中实际运用的东西,那么我们就是在处理特殊的需求和特殊的约束。对这些具体细节的关注可能会给我们提供既忠于具体情境又有可能说服他人的解决方案。

作为工程隐喻的伦理学是多维的。当我们考虑理论物理与工程的关系时,我们发现了另一个相似的维度。这两者并不完全相同。物理学中的一些结论没有工程上的应用,或它们的应用很多年都没有被发现。从广义上讲,工程学早就在物理学作为一门独立学科存在之前很久就已经存在了。然而,这两个领域是相关的。具体的工程问题(怎样让一发炮弹准确地打中目标?)促进了近代早期运动学和动力学的发展。相反,工程师们在设计桥梁和照明系统等方面的工作时,需要不断利用物理学的成果。同样地,采取作为工程隐喻的伦理学方法并不完全排除对伦理学进行更抽象和更一般的讨论。例如,我认为我在这一章中对孟子的讨论大多数相当抽象。(尽管我确定我在进行这个讨论的时候可能会犯错)但是我不认为在原则上我们不能对一种美德伦理的可欲特征给予抽象却富有成效的讨论。

正如我们先前对儒家局限性的讨论所表明的,孟子的立场必须在某些方面加以修正。他对道德修养的主要比喻就是植物培育。甚至在特定植物物种之内也会存在某种变异。由于阳光、阴凉、风雨等条件的不同,这朵花在某个方向上长得很高,而另一朵花则长得较矮,并转向了另一个方向。不过,植物的典型实例区别不会太大。一棵壮硕健康的粟米茎秆与其他任何一棵都差不多。而不管我们如何变换环境或怎样去栽培它,粟米苗芽也不会长成桑树。所以孟子端芽的隐喻表明,人的发展有一个正确的过程和一个正确的目标。这是儒家一元论的一个例子。相反,我们应该从多元的角度来思考人的道德修养。这种多元主义的一个方面是如下认知,即我们在美好生活中的选择赋予我们所选择的事物以行动者相涉的价值,因为它们成为了我们的期望(aspirations)。如果兰斯·阿姆斯特朗(Lance Armstrong)在患上睾丸癌之后决定退出自行车比赛,我不认为他作出了一个毫无价值的选择。他可以过上另一种有价值的生活。但是一旦他决定重返赛道并且挺进环法自行车赛,随后他选择的生活方式,只是因为那是他的选择,便具有了特殊的价值。

好生活在某些方面是相似的。在某种程度上,孟子的基本美德每一个都会具体地呈现出来。但这些呈现可以在不同种类的好生活中采取相当不同的形式。我希望这些说法能够在我讨论孟子的基本美德和人类繁盛的概念时稍微变得更加清晰一些。

III. A. 2. 对孟子观点某些常见异议的回应

尽管孟子的立场在多元主义的方向上有所修正,但是对人性作为道德基础的呼吁仍然招致了多种反对意见。很明显,我无法在一章的篇幅内完全批驳那些反对意见中更强有力的部分。然而,我还是想对这些反对意见作一个初步的回应,因为人们通常假设这些反对意见是确定无疑且不能回答的。我想至少激发出一个合理的怀疑,即怀疑对孟子自然主义的反驳已经得到证实。

反对意见:成就德性不可能是自然的,因为(就像孟子承认的)这个过程通常需要教育和有利于它的文化环境。与这个反对意见相似的说法是由荀子提出的。① 我的回应:自然的品格和活动也需要培育和教导以便促使其发展,甚至在非人动

---

① 《荀子·性恶》。

物中也是如此。① 例如,为了认识其本性,猫不仅需要生存所必需的足够数量和质量的水和食物,而且还必须在出生后由另一只猫(通常是其母亲)养育至少两个月,通常接近六个月的时间以为生存提供有利的机会。② 此外,除非其他的猫向它展示了如何捕猎,否则幼猫不太可能知道如何捕猎和吃掉猎物。③ 所以,对于猫(就像对于人类)而言,一种健康的环境需要同类中其他成员的积极培养甚至教育引导。④

因此,仅仅因为某个特质需要一定程度的培育或教育才能使其发展就声称它不可能是自然的,这其实是一种误判。

反对意见:从有关人性的论断推导出关于人应该做什么或应该具有什么特征的结论,这种努力违反了事实与价值的区分(或者说违反了"是与应该"的区分)。这似乎是陈汉生对孟子观点的主要反驳之一:"孟子混淆了他那难以置信的、特殊的道德心理学和规范理论。"⑤"从标准的哲学术语学角度来看,

---

①葛瑞汉既注意到这个事实也预料到我在这里概述的回应。参见"孟子人性理论的背景"("Background of the Mencian Theory of Human Nature"),第28—29页。

②莫里斯(Morris):《猫的观察》(*Catwatching*),第91—92页。

③"尽管很明显小猫与生俱来就有杀戮模式,但这种模式会受到非自然饲养条件的损害。相反,真正的高效杀手必须经历一个幼猫期,让他们尽可能多地猎杀。"(莫里斯:《猫的观察》,第96页;另同上,第77—78页)。

④关于猫是否也有"教化"的有趣讨论,参见托马斯(Thomas):《老虎部落》(*Tribe of Tiger*),特别是第109—113页。

⑤陈汉生:《中国思想的道家之论》,第168页。[参见前引中译本,第316页,译文有改动。——译注]

孟子……试图从是(is)里挖掘出应该(ought)。"①我的回应：通常认为是休谟在其《人性论》中确立了"是—应该"的区分。然而,这种区分究竟是什么,是否真实存在,甚至休谟本人是否愿意认可这种区分等等问题都是有争议的。② 解释这种区分的一个方面是,人们不可能从任何一组完全不可作价值评估（例如,没有任何评价性内容）的前提中合法地得出有价值评估性质的结论。③（因此,可以这样解释）如果孟子将人性概念看作是完全不可做价值评估的,但是他又试图从这种人性概念

---

① 陈汉生:《中国思想的道家之论》,第 180 页。[参见前引中译本,第 336 页。——译注]

② 参见休谟:《人性论》(A Treatise of Human Nature) III. i. 1,最具权威的章节。麦凯(John Mackie)对休谟的观点提出了一个同情的说明,承认它"为客观规定的道德真理留下了可能性"。(《休谟的道德理论》,[Hume's Moral Theory],第 63 页)。塞尔(Searle)在"如何从'是'得出'应该'"("How to Derive 'ought' from 'Is'")一文中认为这是一个著名且有争议的论题,"是-应该"之间的鸿沟能够被弥合。格沃思(Gewirth):"是/应该问题的解决"("'Is/Ought' Problem Resolved"),回顾了各种可以弥合两者鸿沟的观点。波特(Porter):《美德的复兴》(Recovery of Virtue),第 43—48 页,讨论了一些关于这个问题的托马斯主义的视角。普特南:《理性、真理与历史》,第 127—149 页,提出一种新皮尔士主义对事实和价值区分的攻击。

③ "是-应该"的区分是一个太过庞大的问题,以至于在这里无法进行充分的讨论。我将满足于自己的观察,即如果二者的区别就像我上文所表述的那样,那么我相信这是真的。然而,它看起来也是微不足道的。考虑一个类比,我无法从任何一组不涉及海豚的前提下得出任何关于海豚的结论。这并没有显示出关于海豚的本体论地位或者关于它们的主张的语义状态的任何有趣的东西。

中得出有价值评估性质的结论,那么,孟子就会违反这一区分。然而,孟子将人性概念看作是本来可予以价值评估的,这一点似乎十分明显。对孟子而言,说 X 是人性的一个方面,实际上就是认为,对人们来说,发展 X 是好的。但是,孟子并不是要从一套纯粹的描述性前提中得出具有价值评估性质的结论。相反,他是从其他前提中得出某些规范性结论的。

有的人也可能会提出一个后续的反对意见,认为孟子应该只使用价值中立的人性概念。但是存在这样一种概念吗?詹姆斯·华莱士(James Wallace)主张,任何"对生物的研究,包括现代生物学,都不可避免地涉及规范性因素的考虑"①。毕竟在对动物进行描述和分类时,我们并不关注受伤的样本,甚至不关注统计学上最常见的样本(因为在许多物种中,大多数新出生的动物都没办法活到成年)。即使华莱士关于生物学的说法是错误的,孟子也不会尝试去做我们所理解的那种生物学。那么,我们究竟有什么理由能在原则上否认孟子对哲学人类学的任何诉求,包括对人性的一种特殊的规范性概念的诉求呢?

因此,即使存在"事实—价值"的二分,孟子也没有违反它,因为他并未试图从非规范性的主张中推导出规范性的主张。

反对意见:孟子的人性观点在逻辑上是循环的,因为一种自然的生活方式是按照事物潜在的和健康的发展条件来界定的,而事物潜在的和健康的发展条件又是根据由此产生的自然生活方式来确定的。葛瑞汉似乎以这个理由反对孟子的观点。② 我

---

① 华莱士:《美德与罪恶》(Virtues and Vices),第 18 页。
② 参见葛瑞汉:《孟子人性理论的背景》,第 14—15 页。

的回应:这个异议假设在互相参照的情况下调整理论概念的行为是值得怀疑的。然而,我赞成现在常见的观点,即我们必须接受某种形式的理论整体主义。例如,在物理学中,空间、时间、质量和能量等概念都是相互联系的。因此,从牛顿向爱因斯坦物理学的转变,同时要求我们对这些概念中的每一个的理解,要在它们的相互参照中作出调整。如果我们拒绝(就像我认为我们应该拒绝的那样)"所予的神话(myth of the given)",更深一层的整体主义就会被引入。换言之,我们的观察不是理论上清白无辜、不可救药的报告,也不是纯粹的感觉经验。相反,我们所有的观察都是负载着理论的,是依据某些理论信念的背景而作出的。迈克尔逊－莫雷(Michelson－Morely)实验为狭义相对论提供了经验证据。但即使是这些实验中涉及的最基本的观察(例如干涉图形的缺乏)也只有在某种理论信念的背景下才能被加以理解。因此,不仅理论概念的界定(及其修改)是相互关联的,而且经验观察和理论概念也不能完全分开,所以它们也必须是根据彼此相互给予界定和修改的。①

---

① 正如蒯因(Willard Van Orman Quine)所写的著名的一段话:"要在其有效性视经验而定的综合陈述和不管发生什么情况都有效的分析陈述之间找出一道分界线,也就成为十分愚蠢的了。在任何情况下任何陈述都可以认为是真的,如果我们在系统的其他部分作出足够剧烈的调整的话,即使一个很靠近外围的陈述面对着顽强不屈的经验,也可以借口发生幻觉或者修改被称为逻辑规律的那一类的某些陈述而被认为是真的。反之,由于同样原因,没有任何陈述是免受修改的。"(《经验论的两个教条》,第43页)。[中译引自 W. V. O. 蒯因:《从逻辑的观点看》,陈启伟、江天骥、张家龙、宋文淦译,北京:中国人民大学出版社,2007,第44页。——译注]

我认为整体主义不会使我们的理论变得没有内容和主观化。我们可以参照(相对的)经验证据来评估我们(相对的)理论信念,一些假设的理论调整可被作为临时的或不可信的加以排除。我们也参照我们的理论承诺来解释和评价推定的证据。同样地,我们对健康环境和人性的理解之间的关系是整体性的,因为我们会参照其他角度来解释彼此。这并不意味着两个概念的每次调整都是同样合理的。此外,经验数据还可以引导我们修正对这两个概念的理解。具体而言,在第4章第III节中,我举例说明某些经验的发现是如何可能为反对孟子的观点提供论据的。这里还有关于不同主题的另一个例子,能够进一步说明"正常状态"的概念是如何被经验证据成功挑战的:人们一度普遍认为同性恋是儿童时期性发育异常的结果,并且也是一个更大的心理问题结构的一部分。然而,有证据表明这些因素和同性恋之间没有什么关联。这些因素使得继续坚持同性恋是不自然的就变得不可能了,但是它们确实让坚持同性恋变得不那么可信了。

因此,孟子的关键概念是相互定义的,只是这一事实并不意味着它们在经验上是空洞的或恶性循环的。

反对意见:自然性的概念假设了一种目的论的世界观,这在形而上学上是不可信的。我的回应:孟子的世界观在如下意义上是目的论的,即(至少)生物是(由天)为了满足特定标准而有意创造的。然而,对人性的诉求并不需要一种在这个特殊方面是目的论的世界观。对于一种特定的生物而言,自然性在形而上学上所要求的就只是,有这样一些特定的事实,即关于它发展成熟的模式,它成熟时的特性和活动,以及允许这些实现的环境条件。进化论可被用来为这些事实何以会发生提供一个非目的论的解释。

尤其是孟子的人性概念声称,人对仁、义(一种羞耻感)和其他一些美德有着萌芽般的初始倾向。生物学为我们何以在人和某些其他动物身上发现这样的道德性向提供了三种进化论解释(除了如下事实,即这种倾向似乎经常降低了其自身生存的可能性):亲缘选择、互惠型利他主义和群体选择。① 为了理解亲缘选择的机制,假设我愿意与自己的亲属分享资源,并且冒着生命危险保护他们。即使这些性向降低了我存活下来并把我的基因传下去的可能性,但是这些性向却使得我的亲属更有可能存活下来并把他的基因传下去,而亲属在基因上是非常相近的。因此,道德倾向最终更容易传播开来。②

当动物在下列条件下为彼此提供某种服务时,就会出现互惠型利他主义:对服务的实施者来说有成本付出,但对接受者来说则是获得好处,而且在履行服务和接受返回自己的服务之间有一个时间差。如果对他人会做出回报有足够的信心,那么互惠型利他主义就是可以适应的。在纯粹自利的动物中,互惠型利他主义也有可能发生,然而,这种安排极不稳定。对互惠型利他主义长期有效的使用是由诚实、忠诚和仁爱等性向予以

---

① 达尔文(Charles Darwin)在《人类的由来》(Descent of Man)第一部分第4—5章第100—138页预告了所有这三种解释。最新的论文和讨论,参见卡茨(Katz)编:《道德的进化起源》(Evolutionary Origins of Morality)。

② 有关亲缘选择的通俗解释,参见瑞德利(Ridley):《美德的起源》(Origins of Virtue)。

促进的。因此，只要互惠型利他主义增加了一种生物生存的机会，支持它的性向就会被选中。①

群体利他主义是这三种机制中最具争议的一种；很多生物学家否认它的出现。然而，达尔文本人证明，在勇气等性向相对更为常见的"部落"比它的邻居更容易存活下来，因此这个部落成员更有可能传递解释这些性向的基因。②

因此，我们不需要特别的目的论形而上学以理解孟子的观点。尽管进化论生物学并没有为孟子的立场提供细节性支持，但它确实为人何以可能拥有"德之端"提供了一种非目的论的解释。

反对意见：尊重人的尊严的唯一一种伦理学，是将所有道德都建立在人的自由选择之上的伦理学。当然，一个人应该考虑到他个人心理状态的信息，还有关于他身处其中的文化及其历史与传统的事实，才能作出明智的选择。然而，试图基于外在于个人自由选择的意愿的任何事情，以得出自己应该做什么的任何结论，不仅是不合法的，而且在道德上也是令人反感的（一些哲学家会通过如下的话来指出这一点，即试图通过任何外在于自由选择的事情判断人的选择的那种道德是"他律的"，或者一个试图将自己选择的责任转移到任何超越自己的事情上的人是"不真实的"）。我认为，正是这种直觉使得安乐

---

① 关于这个主题的一篇经典论文是特里弗斯（Trivers）的《互惠型利他主义的进化》("Evolution of Reciprocal Altruism")。
② 对于群体选择的当代辩护，参见索伯（Sober）和威尔逊（Wilson）：《对待他人》(*Unto Others*)。

哲将我在孟子那里发现的一种立场描述为"令人厌恶的"①。我的回应:任何关于人性的伦理学都表明我们在道德上受到某种东西而不是我们自己自由选择的意志的约束,所以这样的伦理学必定是康德意义上的他律,或萨特意义上的不真实。然而,我们许多人对康德或存在主义的伦理学基础并不满意。查尔斯·泰勒(Charles Taylor)出色地证明了强调"自主性"和"真实性"的自我概念,这种模式是西方狭隘历史进程的产物。② 泰勒还给出了强有力的论证,即主张道德价值完全来自自由个体的选择,这种观点终将是不连贯的。毕竟,如果没有什么东西是独立于我们的选择而拥有价值,那就会使得我们无论选择什么都没有任何区别。但是,我们选择什么常常看起来好像会有很大的不同。这就是为什么我们的选择往往很重要的原因。③ 最起码,我会说像孟子那种关于人性的伦理学是

---

①安乐哲:《孟子与人性的过程概念》("Mencius and Process Notion of Human Nature"),第74页。安乐哲并没有借此作为批评《孟子》的依据,而是作为以另一种方式解读孟子的动机。

②查尔斯·泰勒:《自我的根源》(Sources of the Self)。我们目前关于"自主性"和"真实性"的概念以及随之而来的道德直觉都是西方的最新发明,这一事实应该使我们在接受任何强调类似直觉的中国本土哲学时都应该保持谨慎。

③为了说明我们极端地选择自由,萨特举了一个在纳粹占领下的法国年轻人的例子,这个年轻人试图决定是留下来照顾年迈的母亲,还是去参加反抗军。我们大多数人会同意萨特的直觉,就是在这样的情况下没有一个"正确的"选择。(当我说"我们大多数人"的时候,我并没有将大多数儒者包含进来,因为我认为他们几乎可以肯定会支持留下来照顾年迈的母亲。)然而,正如泰勒观察的,我们可以想象出许多其他选择(例如,

对现代西方很多道德观点对个人选择的极端强调的有益矫正。

此外,还有一种方法,以此方法,关于人性的伦理学就能够满足一部分这种直觉,即可能提供了他律是坏的这种观点之基础的直觉。既然关于人性的伦理学是建立在我们作为人的特性、需求和发展过程的事实之上的,因此它就不是强加给作为具身的、自然之生物的我们的异质之物。这将不能令一个严格的康德主义者(或他的表亲,萨特式的存在主义者)感到满意,但它可能有助于提出一种直觉,以便引导人们走上这些道路。

因此,孟子的观点确实与关于人的自主性的激进观点不一致,但这并不必然是孟子观点的缺陷。有充分的理由反对孟子观点所挑战的那种对激进自主性的强调。

反对意见:其他文化研究显示,根本就不存在人性这样的东西,或者至少可以说,并不存在人性的充足内容为任何实质性的道德主张提供基础。关于这一点,一条类似的论证线索也曾被孟子之前的中国墨家所使用,但对大多数西方人而言,他们更熟悉的是跨文化人类学的结论。①我的回应:尽管这个论证经常被以一种轻率的方式使用,但它可能比我们前面考虑过

成为纳粹的合作者),这些选择看起来似乎只是错误的选择,即使年轻人自由地选择了它们。参见萨特:《存在主义是一种人道主义》(*Humanism of Existentialism*),第42—44页;以及泰勒:《什么是人的能动性》("What Is Human Agency?"),第29页及以下。

① 关于墨家的观点,参见第3章,第 V.F 节。

的反对意见要有力得多。然而,人类学对这一主题的意见一直摇摆不定。19 世纪的人类学在很大程度上忽视了健康和成功的生活方式的巨大多样性,而支持削足适履式的发展模式,即把现代西方文化置于最顶端,而将其他文化(以及西方文化的早期阶段)降到较低的层次。与此相反,20 世纪的人类学强调跨文化的多样性,这种强调达到了这样的地步,甚至(有时)暗示了人性具有无限的可塑性。其中,米德(Margaret Mead)和本尼迪克特(Ruth Benedict)的工作就是范例。① 然而,很多用来支持这一主张的典范性研究都被证明是不可靠的,包括米德对萨摩亚青少年性行为的研究、本尼迪克特对日本文化的研究、本杰明·沃尔夫(Benjamin Whorf)对霍皮语的研究,以及马林诺夫斯基(Bronislaw Malinowski)对特罗布里恩岛中被认为是俄狄浦斯情结的反例的研究,等等。②(甚至是文化相对主义最喜欢的鸡尾酒会的例子,爱斯基摩人有 32 个用来称呼"雪"的词,也已经变成了神话。)③因此,有人已经同意人类学家布朗(Donald E. Brown)的观点,他提出了一个(公认的极具争议的)主张:"'存在着一种人性,其特征塑造了文化和社

---

①参见米德:《萨摩亚人的成年》(Coming of Age in Samoa),本尼迪克特:《文化模式》(Patterns of Culture),以及布朗(Brown):《人类的共性》(Human Universals),第 3 章。

②参见弗里曼(Freeman):《玛格丽特·米德和萨摩亚》(Margaret Mead and Samoa),马洛基(Malotki):《霍皮时间》(Hopi Time),斯皮罗(Spiro):《特罗布里恩岛上的俄狄浦斯》(Oedipus in the Trobriands),以及布朗:《人类的共性》,第 1 章。

③马丁(Martin):《爱斯基摩语对雪的称呼》(Eskimo Words for Snow)。

会',无论抵制这一观点的动机是什么,它的知识基础几乎已经崩溃。"① 同样具有争议的是,布朗声称,有证据表明,人类社会普遍的或接近普遍的特征包括:叙事和诗歌的运用,笑和哭这样的面部表情,(以某种形式存在的)婚姻,(特别是针对母子的)乱伦禁忌,(某种形式)悼念死者的仪式,(某种)规范盗窃和使用暴力的规则以及其他内容。② 最近,心理学家埃克曼(Paul Ekman)在几十年的实证研究基础上得出结论,七种情绪的面部表情在不同的文化中普遍存在:愤怒、快乐、恐惧、惊讶、憎恶、哀伤和蔑视。③(有趣的是,《礼记》列举的"七情"有四种明显与埃克曼的清单有重叠:喜、怒、哀、惧、爱、恶、欲。)④ 再举一个例子:隐喻的使用不仅是一种文化上的共性,而且隐喻的实质内容在跨越时间和文化上都表现出惊人的共同性。⑤

尽管研究证明关于人性的纯粹白板说是错误的,但这并不蕴含早期关于人性一元论的观点是正确的:人性并不完全确定

---

① 布朗:《人类的共性》,第 144 页。
② 布朗:《人类的共性》,第 6 章。
③ 埃克曼:《情绪的解析》(Emotions Revealed)。
④《礼记·礼运》。回想一下"恶"这个词可以涵盖"憎恶(disgust)"和"蔑视(contempt)"两层含义(第 4 章第 V.B.2 节)。此外,"欲"并没有出现在埃克曼的普遍情感列表中,但这是因为汉语的"激情"概念比"情感"更为宽泛。最后,我发现很难相信"爱"居然不是人类的普遍情感。因此,这两个列表之间的对应关系可能比乍看起来的还要多。
⑤ 关于一些相关文献的讨论与参考书目,参见森舸澜:《无为:早期中国的概念隐喻与精神理想》,第 25—27 页。

的是跨越时间和文化的。相反,人性似乎只有很薄的内涵,它必须用特殊的文化实践和个人选择之类厚的细节来填充。例如,每一种文化都有悼念死者的仪式,但这些仪式所采取的形式会有所不同。每一种文化都有婚姻制度,但我们不应该期望婚礼仪式和管理离婚的规则都会是统一的。换言之,经验的证据似乎支持多元主义而不是相对主义。

我认为我们应该从这场争论中走出来了,不过至少从中获得了两个教训。首先,人类学研究与人性是否存在,以及如果存在,其内容可能是什么这样的问题相关,所以对于那些从事有关人性的伦理学研究的学者来说,忽视这些问题就是不负责任的。其次,现在下结论说人性不存在已经得到证明,也为时尚早;这场争论在很大程度上还是一场尚未结束的争论。

让我再次强调,我知道我还没有决定性地驳斥上述反对孟子人性观念的任何一种观点(更别提回应所有可能的反对意见了)。然而,我希望我至少已经表明新孟子式的人性模式和道德修养的发展图景是站得住脚的,并且值得做进一步的哲学探索和阐述。

III. B. 美德

在西方,柏拉图提供了一份最具影响力的基本美德清单:智慧、正义、勇敢和节制。亚里士多德将美德划分为两大类,与知识相关的理智美德和品行相关的实践美德。然而,他还给出了一份更长而且可能是开放式的美德清单。阿奎那采纳了柏拉图的四种美德清单,但具体说明这是四种自然美德,它们必须辅之以神学三德——信、望、爱。阿奎那随后巧妙地解释了其他美德是如何成为这些基本美德中某种美德的"一部分"的。存在两个原则,这些思想家用这两个原则保证其美德清单的完整性。一方面,他们把特定的美德与人的心理能力联系起来。这或许在柏拉图那里体现得最明显,对柏拉图来说,智慧是灵魂中理智部分的美德,勇敢是灵魂中激情部分的美德,节制是灵魂中激情部分和欲望部分与理智部分和谐一致时实现的美德,而正义则是灵魂的各个部分各司其职不互相僭越所实现的美德。另一个保证美德清单完整性的原则是,将人类生活划分为行动和经验两个领域。亚里士多德比柏拉图更加强调这两个领域的划分。因此,勇敢是处理重要善品尤其是人的生命正处于危险之中的情况中彰显的美德,而"谦卑"是处理社会荣誉正处于危如累卵状态的情况时呈现的美德。对柏拉图而言,这两者都要算作"勇敢",因为它们是灵魂中激情部分显示的美德。尽管如此,如果断言柏拉图只使用了心理能力的原则,而亚里士多德则只使用了经验领域的原则,那就太过于简单化了。他们(以及阿奎那)都诉诸这两个原则,只是程度不同罢了。柏拉图的基本美德清单(尤其是被阿奎那所扩充的清单),其灵活性和强大功能已经得到很好的说明。然而,我认为孟子的基本美德清单在某些方面也极具启发性,而且也更加直观。

就孟子和他的追随者宋明理学家而言,美德的划分几乎仅仅局限于经验领域方面。孟子的确在人的能力中标注出一种区分。一方面,心是人自身的"大体",它是我们认知情绪的部分;另一方面,还有感官这种人自身的"小体",它是我们身体欲望的部分(《孟子》6A15)。孟子本可以把美德与这两种能力中每一种的恰当运行结合起来,但我没有看到他(或他的追随者理学家们)这样做的任何证据。相反,孟子的美德是根据人的行为和经验相符合一致的方面来加以分类的。现在我将概略地陈述一下这种符合一致是如何运作的。我认为我忠实于孟子的一般直觉,但我还是要强调一下,我在这里所做的工作是历史检索而不是历史训释。所以我申请允许超出孟子明确所说的内容,做些适当的扩充。

人类是社会性、独特性、表达性和时间性的生物。(1)说人类是社会性的,我的意思是人们要生活得好就需要至少在某种程度上参与到某个社群之中。因此,人类经验的一个领域就是要帮助他人。(2)尽管人是社会性的,但是他们互相之间也是独特的。儒家自从孔子本人开始就已经承认一个常识性的直觉:在某种程度上,颜回不同于子贡。我这样说并不是在假定任何像激进的个人主义之类的东西。一个人区别于他人的独特性的部分,是由他在与他人的特定关系中的地位提供的:比如说,我的部分身份是 Charles R. Van Norden 的儿子。所以,人的经验的另一个领域是拥有一种有别于社会的身份。(3)人类所拥有的那种社会性需要通过符号和美对意义进行表达和欣赏。在我们所知的以及可以具体想象的每一个人类社会中,(除了口头语言外)人们使用手势、表情、肢体语言和物体等等以传达意义和促进各种各样的交流(这在将人们相互之间区分开来的交流互动中尤其真实,尽管不是唯一真实的)。此外,人们所进行的各种互动可以很有技巧(因此是美好的)或者很笨拙(因此是不美的)。

因此，人类经验的一个领域就是美的创造和欣赏。① (4) 最后，人类生活在一个暂时的世界中；它瞬息万变。这种变化的结果有时是可以预测的（我几乎可以肯定我会输掉这场柔道比赛，因为我每隔一次就会输一次）。但是甚至可预测的变化仍然需要高超的技巧。我们（通常）知道将卫星送入轨道是否会成功，但是对此进行预测需要巨量的知识天赋和训练。而其他时候我们可能无法确切地预测变化的结果，所以我们必须学会在不确定的变化条件下尽我们所能地思考和行动（《易经》似乎是为在这种开放的环境中给我们提供建议而量身定做的）。因此，人类经验的一个领域是变化和预测变化结果的难题。

人类活动和经验的这四个领域中的每一个都可以对应孟子四大基本美德中的一个（见下表）：

---

①电影《四个婚礼和一个葬礼》(Four Weddings and a Funeral) 展示了英国的一种婚礼仪式，即伴郎在婚礼上发表诙谐、幽默的演讲，意在给新郎投以不利印象的演讲。我们看到一个角色给出的演讲巧妙而迷人地实现了这些目标，而另一个角色却在同样的任务中以笨拙和尴尬的方式表现得很失败。在某个层面上，我们可以说第二个角色没有恰当地帮助他人（不仁），或者他违反了允许人们保持个人身份和关系的做法（不义）。也许我们可以更为合理地说，他没有对其所面临的复杂多变的形势的要求作出回应（不智）。但是通常来讲，这个角色知道在这种情况下对他的要求是什么，同时他也有适当的动机去实现这个目标。他只是缺乏优雅地驾驭这种社交局面的技巧。换言之，他表现得不得体。（这部电影还非常生动地展示了作为葬礼仪式一部分的诗歌的使用。）

经验领域	对应的孟子基本美德	对应的直观的美德
帮助他人	benevolence(仁)	Benevolence(仁爱)
保持与他人区别的独特性	Righteousness(义)	Integrity(正直,诚实)
创造和欣赏美	Propriety(礼)	Refinement(文雅,体面)
变化和不确定性	Wisdom(智)	Wisdom(智慧,明智)

当我们开始以更宽泛的方式来思考孟子的美德时,一些标准英文称谓的局限就变得尤其明显,所以我为其中的两种美德提供了替代性的直观的英文名称。

我将论证这些美德并没有形成统一的整体,但它们之间却是相互依存的。一个人拥有仁爱的程度可能会比拥有正直的程度高,而另一个人的情况可能恰恰相反(从《孟子》2A9 和 5B1 中柳下惠与伯夷的例子很好地各自佐证了这一点)。然而,任何一种美德的缺乏都会限制一个人拥有其他美德的程度。举一个极端的例子,假设我们试着想象一个人拥有很高程度的仁却只有极小的智。这个人很可能具备同情他人痛苦并据此采取行动的性向,但是如果没有智,这种性向将无法在有效的帮助中获得可靠的结果。简单而言,尽管一个人可能是出于好意,但是如果他不知道怎么做(甚至不知道怎样才算是"在这种情况下提供帮助"),那他怎么能够真正地帮助到任何人呢?如果你的同事因酗酒问题屡次缺勤,你很同情他,你应该怎么做?帮他掩饰?忽略这个问题?告诉他必须清醒起来,还是搬出去?拥有智慧的人要么知道答案,要么至少知道自己不知道答案,并且知道如何开始寻找答案。

也许可以试着这样说,尽管拥有善意的人,如果他也是智慧的,他就将更有效率,但是仅仅基于他的同情和善意,他仍然可以被认为是仁善的。但是请记住,美德是使人过上繁荣昌盛生活的优秀和卓越。一个富于同情心但却愚蠢的人所拥有的性向,即便它带来了繁荣昌盛的生活,但那也只是偶然的和零星的事。在这一点上,有人可能会反驳说,现实地说,没有人只具备仁而没有一丝一毫的智。我认为这是对的,但这只是进一步显示了各种美德之间的相互关联。任何被认为是仁的德性都必须伴随着某种程度的智。就同情是仁的美德的一部分来说,在此程度上它也包含了智,因为若没有智,它就不可能促成一种繁荣昌盛的生活。①

所以,如果我们抽象地描述他们,我们就可以认识孟子的四大基本美德是任何社会都必须具备的必要特征。另外,至少在我看来,孟子对美德的具体描述有很多方面是值得严肃对待的。(1)考虑一下"仁":我们人类通常确实对我们的家庭成员、朋友和社群成员拥有一种非常强烈的"行动者相涉"的关切倾向。我不认为墨家提出了一个很好的论证推翻了这种倾向,并且我认为托马斯·内格尔(和其他人一样)对这种论证的一般错误作了诊断。②(2)关于"义"(或"正直,诚实"):有人反对将羞耻感作为美德行为的动机,但是我同意伊森伯格(Isenberg)和威廉斯的观点,他们认为任何正常运作的美德行

---

① 另一种描述美德的方法是对自己所处环境的道德品质做出反应的性向。在这一观念中这也是真实的,即仁没有智将不可能存在,因为没有智,同情就不可能恰当地对环境做出回应。

② 内格尔:《本然的观点》,第189—200页。

动者都会有羞耻感。① 只有完全不在乎自己品德的人才会缺乏羞耻感。(3)孟子"智"这个部分在西方传统中也被公认是美德。但我发现,把智看作是一种能够使其他美德正常发挥作用的性向,而不是成为(正如对亚里士多德主义者而言)主宰性的美德本身,这样更为直观。(4)在本章的下一节,我将讨论为何作为一套生活实践的礼对当代西方社会如此重要。礼(或文雅,体面)这种美德与这些实践紧密相关,对此考普曼提供了一个非常直观的例子:

> 奥斯卡和布洛格斯都告诉主人,他们都很喜欢这个聚会(这是一个平淡无奇的描述);但是奥斯卡这样做却带来一些意想不到的转变,他用后来其他人形容为"迷人"和"机智"的词组来表达,而布洛格斯(展示了实际上缺乏任何风格的方式)则用平淡的语气,以完全没有韵味的声调说:"我过得很愉快。"……同样的事情(或多或少)可以充满深情地或冷漠地去做,也能够以一种充满尊严或邋遢懒散的方式来做,还能羞怯地或带有傲慢味道的方式去做。②

考普曼让我们注意到如下事实,即在现实生活中,言行风

---

① 伊森伯格:《自然的骄傲与自然的羞耻》("Natural Pride and Natural Shame");威廉斯:《羞耻与必然性》(*Shame and Necessity*),尤其是第75—102页。

② 考普曼:《重温自然》,第47页。

格对我们来说很重要。在其他条件相同的情况下,假设这个例子能够代表奥斯卡和布洛格斯,那么我们就更想和奥斯卡交朋友而不是布洛格斯;我们希望奥斯卡来参加聚会而不会在意布洛格斯是否露面。此外,如果我们认为某人的风格是真诚的,我们通常会更加欣赏他的那种风格。如果奥斯卡看起来令人愉快和喜爱,但是实际上他是非常令人痛恨和讨厌的,我们就会认为他的风格就是虚假的而不予理会。大多数西方哲学家忽略了风格,无论风格在我们作为社会动物的生活经验中是多么重要。尽管也有过例外(比如尼采和后来的福柯),但对于风格(智)和优雅体面(礼)如何必须与人的生活的其他方面,如仁爱(仁)和诚实正直(义)相适应,像孟子这样的儒家有更为强健和可信的观念。

III. C. 人的繁荣昌盛

III. C. 1. 礼

我们(我现在将讨论限定在当代美国,因为这是我最了解的非中国的文化)拥有一个日益碎片化和缺乏优雅礼仪的社会。这是礼在其最佳状态下能够帮助解决的那种问题。运作良好的公共礼仪赋予人们一种归属于更大群体的感觉。这既表达也加强了为这个群体的福祉而努力的承诺,并且也以和平和尊重的方式处理了分歧和冲突。

但正因为我们是一个多元且相对缺乏礼的社会,对礼的保存和发展呈现出特殊的问题。为了使礼发挥作用,相当多的人必须参与其中并且能够以正确的方式去感受它。如果一个人从无到有地创造了一种新的礼抑或恢复了一种长期被忽视的礼,他往往无法达到上述两个条件。此外,对于特定群体而言,成功的礼可能会以其他方式引起分化。如果我们允许学校赞助的祈祷者存在,那势必会疏远和冒犯群体中的一部分人口。但是如果我们不允许,我们又会疏远和冒犯另一部分人。一个替代性方案是为自己选择的群体提供礼,让参与保持自愿状态。因此,基督徒过圣诞节,犹太人过光明节,一些非洲裔美国人则过宽扎节。但就其本质而言,这里的问题是该方法无法发展出将不同群体联系在一起的礼。一般而言,在吉尔兹的表述中,礼越是形成为了行为和关于行为的一种模型,它在塑造行为方面就越有效。但是,在同样的程度上,这个礼会表达那些将会冒犯或至少排斥某一部分人的价值。

人们很容易忽视这个棘手的问题,并得出这样的结论:在我们自己这样的社会里,礼的意义总是有限的(甚至还会越来越小)。然而,我认为我们社会最重要的问题之一是疏离感。人们需要在他们的社区里感觉像是"在家里"。没有"在家里"的感觉使得人们维持其对社会参与和为他人利益着想的承诺变得困难。但是,我并没有解决礼与多元主义如何调和的问题的原则性方法。我们能做的最多就是认识到礼的力量,根据具体情况对它们加以研判,时刻关注礼是如何包含或难以包含其他人的,而且当我们觉得它将会相互促进时,就应该为了创造和保存礼而付出努力。

III. C. 2. 生活得好

让我们回顾一下。为"好生活"而提出的选项数量相当有限。亚里士多德不考虑致力于财富、肉体愉悦和社会声誉等是人类繁盛生活的必要选项。相反,他会考虑如下两个严肃选项,即与他人一起致力于社群之善的美德活动的"实践生活",以及研究和沉思普遍真理的"理论生活"。阿奎那在拒绝财富、肉体愉悦和社会声誉方面与亚里士多德观点一致,他还补充了反对名望和身体健康的论证。他认真对待亚里士多德考虑的两个选项,但最终他证明只有在上帝的真福神视中才能找到人类的善好。

研究中国哲学的价值之一就是它可以为我们提供另一种繁盛生活的概念。儒者当然同意以社群利益为目标的实践活动的生活是值得的。然而,在儒家生活得好的概念中却没有相应的真福神视。此外,对于儒者来说,理论上的理解是实现其他善的手段而不是最终的目的。

儒家和亚里士多德主义之间分歧的另一个重要领域是艺术制作和欣赏。艺术制作已经被亚里士多德传统中的人们淡化了。亚里士多德把绘画、雕塑和音乐表演归类为"制作(poiêsis, production)"。在《尼各马可伦理学》第 VI 卷第 4 章中,亚里士多德将制作(poiêsis)与行动(praxis, action)区分开来。"制作"是一种针对不同于其自身的某个事物的工具性活动,而"行动"则是一种构成性的手段。所以,制造扳手或雕刻塑像只是"制作",因为它仅是作为生产某个独特善品的手段而拥有价值,而在棋盘上移动一块棋子则部分地构成了下棋这种行动。因此,根据亚里士多德的观点,几乎可以确定地推断出,生产艺术作品不能成为生活得好的一部分。不过,这并没有抓住我们现在的直觉,即绘画和写诗等活动是有价值的。

相比之下,儒家非常尊重艺术创作,特别是在书法、绘画、音乐和诗歌创作等方面。① 在后来的儒学中,这通常与"道家"对技艺精湛活动的道德价值的推崇相结合。《庄子》中最著名的故事之一是关于庖丁的,庖丁熟练地肢解了一具牛的尸体,这使一位统治者感到惊奇。当被问到他是如何做到的时,庖丁解释说他并不是依靠"术"而是遵循"道"。通过多年的强化践习,庖丁已经学会停止用眼睛去看,而是在解牛时凭直觉遵循牛身体的自然结构。② 这种做法非常有效。但是,庄子似乎将其视为一种活动的实例,这种活动是因其自身而不是为了它的效果而有价值。这成为禅宗善巧方便活动理想的启示之一,以克服自我与世界其余部分之间的虚假二分。因此,射箭、书法、武术、绘画、剑术和插花等都成为能够潜在地刺激和表现开悟的活动。《红楼梦》中的角色林黛玉对弹琴表达了这样的看法:

我看弹琴乃古人静心养性的工夫。③ ……琴者,禁也。古人制下,原以治身,涵养性情,抑其淫荡,去其奢侈。……与神合灵,与道合妙。④

如果我们在艺术活动的观想中找到一些合理的东西(至少我会这样做),那么我们就可以扩大我们繁盛生活的选项清

---

①西方浪漫主义传统也强调欣赏和创作绘画、雕塑、音乐、诗歌和其他富有想象力的文艺作品。
②《庄子·养生主》,《中国古代哲学读本》,第224—225页。
③曹雪芹:《红楼梦》,第四卷(第八十六回),第152页。
④同上,第154页。

单,即可以包括画家、爵士音乐家和演员。①

但儒家从一开始就不仅重视艺术表演,而且也重视艺术产品。在评论一首古典音乐的独特表现时,孔子感叹道:"不图为乐之至于斯也!"(《论语》7.14)一般而言,儒者相信艺术鉴赏具有道德上的教化作用。好的艺术作品"陶冶"我们的情感。因此,孔子观察到一首特别的诗:"乐而不淫,哀而不伤。"(《论语》3.20)

当然,欣赏艺术作品具有伦理价值的观点在西方并非闻所未闻。亚里士多德通过宣泄的概念将悲剧与情感的训练联系起来。而 G. E. 摩尔(G. E. Moore)在《伦理学原理》(*Principia Ethica*)一书中指出,一个正在欣赏美的作品的人是具有显著的内在善的"有机整体"之一。不过,儒家的审美在两个方面是与众不同的。儒者认识到对各种精美事物的沉思具有内在价值:戏剧作品、诗歌、绘画、书法、音乐和雕塑。在每种情况下,儒者都认为,对一件真正美的作品进行适当的思考,这样的沉思不仅内在地拥有价值,而且还具有道德上的教化作用。

然而,也许儒家最与众不同的就是持有这样的观点,即与家人和朋友一起生活本身就具有巨大的伦理价值。与朋友度

---

① 需要记住,对于一个孟子主义者而言,技能的训练应该在一个同时也体现仁义的生活环境中进行。因此,一个娴熟地表演人道主义角色但在台下却残酷无情的演员,依孟子的标准,其生活将会过得不好。(孟子能否给出令人信服的解释,为什么这样一个技术娴熟却又残忍的演员应该培养仁爱?任何美德伦理的描述都能做到这一点吗?这是一个很有挑战性的问题,我希望在以后的工作中探讨。)

过一天的时光,与孩子玩耍,与伴侣共同野餐,与家人一起参加宗教仪式,然后悠闲地吃顿早午餐——对柏拉图和亚里士多德来说,这些只是达到某个更高目的所需要的手段。但为什么它们不能是目的本身呢?或者,至少为什么像这样的社交活动不应该成为生活得好的不可或缺的一部分呢?我认为这不是一个微不足道的问题。我经常让我的同事,包括那些对美德伦理表示支持的同事,告诉我他们认为生活中的哪些方面给他们的生活赋予意义。他们通常会提到他们的研究、撰写著作和文章所带来的独特满足感和参与充满智慧的哲学讨论所带来的快乐。有些人会补充说:"哦,是的,教学生也算。"我接着会问:"你的伴侣和孩子在你的生活中扮演什么角色呢?"他们常常被这个问题搞得措手不及。因为我们从小就被教导要用亚里士多德的方式来思考,所以在我们关于人的繁荣昌盛的概念中心灵的生活被设定为几乎是支配性的角色。我认为我们应该严肃地考虑这样一种可能性:一个拥有有限的智识兴趣但家庭生活健康快乐的人可能与一种孤独却拥有成功的学术生涯的人过得一样好(当然,能够成功地将两种善融合在一起的人肯定比只有一种善的人生活得更好)。①

接下来这段话(虽然很不幸,它可能是孔子时代之后很久才被编撰出来的)暗示了我个人发现的最具有吸引力和启

---

① 诺丁斯(Nel Noddings)和吉利根(Carol Gilligan)等人的"关怀伦理"思想也强调了爱的人际关系的道德重要性。李晨阳在《仁与女性主义关怀伦理》("Jen and the Feminist Ethics of Care")一文中探讨了"关怀伦理"与儒家的美德伦理之间的异同。

发性的关于人的繁荣昌盛的儒家观念。① 因此,我发现这是结束我们对早期中国思想中的美德伦理探索的合适段落:

> 子路、曾皙、冉有、公西华侍坐。子曰:"以吾一日长乎尔,毋吾以也。居则曰:'不吾知也!'如或知尔,则何以哉?"
>
> 子路率尔而对曰:"千乘之国,摄乎大国之间,加之以师旅,因之以饥馑;由也为之,比及三年,可使有勇,且知方也。"
>
> 夫子哂之。"求!尔何如?"
>
> 对曰:"方六七十,如五六十,求也为之,比及三年,可使足民。如其礼乐,以俟君子。"
>
> "赤!尔何如?"
>
> 对曰:"非曰能之,愿学焉。宗庙之事,如会同,端章甫,愿为小相焉。"
>
> "点!尔何如?"
>
> 鼓瑟希,铿尔,舍瑟而作。对曰:"异乎三子者之撰。"
>
> 子曰:"何伤乎?亦各言其志也。"

---

① 我认为范佐伦是正确的,他指出,《论语》最早的部分"以完全没有叙事背景或相对简单的语境的言说为特征",而在后来的段落中"我们发现了复杂而精巧的叙述"(《〈诗经〉与人格》,第23页)。《论语》11.26这段话似乎是显示巨大的叙述技巧的段落之一(同上,第60—63页)。不过,这显然是一段极其有趣的文字,至少就其本身值得花费一篇文章或者一本书中的一个章节的篇幅加以讨论。我在这里只引用其中的一半内容以说明关于人的繁荣昌盛的儒家观念。

曰:"莫春者,春服既成。冠者五六人,童子六七人,浴乎沂,风乎舞雩,咏而归。"

夫子喟然叹曰:"吾与点也!"(《论语》11.26)

我何尝不是啊!

appendix

Appendix: Some Alternative Views

附 录

不同的声音

I. 关于真相的更多的信息

I. A. 问题概述

陈汉生提出了他认为印欧语系对真理、信仰和证据的看法:

> 知识的模型通过心理内容——真正的信仰准确地展现。精神术语把自己融入信仰——**精神作品**或**精神语言**的句子。这些精神建造(思想)描绘了客体可能的物理结构。如果描绘是准确的,信仰就是真的,如果它们不是,信仰就是假的。①
>
> 三段论逻辑和证据模型推理支持这一精神语义理论。……真理是句子的语义价值,因此,对信仰而言也是一样。②

---

①陈汉生:《中国思想的道家之论》,第16页。[参见前引中译本,第44页。——译注]

②陈汉生:《中国思想的道家之论》,第17页。[参见前引中译本,第46页。——译注]

语义学、逻辑学、心理学和道德理论之中的概念簇,如何共同发挥作用。这些都不是随机的,孤立的观点,而是西方和印度哲学中共有的核心概念结构。……把这些理念归属于一种哲学文化,就是把一个理念的**网络**归属于它们。①

这与中国早期的语言观形成了鲜明的对比,其中我们发现(中国早期语言):

缺乏和句子相对应的成分单元。中国的思想家们不把句子的单元当作中介的结构加以区分。因此,他们不关注真理的条件。类似地,他们的心灵哲学不包括关于信仰的理论(精神中的句子)。而且他们的德性伦理不关注规则(普遍的祈使句)。②

郝大维和安乐哲似乎得出了类似的结论。他们认为中国古代哲学"对作为古典真理论的基础的、文化上的先决条件,都没有兴趣"③,这个基础和先决条件就是"(1)存在一个单一

---

①陈汉生:《中国思想的道家之论》,第18页。着重粗体为原书所有。[参见前引中译本,第46—47页。——译注]

②陈汉生:《中国思想的道家之论》,第4页脚注。[参见前引中译本,第25页。——译注]

③郝大维和安乐哲:《汉哲学思维的文化探源》,第145—146页。[中译引自施忠连译,南京:江苏人民出版社,1999,第151—152页。——译注]

秩序的世界,(2)本质与现象的区别。"①他们证明,这些假设是由绝大多数的西方哲学家提出而又都是中国传统所没有的。这种对真理"没有兴趣"的一个后果是中国"缺乏对严格的合理论辩形式的关注"。②

看起来如果陈汉生、郝大维和安乐哲是正确的,那么我在这本书中的计划一定是在根本上判断错了。因为我认为中国思想家们正在为他们提出的主张的真实性提供合理的论证。然而,一种根本分歧的出现也有可能是似是而非的。为了看看是否如此,我们必须把问题的症结是什么搞得更清楚。

关于真理,存在五种理论:符合论、融贯论、实用论、冗余论和语义论。③ 所有的这些理论都同意以下两个条件:当且仅当S,那么语句"S"为真。例如,当且仅当有鬼神时,句子"有鬼神"才是真的(西方哲学家会认识到,这只是塔斯基[Alfred Tarski]的真理图式)。这个双重条件可以作为对一个句子真实性特征的薄的描述。因此,它是可以被那些不以陈汉生描述的方式将真理概念与心理或语义考虑联系起来的人所接受的。类似地,这种关于真理的薄的概念也能够被这样一些人接受,这些人并不赞同郝大维和安乐哲所确定的形而上学假设。如果中国哲学家拥有某种与这种薄的概念相匹配的概念(即使

---

① 郝大维和安乐哲:《汉哲学思维的文化探源》,第 122 页。[参见前引中译本,第 126 页。——译注]

② 郝大维和安乐哲:《汉哲学思维的文化探源》,第 131 页。[参见前引中译本,第 135 页,译文有改动。——译注]

③ 关于这个问题的考察,参见沃克:《真理的几种理论》("Theories of Truth")。

他们将其变现时采取了不同的特殊厚的方式），也可以说他们是有一种真理概念的。

"真理符合论"是什么意思？这个表达方式有一定的模糊性。有时人们用符合论仅是指能够满足塔斯基双重条件的任何理论。有时，"符合论"也被用来描述如下方式，以这些方式，一个句子中的词语和它们与世界上另一个镜像实体之间拥有的关系，以及这些实体与其他实体之间拥有的关系都得到有力而又详尽的说明。伯特兰·罗素（Bertrand Russell）在《哲学问题》中论述的就是这样一种强有力的符合论范例。罗素指出，奥赛罗相信苔丝狄蒙娜爱卡西欧这件事，只有在这样的条件下才成立，即奥赛罗处于相信苔丝狄蒙娜、爱情关系和卡西欧的有序三联体的关系之中。只有在苔丝狄蒙娜和卡西欧确实在爱情关系中（为了那种秩序）彼此联系起来的情况下，奥赛罗的信念才是真的，否则就是假的。① 如果陈汉生或郝大维和安乐哲所说的"真理"或者"真理符合论"指的是像罗素意义上的那种强有力的符合论，那么我同意中国古代任何人都没有这样的理论。

然而，从早期中国人对强有力的真理符合论缺乏关注，推断出中国思想家对真理漠不关心或简化真理，没有展示合理的论辩，或者没有支持或反对某些信念等结论，这显然是不合逻辑的。这里有两个原因。首先，除了真理符合论外，还存在很多其他的真理理论。真理的融贯论、实用论、冗余论和语义论的倡导者一致认为某些东西（句子、句子的用法、信念或命题）可以为真也可以为假。每个人都同意这些事物之间存在逻辑

---

① 罗素：《哲学问题》（*Problems of Philosophy*），第 119—130 页。

关系(比如逻辑蕴涵)。这些理论将以不同的方式解释信念语境,但每一种理论都与将信念(是真还是假)赋予人们相一致。并且这些理论都不否认在"好的"论证与"坏的"论证之间存在区别。第二,一个人不需要拥有任何真理理论以便去关注真理、信念和论证。如果你告诉我加州的首府是洛杉矶,我不需要去阅读塔斯基或罗素,然后才意味深长地说:"那不是真的。"或者简单地说"不,不是这样的"。此外,为了论证我的主张而说"首府是州议会的所在地,而州议会在萨拉门托而不是洛杉矶",我也并不需要具备将我所说的话按照三段论的句法逻辑来重构的能力。① 因此,我在这本书中所说的任何内容都不需要把一种强有力的真理符合论或形式逻辑的发现归于孔子、早期墨家或孟子。

我的对话者应该会对上述结论感到满意。陈汉生指出,西方"语义学的传统是涉及真理的",而中国"语用学的传统则涉及表达的恰当性与可接受性"。② 这种差异的一个结果就是,中国思想家根本没有把兴趣投入于"欧几里得的证明模式,一旦语句按如此顺序排列,那由前提而得出的结论就获得了真理性"③。

---

① 皮尔士(Peirce)(《如何使我们的观念清晰》[How to Make Our Idea Clear])和普特南(Putnam)(《理性、真理与历史》[Reason, Truth and History])是哲学家中的两个典型例子。他们认为拒绝强有力的真理符合论和继续重视真理并清晰理性的论证真理之间是没有矛盾的。

② 陈汉生:《中国思想的道家之论》,第139—140页。[参考前引中译本,第264页,译文有较大改动。——译注]

③ 同上,第238页。[参考前引中译本,第438页,译文有较大改动。——译注]

然而,陈汉生承认语用学的"可断言性(assertability)不是独立于世界之所是的方式之外的"①。类似地,郝大维和安乐哲写道"严格意义上的真、假问题,依赖于论证结论的**必然性**概念"②。但是,对"严格意义上的""真"缺乏兴趣"并不意味着中国人在讲和写的时候对其论断的真实性没有信念"。③ 这样说的意思就是他们的"论证,严格地说,是'无依据的'……在论证结束时,既无'终极原理',又无'基本事实'可以发现"④。所以,陈汉生、郝大维和安乐哲说了很多我能够认同的话。我们都同意葛瑞汉的观点,即形式逻辑在中国从未被发现。此外,我会同意(无论是作为中国古代思想的一种描述,还是作为一般而言的哲学应该如何进行研究的描述)不存在绝对确定的基础,最后的和永恒的"证明"是一种幻想(我对库恩、蒯因和其他人的反复引用已经支持了这一点)。

我很乐意以这种和平的注释结束。但是,我担心实质性的分歧可能依然存在。

与我在第3章第Ⅲ节所论证的相反,陈汉生主张墨家的"三表法"并不是对任何教义的真理性的检验(例如,有鬼神,它们会惩罚坏人,奖赏好人这样的教义)。他断言:"这些'法(standards)'在用于语句、理论或信念时,在其表面上就是难以

---

①陈汉生:《中国思想的道家之论》,第392页注释79。[参考前引中译本,第264页脚注①,译文有较大改动。——译注]

②郝大维和安乐哲:《汉哲学思维的文化探源》,第132页,着重粗体为原文所加。[参见前引中译本,第136页,译文有改动。——译注]

③同上,第135页。[参见前引中译本,第140页。——译注]

④同上,第134页。[参见前引中译本,第139页。——译注]

令人信服的。作为判定真理的方法,三表法惨败至极。"①相反,墨子所关心的问题是在我们的语言实践中,"把'有'这个字放在'鬼神'之前"是否会比采用"无鬼神"的做法其效果更好。② 陈汉生写道,墨家关于三表法的"理论"[原文如此]"有效地指明了西方基于真理的思想体系和中国基于实用的思想体系之间的差别"。③ 陈汉生还抱怨说,墨家就鬼神主题所作的讨论常常被误译:"缺乏明确的信仰语言……并没有让译者感到烦恼,因为他们认为关于信仰的理论和其他精神事物是明显而不可逃避的。"④陈汉生接着说,只有当"我们在这里错误地将命题概念归之于墨子",我们才会"追问墨子是否真的相信鬼神"。⑤ 陈汉生挑战"传统观点的提倡者,他们在面对缺乏那些术语以及它们那专有的实用性行为语言的融贯运用的情况下,引发了把对真理和信仰的关注归之于中国哲学家的一场论争。"⑥(我设想陈汉生用"那些术语"指的是涉及真理和信

---

①陈汉生:《中国思想的道家之论》,第147页。[参见前引中译本,第279页,译文有较大改动。——译注]

②同上,第146页。[参见前引中译本,第276—277页。——译注]

③同上,第144页。[参见前引中译本,第271页,译文有改动。——译注]

④同上,第144页。[参见前引中译本,第272页,译文有改动。——译注]

⑤同上,第146页,着重粗体为原文所加。[参见前引中译本,第276页,译文有改动。——译注]

⑥同上,第394页注释36。[参见前引中译本,第275页脚注,译文有较大改动。——译注]

仰的术语。)

我不是很清楚我跟郝大维和安乐哲之间是否存在根本的分歧。然而,当他们质疑儒家传统的"理性参与"的价值时,或者当他们建议"语言要在文化对话中发挥作用,就必须保持富有成效的模糊"时,我似乎确实跟他们存在分歧。① 我怀疑这里争论中的部分内容是后现代主义者和解释学传统中的那些人之间的经典分歧。这两个群体一致反对脱胎于启蒙运动的现代性传统的诸多方面。不过,那些解释学传统中的人并不认为这蕴含拒绝对明晰性和合理性理想的承诺,因为这些理想是通过不断对话实现的。② 因此,我将解释为什么我不同意我所认为的陈汉生、郝大维和安乐哲所声称的关于真理的看法。

郝大维和安乐哲认定有两种形而上学的假设是西方独特的真理观的基础,但这两种形而上学假设并不足以将所有(至少是绝大多数)西方哲学家从中国哲学家中区别开来。(1)目前尚不完全清楚郝大维和安乐哲所谈到的"唯一有序的世界"指的是什么。我怀疑他们将三个独立的概念混为一谈:(a)客观主义(与相对主义对立),(b)普遍主义(与特殊主义对立),(c)一元论(与多元主义对立)。让我们先来看看(a)客观主义。一个客观主义者(也称为"实在论者")相信,存在一种世

---

① 郝大维和安乐哲:《汉哲学思维的文化探源》,第 xiv 和 xv 页。[参见前引中译本,第5页,第6页,译文有改动。——译注]

② 参见第5章的注释4。[本中译本边码325以下第一个脚注。——译注]

界之所是的方式,这种方式独立于观察或居住于这个世界上的人的看法或视角。相反,一个相对主义者则相信,至少某些事实或主张取决于个人或文化的视角。如果说相信"唯一有序的"世界就是相信客观主义,那么我认为中国早期传统中这种观点的倡导者至少与西方传统中一样多,如果不是更多的话。在我看来,儒家是高度客观主义的。郝大维和安乐哲不同意我对儒家的评判,但是他们也不能否认我们发现西方传统中有很多重要哲学家倡导相对主义。普罗泰戈拉以宣称"人是万物的尺度"而闻名,这句话可被解释为一种相对主义的表述。在最近的英美哲学家中,道德相对主义是一个主要的,或许是主导性的元伦理学立场,这已经被吉尔伯特·哈曼(Gilbert Harman)等人予以辩护。因此,如果对唯一有序世界的承诺就是对客观主义的承诺,那么我们不能说这是西方世界关注真理的一个先决条件。

(b)正如我们在第 1 章所见,一个特殊主义者相信道德真理不可能被实质性的、无例外的伦理规则充分体现。我认为儒者通常是特殊主义者。然而,亚里士多德主义者和新亚里士多德主义者也是特殊主义者。亚里士多德主义者是关心真理的西方哲学家的典范。因此,我们不能为否定特殊主义是关心真理的"文化的构成要件"的说法进行辩护。

(c)一元论者坚持认为存在一种极其有价值的生活方式。或许还有其他的生活方式也拥有一定的价值,但是有一种生活方式显然更有价值。我认为这是古典亚里士多德主义者坚持的观点。我也相信儒者正是这种意义上的一元论者。再次地,郝大维和安乐哲将不会同意,但即使他们关于儒家在生活方式上是多元主义者的主张是对的,而他们认为多元主义不是西方世界的典型特征,这种看法也是错的。事实上,康德及其追随者的一个主要观点就是,存在很多有价值的生活方式。根据康德主义者,只要一个人不干涉他人的自由,并尊重自己和他人都是自由的主体,他就可以选择自己的生活方式。所以,无论郝大维和安乐哲用"唯一有序的世界"这个说法指的是客观主义、普遍主义还是道德一元论,都不是将儒者与西方哲学家区分开来的一种承诺。

(2)实在/现象的对比或者是大多数西方哲学家所否认的东西,或者是大多数中国哲学家所接受的东西,这要取决于人们用它指的是什么。如果有人用它来指向我们在柏拉图那里所看到的观点,即认为这个世界上黯然失色且不太真实的事物是对一个永恒不变的实体世界的摹仿,那么大多数西方哲学家已经否认了这一点。如果有人用它指的是一些不那么形而上学的东西,像是主张有时事物并不像表面看起来的那样,那么中国的思想家也持有这种观点。例如,孟子就说过,表面看起来牛山的本性好像就是光秃秃的,但那并不是它真正的本性(《孟子》6A8)。

现在我将转向陈汉生的论证。① 在下一节中,我将试图表明墨家关注鬼和命是否存在,他们倡导某些信仰,并讨论了真

---

①我对陈汉生的批评与何莫邪的《汉学旁注》("Marginalia Sino-logica")一文非常相似。然而,我的体会是,大多数人并不熟悉何莫邪在这个问题上所做的工作,所以我觉得有必要回到这个主题上来。(据我所知,陈汉生对何莫邪的唯一评论是在《中国思想的道家之论》第48页的注释和第378—379的注释8。[参见前引中译本,第95页和第106页。——译注])

假问题。在随后的一节中,我将尝试表明陈汉生本人对墨家"三表法"的解释是很成问题的。

I. B. 存在、真理和信仰

陈汉生的一般论述提出了三个主要问题:

(1)

墨家讨论了所有的本体论问题,还是只讨论了语用问题?换言之,墨家是否讨论了鬼和命真的存在,抑或仅仅讨论了采用语言计划的效果,在这种语言计划中,人们会说"有鬼神"这样的事物,以及"有命"这样的事物?

(2)

墨家讨论过信仰吗?例如他们提倡某些信仰而不鼓励其他的信仰?

(3)

墨家是否讨论了某些东西本质上是"真"还是"假"?

I. B. 1. 墨家是否关心鬼神的存在?

墨家有时在讨论他们所批评的立场或在呈现自己立场时会从事语义上行,这很可能被认为是对陈汉生解读的支持。①

---

① 我感谢安靖如(在谈话中)提出了这个问题。回想一下(我们在第二章第 I. B. 2 部分中关于"正名"的讨论),语义上行"是从谈论对象到谈论语词的转变"(蒯因:《语词与对象》,第 271 页。[参见前引中译本,第 463 页。——译注])

例如,在"明鬼篇"中,墨者曾写道:"今执无鬼者之言曰……"①此外,在"非命篇"的三个版本中,墨者共七次使用"执有命者之言……"的表达。② 如果每当涉及我们所说的有没有命或有没有鬼的问题时,墨者总是(或几乎总是)使用像这样复杂的说话风格,我们就可能会怀疑,对墨者来说,这个问题更多的是关于说了什么,而不是关于实际上什么是真的。

然而,墨者也并不总是致力于语义上行;事实上,他们经常做出看起来像是一阶陈述的句子(first-order declarative sentences)。③ 让我们来考虑下述可明确地归之于墨子本人的主张:

古之今之为鬼,非他也,有天鬼,亦有山水鬼神者,亦有人死而为鬼者。④

……

---

①他们还有三次写道"今执无鬼者曰",并且另两次写道"今执无鬼者言曰"。我更倾向于认为后两种结构不是语义上行的例子,但这一点可能是有争议的。例如,有人可能会认为"执 P"的表达是对"执 P 言"的简写。有趣的是,我所看到的所有例子中,墨者使用"执 P"的结构仅仅用来指其对手的立场。

②另外九次他们使用包括"执有命"或"执有命者"的表达方式,还有一次使用了"执有命者言曰"的表达方式。我倾向于认为这些结构不是语义上行的例子,但这一点可能是有争议的。(见我前面的注释。)

③或者奥斯汀可能会称之为"记述式话语(constative utterance)",或具有显著"话语力(locutionary force)"的陈述(《如何以言行事》[*How to Do Things with Words*],第 6 页注释 2)。

④《墨子·明鬼下》。参考华兹生英译《墨子》,第 107 页。

> 今吾为祭祀也,非直注之污壑而弃之也,上以交鬼之福,下以合欢聚众,取亲乎乡里。若神有,则是得吾父母弟兄而食之也。则此岂非天下利事也哉!①

即使我们同意墨者从来没有把真理作为命题的属性来讨论,或把信仰作为一种命题性态度来讨论,上面的语句似乎仍然是语法学家所说的宣告性叙述(declarative statements)。如果他们是宣告性的话,那么对墨子来说,所讨论的问题之一就必定是有还是没有鬼神。

I. B. 2. 墨家讨论过信仰吗?

在谈到第二个问题时,我们注意到在古汉语中有一些结构似乎可以归为信仰。例如,在"明鬼篇"中,我们发现"鬼神之有,岂可疑哉"这样的表达出现了6次。② 另外,他们还使用了共同的结构"以N为P","相信N是P",或(更字面的译法):"把N当作(是)P。"这个结构在"明鬼篇"中也被使用过:"请惑闻之见之,则必以为有"。③ 以及"故武王必以鬼神为有"④。我们也能在"非命篇"里"然而今天下之士君子或以命为有"⑤中发现这种结构。

---

①《墨子·明鬼》。参考华兹生英译《墨子》,第109页。
②字面的意思是:"'鬼神'的存在,人们怎么会怀疑呢?"需要注意的是,意向动词("怀疑")的宾语是一个名词化的句子"鬼神的存在"。
③《墨子·明鬼下》,《中国古代哲学读本》,第95页。(参考孙诒让《墨子间诂》第202页把"请惑"改为"情或"。)
④《墨子·明鬼下》,《中国古代哲学读本》,第100页。
⑤《墨子·非命上》。

这里我们并没有考虑常见于(比如)古希腊语和现代英语的语义结构"N 相信 S",其中相信这个动词把一个(通常是名词化的)句子作为它的宾语,例如:"我相信有鬼。"然而,尚不清楚为什么汉语结构不能用另一种方式表达相信。如果我用英语说,"我认为鬼是非常危险的",那么,我们是在说我其实并不相信鬼是危险的,只是因为我的话语中没有这样的内嵌句?

陈汉生确实对这一关切作了回应。这个回应依赖于对"以 N 为 P"结构的不同寻常的解释。他写道"'为'是在指导行为中将一些东西分配到一个名的类之下"①。这里有一种情况,我必须与陈汉生保持一致,存在这样一种"公认的观点"的东西,而陈汉生正在挑战它。如果陈汉生是正确的,那么过去2000 多年的时间里几乎每一位评论者对古汉语基本结构的含义都理解错了。当然,那也有可能是真的。但是,我们希望陈汉生能够提供一些有力的证据。在他的《中国思想的道家之论》中,我能够为这种解释找到两个论证。他写道,我们印欧语系的人:

> 会说罗尼(Ronnie)相信桌子是蓝色的,而中国古人则会说罗尼**蓝**桌子,或"以 with regard to"桌子"为 deems: makes"蓝。②

---

① 陈汉生:《中国思想的道家之论》,第 213 页。[参考前引中译本,第 394 页,译文有改动。——译注]

② 陈汉生:《中国思想的道家之论》,第 142 页,着重粗体和上标英文均为原文所加。[参见前引中译本,第 268 页,译文有改动。——译注]

前面的这个内容对我而言似乎是很精准的。但陈汉生紧接着又说了如下内容:

> 也就是说(That is),罗尼很可能把"蓝"这个词应用于桌子上。他不仅是以这样或那样的方式处理蓝和绿的区分,而且在分界线正确的一边使用事物"蓝"这个词。①

第二个引文在两种解读方式之间显得模棱两可。(1)如果陈汉生的意思是"以"桌子"为"蓝的诸多后果是人们会有特定行为和语言的倾向,那么陈汉生的说法毫无争议是正确的。但请注意,如果罗尼相信桌子是蓝的,同样的后果也会随之而来。所以,就陈汉生所说的第一种解释而言,他并没有提供支持自己关于古汉语中缺乏信仰属性的结论的任何证据。(2)然而,考虑到他在书中其他地方得出的结论,陈汉生上述第二段引文似乎是指罗尼有某种行为和语言的倾向,而不是相信桌子就是蓝的。那么,如果陈汉生愿意,他就有权断言这一点,但在前面引文中使用"也就是说(that is)"这个短语表明,陈汉生认为他是从更早的陈述中得出了某种符合逻辑的结论。如果真是这样的话,那么陈汉生的论证就是:因为在古汉语中人们使用了"以 N 为 P"而不是"他相信 N 是 P"这样的表达,所以古汉语就没有将信仰归属于某个人的那种说话风格。但这显然陷入了窃取论题的谬误(question-begging),因为此问题恰恰

---

① 陈汉生:《中国思想的道家之论》,第142页。[参见前引中译本,第268—269页,译文有改动。——译注]

就是,"以 N 为 P"是否将信仰归属为某个人。

就像陈汉生对"为"字解释的论证那样,另有一件事是在他讨论《老子》时被掩盖的,他在那里注意到,对于我们说英语的人而言,"'为'这个字的不同寻常之处是它在古汉语中所扮演的明显的复杂角色"。我们将其译为"认为是(deem to be)或者当作是(regard as)",但也可译为"to act, to make, to do"。然而,

> 当老子把"为"理论化时,他没有用英语的等价词。尤其是,他没有想到为一种用法找一个英语的等价词,再为另一种用法找另一个英语词。他看到的是一个看起来像是统一概念的单一的词语。"为"是在指导行为中将一些东西分配到一个名的类之下。①

这段话可以被解释为提出了以下论证。(1)没有证据表明中国早期思想家(以老子为代表)在"为"字的被我们所描述的"去做(to make)"和"认为(to deem)"的两种意义之间进行了区分。(2)因此,没有理由把对应于一个词"为"的两个不同概念都归属于他们。(3)所以,也就没有理由将"为"这个词的不止一种独特的用法归属于他们。(4)因为我们都同意早期中国文献中"为"的一个意思是"去做(to act)"(这是一个行为概念),这是我们应该归类到"为"中的一个唯一用法。(5)因

---

① 陈汉生:《中国思想的道家之论》,第213页。[参见前引中译本,第394页,译文有改动。——译注]

此,我们应该将之归类到"以 N 为 P"结构中的"为"之内的用法就是一种行为用法,特别是"认为 N 是 P 和将 N 当作是 P"(例如,以 N 是 P 这样一种方式区分了 P 和非 P 的事物,并使用了关于 N 的"P"这样一个词来表示)。

伴随着前提(1),就产生了一个问题。在这个主题上像我一样接受"公认观点"的人认为,在"以 N 为 P"结构中的"为",它是一个表示等价关系的系动词。① 我认为,为了证明自己的观点,陈汉生必须否认"为"有这样一种用法。然而,我看不出在下面几句话的语境中,陈汉生是如何能够主张"为"只能被用来指他认为它所拥有的("去做[to make]")这个唯一含义明确的意思的:

尔为尔,我为我。(《孟子》2A8 和 5B1)
子为谁?(《论语》18.6)

我发现在这些语境中把"为"解读为任何表等价关系的系动词之外的用法都是不合理的。但是(根据"公认的观点"),那就是它在"以 N 为 P"结构中的本质上的用法:"把 N 当作(是)P"。

此外,这也是对陈汉生唯一含义明确的解读而言真正成问题的地方,在"为"的"去做(to make)"含义上的用法和"是"的含义上的用法这两者之间存在句法结构上的差异。注意上文

---

①蒲立本(Edwin George Pulleyblank):《古汉语语法纲要》(*Outline of Classical Chinese Grammar*),第 49 页。

刚刚引用的《论语》18.6中疑问语气词是跟在"为"后面的。但是当"为"被用来表示"去做"的含义时,疑问语气词必须在动词之前(这也是所有及物动词的规则)。① 因此,我们也就有了《论语》2.19中的表达:"何为则民服?"最后,即使我们保证了(1)和(2),(3)也显然不能从它们之中推断出来。很有可能的就是把某人自己都没意识到的区别归属于他本人。② (听人说我才记得,在小学一年级当老师试图让我听出"finger"一词中"f"的发音和"thumb"一词中"th"的发音的区别时,我完全不能理解。然而当我在终于可以听出二者差别的前后,我在说话中也就能作出这种区分了。)

我不得不做大量的外推和插入其他内容,因为我发现陈汉生对这个话题的评论相当简洁。所以我有可能误解了他。然而,对处于他的论证中心的这一令人惊讶的主张,我绝对无法找到任何其他论据。

I.B.3. 墨家讨论过"真理"本身吗?

在回答这个问题时,我们应该牢记我们对真理的薄的理解。墨家将会对"真"有一个很薄的概念,以防他们拥有一个与在下面的格中的"真"完全对应的概念:当且仅当S,则"S"为真。他们有这样的概念吗? 当然! 墨家汉语表达中在这种意义上的相关术语并不常见。我们应该感谢(陈汉生的老师)孟旦,他提出对真理本身的讨论并不像其在西方哲学所受到的

---

①蒲立本:《古汉语语法纲要》,第20页。
②这是在语言学和人类学中区分"主位(emic)"和"客位(etic)"分析的基础。

重视那样是中国哲学的核心问题。然而,墨家确实有一个他们时常用来表示真理的术语:"然。"墨家在他们对精心制作的音乐表演的谴责非难中写道:

今天下之士君子,**以吾言不然**,然即姑尝数天下分事,而观乐之害。①

在对命这个陈汉生不厌其烦地展示的不关心真理的章节之一的讨论中,我们发现:

安危治乱,在上之发政也,则岂可谓有命哉!**夫曰有命云者亦不然矣。**②

墨家在讨论自相残杀的根源时说:

此胡自生?此自爱人利人生与?**即必曰:非然也。**③

墨者(或者早期中国任何其他人)是否清楚地和有意识地

---

①《墨子·非乐上》。《中国古代哲学读本》,第 108 页。着重粗体是我加的。
②《墨子·非命中》。英译文引自梅贻宝:《墨子》,第 191 页。着重粗体是我加的。
③《墨子·兼爱下》。英译是我自己翻译的。艾文贺(《中国古代哲学读本》,第 68 页)和梅贻宝(《墨子》,第 87 页)两人的英译并没有错,只是我相信我的译文更接近字面意思。

认为"然"是用于句子的而不是其他语言单位(包括字词,或者非句子的从句)的呢?墨者是否有意识地将句子与其他语言单位区分开来这个问题尚存在争议。① 然而,这与墨家是否有真理谓词的问题无关。事实上,"然"可以应用于那些是句子的语言单位上,"然"也可以用来表示这个句子"是如此"或"是这样"。② 因此,墨家有一个术语,它适用于只有当句子为真时的那些句子。

I. C. 三表法

I. C. 1. 先例(本)

现在让我们来看看陈汉生对墨家"三表法"的解释。他认为第一个"法"的观点是我们应该"在连接词语的时候遵从以往的用法"。③ 因为在过去我们语言共同体的成员曾经把"有"字置于"鬼神"这两个字之前,我们应该继续这样做。但是我们为什么要这样做呢?陈汉生提供了一个类比,他观察到我们通常将它看作是适合于批评我们语言共同体成员的,当他:

> 使用的词是那个共同体不认可的或是在不恰当的情况下使用的。例如有人指着一粒写着字的药片说"把菲

---

① 葛瑞汉论证新墨者是这样做的(《论道者》,第153—154页)。

② 关于"然"的其他用法,参见金鹏程:《古汉语的语气助词"焉"和"安"》("The Old Chinese Particles *yan* and *an*")。

③ 陈汉生:《中国思想的道家之论》,第145页。[参见前引中译本,第273页。——译注]

尔(phill)递给我"①,或者有人站在关着门的房子里说"把门关上"。虽然这两个祈使句都不是**假的**,但它们都没有遵从正确使用语言的共同体标准。即使声称拥有一种语言,遵守一些规范性标准也似乎是很有必要的。②

在我看来,前一段话很对。然而,目前尚不清楚这与墨家应用第一个"法"的那种情况如何产生类推的关系。那些说"无鬼神"的人并没有使用任何编造的词(像用"菲尔"来代替"药片")。此外,正如奥斯丁的追随者们所说,当门已经关上的时候还说"把门关上"是"不恰当的",因为门开着是使得这个祈使句有任何意义的一个"可满足性条件"。③ 这与说"无鬼神"是不相类的,因为后者不是一个祈使句。如果陈汉生想让我们相信这两个案例之间存在合理的类比,他必须告诉我们更多关于这种被设想出来的相似性是什么。似乎很难说我们会"失去语言的定义功能(规范和协调行为)",④或者,也很难

---

①所引文字的作者陈汉生用"the phill(人名'菲尔')"代替了"the pill(药)"或"tablet(药片)",将"把药递给我(Hand me the pill)"变成了"把菲尔递给我(Hand me the phill)",从而使一个正常的祈使句变成了让人莫名其妙不知所谓的句子,就如同后面一个人在一间门本来就关着的房子里,还要让人"把门关上",也同样是莫名其妙不知所谓的句子。——译注

②陈汉生:《中国思想的道家之论》,第 146 页。[参见前引中译本,第 277 页,译文有较大改动。——译注]

③奥斯丁:《如何以言行事》,第 14—15 页。

④陈汉生:《中国思想的道家之论》,第 146 页。[参见前引中译本,第 278 页。——译注]

说,如果我们只能选择说出一个在词汇和语法上都正常但是与我们祖辈所说的不一样的句子,我们就不再是拥有同一语言的共同体中的一员了。此外,如果陈汉生的主张确实是真的,那将显示出太多东西:那将是极端文化保守主义的一种"先验论证",将其归功于像墨子这样的激进创新者是件奇怪的事!

I. C. 2. 实迹(原)

陈汉生又认为第二个"法"并不是对真理的一种检验标准,而是一个建议,即建议我们"使用语言应该像普通人那样用于表达他们所看到的和听到的"①。现在,我们可以很容易地看到第二个"法"("下原察百姓耳目之实")是如何成为真理的一种检验标准的(如果这就是墨者想要做的)。但为什么我们要将它作为独立于真理之外的建议而接受呢? 陈汉生指出,这反映了一种担忧,即"法""应该是客观的和易于设计的,以及不依赖于模糊或有争议的直觉。正确使用的'法'是人们(只)用眼睛和耳朵就能很容易获得的。"②正如我们所见,(作为一种美德伦理的)儒学非常强调"道德感知"的困难。那么,发现墨家反对的这种观点中所暗含的道德精英主义也就不足为奇了。问题是,这个标准,正如陈汉生所解释的,似乎并不适用于墨者给出的例子。假设我说

---

①陈汉生:《中国思想的道家之论》,第145页。[参见前引中译本,第273—274页,译文有改动。——译注]

②同上。[参见前引中译本,第275—276页,译文有较大改动。——译注]

"无鬼神"。① 这怎么就"模糊"了呢？这是如何依赖"有争议的直觉"的呢？我在这里使用的词怎么就成了不"易设计的"了呢？②

I.C.3. 应用（用）

第三个"法"是有用性的标准。我认为这是陈汉生能够最有力地证明自己观点的标准。我们很自然地会问，为什么一个有用的信念不一定是假的。尽管如此，也不太难理解墨家为什么会把有用性视为真理的一种检验标准。回想一下墨家相信一个仁爱之天（这里也像其他地方那样，支持陈汉生观点的学者可能会把"相信[believe]"翻译成他们自己喜欢的习语，即便如此我的论点仍然有效）。为什么一个仁爱的天会允许一种信仰的真理与这种信仰的有用性相脱节呢？只有在一个纯粹自然的世界里，这个世界对人的认识论上的便利漠不关心，抑或在一个残酷的造物主所创造的世界里，相信有用的东西才有可能偏离真实的东西。

当然，即使我已经表明把第三个"法"解读为真理的一种检验标准是可能的，这也不能证明它就是真理的检验标准。不过，我的论点是，将第二个"法"解读为真理检验标准以外的其他事物的困难，以及墨家使用三表法来评估如此之多的宣告性句子这一事实，提出了一个非常有力的初步证据，证明墨家用

---

①陈汉生认为墨家的讨论是关于单个术语而不是整个句子的，他可能更喜欢用这样的措辞："假设我在'鬼神'这个词之前加上'无'。"不过，我并不认为这会影响我的反对意见。

②这个词来自古德曼。如果我们能够弄清楚它是否适用于新情况，那么它的一个属性就是"易于设计的"。

三表法作为真理的指标。
I.C.4. 墨家与湖中水怪
除了陈汉生对每种特定"法"的解释存在特殊问题外,还有三种反对他的解读的一般论证。陈汉生的观点是,墨家提倡我们以某种特定的风格讲话,只是由于继续这样做能够带来良好的后果。如果陈汉生是对的,那么墨家对真和假的问题就根本没有兴趣。这种解释的第一个问题是,它不能给出墨家为什么提供了三个不同的"法"的原因。如果陈汉生是对的,那么墨家应该只有一个真正的"法":以某种特定风格说话的后果。但是墨家为什么就同一件事情会说出三种方式呢?相比之下,如果三表法是相互独立的真理指征的话,那么存在一个以上的"法"就是没有问题的。

第二,考虑墨家对儒家的以下批评:

> 其亲死,列尸弗敛,登屋窥井,挑鼠穴,探涤器,而求其人矣。以为实在,则赣愚甚矣;如其亡也必求焉,伪亦大矣!①

我们知道至少有些儒者肯定不会认为通过在房间里四处看看就能够找到逝者(甚至是他的灵魂)。例如,荀子给出理由,认为(像墨家所举的例子中描述的那种)传统丧葬做法甚至根本不会对死者产生什么影响,因为它们只是有助于减轻生者的悲痛。在先前事例中所描述的儒者可能对其丧葬礼仪也

---

①《墨子·非儒下》。参考华兹生英译:《墨子》,第125页。

持同样的态度。① 如果是这样,墨家所批评的儒者的表现就好像是由于他们那样做而取得的良好后果使得他们能够找到逝者一样。但这恰恰类似于(陈汉生所说的)墨家希望以他们自己的语言用法激发出那种虚假行为。如果儒家不管逝者是否真的在丧祭场合中而仍然愿意举行丧祭活动,而墨家自己也不管鬼神是否存在而仍然支持以特定的方式说话和行动,墨家怎么能因此而批评儒家呢?如果陈汉生是对的,那么墨家本身就是"伪善"的罪魁。如果将墨家视为真的相信鬼神存在,而批评那些不相信鬼神存在却假装相信的人,这样似乎更好一些。

最后,设想我们正在讨论这样一个说法:"尼斯湖有一个像蛇一样的水怪。"假设有人对尼斯湖水怪是否真的存在不持任何立场,但建议我们都坚持说"尼斯湖有一个水怪"。当我们问为什么的时候,他说:

有三个原因。首先,过去人们曾说过尼斯湖有水怪。为了使语言能够继续正常地发挥功用,我们应该**遵循以往的用法来对语言作出区分**;这**是使区分正确的部分原因**。② 其次,很多人**在表达他们眼见耳闻**时说"有一个尼斯湖水怪"③。**拥有精辟理论的肤浅的精英知识分子可能会认为他们有充分理由去纠正普通人报道这件事的方式**,

---

①即使墨家所质疑的儒者并不持有荀子的观点,我论证的相关内容是,墨家声明,如果儒者不把死者看作是仍然在场的但却做得好像他们在场一样,那么儒者就应该因其伪善而被批评。

②陈汉生:《中国思想的道家之论》,第145页。

③陈汉生:《中国思想的道家之论》,第145页。

但是我们应该继续使用普通人报道这件事的通常方式来命名这一事件。① 第三,说"有一个尼斯湖水怪"具有良好的后果:它通过旅游增加了尼斯湖周边地区的财富和人口。②(然而,那些表现得好像厄克特城堡附近闹鬼的导游要么是傻瓜要么就是可怕的伪君子。)

(请记住,以上粗体的文字中的每一个措辞实际上都是陈汉生用来描述墨家立场的。)现在,陈汉生非常担心以前的解释者可能对墨家并不友好,他们用一种看起来很愚蠢的方式来解释墨家的三表法。我上面已经提到过了,墨家的"法"在被解释为真理标准时一点也不愚蠢。相比之下,如果我对"尼斯湖水怪"事例的类比是准确的,我认为陈汉生是让墨家看起来发疯的人。

所以,陈汉生争辩说,(1)墨家不关心真假问题,因此(2)墨家不关心(例如)鬼神是否存在。正如我们所看到的,这一争辩的核心是一个不符合逻辑的推论:即使墨家不把真假作为语义范畴来考虑,他们也可能对是否真的存在鬼神这个问题感兴趣。陈汉生为主张(2)提供了一个独立的论证,说墨家给出的三表法作为真理的指征遭遇了"惨败"。但是,正如我们在第3章第Ⅲ节中所见,墨家的"三表法"有完全合理的解释,

---

① 陈汉生:《中国思想的道家之论》,第393页注释86。
② 人们甚至可能会提出一个令人费解的论点,即它加强了社会秩序。我们可能会说:"如果你是坏人,尼斯湖水怪会来咬你,但是要是你是好人,水怪就会奖赏你。"

据此它们可以成为真理的指征。陈汉生的前一个论点(1)是说古汉语无法表达真与假(或信仰)。但是这也是错误的。真假属性和信仰显然能够以古汉语来表达。

II. 关于兼爱的进一步讨论

陈汉生认为墨家的"看护人论证"是合理的,部分原因是他相信墨家的论证在结构上类似于帕菲特在两千五百年后提出的论点,陈汉生借此论证了儒家的差等之爱是"直接地集体性地自败的(directly collectively self-defeating)"。帕菲特说,假如我们有一个关于人应该如何行动的特殊理论,称之为理论"T",而把T所说的人们应该努力提升的目标称为那个理论的"T目标"。那么,T是:

当如果我们全都成功遵循T,从而将使**每一个人的T设目标**的达成比我们当中没有人成功地遵循T的话所会达成得更糟这一点肯定时,我们称T是**直接地集体性地自败的**。①

在形式上像博弈论中所称的"囚徒困境"情况下,理论就是自败的(self-defeating)。经典的囚徒困境只涉及两个纯粹自利的行动者。然而,可以将选择的情况概括为适用于任何数量

---

①帕菲特:《理与人》,第55页。着重粗体是原文所加。[参见前引中译本,第78页。——译注]

的个体或群体,这些个体或群体只关心自己或者自己群体成员的福祉。

考虑下面的例子。假设我们有一个家庭社群,在这个社群中满足以下条件:每一个家庭中的成员都按照某 T 来行动,并且根据唯一的 T 目标来实现自己家庭财富的最大化;如果得到适当的资助,社区服务(警察、公共交通等)将有助于维持和增加每个家庭的财富;每个家庭都有可能有效地逃避支付其为社区服务分担的那部分资金。在这种情况下,T 是直接地集体地自败的,因为社区中的每个家庭都知道,无论社区服务最终是否能够获得足够的资金,各个家庭都可以通过逃避提供社区服务资金份额的方式来实现自己财富的最大化。帕菲特认为这是对一个在这种意义上自败的理论的最严重的反驳。为了简洁起见,我将这种形式的论证称为"帕菲特论证(Parfit's argument)"。

陈汉生对墨家论证的分析提出了三个不同的问题:

1. 帕菲特论证是否直接针对像儒家的差等之爱那样的 T 理论?
2. 墨家是否提供了某种版本的帕菲特论证,以反对儒家的差等之爱(或反对任何其他立场)?
3. 帕菲特论证是否提出了对儒家差等之爱理论的严峻挑战?

陈汉生对这些问题的回答是"是""是"和"是"。但是,我自己的答案却是"是""否"和"否"。

尽管帕菲特从未提及儒家,但是似乎很明显,他的论证是直接针对像儒家差等之爱这样的立场的(这也许不足为奇,因为帕菲特被佛教哲学所吸引,而佛教和儒家哲学通常被视为在平等之爱和差等之爱的问题上是冲突的)。特别地,帕菲特还指出,他所说的"常识道德(Common-Sense Morality)"在很大程度上是以对"我们的子女、父母、朋友、恩人、学生、病人、客户、同事"等的"特别的义务"为特征的,这种道德是直接地集体地自败的。①

但是墨家真的运用了这样的论证吗?陈汉生宣称在"兼爱"篇中的"看护人论证"中找到了这个论证。乍一看,这个思想实验似乎与帕菲特的论证根本没有任何相似之处。帕菲特论证适用于形式上类似于囚徒困境的情况。墨家所描述的情况好像根本不像是囚徒困境。更确切地说,要是我们都按照一个理论行事,那么我们每个人在实现理论告诉我们的目标时肯定会比不按理论行事更糟,这样的理论在帕菲特的意义上就是自败的。相反,墨家的看护人论证最多表明,如果我们必须将照顾家庭的事托付给某人的话,我们应该更喜欢一个只有墨家信奉兼爱的人组成的社会,而不是一个只有"杨朱信徒"组成的社会。但这跟囚徒困境的情形不一样。

为了更接近帕菲特论证,我们需要再做两个假设。首先,假设墨者打算把自己的家庭托付给其他人,这只是我们需要他人帮助的大量案例中的一个例子。第二,假设我们所有人无论

---

① 帕菲特:《理与人》,第95页和第98页以下。[参见前引中译本,第138页,第141页以下。——译注]

平时多么坚强和有主见,等等,在我们生活中的某个时候都会有亟须依靠他人帮助的时刻。这个最后的假设意味着在一个由信奉偏爱者组成的社会中,某个信奉偏爱的人将不可能实现T目标。所以,如果我们作出了所有这些假设,那么这个论证似乎在形式上就与帕菲特论证相类似。现在,我完全赞成善意地解读这些论证,但这些都是大量未经文本证实的被归属于墨家的假设,只是为了让它们拥有一个像帕菲特那样的论证。因此,我发现把一种帕菲特式的论证归属于墨家是不合理的。

作为一名哲学史家,我对墨家的说法很感兴趣。但是作为一名哲学家,我对真理更感兴趣。因此,即使墨家没有使用帕菲特论点,我们也应该考察帕菲特论证是否是对像儒家"差等之爱"之类的立场的成功反驳。我认为至少有两个原因表明了这种尝试是不成功的。首先,正如我反复强调的那样,儒家差等之爱并不是利己主义,也不是只提倡关心自己的家人而不关心他人。正如帕菲特本人承认的,(儒家)这种关爱极大地削弱了偏爱主义的影响,并使得囚徒困境的情况减少了。然而,帕菲特也强调任何形式的偏爱主义都偶尔会产生囚徒困境的情况。这就引起了我的第二个反对意见。我发现帕菲特所举情况的例子都很做作,那些例子被认为对于按照像儒家差等之爱的方式生活的人而言,都是集体性自败的。考虑一下帕菲特的这个例子:

假设你和我每人有四个子女,他们全都处于生命危险之中。我们彼此是陌生人,而且不能够交流。每人要么会(1)救出他自己的一个孩子脱离危险,要么会(2)救出另一人的三个子女。如果我爱我的子女,我可能发现,让我以自己的一个子女死去为代价救出你的三个子女是不可能的。而且对你而言同样的情况也为真。那么我们两人将都做(1)而不做(2)。因为我们爱自己的子女,当我们本来能救出六个孩子的时候,我们却只救出他们中的两个。①

在我们种族的历史上有多少次像这样的情况真实发生过?并不是说这种情况不可能发生。然而,我确实相信这样的情况极为罕见。而且对我来说尚不清楚的是,它是针对如下理论的一种严重的实际反对意见,即在某些极端不寻常的情境下,如果每个人都坚持这样做,那它就将是自败的。

---

① 帕菲特:《理与人》,第102页。[参见前引中译本,第149页。——译注]

参考文献

中国与日本文献①

曹雪芹,高鹗.红楼梦[M].北京:人民文学出版社,1982.

程元敏.《礼记:中庸、坊记、缁衣》非出于《子思子》考[M]//张以仁先生七秩寿庆论文集:上册.台北:学生书局,1999:1-47.

崔述.洙泗考信录[M].1810.

戴震,《孟子字义疏证》.

范祥雍.古本竹书纪年辑校订补[M].上海古籍出版社,1962.

冯友兰.中国哲学史[M].北京:商务印书馆,1935.

郭店楚墓竹简[M].北京:文物出版社,1998.

何晏.《论语集解》.

胡适.戴东原的哲学[M].台北:远流出版事业股份有限公司,1986.

胡适.中国哲学史大纲[M].北京:东方出版社,1996.

李西兴.关于周宣王之死的考察[M]//西周史论文集.西安:山西人民教育,1983.

李贽.《焚书》.

Morohashi Tetsuji 诸桥辙次. Daikanwajiten 大汉和辞典[M]. Tokyo: Taishukan shoten, 1984.

钱穆.先秦诸子系年[M].台北:东大图书公司,1956.

---

①译文中部分古籍保留作者原文,未添加相关版本信息。——译注

孙诒让.墨子间诂[M].台北:华正书局,1987.

王博.简帛思想文献论集[M].出土思想文物与文献研究丛书.台北:台湾古籍出版有限公司,2001.

吴毓江.墨子校注[M].新编诸子集成.北京:中华书局,1993.

张君劢,徐复观,牟宗三,唐君毅.为中国文化敬告世界人士宣言[M]//中国哲学与文化.台北:学生书局,1988.

朱熹.朱子语类[M].北京:中华书局,1986.

朱熹.《四书集注》.

西方文献

Ahern D M. Is Mo Tzu a Utilitarian? [J]. Journal of Chinese Philosophy,1976,3(2):185-193.

Allan S. The Way of Water and Sprouts of Virtue[M]. Albany:State University of New York Press, 1997.

Ames R T. The Mencian Conception of Ren Xing:Does It Mean Human Nature? [M]// Rosemont H. Chinese Texts and Philosophical Contexts:Essays Dedicated to Angus C. Graham. Chicago:Open Court Press, 1991:143-175.

Ames R T. Mencius and a Process Notion of Human Nature[M]// Alan K. L. Chan. Mencius. Honolulu:University of Hawai'i Press,2002:72-90.

Angle S C,Gordon J A. Dao' as a Nickname[J]. Asian Philosophy, 2003,13(1):15-27.

Anscombe G E M. Modern Moral Philosophy. [M]// Steven M. Cahn, Joram Haber. Twentieth Century Ethical Theory. New York:Pearson,1995:351-364.

Aquinas T. Summa Theologica[M/OL]. 2d rev. ed. Fathers of the English Dominican Province ,Trans. 1920[2000]. http://newadvent. org/summa/.

Aristotle. Nicomachean Ethics[M]. Irwin T,Trans. Indianapolis: Hackett Publishing, 1985.

Asad T. Anthropological Conceptions of Religion: Reflections on Geertz [J]. Man, n. s. , 1983(18) : 237 – 259.

Audi R, ed. The Cambridge Dictionary of Philosophy[M]. 2d ed. New York: Cambridge University Press, 1999.

Augustine. Confessions[M]. Chadwick H,Trans. New York: Oxford University Press, 1998.

Augustine. On Free Choice of the Will[M]. Williams T,Trans. Indianapolis: Hackett Publishing, 1993.

Austin J. L. How to Do Things with Words[M]. Urmson J O,ed. New York: Oxford University Press, 1965.

Baier K. Radical Virtue Ethics[J] . Midwest Studies In Philosophyin, 1988,13(1):126 – 135.

Barth F. On Responsibility and Humanity: Calling a Colleague to Account[J]. Current Anthropology ,1974,15(1): 100 – 102.

Beattie, John H M. Ritual and Social Change[J] . Man, 1966,1(1): 60 – 74.

Bell C. Ritual Theory, Ritual Practice[M]. New York: Oxford University Press, 1992.

Benedict R. Anthropology and the Abnormal[M]//Mead M, ed. An Anthropologist at Work: Writings of Ruth Benedict. Boston: Houghton Mifflin, 1959:262 – 283.

Benedict R. Patterns of Culture[M]. Boston: Houghton Mifflin, 1934.

Berlin I. Alleged Relativism in Eighteenth-Century European Thought [M]The Crooked Timber of Humanity: Chapters in the History of Ideas. New

York: Vintage Books, 1992:70 - 90.

Bernstein R J. Beyond Objectivism and Relativism: Science, Hermeneutics, and Praxis[M]. Philadelphia: University of Pennsylvania Press, 1983.

BlochM. Ritual, History and Power: Selected Papers in Anthropology [M]. Atlantic Highlands, NJ: Athlone Press, 1989.

Brandt R. Some Merits of One Form of Rule-Utilitarianism[M]// Steven M. Cahn, Joram Haber. Twentieth Century Ethical Theory. New York: Pearson,1995:418 - 436.

Bresciani U. Reinventing Confucianism: The New Confucian Movement [M]. Taipei: Taipei Ricci Institute, 2001.

Brooks E B, Brooks A T. The Original Analects: Sayings of Confucius and His Successors[M]. New York: Columbia University Press, 1998.

Brooks E B, Brooks A T. Response to the review by Edward Slingerland [J]. Philosophy East and West,2000,50(1): 141 - 146.

Brooks EB. Word Philology and Text Philology in Analects 9.1[M]// Van Norden. Confucius and the Analects. New York: Oxford University Press,2002:163 - 215.

Brown D E. Human Universals[M]. New York: McGraw-Hill, 1991.

Brown P. Augustine of Hippo: A Biography[M]. Rev. ed. Berkeley: University of California Press, 2000.

Burnyeat M F. Aristotle on Learning to Be Good[M]// Rorty. Essays on Aristotle's Ethics. Berkeley: University of California Press,1980:69 - 92.

Butler J. Five Sermons Preached at the Rolls Chapel[M]. Stephen L. Darwall ed. Indianapolis: Hackett Publishing, 1983.

Cahn S M, Kitcher P. Sher G. The Elements of Argument[M]//Reason at Work: Introductory Readings in Philosophy. 2nd ed. New York: Harcourt, Brace and Jovanovich, 1990: 1 - 19.

Cahn SM, Haber J G. Twentieth Century Ethical Theory[M]. Upper Saddle River, NJ: Prentice Hall,1995.

Campany R F. Xunzi and Durkheim as Theorists of Ritual Practice [M]// Reynolds F, Tracy D, eds. Discourse and Practice. Albany, NY: State University of New York Press, 1992: 197 – 231.

Campbell R. A Short Refutation of Ethical Egoism[J]. Canadian Journal of Philosophy,1972,2(2):249 – 254.

CaoXueqin, Gao E. The Story of the Stone: Also Known as the Dream of the Red Chamber[M]. Vol.4. Minford J,Trans. New York: Penguin Books, 1982.

Carnap R. The Elimination of Metaphysics through Logical Analysis of Language[M]//Ayer A J, ed. Logical Positivism. New York: The Free Press, 1959:60 – 81.

Chan A KL. Mencius: Contexts and Interpretations[M]. Honolulu: University of Hawaii Press, 2002.

Chan S Y. Canshu Be the One Word that Serves as the Guiding Principle of Caring Actions? [J]. Philosophy East and West,2000,50 (4): 507 – 524.

Chan W. A Source Book in Chinese Philosophy[M]. Princeton: Princeton University Press, 1963.

Chong K C. Mengzi and Gaozi on Nei and Wai[J]. Mencius, 2002: 103 – 125.

Church J. Morality and the Internalized Other[M]// Neu J, ed. The Cambridge Companion to Freud. New York: Cambridge University Press, 1991:209 – 223.

Cicero MT. The Dream of Scipio[M]// Cicero. On the Good Life. Grant M,Trans. New York: Penguin Books, 1971:337 – 355.

Copp D, Sobel D. Morality and Virtue: An Assessment of Some Recent

Work in Virtue Ethics[J]. Ethics,2004, 114(3): 514-554.

Creel H G. Confucius and the Chinese Way[M]. New York: Harper & Brothers, 1960.

Csikszentmihalyi M. Confucius and the Analects in the Han[M]// Van Norden. Confucius and the Analects. New York: Oxford University Press, 2002:134-162.

Csikszentmihalyi M, Ivanhoe P J. Essays on Religious and Philosophical Aspects of the Laozi [M]. Albany: State University of New York Press, 1999.

Dancy J. Ethical Particularism and Morally Relevant Properties [J]. Mind,1983,XCII(368): 530-547.

DancyJ. Moral Reasons[M]. New York: Blackwell, 1993.

Darwin C. The Descent of Man[M]. 2nd ed. Reprint. New York: Prometheus Books, 1998.

Davidson D. Inquiries into Truth and Interpretation[M]. New York: Oxford University Press, 1985.

de Sousa R. The Rationality of Emotion[M]. Cambridge, MA: MIT Press, 1987.

Defoort C. Is There Such a Thing as Chinese Philosophy? Arguments of an Implicit Debate[J]. Philosophy East and West ,2001,51 (3): 393-413.

Deigh J. Shame and Self-Esteem: A Critique[M]// Ethics and Personality: Essays in Moral Psychology. Chicago: University of Chicago Press, 1992:133-153.

Derrida J. Limited Inc [M]. Chicago: Northwestern University Press, 1988.

Descartes R. Selected Philosophical Writings[M]. Cottingham J, et al, Trans. New York: Cambridge University Press, 1988.

Dobson W A C H. Mencius: A New Translation Arranged and Annotated for the General Reader[M]. Toronto: University of Toronto Press, 1963.

Donnellan K S. Reference and Definite Descriptions[J]. The Philosophical Review,1966, 75 (3): 281 –304.

Duda K. Reconsidering Mo Tzu on the Foundations of Morality[J]. Asian Philosophy,2001, 11 (1): 23 –31.

Duhem P. The Aim and Structure of Physical Theory [M]. Reprint. Wiener P, Trans. New York: Oxford University Press, 1991.

Dumoulin H. Zen Buddhism: A History [M]. 2 vols. Reprint. New York: Macmil-lan, 1994.

Durkheim E. The Elementary Forms of Religious Life[M]. Fields K E, Trans. New York: The Free Press, 1995.

Ekman P. Emotions Revealed: Recognizing Faces and Feelings to Improve Communi-cation and Emotional Life[M]. New York: Henry Hold and Company, 2003.

Emerson JJ. Yang Chu's Discovery of the Body[J]. Philosophy East and West,1996, 46 (4): 533 –566.

Eno R. The Confucian Creation of Heaven[M]. Albany: State University of New York Press, 1990.

EnoR. Cook Ding's Dao and the Limits of Philosophy[M]// Kjellberg P, Ivanhoe P J, eds. Essays on Skepticism, Relativism and Ethics in the Zhuangzi. Albany: State University of New York Press, 1996:127 –151.

Faure B. Chan Insights and Oversights: An Epistemological Critique of the Chan Tradition[M]. Princeton: Princeton University Press, 1993.

FengYoulan. The Hall of Three Pines: An Account of My Life[M]. Mair D C,Trans. Honolulu: University of Hawaii Press, 2000.

Fingarette H. Confucius: The Secular as Sacred[M]. New York: Harper Torch-books, 1972.

Fingarette H. Following the "One Thread" of the Analects[J]. Journal of the American Academy of Religion Thematic Issue S,1979(47): 373 -405.

Fodor J,Earnest LePore. Holism: A Shopper's Guide[M]. New York: Blackwell Publishing, 1992.

Frankena W. Ethics[M]. Englewood Cliffs, NJ: Prentice-Hall, 1963.

Frazer S J. The Golden Bough[M]. [S.1]: 1890.

Freeman D. Margaret Mead and Samoa: The Making and Unmaking of a Myth[M]. Cambridge: Harvard University Press, 1983.

French P A,Theodore E. Uehling, Jr. , Howard K. Wettstein,eds. Ethical Theory: Character and Virtue. Vol. 13 of Midwest Studies in Philosophy [M]. Notre Dame: University of Notre Dame Press, 1988.

Friedländer P. Plato: An Introduction[M]. Meyerhoff H,Trans. 2nd ed. Princeton: Princeton University Press, 1973.

Fukuyama F. The End of History and the Last Man[M]. New York: Free Press, 1992.

Fung Yu-lan. A History of Chinese Philosophy[M]. 2 vols. 2nd ed. Bodde D,Trans. Princeton: Princeton University Press, 1952.

Gadamer H-G. Truth and Method[M]. 2nd rev. ed. Wein-sheimer J, Donald G. Marshall,Trans. New York: Continuum Publishing, 1994.

Gardner D K. Chu Hsi and the Ta-hsu eh: Neo-Confucian Reflection on the Confu-cian Canon [M]. Cambridge, MA: Harvard University Press, 1986.

Gardner D K. Learning to Be a Sage: Selections from the Conversations of Master Chu, Arranged Topically[M]. Berkeley: University of California Press, 1990.

Gardner D K. Zhu Xi's Reading of the Analects: Canon, Commentary, and the Classical Tradition [M]. New York: Columbia University Press, 2003.

Gautier DP. Morality and Rational Self-Interest [M]. Englewood Cliffs, NJ: Prentice-Hall, 1970.

Geaney J M. A Critique of A. C. Graham's Reconstruction of the 'Neo-Mohist Canons' [J]. Journal of the American Oriental Society, 1999, 119 (1): 1-11.

Geertz C. The Interpretation of Cultures [M]. New York: Basic Books, 1973.

Gellner E. Concepts and Society [M]// Wilson. Rationality. Oxford: Blackwell, 1970:18-49.

Gewirth A. The "Is/Ought" Problem Resolved [M]// Steven M. Cahn, Joram Haber. Twentieth Century Ethical Theory. New York: Pearson, 1995:500-518.

Giles L. The Book of Mencius. 1942 [M]. Reprint. Rutland, VT: Charles E. Tuttle Company, 1993.

Goldin P R. A Mind-Body Problem in the Zhuangzi? [M]// Cook S, ed. Hiding the World in the World: Uneven Discourses on the Zhuangzi. Albany: State University of New York Press, 2003:226-247.

Goldin P R. The Old Chinese Particlesyan 焉 and an 安 [J]. Journal of the American Oriental Society, 2003, 123(1): 169-173.

Goldin P R. The Reception of the *Odes* in the Warring States Era [M]// Goldin. After Confucius: Studies in Early Chinese Philosophy. Honolulu: University of Hawaii Press, 2005:19-35.

Goldin P R. Rituals of the Way: The Philosophy of Xunzi [M]. Chicago: Open Court Press, 1999. Goldin P R. When zhong Does Not Mean "Loyalty" [Z]. Unpublished manuscript, 2006.

Goldin P R. Xunzi in the Light of the Guodian Manuscripts[M]// Goldin. After Confucius: Studies in Early Chinese Philosophy. Honolulu: University of Hawaii Press, 2005: 36 -57.

Goody J. Against "Ritual": Loosely Structured Thoughts on a Loosely Defined Topic[M]//Sally F. Moore Barbara G. Myerhoff, eds. Secular Ritual. Amsterdam: Van Gorcum, 1977: 25 -35.

Graham A C. The Background of theMencian Theory of Human Nature [M]// Graham. Studies in Chinese Philosophy and Philosophical Literature. Reprint. Albany: State University of New York Press, 1990:7 -66.

Graham A C. The Book of Lieh-tzu: A Classic of the Tao[M]. New York: Columbia University Press, 1990.

Graham A C. Chuang-tzu: The Inner Chapters[M]. 1981. Reprint. Indianapolis: Hackett Publishing, 2001.

Graham A C. Disputers of the Tao [M]. Chicago: Open Court Press, 1989.

Graham A C. Divisions in Early Mohism Reflected in the Core Chapters of Mo-tzu[M]. Singapore: Institute of East Asian Philosophies, 1985.

Graham A C. A First Reading of the "White Horse" [M]//Graham. Studies in Chinese Philosophy and Philosophical Literature. Reprint. Albany: State University of New York Press, 1990: 167 -192.

Graham A C. Later Mohist Logic, Ethics and Science[M]. London: School of Oriental and African Studies, 1978.

Graham A C. Reflections and Replies[M]//Rosemont H, ed. Chinese Texts and Philosophical Contexts: Essays Dedicated to Angus C. Graham. La Salle, IL: Open Court Press, 1991: 267 -322.

Graham A C. Review of The World of Thought in Ancient China[J]. TLS (Times Literary Supplement) ,1986 -07 -18 (no. 4346): 795.

Graham A C. Studies in Chinese Philosophy and Philosophical Literature [M]. Reprint. Albany: State University of New York Press, 1990.

Graham A C. Two Chinese Philosophers[M]. 1958. Reprint. Chicago: Open Court Press, 1992.

Grandy R E. Reference, Meaning, and Belief[J]. The Journal of Philosophy, 1974, 70(14): 439 – 452.

Greenspan P. Guilt and Virtue[J]. The Journal of Philosophy, 1994, 91 (2): 57 – 70.

Grinker R. In the Arms of Africa: The Life of Colin Turnbull[M]. New York: St. Martin's Press, 2000.

Hall D L, Ames R T. Anticipating China[M]. Albany: State University of New York Press, 1995.

Hall D L, Ames R T. Ames. Thinking from the Han[M]. Albany: State University of New York Press, 1998.

Hall D L, Ames R T. Thinking through Confucius[M]. Albany: State University of New York Press, 1987.

Hampshire S. Two Theories of Morality[M]//Hampshire. Morality and Conflict. Cambridge: Harvard University Press, 1983: 10 – 68.

Hansen C. A Daoist Theory of Chinese Thought[M]. New York: Oxford University Press, 1992.

Harbsmeier C. Language and Logic[M]//Vol. 7. Needham J, ed. Science and Civilisation in China. New York: Cambridge University Press, 1998.

Harbsmeier C. Marginalia Sino-Logica[M]//Allinson R, ed. Understanding the Chinese Mind: The Philosophical Roots. New York: Oxford University Press, 1989: 125 – 166.

Harvey V A. The Historian and the Believer[M]. Reprint, Chicago: University of Illinois Press, 1996.

Hatton R. Chinese Philosophy or "Philosophy"? [J]. Journal of Chinese Philosophy,1987, 14(4) : 445 -473.

Henderson J B. Scripture, Canon and Commentary: A Comparison of Confucian and Western Exegesis[M]. Princeton: Princeton University Press, 1991.

Henrich D. Kant's Notion of a Deduction and the Methodological Background of the First Critique[M]//Fo rster E, ed. Kant's Transcendental Deductions. Stanford: Stanford University Press, 1989: 29 -46.

Herodotus. The History[M]. Grene D, Trans. Chicago: University of Chicago Press, 1987.

Hesiod. Theogony[M]// Lattimore, trans. Hesiod. Ann Arbor: University of Michigan Press, 1959: 119 -186.

Hesse M. Duhem, Quine and a New Empiricism[M]//Morick. Challenges to Empiricism. Indianapolis: Hackett Publishing, 1980:208 -228.

Hinton D. Mencius[M]. Washington: Counterpoint, 1998.

Hobbes T. Leviathan, or the Matter, Form and Power of a Commonwealth, Ecclesiastical and Civil[M]. 1651.

Hoff B. The Tao of Pooh[M]. Reprint. New York: Viking Press, 1983.

Hooper J. Of Moths and Men: An Evolutionary Tale: The Untold Story of Science and the Peppered Moth[M]. Reprint. New York: W. W. Norton and Company, 2003.

Hsiao K. History of Chinese Political Thought. Vol. 1: From the Beginnings to the Sixth Century A. D[M]. F. W. Mote,Trans. Princeton: Princeton University Press, 1979.

HuShi. The Development of the Logical Method in Ancient China[M]. 2nd ed. New York: Paragon Book Reprint Corp. , 1963.

Hume D. A Dialogue[M]// Hume. An Enquiry concerning the Principles of Morals. New York: Oxford University Press, 1998: 107 – 119.

Hume D. The Sceptic[M]//Hume. Essays: Moral, Political, and Literary, rev. ed. Eugene F. Miller, Edited. Indianapolis: Liberty Fund, 1985: 159 – 180.

Hursthouse R. On Virtue Ethics[M]. New York: Oxford University Press, 1999.

Hutton E. Does Xunzi Have a Consistent Theory of Human Nature? [M]//Kline,vanhoe. Virtue, Nature, and Moral Agency in the Xunzi. Cambridge: Hackett Publishing Company,2000: 220 – 236.

Hutton E. Moral Connoisseurship in Mengzi[M]//Liu,Ivanhoe. Essays on the Moral Philosophy of Mengzi. Indianapolis: Hackett Publishing, 2002: 163 – 186.

Isenberg A. Natural Pride and Natural Shame[M]//A. O. Rorty, ed. Explaining Emotions. Berkeley: University of California Press, 1980: 355 – 383.

Ivanhoe P J, ed. Chinese Language, Thought and Culture:Nivison and His Criticis[M]. Chicago: Open Court Press, 1996.

Ivanhoe P J. Confucian Moral Self Cultivation[M]. rev. ed. Indianapolis: Hackett Publishing, 2000.

Ivanhoe P J. Confucian Self Cultivation and Mengzi's Notion of Extension [M]// Liu,Ivanhoe, eds. , Essays on the Moral Philosophy of Mengzi. Indianapolis: Hackett Publishing, 2002:221 – 241.

Ivanhoe P J. Ethics in the Confucian Tradition: The Thought of Mencius and Wang Yang-ming[M]. Atlanta: Scholars Press, 1990.

Ivanhoe P J. The Golden Rule in the Analects[M]//Jones D. Confucius Now: Contemporary Encounters with the Analects. Chicago: Open Court

Press, forthcoming.

Ivanhoe PJ. Mohist Philosophy[M]//the International Encyclopedia of Philosophy. vol. 6. New York: Routledge Press, 1998:451 - 458.

Ivanhoe P J. A Question of Faith: A New Interpretation of Mencius 2B. 13[J]. Early China,1988(13): 153 - 165.

Ivanhoe P J. Reweaving the "One Thread" of the Analects[J]. Philosophy East and West,1990,40 (1): 17 - 33.

Ivanhoe P J. Whose Confucius? Which Analects? Diversity in the Confucian Commentarial Tradition[M]// Van Norden. Confucius and the Analects. New York: Oxford University Press,2002:119 - 133.

Ivanhoe PJ,Van Norden B W. Readings in Classical Chinese Philosophy [M]. 2nd rev. ed, Indianapolis: Hackett Publishing, 2005.

Jenner D. Mo Tzu and Hobbes: Preliminary Remarks on the Relation of Chinese & WesternPolitics[J]. Cogito,1984 (2): 49 - 72.

Jensen L M. Manufacturing Confucianism[M]. Durham: Duke University Press, 1997.

Jochim C. Ethical Analysis of an Ancient Debate: Moists versus Confucians[J]. Journal of Religious Ethics ,1980,8(1): 135 - 147.

Johnston I. Choosing the Greater and Choosing the Lesser: A Translation and Analysis of the Daqu and Xiaoqu Chapters of the Mozi[J]. Journal of Chinese Philosophy ,2000,27 (4): 375 - 407.

Kahn C H. Pythagoras and the Pythagoreans: A Brief History[M]. Indianapolis: Hackett Publishing, 2001.

Kalin J. Two Kinds of Moral Reasoning: Ethical Egoism as a Moral Theory[J]. Canadian Journal of Philosophy,1975,5 (3): 323 - 355.

Kalin J. In Defense of Egoism [M]// Gautier. Morality and Rational Self-Interest. Englewood Cliffs, NJ: Prentice-Hall, 1970:64 - 87.

Kant I. Doctrine of Virtue[M]// Kant. The Metaphysics of Morals. Mary J. Gregor,Trans. 2nd rev. ed. New York:Cambridge University Press, 1996.

Kant I. Groundwork to the Metaphysics of Morals[M]. 1785.

Kaplan D. Opacity[M]//Hahn L,Schilpp P, eds. The Philosophy of W. V. Quine. Chicago: Open Court Press, 1986:229 - 289.

Katz L D. Evolutionary Origins of Morality: Cross-Disciplinary Perspectives[M]. Bowling Green, OH: Imprint Academic, 2000.

Kekes J. Shame and Moral Progress[M]//French,et al. [S. 1.]:Ethical Theory: 282 - 296.

Kelly J D,Kaplan M. History, Structure, and Ritual[J]. Annual Review of Anthropology 1990 (19): 119 - 150.

King M L. Letter from Birmingham City Jail[M]// King. A Testament of Hope: The Essential Writings and Speeches of Martin Luther King, Jr. Edited by James Melvin Washington. New York: Harper-Collins, 1991:289 - 302.

Kirk G S, Raven J E, Schofield M. The Presocratic Philosophers[M]. 2nd ed. New York: Cambridge University Press, 1983.

Kline TC,Ivanhoe P J. Virtue, Nature and Agency in the Xunzi[M]. Indianapolis: Hackett Publishing, 2000.

Knoblock J. Xunzi: A Translation and Study of the Complete Works [M]. 3 vols. Stanford University Press, 1988 - 1994.

Knoblock J,Riegel J. The Annals of Lu Buwei: A Complete Translation and Study[M]. Stanford: Stanford University Press, 2000.

Korsgaard C. From Duty and for the Sake of the Noble: Kant and Aristotle on Morally Good Action[M]// S. Engstrom,J. Whiting, eds. Aristotle, Kant, and the Stoics: Rethinking Happiness and Duty. New York: Cambridge University Press, 1998:203 - 236.

Kripke S. Naming and Necessity[M]. Reprint. Cambridge: Harvard University Press, 2005.

Kuhn T S. The Structure of Scientific Revolutions[M]. 3rd ed. Chicago: University of Chicago Press, 1996.

Kupperman J J. Learning from Asian Philosophy[M]. New York: Oxford University Press, 1999.

Kupperman J J. Naturalness Revisited: Why Western Philosophers Should Study Confucius[M]//Van Norden, Confucius and the Analects. New York: Oxford University Press,2002:39 – 52.

Kurtines W M, Jacob L. Gewirtz. Moral Development: An Introduction [M]. Needham Heights, MA: Allyn & Bacon, 1995.

Lai W. The Public Good that Does the Public Good: A New Reading of Mohism[J]. Asian Philosophy,1993,3 (2): 125 – 141.

Lakoff G, Johnson M. Philosophy in the Flesh[M]. New York: Basic Books, 1999.

Lau D C. Confucius: The Analects[M]. New York: Penguin Books, 1979.

Lee P C. Li Zhi and John Stuart Mill: A Confucian Feminist Critique of Liberal Feminism[M]// Li. The Sage and the Second Sex: Confucianism, Ethics, and Gender. Chicago: Open Court Press, 2000:113 – 132.

Legge J. The Chinese Classics[M]. Reprint. Taipei: SMC Publishing, 1991.

Legge J. Confucian Analects, Great Learning, and Doctrine of the Mean [M]Reprint. New York: Dover Books, 1971.

Legge J. The Works of Mencius[M]. Reprint. New York: Dover Books, 1970.

Lewis M E. Sanctioned Violence in Early China[M]. Albany: State University of New York Press, 1990.

Li Chenyang. Jen and the Feminist Ethics of Care[M]//Li. The Sage and the Second Sex: Confucianism, Ethics, and Gender. Chicago: Open Court Press, 2000:23 - 42.

Li Chenyang. The Sage and the Second Sex: Confucianism, Ethics, and Gender[M]. Chicago: Open Court Press, 2000.

Liu JeeLoo. An Introduction to Chinese Philosophy: From Ancient Philosophy to Chinese Buddhism[M]. New York: Blackwell Publishing, 2006.

Liu Shu-hsien. Understanding Confucian Philosophy[M]. Westport, CT: Praeger, 1998.

Liu Xiusheng, Philip J. Ivanhoe. Essays on the Moral Philosophy of Mengzi[M]. Indianapolis: Hackett Publishing, 2002.

Liu Yuli. The Unity of Rule and Virtue[M]. New York: Eastern University Press, 2004.

Loewe M, Shaughnessy E. The Cambridge History of Ancient China: From the Origins of Civilization to 221 B. C. [M]. New York: Cambridge University Press, 1999.

Louden R B. Kant's Virtue Ethics[M]//Statman D, ed. Virtue Ethics: A Critical Reader. Washington: Georgetown University Press, 1997:286 - 299.

Louden R B. "What Does Heaven Say?" Christian Wolff and Western Interpretations of Confucian Ethics[M]//Van Norden, Confucius and the Analects. New York: Oxford University Press,2002:73 - 93.

Lowe S. Mo Tzu's Religious Blueprint for a Chinese Utopia[M]. Lewiston, NY: Edwin Mellen Press, 1992.

Loy H C. On Correcting Names: Language and Politics in the Analects [D]. National University of Singapore, 1999.

Lykken D T. The Antisocial Personalities [M]. Hillsdale, NJ: Lawrence Erlbaum Associates, 1995.

Lyotard J F. The Postmodern Condition: A Report on Knowledge. [M]//Cahoone L, ed. From Modernism to Postmodernism: An Anthology. Bennington G, Massumi B, Trans. Cambridge, MA: Blackwell, 1996:481-513.

MacIntyre A. After Virtue[M]. 2nd ed. Notre Dame: University of Notre Dame Press, 1984.

MacIntyre A. Incommensurability, Truth, and the Conversation between Confucians and Aristotelians about the Virtues [M]//Deutsch E, ed. Culture and Modernity: East-West Philosophic Perspectives. Honolulu: University of Hawaii Press, 1991: 104-122.

MacIntyre A. Once More on Confucian and Aristotelian Conceptions of the Virtues: A Response to Professor Wan. [M]//Wang. Chinese Philosophy in an Era of Globalization. Albany: State University of New York Press, 2004: 151-162.

MacIntyre A. Whose Justice? Which Rationality? [M]. Notre Dame: University of Notre Dame Press, 1988.

Mackie J L. Hume's Moral Theory[M]. Reprint, New York: Routledge, 1993.

Major J. Heaven and Earth in Early Han Thought: Chapters Three, Four and Five of theHuainanzi[M]. Albany: State University of New York Press, 1993.

Makeham J. The Formation of Lunyu as a Book [J]. Monumenta Serica, 1996,44 (1): 1-24.

Makeham J. Name and Actuality in Early Chinese Thought[M]. Albany: State University of New York Press, 1994.

Makeham J. New Confucianism: A Critical Examination [M]. New York: Palgrave Macmillan, 2003.

Malinowski B. Magic, Science and Religion and Other Essays [M].

Long Grove: Waveland Press, 1992.

Malotki E. Hopi Time[M]. Berlin: Mouton, 1983.

Martin L. "Eskimo Words for Snow": A Case Study in the Genesis and Decay of an Anthropological Example [J]. American Anthropologist ,1986, 88 (2): 418 –423.

McCarthy M H. The Crisis of Philosophy[M]. Albany: State University of New York Press, 1990.

McNaughton D. Moral Vision: An Introduction to Ethics [M]. New York: Blackwell, 1989.

Mead M. Coming of Age in Samoa[M]. New York: Morrow, 1928.

Medlin B. Ultimate Principles and Ethical Egoism [M]// Steven M. Cahn, Joram Haber. Twentieth Century Ethical Theory. New York: Pearson, 1995:316 –321.

Mei Yi-pao. The Ethical and Political Works ofMotse [M]. Reprint. Westport, CT: Hyper-ion Press, 1973.

Metzger T. Escape from Predicament: Neo-Confucianism and China's Evolving Political Culture[M]. New York: Columbia University Press, 1977.

Midgley M. Heart and Mind: The Varieties of Moral Experience[M]. New York: St. Martin's Press, 1981.

Miller M. "First of All": On the Semantics and Ethics of Hesiod's Cosmogony [J]. Ancient Philosophy,2001, 21 (2): 251 –276.

Miller M. The Implicit Logic of Hesiod's Cosmogony: An Examination of Theogony, 116 – 133 [J]. Independent Journal of Philosophy, 1983 (4): 131 –142.

Mitford J. The American Way of Death Revisited[M]. New York: Alfred A. Knopf, 1998.

Molière J B. The Hypochondriac[M]//Waller A R, Trans. The Plays of Molière, vol. 8. Edinburgh: John Grant, 1907.

Moore G E. PrincipiaEthica [M]. New York: Cambridge University Press, 1980.

Morick H. Challenges to Empiricism [M]. Indianapolis: Hackett Publishing, 1980.

Morris D. Catwatching [M]. New York: Crown Publishers, 1986.

Mou Bo. A Reexamination of the Structure and Content of Confucius' Version of the Golden Rule [J]. Philosophy East and West, 2004, 54(2): 218 - 248.

Munro D. The Concept of Man in Early China [M]. Stanford: Stanford University Press, 1969.

Munro D. The Origin of the Concept of Te [M]// Appendix. Munro, The Concept of Man in Early China. Stanford, CA: Stanford University Press, 1969.

Munro D. A Villain in theXunzi [M]// Ivanhoe. Chinese Language, Thought and Culture. Chicago : Open Court Publishing Company, 1996: 193 - 201.

Murdoch I. The Sovereignty of Good over Other Concepts [M]//Murdoch. The Sovereignty of Good. London: Routledge and Kegan Paul, 1970: 77 - 104.

Mythbusters [Z]. Episode 39: Chinese Invasion Alarm. The Learning Channel, 2005 - 10 - 9.

Nagel T. Aristotle on Eudaimonia [M]//Rorty. Essays on Aristotle's Ethics. Berkeley: University of California Press, 1980: 7 - 14.

Nagel T. The View from Nowhere [M]. New York: Oxford University Press, 1986.

Narayan U. Essence of Culture and a Sense of History: A Feminist Critique of CulturalEssentialism[M]//Naryan U, Harding S, eds. Decentering the Center. Indiana: Indiana University Press, 2000: 80 – 100.

Needham J. Science andCivilisation in China[M]//Vol. 3. Mathematics and the Sciences of the Heavens and the Earth. New York: Cambridge University Press, 1959.

Neville R. Boston Confucianism: Portable Tradition in the Late-Modern World[M]. Albany: State University of New York Press, 2000.

Nhat Hanh T. The Heart of Understanding: Commentaries on the Prajnaparamita Heart Sutra[M]. Berkeley: Parallax Press, 2005.

Nivison D S. The Ways of Confucianism[M]. Bryan W. Van Norden, Edited. Chicago: Open Court Press, 1996.

Nussbaum M. The Discernment of Perception: An Aristotelian Conception of Private and PublicRationality[M]//Nussbaum, Love's Knowl-edge: Essays on Philosophy and Literature. New York: Oxford University Press, 1990:54 – 105.

Nussbaum M. Non-Relative Virtues: An Aristotelian Approach[M]// French, et al. [S. l.]: Ethical Theory: 32 – 53.

Nussbaum M. Shame, Separateness, and Political Unity: Aristotle's Criticism of Plato [M]// Rorty. Essays on Aristotle's Ethics. Berkeley: University of California Press, 1980:395 –435.

O'Neill O. KantConstructions of Reason[M]. New York: Cambridge University Press, 1989: 145 – 162.

Oltmanns T F, Neale J M, Davison G C. Case Studies in Abnormal Psychology[M]. 5th ed. New York: John Wiley and Sons, 1999.

Parfit D. Reasons and Persons[M]. New York: Oxford University Press, 1984.

Peirce C S. Fallibilism, Continuity, and Evolution[M]//Hartshorne C,

Weiss P, eds. The Collected Papers of Charles Sanders Peirce, vol. 5. Cambridge: Harvard University Press, 1934: 388 -410.

Peirce C S. "How to Make Our Ideas Clear[M]// Hartshorne C, Weiss P, eds. The Collected Papers of Charles Sanders Peirce, vol. 1. Cambridge: Harvard University Press, 1933: 141 -175.

Pelikan J. The Vindication of Tradition[M]. New Haven: Yale University Press, 1984.

Pickering A. Constructing Quarks: A Sociological History of Particle Physics[M]. Reprint. Chicago: University of Chicago Press, 1999.

Pines Y. Foundations of Confucian Thought: Intellectual Life in the Chunqiu Period, 722 - 453 B. C. E [M]. Honolulu: University of Hawaii Press, 2002.

Plaks A. Archetype and Allegory in "Dream of the Red Chamber[M]. Princeton: Princeton University Press, 1976.

Plato. Five Dialogues [M]. G. M. A. Grube, Trans. Indianapolis: Hackett Publishing, 1981: 57 -88.

Porter J. The Recovery of Virtue: The Relevance of Aquinas for Christian Ethics[M]. Louisville: Westminster/John Knox Press, 1990.

Prichard H. A. Does Moral Philosophy Rest on a Mistake? [M]//Steven M. Cahn, Joram Haber. Twentieth Century Ethical Theory. New York: Pearson,1995:37 -47.

Pulleyblank E G. Outline of Classical Chinese Grammar[M]. Vancouver: UBC Press, 1995.

Putnam H. Reason, Truth and History[M]. New York: Cambridge University Press, 1981.

Quine W. Ontological Relativity and Other Essays[M]. New York: Columbia University Press, 1969;69 -90.

QuineW. From a Logical Point of View[M]. Second ed., rev. Cambridge: Harvard University Press, 1980:20 -46.

QuineW. Word & Object[M]. Cambridge: M. I. T. Press, 1960.

Quinn P. Divine Command Theory[M]//LaFollette H, ed. Guide to Ethical Theory. New York: Blackwell Publishing, 1999:53 -73.

Rachels J. The Elements of Moral Philosophy[M]. New York: Random House, 1986.

Radcliffe-Brown, A. R. Structure and Function in Primitive Society: Essays and Addresses [M]. New York: The Free Press of Glencoe, 1952: 153 -177.

Raphals L. Sharing the Light: Representations of Women and Virtue in Early China[M]. Albany: State University of New York Press, 1998.

Raphals L. A Woman Who Understood the Rites [M]//Van Norden. Confucius and the Analects. New York: Oxford University Press,2002:275 - 302.

Rawls J. A Theory of Justice[M]. Rev. ed. Cambridge: Belknap Press, 1999.

Rawls J. Outline of a Decision Procedure for Ethics[M]//Joram Haber. Twentieth Century Ethical Theory. New York: Pearson,1995:212 -224.

Rickett W A. Guanzi: Political, Economic, and Philosophical Essays from Early China[M]. Vol. 1. Princeton: Princeton University Press, 1985.

Ricouer P. Freud and Philosophy: An Essay on Interpretation[M]. New Haven: Yale University Press, 1977.

Ridley M. The Origins of Virtue: Human Instincts and the Evolution of Cooperation[M]. New York: Penguin Books, 1996.

Roetz H. Confucian Ethics of the Axial Age: A Reconstruction under the Aspect of the Breakthrough toward Postconventional Thinking[M]. Albany:

State University of New York Press, 1993.

Rorty A O. Essays on Aristotle's Ethics [M]. Berkeley: University of California Press, 1980.

Rosemont H. Against Relativism [M]//Gerald James L, Deutsch E. Interpreting Across Boundaries. Princeton: Princeton University Press, 1988: 36 – 70.

Rosemont, H. A Chinese Mirror: Moral Reflections on Political Economy and Society [M]. Chicago: Open Court Press, 1991.

Ross W. D. The Right and the Good [M]. Indianapolis: Hackett Publishing, 1988.

Roth Harold. Original Tao: Inward Training and the Foundations of Taoist Mysticism [M]. New York: Columbia University Press, 1999.

RothH. Some Methodological Issues in the Study of the Guodian Laozi Parallels [M]//Allan S, Williams C, eds. The Guodian Laozi: Proceedings of the International Conference, Dartmouth College, May 1998. Berkeley: Society for the Study of Early China, 2000: 71 – 88.

RussellB. The Problems of Philosophy [M]. Reprint, Amherst, NY: Prometheus Books, 1988.

Ryle G. Collected Papers [M]. Vol. 2. London: Hutchinson and Company, 1971.

Ryle G. The Concept of Mind [M]. New York: University of Chicago Press, 2000.

Sartre J P. Essays in Existentialism [M]. Baskin W. New York: Citadel Press, 1993.

Saussure F. Course in General Linguistics [M]. Translated by Roy Harris. Chicago: Open Court Press, 1986.

Saussy H. The Problem of a Chinese Aesthetic [M]. Stanford: Stanford

University Press, 1993.

Schaberg D. A Patterned Past: Form and Thought in Early Chinese Historiography[M]. Cambridge: Harvard East Asian Monographs, 2001.

Schwartz B. The World of Thought in Ancient China[M]. Cambridge: Harvard University Press, 1985.

Schofer J W. Virtues in Xunzi's Thought [M]// Philip J. Ivanhoe. Virtue, Nature and Agency in the Xunzi. Indianapolis: Hackett Publishing, 2000:69 -88.

Schwitzgebel E. Human Nature and Moral Development in Mencius, Xunzi, Hobbes, and Rousseau[M]//History of Philosophy Quarterly, Forthcoming.

Searle J. How to Derive"Ought" from "Is"[M]// Steven M. Cahn, Joram Haber. Twentieth Century Ethical Theory. New York: Pearson, 1995: 408 -417.

Sellars W. Empiricism and the Philosophy of Mind[M]//Willem A deVries, Timm Triplett. Knowledge, Mind, and the Given. Indianapolis: Hackett Publishing, 2000:205 -276.

Shakespeare W. Hamlet[M]. Riverside edition. G. Blakemore Evans, Edited. Boston: Houghton Mifflin, 1974.

ShunKwong-loi. Mencius and Early Chinese Thought [M]. Stanford: Stanford University Press, 1997.

ShunKwong-loi. Moral Reasons in Confucian Ethics[J]. Journal of Chinese Philosophy,1989, 16(3 -4): 317 -343.

ShunKwong-loi. Ren and Li in the Analects[M]// Van Norden. Confucius and the Analects. New York: Oxford University Press,2002:53 -72.

ShunKwong-loi. Review of The Confucian Creation of Heaven[J]. Harvard Journal of Asiatic Studies,1992,52 (2): 739 -756.

ShunKwong-loi. Virtue, Mind and Morality: A Study in Mencian Ethics [D]. Stanford University, 1986.

Sidgwick H. The Methods of Ethics[M]. 1907. 7th ed. Reprint, Indianapolis: Hackett Publishing, 1981.

Slingerland E. Confucius: Analects: With Selections from Traditional Commentaries[M]. Indianapolis: Hackett Publishing, 2003.

Slingerland E. Effortless Action: Wu-wei as Conceptual Metaphor and Spiritual Ideal in Early China[M]. New York: Oxford University Press, 2003.

Slingerland E. Why Philosophy Is Not"Extra" in Understanding the Analects[J]. Philosophy East and West, 2000, 50 (1): 137 – 141, 146 – 147.

Slote M. Morals from Motives[M]. New York: Oxford University Press, 2001.

Smart J J C, Williams B. Utilitarianism: For and Against[M]. New York: Cambridge University Press, 1973.

Smith K Jr, Peter KBol, Joseph A. Adler, Don J. Wyatt. Sung Dynasty Uses of the I Ching[M]. Princeton: Princeton University Press, 1990.

Smith W R. Lectures on the Religion of the Semites: The Fundamental Problems[M]. 3rd ed. New York: Macmillan, 1927.

Sober E, David Sloan Wilson. Unto Others: The Evolution and Psychology of Unselfish Behavior[M]. Cambridge: Harvard University Press, 1998.

Sokal A, Bricmont J. Fashionable Nonsense: Postmodern Intellectuals' Abuse of Science[M]. New York: Picador, 1999.

Soles D E. Mo Tzu and the Foundations of Morality[J]. Journal of Chinese Philosophy, 1999, 26(1): 37 – 48.

Solomon R C. The Passions: Emotions and the Meaning of Life[M]. Indianapolis: Hackett Publishing, 1993. (Revised edition of The Passions:

The Myth and Nature of Human Emotions [1976].)

Solomon R C. "What IsPhilosophy?"The Status of World Philosophy in the Profession[J]. Philosophy East and West,2001,51(1): 100 – 104.

Spiro M. Oedipus in the Trobriands[M]. Chicago: University of Chicago Press,1982.

Stalnaker A. Overcoming Our Evil: Human Nature and Spiritual Exercises in Xunzi and Augustine [M]. Washington: Georgetown University Press, 2006.

Staub E. The Roots of Prosocial and Antisocial Behavior in Persons and Groups: Environmental Influence, Personality, Culture, and Socialization [M]//Kurtines W M,Jacob L. Gewirtz. Moral Development: An Introduction[M]. Needham Heights, MA: Allyn & Bacon, 1995:431 – 453.

Stewart Rod. Young Turks [Z]//Tonight I'm Yours. Warner Brothers. 1981.

Stocker M. The Schizophrenia of Modern Ethical Theories [M]// Steven M. Cahn, Joram Haber. Twentieth Century Ethical Theory. New York: Pearson,1995:531 – 540.

Tambiah S J. A Performative Approach to Ritual [M]//Tambiah. Culture, Thought, and Social Action: An Anthropological Perspective. Cambridge: Harvard University Press, 1985:123 – 166.

Taylor C. Sources of the Self: The Making of the Modern Identity[M]. Cambridge: Harvard University Press, 1989.

Taylor C. What Is Human Agency? [M]//Taylor. Human Agency and Language. Vol. 1 of Philosophical Papers. New York: Cambridge University Press, 1985:15 – 44.

Taylor R L. Religion and Utilitarianism: Mo Tzu on Spirits and Funerals [J]. Philosophy East and West,1979,29 (3): 337 – 346.

Thakeray W M. The Book of Snobs[M]. Edited by John Sutherland. New York: St. Martin's Press, 1978.

The Sixty-first Performance of theShikinen Senguu in Ise[MT]. Jinguu Shichoo (the Administration of Ise Jinguu). 58 min. TVC Yamamoto, 1995.

Thomas E M. The Tribe of Tiger [M]. New York: Simon & Schuster, 1994.

Trivers R L. The Evolution of Reciprocal Altruism[J]. Quaterly Review of Biology, 1971, 46 (1): 35 - 57.

Troyer J. The Classic Utilitarians: Bentham and Mill[M]. Indianapolis: Hackett Publishing, 2003.

Tu Wei-ming. Centrality and Commonality: An Essay on Confucian Religiousness[M]. Albany: State University of New York Press, 1989.

Turnbull C. The Mountain People[M]. New York: Simon & Schuster, 1973.

Van Norden B W. America's Encounter with Confucian Thought: Three Trends[Z]. Unpublished manuscript.

Van Norden B W. Confucius and the Analects: New Essays[M]. New York: Oxford University Press, 2001.

Van Norden BW. Kwong-loi Shun on Moral Reasons in Mencius[J]. Journal of Chinese Philosophy, 1991, 18 (4): 353 - 370.

Van Norden B W. Mencius on Courage [M]//Peter A. French, Theodore E. Uehling, Howard K. Wettstein, eds. The Philosophy of Religion. Vol. 21 of Midwest Studies in Philosophy. Notre Dame: University of Notre Dame Press, 1997:237 - 256.

Van Norden B W. Mencius and Augustine on Evil: A Test Case for Comparative Philosophy [M]//Bo Mou, ed. Two Roads to Wisdom? Chinese and Analytic Philosophies. Chicago: Open Court Press, 2001:313 - 336.

Van Norden B W. Mengzi and Xunzi: Two Views of Human Agency [M]// Philip J. Ivanhoe. Virtue, Nature and Agency in the Xunzi. Indianapolis: Hackett Publishing, 2000:103 -134.

Van Norden B W. "Method in the Madness of the Laozi." [M]// Csikszentmihalyi M, P. J. Ivanhoe. Essays on Religious and Philosophical Aspects of the Laozi. Albany: State University of New York Press, 1999:187 - 210.

Van Norden B W. Review of Boston Confucianism[J]. Philosophy East and West ,2003,53(3): 413 -417.

Van Norden B W. Thinking From The Han: Self, Truth and Transcendence in Chinese and Western Culture [J]. Pacific Affairs,2000, 73 (2): 288 - 289.

Van Norden B W. Understanding ConfucianPhilosophy : Classical and Sung-Ming[J]. Journal of Asian Studies,1999, 58(4): 114 - 115.

Van Norden B W. Unweavingthe"One Thread"of Analects 4:15 [M]// Confucius and the Analects. New York: Oxford University Press,2002:216 - 236.

Van Norden B W. What Is Living and What Is Dead in the Philosophy of ZhuXi? [M]// Wang R, ed. Chinese Ethics in an Era of Globalization. NewYork:SUNY Press, 2004:99 - 120.

Van Norden B W. What Should Western Philosophy Learn from ChinesePhilosophy? [M]// Ivanhoe. Chinese Language, Thought and Culture. Chicago :Open Court Publishing Company,1996:224 -249.

Van Norden B W. Yearley on Mencius[J]. Journal of Religious Ethics, 1993, 21(2): 369 -376.

VanZoeren S. Poetry and Personality[M]. Stanford: Stanford University Press, 1991.

Vlastos G. Socrates: Ironist and Moral Philosopher[M]. Ithaca: Cornell University Press, 1991.

Vorenkamp D. Another Look at Utilitarianism in Mo-tzu's Thought[J]. Journal of Chinese Philosophy,1992, 19 (4): 423 -443.

Waley A. The Analects of Confucius[M]. New York: Vintage Books, 1938.

Waley A . Three Ways of Thought in Ancient China[M]. London: Allen & Unwin, 1939.

Walker Ralph C S. Theories of Truth[M]//Hale B, Wright C, eds. A Companion to the Philosophy of Language. New York: Blackwell Publishers, 1999: 309 -330.

Wallace J D. Virtues & Vices[M]. Ithaca, NY: Cornell University Press, 1978.

Waller J. Einstein's Luck: The Truth behind Some of the Greatest Scientific Discoveries[M]. New York: Oxford University Press, 2002.

Wan J. Contrasting Confucian Virtue Ethics and MacIntyre's Aristotelian Virtue Theory [M]//Wang. Chinese Philosophy in an Era of Globalization. Albany: State University of New York Press, 2004: 123 -149.

Wang R R. Chinese Philosophy in an Era of Globalization[M]. Albany: State University of New York Press, 2004.

Wang R R. Images of Women in Chinese Thought and Culture: Writings from the Pre- Qin Period through the Song Dynasty[M]. Indianapolis: Hackett Publishing, 2003.

Wang Yangming. Instructions for Practical Living and Other Neo-Confucian Writings by Wang Yang-ming[M]. Reprint. Wing-tsit Chan,trans. New York: Columbia University Press, 1985.

Ware J R. The Sayings of Mencius[M]. New York: Mentor Books,

1960.

Watson B. Hsun Tzu: Basic Writings[M]. New York: Columbia University Press, 1963.

Ware J R. Mo Tzu: Basic Writings[M]. New York: Columbia University Press, 1963.

Wei Cheng-t'ung. Chu Hsi on the Standard and the Expedient [M]// Wing-tsit Chan, ed. Chu Hsi and Neo-Confucianism. Honolulu: University of Hawaii Press, 1986: 255 - 272.

Wenzel C H. An Introduction to Kant's Aesthetics: Core Concepts and Problems[M]. New York: Blackwell Publishing, 2005.

Wenzel C H. Kant and Confucius on Beauty: A First Step[M]. Unpublished manuscript, 2005.

Westbrook R B. John Dewey and American Democracy[M]. Ithaca: Cornell University Press, 1991.

Wiggins D. Deliberation and Practical Reason[M]// Rorty. Essays on Aristotle's Ethics. Berkeley: University of California Press,1980:221 - 240.

Wiggins D. Truth, Invention, and the Meaning of Life[M]// Steven M. Cahn, Joram Haber. Twentieth Century Ethical Theory. New York: Pearson,1995:541 - 572.

Wilde O. The Picture of Dorian Gray[M]. New York: Penguin Books, 1994.

Wilkes K V. The Good Man and the Good for Man in Aristotle's Ethics [M]// Rorty. Essays on Aristotle's Ethics. Berkeley: University of California Press,1980:341 - 357.

Williams B. Ethics and the Limits of Philosophy[M]. Cambridge: Harvard University Press, 1985.

Williams B. Morality: An Introduction to Ethics[M]. Reprint. New

York: Cambridge University Press, 1993.

Williams B. Shame and Necessity[M]. Berkeley: University of California Press, 1993.

Wilson B R. Rationality[M]. Basil Blackwell, 1970.

Wilson S. Conformity, Individuality and the Nature of Virtue: A Classical Confucian Contribution to Contemporary Ethical Reflection [M]// Van Norden. Confucius and the Analects. New York: Oxford University Press, 2002:94 - 115.

Wong B, Hui-Chieh Loy. War and Ghosts in Mozi's Political Philosophy [J]. Philosophy East and West,2004,54 (3): 343 - 363.

Wong D. Universalism versus Love with Distinctions: An Ancient Debate Revived [J]. Journal of Chinese Philosophy, 1989, 16 (3/4): 251 - 272.

Wong D. Reasons and Analogical Reasoning in Mengzi[M]//Liu, Ivanhoe. Essays on the Moral Philosophy of Mengzi. Indianapolis: Hackett Publishing, 2002:187 - 220.

Wu Ching-tzu. The Scholars[M]. Yang Hsien-yi , Yang G, Trans. New York: Columbia University Press, 1972.

Xing Wen. The X Gong Xu: A Report and Papers from the Dartmouth Workshop [J]. International Research on Bamboo and Silk Documents: Newsletter ,2003,3: (2 - 6).

Yates R D S. Early Poliorcetics: The Mohists to the Sung [M]//Needham J, Robin D. S. Yates, eds. Science and Civilisation in China. vol. 5, part 6. New York: Cambridge University Press, 1994:241 - 485.

Yates R D S. The Mohists on Warfare: Technology, Technique, and Justification[J]. Journal of the American Academy of Religion Thematic Issue S,1980: 549 - 603.

Yates R D S. Towards a Reconstruction of the Tactical Chapters of Motzu [D]. University of California. 1975.

Yearley L H. Confucianism and Genre: Presentation and Persuasion in Early Confucian Thought. [J]. Journal of Ecumenical Studies,2003,40:(1 - 2): 137 -152.

Yearley L H. Mencius and Aquinas: Theories of Virtue and Conceptions of Courage[M]. Albany: State University of New York Press, 1990.

Zong Desheng. Studies of Intensional Contexts in Mohist Writings [J]. Philosophy East and West,2000,50(2): 208 -228.

Zufferey N. To the Origins of Confucianism: The Ru in Pre-Qin Times and during the Early Han Dynasty[M]. Bern: Peter Lang, 2003.

人名和关键词索引[①]

a

Afterlife 鬼神 See ghosts and spirits

agapê 爱 40n, 250

agent-neutrality 行动者无涉 31, 33, 179, 237, 247, 319, 320

agent-relativity 行动者相涉 28n, 33, 115, 118, 125—126, 179, 190—191, 247, 249, 258, 308, 313, 317, 320, 322, 341, 353; categories of 范畴 31-33; distinguished from ethical relativity 道德相对主义 31n

aglet 绳花 23

Ahern, Dennis 丹尼斯·埃亨 146

Allan, Sarah 艾兰 217

Allegory 寓言 20n

Ames, Roger T., 安乐哲 220n, 347, 347n; See also Hall, David and Roger Ames 郝大维和安乐哲; Analects《论语》; textual issues of 文本问题 70, 72, 72n, 75—76, 89, 96, 97n, 98, 116, 117n, 123, 130n, 313; See also the Index Locorum analytic philosophy 地名索引的哲学分析 2—6, 91—93, 95, 306, 315, 339

[①] 页码为原书页码,即本书页边码。对脚注的引用,后面会标上字母"n"。

Anaxagoras 阿那克萨戈拉 17

Anaximander 阿那克西曼德 22

Anaximenes 阿那克西美尼 22

Anger 怒 234, 243, 249, 259, 268, 349

Angle, Stephen C. 安靖如 68n, 367n

Anscombe, G. E. M. 安斯康姆 34

Anthropology 人类学 348—349, 371n

antisocial personality disorder 反社会人格障碍 219—220, 220n

Aquinas, Thomas 托马斯·阿奎那 29—30, 31n, 34—35, 153; on flourishing 论幸福 37, 38n, 100—101, 122, 356; on love 论爱 8, 251, 251n, 252n, 254—257; on virtue 论美德 40, 40n, 350; passing reference 稍微涉及 21, 135, 137

aretê 卓越 21

argumentation 论辩 61n, 69, 134n, 136n, 339n; defined 定义 59—61; dialogical 对话式的 325n, 334—335, 339—341; in China and the West, compared 中国和西方的 10—15, 178—179

Aristotle 亚里士多德 11, 11n, 15, 16, 16n, 18n, 51—52, 251n, 252n, 259n, 266, 292n, 323, 366; model of cultivation 自我修养的模式 50—51, 52n, 229, 338; on flourishing 论幸福 37, 38, 38n, 100, 107, 122, 151, 355—356, 357, 358, 366; on love and friendship 论友爱 252; on virtue 论美德 19, 22, 123, 125, 268n, 269—270, 334, 350, 354; passing reference 稍微涉及 21, 47, 96, 314

Armstrong, Lance 兰斯·阿姆斯特朗 341

Asbestos 石棉 Chinese and Western accounts of 中国和西方的定义 18

Augustine 奥古斯丁 53n, 111, 153, 154n, 226, 251n, 333n; model of cultivation 自我修养的模式 52—53; on love 论爱 252—253; passing reference 稍微涉及 21, 135

Austin, J. L. 奥斯丁 110, 368n

Authenticity 自治; See autonomy

authority, appeal to 权威 154—157

autonomy 自治 346, 347n, 347n, 348

b

Bacon, Francis 弗朗西斯·培根 333

Baier, Kurt 拜尔 34n

Bamboo Annals 竹简 156

Beattie, John H. M. 贝帝 105, 107n, 109

"Beevis", 37—38

Behaviorism 行为主义 111, 195n, 365

Bell, Catherine 贝尔 101n, 106n

Benedict, Ruth 本尼迪克特 348

Benevolence 仁爱 21, 39, 40, 43, 44—45, 49, 83, 113, 117, 117n, 118—146, 206—207, 216—218, 219—225, 231, 232—233, 235—236, 247—257, 268, 271, 276—277, 287—296, 303, 352—353

Bentham, Jeremy 杰里米·边沁 30n, 145

Berlin, Isaiah 以赛亚·伯林 326n

Bernstein, Richard 伯恩斯坦 8n

Bloch, Maurice 布洛克 101n, 103, 105, 105n

Bonhoeffer, Dietrich 潘霍华 104, 333

Brandt, Richard 布兰特 33n

Bresciani, Umberto 白安理 26n

Brooks, Bruce and Taeko Brooks 白牧之和白妙子 72n, 97n, 111n, 265

Brown, Donald E. 布朗 348—349

Buddhism 佛教 27n, 28, 45, 45n, 46—47, 58, 120, 218n, 233, 255, 256, 324, 357, 379

burial practices 殡葬习俗 161—162, 170—171, 196, 305—306, 307, 310, 311n, 312

Butler, Joseph 约瑟夫·巴特勒 207n

C

Campany, Robert F. 坎帕尼 101n

Cartesianism 笛卡尔主义 3, 25n, 111, 129, 161n, 178, 217, 266, 266n, 324, 325n, 333 passing reference 稍微涉及 312

cat-o-nine-tails 九尾鞭 203

cats 家猫 203, 342, 342n

chain argument 链式论证 86, 86n

Chan, Sin Yee 陈馨叶 74n

Chan, Wing-tsit 陈荣捷 25n

Changes《易经》 The. See *Yijing*

Charity 仁慈

principle of 原则 6—7, 8—9, 78—79, 94, 161, 184

Cheng Hao and Cheng Yi 程颢和程颐 23, 24n, 65, 94, 121, 122, 133, 256, 303

cheng 诚, 22n, 213, 265

Cheng-Zhu School 程朱学派 23, 25, 25n, 29, 46, 127, 130

defined 定义 24n

cherry picking 择优选取 80—81, 98, 317

children 孺子 ethical development of 47, 50, 229, 229n, 230

Chong Kim-Chong 庄锦章 288n

Chunqiu《春秋》; *See* Spring and Autumn Annals

Church, Jennifer 丘奇 129n

Chûshingura 忠臣藏 103

Cicero, Marcus Tullius 西塞罗 38n

Coffin, William Sloan 威廉·斯隆·科芬 103

concentration (*si*) 思 129, 231—233, 242, 243, 244, 305, 321

connoisseurs, ethical 道德鉴赏家 132, 139, 143—144, 274n, 316, 319; defined 定义 55—58

consequentialism 后果主义 29, 33; criticisms of 批评 150—151, 198, 301—312, 320; defined 定义 30; indirect 间接的 305, 307; of Mohists 墨家 150—151; rule and act 原则与行动 33, 149—150, 176

correcting names 正名 82—96, 82n, 84n, 87n, 287n, 312; *See also* Index Locorum on *Analects*《论语》中的地名 13.3; meaning of 含义 82—85

courage 勇 40, 41, 43, 98, 118, 122—123, 265, 334, 350

Creel, Herrlee G. 顾立雅 12n

Csikszentmihalyi, Mark 齐思敏 97n

Cui Shu 崔述 72, 87, 109, 265

d

Dai Zhen 戴震 27, 27n, 224n, 315; model of cultivation 修身工夫的模式 49n

Dancy, Jonathan 丹西 35n

dao 道; *See* Way *Daodejing*《道德经》68—69, 87, 233, 370—371

Daoism 道家 68, 68n, 70, 356

Daoxue 道学; *See* School of the Way

Darwin, Charles 达尔文 345n, 346

Davidson, Donald 戴维森 7, 8n, 172n

Daxue《大学》; See Greater Learning, The de Sousa, Ronald, 246n

de 德; See Virtue

Deigh, John 约翰·戴 259n

Deontology 义务论 31n; defined 定义 30; rule-规则 15n, 29, 33

Derrida, Jacques 德里达 3n

Descartes, Rene 笛卡尔 See Cartesianism Desjardins, Paul 保罗·德斯贾汀 112n

development model of cultivation 自我修养的发展模式 defined 定义 43—45

devotion. See *Zhong* 忠 (loyalty, dutifulness, devotion)

Dewey, John 约翰·杜威 92, 335

dilemmas, ethical 道德困境 113, 190—191

direct reference theories of meaning 直接指称理论 17n

discovery model of cultivation 自我修养的发现模式 defined, 43—45

Divine Command Theory 神命论 145—149, 145n, 149n; defined 定义 145—146

Dobson, W. A. C. H. 多布森 247, 258

Doctrine of the Mean《中庸》See Mean, The Documents, 12, 67, 305, 308, 313

Donnellan, Keith 唐奈兰 95

Doyle, Sir Arthur Conan 以亚瑟·柯南道尔 6n

Dream of the Red Chamber《红楼梦》357

dualism, metaphysical 形而上学的二元论 20n, 25n, 324

duan 端; See sprouts

Duda, Kristopher 克里斯托弗·杜达 146, 147

Duhem, Pierre 杜赫 8n

Dumoulin, Heinrich 杜默林 45n

Durkheim, Emile 涂尔干 101n, 102n, 106, 106n, 107n, 317

dutifulness. *See zhong* 忠 (loyalty, dutifulness, devotion)

e

eating disorders 饮食障碍 195

egoism 个人主义 186—187, 206, 207, 207n

Ekman, Paul 埃克曼 349, 349n

Emerson, John J. 约翰·爱默生 209n

Emotions 情 cognitive account of 认知模式 234—235, 241, 243, 246—247, 321—322

Enemy of the People, An《人民公敌》266

English, limitations of 英文的局限 20, 21, 24, 24n, 37, 37n, 165, 316, 352

Enlightenment (Western historical period) 启蒙运动 53—54

Eno, Robert 伊若泊 1n, 5, 5n, 10n, 65n, 68n, 200n, 272

Euclid 欧几里得 155n

Evidential Research Movement 新文化运动 4

evocative texts 唤起性文本 137—138, 317

evolutionary theory 进化论 3, 161n, 311n, 345—346

expert testimony 专家证言; *See* authority 权威 appeal to extension, 234—246, 321—322; cognitive and affective distinguished 认知能力和情感能力的区分 236—237

f

fact-value distinction 事实和价值的区分; *See* is-ought distinction

faithfulness 信 119, 120n, 122—306

fatalism 宿命论 152

Feng Youlan 冯友兰; See Fung Yu-lan

Fermat's Last Theorem 费马大定理 155

filial piety 孝 28n, 122, 186, 192—194, 248—249

Fingarette, Herbert 赫伯特·芬格莱特 65, 73, 74n, 81, 101n, 110n, 111n; on ritual 论礼 109—111; flourishing 幸福 22n; defined 定义 39; Ruist conception of 儒家概念 99—101, 125, 356—359

Foucault, Michel 福柯 4, 137

Four Weddings and a Funeral《四个婚礼和一个葬礼》352n

Frankena, William 弗兰克纳 30n, 145n, 186n

Frazer, James 弗雷泽 105, 106, 108, 174n

Freud, Sigmund 弗洛伊德 4, 5, 128

Friedländer, Paul 弗里特兰德 14n

Fukuyama, Francis 福山 323

functionalism 功能主义 106, 108, 317

Fung Yu-lan 冯友兰; on *Analects* 论《论语》4.15, 73, 74n; on correcting names 论正名 91—93, 93n, 317; on Mohism 论墨家 166n

g

Gadamer, Hans-Georg 伽达默尔 8n, 9, 93, 154, 315, 325n

Gaozi 告子 215, 225—227, 227n, 278, 280n, 296—300, 301, 322—323

Gardner, Daniel 贾德讷 24n, 48n

Geaney, Jane 吉尼 141n

Geertz, Clifford 克利福德·吉尔兹 16, 106, 107n, 112

Gellner, Ernest 盖尔纳 106n

Generalism 普遍主义 contrasted with particularism 与特殊主义相反 35—37, 325

gentleman 君子 14, 114, 247, 255

genuine qualities (*qing*) 情 108n, 207, 208, 223, 224, 224n, 225, 226

ghosts and spirits 鬼神 5—6, 6n, 100, 152—154, 157—159, 172, 174n, 178—179, 319, 367, 368n, 369—374, 375—376

Giles, Lionel 翟林奈 258

Gilligan, Carol 吉利根 358n

Goldin, Paul R. 金鹏程 47n, 74n, 76n, 111n, 131n, 203, 288, 373n

Gongsun Longzi 公孙龙子 69, 70n, 89; dating of 日期 89n; good person criterion 好人标准 35

Goodman, Nelson 古德曼 54, 374n

Gordon, John A. 戈登 68n

graded love 差等之爱 114, 115n, 116—150, 179, 181, 188, 190—191, 192—194, 196, 197, 249, 256, 378—379

Graham, Angus C. 葛瑞汉 70n, 111n, 207n; on argumentation in Chinese thought 论中国思想中的论辩 10, 11, 134, 134n, 364; on correcting names 论正名 85—86, 93, 93n; on Mengzi 论孟子 211, 233, 342n, 344; on Mohism 论墨家 11n, 61n, 141, 141n, 142, 180n, 373n; on nature (*xing*) 论性 201, 202n, 203; on *qi* 论情 26n; on the School of the Way 论道家 22n, 25n, 121; on Yang Zhu 论杨朱 185, 200n, 205, 205n, 208

Grandy, Richard 格兰迪 7, 8n

Greater Learning, The 《大学》23, 23n, 70, 71; *See also* the Index Locorum dating of, 86

Greenspan, Patricia 帕特里夏·格林斯潘 270

Guanzi《管子》233—234

gui 鬼; *See* ghosts and spirits

guilt 耻; contrasted with shame, 259, 267—269

h

Habermas, Jurgen 哈贝马斯 325n

Hall, David and Roger Ames 郝大维和安乐哲 1n, 11, 11n, 16n, 324, 329n, 330n, 362, 363, 367

Hamlet 哈姆雷特 50, 72n

Hampshire, Stuart 汉普郡 16n, 37n

Han Feizi 韩非子 63, 86n, 141n, 167, 337

Han Yu 韩愈 17n, 26

Hansen, Chad 陈汉生; on correcting names 论正名 85, 85n, 93, 93n; on Mengzi 论孟子 10n, 28—29, 278, 303, 305n, 342; on Mohist impartial caring 论墨家的兼爱 179, 181, 183, 184, 380; on truth and belief 论真知 361—365, 367—377

Harbsmeier, Christoph 何莫邪 70n, 367n

Harman, Gilbert 吉尔伯特·哈曼 366

Harvey, Van 哈维 97n

He Yan 何宴 commentary on *Analects*, 73, 87n, 94

heart (*xin*) 心 171

heart (*xin*) 心 19, 56, 127, 130, 205, 214, 216, 216n, 217—232, 233—234, 235—236, 245—246, 258, 278, 288, 288n, 299, 303, 309—312, 320, 351

Heaven 天 19n, 66, 67, 144n, 152, 166, 176, 191, 201, 201n, 214, 215, 231, 233, 254, 268, 277, 284n, 301, 308, 309, 310, 320, 324,

345, 368, 375; Mohist conception of 概念 144, 145—149, 160—161, 165, 168, 169, 177—178

Heaven's Gate cult 天堂之门 245, 245n

Hegel, G. W. F. 黑格尔 323; passing reference 稍微涉及 312

Henderson, John 亨德森 131—132

hermeneutic methodology 诠释学方法 3—4, 78—79, 86, 94; See also charity, principle of 宽容原则; cherry picking 择优选取; humanity 仁慈; principle of of restoration 恢复原则 5—6, 107, 315, 334; of suspicion 怀疑, 4—6, 103, 315, 334

hermeneutics, as a philosophy 诠释学 325, 325n, 365

Herodotus 希罗多德 162, 311

Hesiod 赫西俄德 1, 2, 2n, 17, 18

Hinton, David 辛顿 247, 247n, 258, 284n

historical context of figures in this book 该书中的历史人物 14—15, 70

Hobbes, Thomas 霍布斯 110, 163, 164, 165—166, 166n, 167, 188, 196, 207n, 338

Hoff, Benjamin 霍夫 107n

Holism 一元论 6—7, 8, 79, 80, 344n, 345

Homer 荷马 269

Honglou meng《红楼梦》; See *Dream of the Red Chamber*

Hu Shih 胡适 92—93, 93n, 317; *hu* 乎, as vocative particle 呼唤型助词 75

Huainanzi《淮南子》17, 24n, 200, 201n

Hui Shi 胡适 11, 69—70, 70n, 87, 88

human (*ren*) 人 220—222

humaneness 仁 43, 75, 77, 78, 81, 96, 98, 117, 117n, 118, 122, 123, 124—125, 225; frequency of term in *Analects*《论语》96; in *Mengzi*

孟子 214

    humanity 人性 principle of, 7—9, 79, 161, 184

    Hume, David 休谟 15, 53, 53n, 54—343, 343n; passing reference 稍微涉及 8—9, 314

    Humility 仁慈 19—20, 42, 267, 332, 334, 350

    Hursthouse, Rosalind 赫斯特豪斯 37n, 39n

    Hutton, Eric 何艾克 46, 237, 241

i

    Ibsen, Henrik 阿瑟·米勒; See Enemy of the People《人民公敌》; An Ik tribe, 223n

    Incommensurability 不兼容性 16

    iPod®, 231

    Isenberg, Arnold 伊森伯格 259n, 267n, 353

    is-ought distinction 事实和价值的区分 342—343, 343n, 343n

    Ivanhoe, Philip J. 艾文贺 27n, 43n, 47n, 48n, 49, 97n, 106n, 126n, 129, 130, 131n, 152n, 202n, 215, 234n, 311n; on *Analects* 论《论语》4.15, 73, 74n, 75, 76n, 77, 77n, 79—81; on Mohism 论墨家 143n, 165n, 168n, 172n, 372n

j

    Jenner, Donald 詹娜 166n

    Jensen, Lionel 詹启华 65n, 97n; Jesus, 26, 96, 250—251, 252n

    Jochim, Christian 周克勤 150

    Johnston, Ian 艾乔恩 140n, 141n

Joyce, James (the contemporary philosopher) 詹姆斯·乔伊斯 95n

junzi 君子; See gentleman

k

Kahn, Charles H. 卡恩 12n

Kalin, Jesse 卡林 186n, 187

Kant, Immanuel 康德 15, 15n, 16n, 114, 114n, 234, 244, 323, 334, 347, 366; passing reference 稍微涉及 96, 314

Kaozheng zhi xue 考证之学; See Evidential Research Movement 新文化运动

Kaplan, David 卡普兰 11n

Kaplan, Martha 卡普兰 101n

Kekes, John 约翰·凯克斯 259n

Kelly, John D. 凯利 101n

King, Martin Luther, Jr. 马丁·路德·金 103n, 104, 112

Kline, Thornton C. 克莱恩 47n

Knoblock, John 诺布洛克 86n, 87n

Kolbe, Maximilian 圣国柏 104

Korsgaard, Christine 科斯加 16n, 323

Kripke, Saul 克里普克 18n

Kuhn, Thomas 库恩 8n, 56, 334, 364

Kupperman, Joel J. 考普曼 16n, 42n, 50n, 51, 53n, 97n, 109n, 127n, 136, 137, 318, 354

l

Lai, Whalen 黎惠伦 173

language crisis 语言危机 69—70, 87—89, 140

Laozi《老子》; See Daodejing《道德经》

Lau, D. C. 刘殿爵; on Mengzi 论孟子 88, 212n, 217, 220n, 224n, 247, 258, 278, 330n; on the Analects 论《论语》72n, 73, 75, 87n, 98n, 118, 220n

LeMalade Imaginaire (The Hypochondriac)《无病呻吟》51—52

Legalism 法家 337n

Legge, James 理雅各 87n, 213, 247, 258

Lewis, Mark E. 鲁威仪 164n

lexical fallacy 词汇谬误 22, 22n, 23, 27n, 60, 256n

LiChenyang 李晨阳 330n, 358n

Li Zhi 李贽 330

li 理; See pattern

li 礼; See ritual

Liji 礼记; See Record of Rites《礼记》

Lincoln, Abraham 林肯 221

Liu, JeeLoo 刘纪璐 98n, 159n

Liu, Shu-hsien 刘述先 26n

Liu, Yuli 刘余莉 35n

Loch Ness Monster 尼斯湖水怪 376—377, 377n

logic, formal 形式逻辑 10—11, 11n, 63, 292n, 364

Louden, Robert 劳登 16n, 97n, 325n

love with distinctions 差等之爱; See graded love

Lowe, Scott 斯考特·洛威 141

Loy HuiChieh 黎辉杰 82n, 91, 91n, 96, 177, 178—179

Loyalty 忠; See zhong (loyalty, dutifulness, devotion)

Lüshi Chunqiu《吕氏春秋》200—201, 201n, 282, 285

Lu-Wang School 陆王学派 24, 25, 29, 127, 130; defined, 24n

Lykken, David T. 戴维·吕肯 229

Lyotard, Jean-François 让-弗朗索瓦·利奥塔 3

m

MacIntyre, Alasdair 麦金太尔 26n, 34, 51, 84n, 134—135, 136, 199, 325n, 338 on Chinese philosophy 论中国哲学 43n, 107, 136, 136n

Mackie, J. L. 麦凯 343n

Makeham, John 梅约翰 26n, 72n, 82n, 90—91

Malinowski, Bronislaw 马林诺夫斯基 107n, 348

McCarthy, Michael 麦卡锡 26n

McNaughton, David 麦克诺顿 35

Mead, Margaret 玛格丽特·米德 348

Mean, The 《中庸》71, 73; See also the Index Locorum dating of text 21

Meditation 冥想 233—234

Mei, Yi-pao 梅贻宝 140n, 141n, 165n, 372n

metaphor use of in Chinese thought 中国思想中的隐喻使用 128n

metaphors 隐喻 49, 171, 172n, 278—279, 322, 340, 341

Metzger, Thomas 墨子刻 332—333

Midgley, Mary 米奇利 327

Mill, John Stuart 密尔 33n, 139, 330n

Miller, Mitchell H. 米勒 2n

ming; See names (ming)

Mitford, Jessica 米特福德 311n

Mohism 墨家 69, 199, 247, 319—320, 325, 353; and argumentation

论辩 134；as a form of consequentialism 一种形式的后果主义 30, 144—145, 319, 320；core commitments of 核心要义 142—143, 319；criticisms of Ruism 批评儒家 61, 61n, 126, 143—144, 180—181, 184, 192—194, 375—376；criticisms of Yang Zhu 批评杨朱 184—186, 205—206, 209—210；dialectical chapters 对话篇章 141n；early, defined 早期定义 140；Neo- 新墨家 10, 11, 87, 88, 88n, 145, 151, 285—286, 287n；on flourishing 论幸福 145, 174；on ghosts and spirits 论鬼神 152—154, 157—159；on Heaven 论天 165, 168, 169, 177—178；on human nature 论人性 163, 167, 195—197, 199, 282, 307, 319—320, 348；on obeying one's superior 论尊卑 166—170；on truth and belief 论真知 367—377；on types of war 论战争的类型 174, 176, 177；on virtue 论美德 118, 126, 257

Molière (Jean Baptiste Poquelin) 莫里哀 51—52

monism ethical 道德一元论 325—326, 328, 330, 341, 366

metaphysical 形而上学的 25, 25n

Moore, G. E. 摩尔 53, 338, 357

moral isolationism 道德孤立主义 327

Mote, Frederick W. 牟复礼 91, 96

Mou, Bo 牟博 74n

Munro, Donald 孟旦 10, 10n, 11, 21n, 46, 264—265, 278, 372

Murdoch, Iris 梅铎 56

Music 乐 172—174

Mythbusters《流言终结者》141n

n

Nagel, Thomas 托马斯·内格尔 31—33, 38n, 144n, 161n, 198, 320, 353

names (*ming*) 名 70, 86n, 87n, 88, 89, 287n; *See also* correcting names frequency of term in *Analects* 《论语》中常见的词汇 正名 87

Nan Zi 南子 90

Narayan, Uma 乌玛·那拉扬 16, 26n

nature (*xing*) 性 195, 200, 201n, 202n, 204—227, 279—280; innate and developmental views of 天生的和后天培养的角度 117—118, 201—202, 204, 210—211, 242n, 284

Needham, Joseph 李约瑟 18n, 152n

Neo-Confucianism 宋明新儒家; *See* School of the Way 道学或道统

Neo-Mohism 新墨家; *See* under Mohism

Neville, Robert 南乐山 26n, 325n

New Confucianism 港台新儒家 26, 26n, 97, 324, 332, 337

Nhat Hanh, Thich 一行禅师 27n

Nietzsche, Friedrich Wilhelm 尼采 4, 328, 329n

Nivison, David S. 倪德卫 12n, 21n, 27n, 48n, 53n, 73, 88, 132—133, 192n, 195n, 217, 227, 227n, 232n, 234—235, 237, 247, 248, 258n, 278, 279, 306, 309; on *Analects* 4.15, 74n, 77n

Noddings, Nel 诺丁斯 358n

Nussbaum, Martha C. 纳斯鲍姆 16n, 17, 259n, 323, 325n

O

O'Neill, Onora 奥尼尔 16n

objectivism, ethical 伦理的客观主义 31n, 53, 54, 365—366

Ockham, William of 奥卡姆 146, 149

Odes, The 《诗经》114, 114n, 123, 127, 128, 131, 131n, 132—331, 331n opaque contexts 不透明语境 10—11

p

Parfit, Derek 帕菲特 187, 302, 305n, 380

Parmenides 巴门尼德 11

Particularism 特殊主义 30n, 58—59, 199, 329, 329n, 336, 366; contrasted withgeneralism 与普遍主义相反 35—37, 325; of Kongzi 孔子 90, 98—99, 132, 317; of Mengzi 孟子 240—241, 244—245

Pascal, Blaise 帕斯卡 52, 53n

Pattern 理 24—25, 25n, 27, 27n, 28—121, 130—131

Peirce, Charles Sanders 皮尔士 334

Pelikan, Jaroslav 帕利坎 26n, 52

Perkins, Franklin 方岚生 180n, 195n

Philia 友爱 251n, 252, 252n

phronesis 实践智慧 123

Picture of Dorian Gray《多里安·格雷的画像》*The*, 42

Piety 孝 filial; *See* filial piety

Pike-Tay, Anne 安妮 311n

Pindar 品达 162

Pines, Yuri 尤锐 21n, 67n, 76n, 101n, 120n

Plato 柏拉图 4, 11, 13n, 15, 26, 38n, 92, 99, 145, 146, 149n, 159, 164, 217, 251n, 292n, 366; model of cultivation 修身典范 49—50, 229, 338; on flourishing 论幸福 100—101, 107, 122, 328, 358; on virtue 论美德 40, 125, 350; passing reference 稍微涉及 21, 96, 312; practical motivation of 实践动机 13, 14n, 15—318

pluralism ethical 多元主义伦理学 162, 326, 326n, 328—329, 341

methodological, 6, 315

    Porter, Jean 波特 31n, 343n

    Postmodernism 后现代主义 2—4, 324—325, 325n, 333, 338, 365

    Prichard, H. A. 普里查德 53n

    principle (li) 理; See pattern

    proof 证明 impossibility of, 20, 79, 155n, 178—179, 225n, 364

    Protagoras 普罗泰戈拉 366

    Psychopaths 精神病患者 219—220, 220n, 320

    Putnam, Hilary 普特南 161n, 198n

    Pythagoreans 毕达哥拉斯学派 12—13, 22, 155n, 318

q

    Qi 气 17, 18n, 24, 24n, 25, 25n, 27, 27n, 28—121, 130—131, 233—234

    $qing$ 情; See genuine qualities ($qing$)

    Quine, W. V. O. 蒯因 7, 8n, 91, 344n, 364

    Quinn, Philip 奎因 146n

r

    Rachels, James 詹姆斯·雷切尔斯 207n

    Radcliffe-Brown, A. R. 拉德克利夫·布朗 101n, 106, 108, 317

    Raphals, Lisa A. 瑞丽 330n

    Rawls, John 罗尔斯 54, 259n

    realism, moral (or ethical) 道德客观主义; See objectivism, ethical reciprocity, 49n, 72, 79—80, 119, 213

Record of Rites《礼记》349, 349n dating of, 71, 72n

rectifying names 正名; *See* correcting names

re-formation model of cultivation 自我修养的重建模式 defined, 43—45

relativism, ethical 道德相对主义 31n, 162, 326, 326n, 327—329, 329n, 365—366

ren 人; *See* human (*ren*)

ren 仁; *See* humaneness; benevolence

Ricoeur, Paul 保罗·利科 4—5

Rights 义 269

rites 礼; *See* ritual

ritual 礼 73—74, 99, 106n, 106n, 128, 134, 174n, 196n, 270—272, 317, 322, 354—355; Mohist criticisms of 墨家批判 170, 172—174; Ruist understanding of 儒家理解 101—102, 107, 108n, 112—312; theories of, 102—107

Roetz, Heiner 罗哲海 74, 76n, 79

Rorty, Richard 罗蒂 324

Rosemont, Henry 罗思文 22, 269n

Ross, W. D. 戴维·罗斯 31n

Roth, Harold 罗斯 69n, 233, 234n

Rulin waishi《儒林外史》(*An Unauthorized History of the Ruists*), 113

Russell, Bertrand 罗素 92, 363

Ryle, Gilbert 赖尔 10, 11, 16, 111

S

Salem Witch Trials 塞勒姆女巫审判 155, 336

人名和关键词索引 *615*

Santayana, George 乔治·桑塔亚那 29

Sartre, Jean-Paul 萨特 246n, 347, 347n

Saussure, Ferdinand de 索绪尔 7n

Saussy, Haun 苏源熙 20n

Schaberg, David 史嘉柏 67n, 76, 76n, 120n

Schofer, Jonathan 斯科弗 43n

Scholars, The. See Rulin waishi (An Unauthorized History of the Ruists)《儒林外史》

School of the Way 道统 19n, 27n, 47, 256, 315—316, 324, 332; leading figures in 领军人物 23; metaphysics of 形而上学 24—25, 25n, 27—28; on human nature 论人性 127, 130—131; on virtue 论美德 117, 121—122, 254

Schwartz, Benjamin 史华慈 111n, 180n; on correcting names 正名 85—86, 93, 93n

Sellars, Wilfred 塞拉斯 8n

semantic ascent 语义上行 95n; defined, 91; in the *Analects*, 92, 96

serial killers 连环杀手 218, 326

Shakespeare, William 莎士比亚; *See Hamlet* 哈姆雷特

shame culture 羞耻文化 267—269

shen 神; *See* ghosts and spirits

shi 实 (actuality, core reaction), 88, 89, 235, 277

Shijing《诗经》; *See* Odes

Shikinen Sengû 希基宁 112n

shu 恕; *See* reciprocity

Shun, Kwong-loi 信广来 5n, 9, 11n, 22n, 97n, 117n, 119n, 184n, 202n, 220n, 224n, 244n, 259n, 263n, 264—265, 271, 272, 278, 288, 294n, 299—301 si 思; See concentration (si)

Sima Qian 司马迁 71

Skepticism 怀疑主义 326, 328, 333

Slingerland, Edward 森舸澜 72n, 74, 77n, 87n, 97n, 98n, 111n, 118, 127n, 128n, 152n, 172n, 227n

Slote, Michael 斯洛特 34n

Smith, Kidder 史密斯 72n

Smith, William Robertson 史密斯 105, 109

snobs, 56—58

sociopaths 反社会的人 219—220, 220n, 320

Socrates 苏格拉底 4, 11, 13, 13n, 14—149, 149n, 159, 292n, 318

passing reference 稍微涉及 96

Soles, David 大卫·索尔斯 146, 147

Solomon, Robert 所罗门 1n, 246n

SongKeng 宋牼 261, 261n, 262—304

Songzi 宋子; See Song Keng

Spam®, 329

Spinoza, Baruch 斯宾诺莎 152

Spirits 鬼; See ghosts and spirits

Spring and Autumn Annals《春秋》71, 72n

Springer, Jerry 杰瑞·斯普林格秀 84

Sprouts 端 49, 217—218, 218n, 219, 226, 235, 236, 255n, 266, 320, 321, 341

Stalnaker, Aaron 斯塔纳克 53n, 226n

Staub, Ervin 欧文·斯托布 128n

Stewart, Rod 斯图尔特 239n

Stocker, Michael 斯托克 301, 310

Story of the Stone. See Dream of the Red Chamber《红楼梦》

SunYirang 孙诒让 165n

systematic texts 系统文本 137—138

t

Tambiah, Stanley 坦拜雅 105n

Tambiah, Stanley J. 坦拜雅 101n, 103, 104n, 105

Tan Sitong 谭嗣同 333

TaoTe Ching; *See Daodejing*《道德经》

Taoism 道家; *See* Daoism

Tarski, Alfred 塔斯基 362, 363

Taylor, Charles 查尔斯·泰勒 347, 347n

Taylor, Rodney L. 罗德尼·泰勒 146, 159n

Thackeray, William Makepeace 萨克雷 56—58

theory-laden, observations as 负载着理论的 3, 8, 78, 334, 344, 344n, 345

thick and thin accounts 厚的和薄的理论 16, 18n, 20n, 21—316

thought experiments 思想实验 179, 180, 197, 199, 215—216, 218—219, 310—312, 320

tian 天; *See* Heaven

Townshend, Pete 皮特·汤森 172, 172n

Tradition 传统 26, 26n, 26n, 27—72, 84n, 93, 104—105, 134—135, 137, 161—162; *See also* authority 权威; appeal to revivalistic versus conservative uses of truth 复古主义 vs 保守主义使用真理 160, 362—363; in Chinese philosophy 中国哲学 12, 15, 63, 153, 161, 318, 319

Tu, Wei-ming 杜维明 26n

Turnbull, Colin 科林·特恩布尔 223n

u

upâya（skillful means）善巧方便 58, 120, 132
utilitarianism 功利主义 126, 139, 145, 198, 320

v

VanZoeren, Stephen 范佐伦 131n, 359n
Virtue 德 17n, 21, 21n, 42, 66—67, 130, 144n; frequency of term in *Analects*,《论语》中常见的词汇 96
virtue ethics 美德伦理 2, 124, 127, 316; defined 定义 33—34; political implications of 政治影响 335—336; radical and moderate formulations of 激进的和温和的模式 34—35; virtues 美德; cardinal 基本的 40—41, 124—125; counterfeits of 伪装的 41, 41n, 42; defined 定义 39—40, 246; natural 自然 47, 51; parts of 部分的 40, 40n; principles for composing lists of 合并规则 350—351; semblances of 表象的 21, 41, 41n, 42, 274n; unity of 统一的 43, 352—353
virtus dormitive 睡眠的力量 52
Vlastos, Gregory 弗拉斯托斯 13n
Vorenkamp, Dirck 迪尔克 146, 149, 150, 150n, 159n

w

Waley, Arthur 韦利 75, 87n, 118, 129, 278; on correcting names 论正名 86—89, 91

Wallace, James 詹姆斯·华莱士 343

Wang Bo 王博 132n

Wang Yangming 王阳明 19, 26, 27, 48n, 130—131, 256n
model of cultivation 修身典范 48, 316, 318; on benevolence 仁 254—257

Wang, Robin R. 王蓉蓉 330n

Ware, James 威尔 247

Watson, Burton 华兹生 140n, 146, 147—148, 150n, 165n

Way 道 10, 17n, 67, 137, 175, 183, 284n; etymology of 词源的 68n; meaning of term 含义 67—69

wei 为 369—372

Wenzel, Christian 文哲 114n

Whorf, Benjamin 本杰明·沃尔夫 348

Wiggins, David 威金斯 15n

Wilde, Oscar 王尔德; *See* Picture of Dorian Gray

Wilkes, Kathleen 威尔克斯 38n

Williams, Bernard 威廉斯 17, 32, 259, 266n, 267, 267n, 327n, 353

Wilson, Stephen 威尔逊 97n, 325n

Wittgenstein, Ludwig 维特根斯坦 10, 11, 106n, 336

Wong, Benjamin 本杰明 177, 178—179

Wong, David 黄百锐 128n, 179, 184, 229—230, 241—242, 242n, 244, 244n, 245, 337n

Wu Jingzi 吴敬梓; *See* Rulin waishi (*An Unauthorized*) 《儒林外史》

X

xiao 孝; *See* filial piety

xin 心; See heart (xin)

xing 性; See nature (xing)

Xunzi 荀子 120, 130n, 213; criticisms of Mengzi 批判孟子 202, 203—204, 342; dating of text 文本依据 88; model of cultivation 修身典范 46—47, 53n, 316, 318, 338; on correcting names 论正名 84—85, 86n, 87, 88—89; on honor and disgrace 论荣辱 261—262; on human nature 论人性 127—128, 130, 227, 280, 280n, 281, 318; on ritual 论礼 101n, 108—109, 317, 376

Y

Yang Zhu 杨朱 69, 126, 184—186, 199—211, 205n, 209n, 320

Yates, Robin D. S. 罗宾·耶茨 141n

Yearley, Lee H. 李耶理 40n, 42, 43n, 101, 197, 216n, 271—272, 323

yi 义; See righteousness

Yijing《易经》71, 72n, 98, 98n, 262, 352

yong 勇; See courage

Z

Zengzi 曾子 71, 72, 75, 76, 317

Zhao Qi 赵岐 212n, 213

zhi wei 之谓 283—284, 284n, 286

zhong 忠 (loyalty, dutifulness, devotion), 28n, 72—74, 76, 76n, 77—78, 80, 119—120, 120n

Zhongyong《中庸》; See The Mean

Zhou Dunyi 周敦颐 256

Zhu Xi 朱熹 19, 23—24, 26, 27, 28, 29, 71n, 76, 130, 131, 213; commentary on particular passages 章句集注 29, 29n, 43n, 49, 73, 75, 87n, 132—133, 213n, 218n, 235, 235n, 236, 248, 264, 288n, 290n, 303, 317; model of cultivation 修身典范 47, 47n, 48, 48n, 316—318; on human nature 论人性 29, 29n, 126; on unity of the virtues 论美德 43; passing reference 稍微涉及 137; translations of 翻译 23n

Zhuangzi 庄子 11, 62—63, 87, 185, 213, 233—234, 356—357; "RobberZhi" 盗跖 207, 207n, 209—210

Zigong 子贡 79—80, 98, 102, 124, 126, 127, 127n, 132—133, 351

Zilu 子路 58, 82, 86—87, 87n, 89—90, 98, 114, 122, 359

Zufferey, Nicolas 左飞 65n

Zuozhuan《左传》76n; Cited 引用 66—67, 74, 119—120, 332; dating of 时间 67n;

经典文本章节索引

The Greater Learning

6, 265

Analects

1.1, 114

1.2, 128, 248

1.8, 119

1.12, 109n

1.13, 119

1.15, 127, 132, 226

1.16, 123

2.1, 67

2.2, 114

2.4, 124, 127

2.7, 122

2.8, 122

2.11, 315

2.12, 79

2.15, 129, 230n, 232

2.19, 371

2.23, 114

2.24, 122

3.1, 112

3.2, 112

3.8, 127n, 132

3.9, 12, 114

3.11, 109, 124

3.12, 102

3.17, 102

3.20, 114, 357

3.22, 124

3.23, 114

3.25, 113

3.26, 112

4.1, 114, 124, 277

4.2, 124

4.3, 265

4.5, 87n, 100

4.6, 265

4.9, 100, 263

4.10, 144

4.15, 72—82, 119, 312, 316

4.20, 91

4.21, 116

4.22, 263

5.4, 79

5.7, 98, 123

5.9, 123, 124

5.10, 119, 123

5.12, 79, 81, 132—133

5.13, 126

5.15, 96, 263

5.19, 77—78, 79

5.25, 263

5.26, 114

5.27, 127

5.28, 123

6.13, 98

6.18, 127n

6.22, 98, 112, 124

6.23, 124

6.25, 83, 92, 94, 94n, 95, 95n

6.28, 330

6.30, 79, 96, 119

7.1, 114, 119

7.12, 100

7.14, 112, 357

7.16, 100

7.17, 98

7.28, 124

7.32, 112

7.37, 116

8.2, 271

8.8, 128, 132

8.13, 263

9.1, 97n

9.2, 87n

9.3, 105, 135

9.5, 152n

9.8, 124

9.11, 99

9.25, 119

9.27, 263

9.29, 116, 122, 123

9.30, 232

10.2, 101

10.12, 107

10.19, 101

11.3, 79

11.9, 116

11.10, 116

11.12, 100

11.18, 75

11.19, 79

11.22, 58, 80, 98, 120, 132, 200n, 317

11.26, 358—359, 359n

12.1, 81, 98, 101, 111, 111n, 127

12.2, 80, 81, 98

12.3, 81, 98

12.5, 114—115, 152n

12.7, 98

12.8, 127n, 136

12.10, 119

12.11, 83—84, 91, 91n, 92—98
12.14, 98
12.17, 98
12.19, 21
12.22, 117, 124, 247
13.1, 98
13.3, 82, 86n, 87n, 96—312, 317
13.4, 86n
13.5, 132
13.16, 98
13.18, 115
13.20, 121, 263
13.22, 98, 262
14.4, 43, 43n, 118
14.7, 73, 119
14.12, 152
14.28, 122, 123
14.29, 79
14.36, 152n
14.42, 114
15.3, 75, 99
15.8, 235n
15.15, 80, 81
15.18, 127n
15.24, 49n, 72, 78, 79, 88, 98, 132—133
15.26, 12
15.31, 130n

16.9, 124

17.2, 29n, 126

17.3, 29n

17.6, 98

17.9, 87, 132

17.12, 235n

17.13, 42

17.20, 120

17.21, 109, 135

17.22, 265

18.4, 120

18.6, 371

19.1, 152

19.12, 71, 116

Mengzi

1A1, 303, 303n, 304, 305n

1A4, 170

1A5, 263

1A7, 46, 46n, 121, 193, 193n, 215, 228, 234, 235, 246, 248, 255, 268, 308

1B1, 231, 248

1B3, 263, 268, 277

1B4, 248

1B5, 226, 231

1B8, 83, 88

2A2, 38, 49, 59, 88, 88n, 99, 199, 217, 227, 233—234, 234n, 245, 275, 279, 280, 322

2A4, 264, 265

2A6, 38, 46, 49, 120, 199, 214, 216—218, 218n, 219, 220—223, 226, 235, 247, 247n, 248—255, 266, 271, 279, 308, 320

2A7, 263, 277, 332

2A9, 256n, 264—265, 268, 352, 371 2B9, 275

2B13, 152, 268

3A4, 33n, 61—62, 115n, 228—229, 330

3A5, 115n, 199, 237, 301, 305, 305n, 307n, 312—320, 321

3B1, 32, 262

3B2, 330

3B3, 235n

3B7, 264

3B9, 72n, 185, 199, 209, 220

3B10, 215

4A3, 264

4A8, 263

4A9, 264

4A12, 213, 213n

4A14, 21

4A17, 58—59, 313

4A18, 229n

4A27, 65, 232, 232n, 271, 277

4B4, 308

4B6, 42

4B11, 121

4B18, 263

4B19, 236

4B20, 232

4B26, 48n, 281

4B28, 247

4B33, 262, 330

5A1, 268

5A2, 132, 215, 238—241, 275—276, 308, 321

5A3, 249, 268, 308

5A6, 268

5A9, 12, 12n, 273—275, 322

5B1, 27n, 99, 256n, 264—265, 268, 276—277, 352, 371

5B5, 263

6A1, 38, 127—128, 279, 280—281, 282, 283, 322

6A2, 279, 280, 281—283, 322

6A3, 88, 199, 215, 279, 283—287, 287n, 312, 322

6A4, 88, 279, 287, 288n, 289n, 290n, 296—301, 322

6A5, 272, 279, 288n, 289n, 296—301, 322

6A6, 29n, 120, 214—215, 225—226, 247n, 266, 271, 272, 279

6A7, 27n, 38, 49, 214

6A8, 38, 202, 217, 223—225, 228, 256n, 320, 367

6A9, 217, 230—231

6A10, 218—219, 220—223, 246, 264, 265

6A12, 264, 278

6A15, 130, 231

6B1, 59, 313

6B3, 268

6B4, 303—304

6B6, 89, 120, 264, 265

6B14, 263

7A4, 213

7A6, 263

7A7, 263

7A15, 48, 48n, 248—249

7A16, 215

7A17, 258n

7A26, 185, 186, 204—205

7A27, 56

7A33, 308

7A35, 190—191, 308

7A45, 247

7B1, 228

7B3, 12, 12n

7B4, 228

7B5, 55

7B7, 228

7B11, 42

7B16, 199, 214, 214n, 225

7B19, 27n

7B26, 210

7B31, 235, 235n, 236—258, 258n

7B37, 21, 42, 57, 264

The Mean

1, 201n, 284n

4, 56

13, 73, 213, 215n 20, 21, 33, 33n, 115n, 118, 122, 213,

214n, 257
    25, 22n

译后记

　　自传教士将译介的中国典籍带回海外并引发欧洲的"中国热"之后,海外学者对中国的思想、文化和哲学的研究兴趣渐趋浓厚,其研究的内容更加深入、研究成果也十分丰富。海外汉学的研究常常围绕儒家展开,兼顾了道、法、墨和佛等诸家思想学说。研究者们从"他者"的视角来重新阐释中国的经典文本,激活传统文献的同时亦赋予其以时代的新意。经过几代学人的努力,海外的研究范式基本可以归纳为以下三类:既有对西方传统而又古老的哲学探索,也有根植中国文化内部的哲学重构,还有优势互补所带来的新兴理论建构。万百安(Bryan Van Norden)教授的诸多研究都是在跨文化的视域下进行理论重建,包括《早期中国哲学中的美德伦理与后果主义》一书。

　　美德伦理(virtue ethics)和后果主义(consequentialism)是西方伦理学中的两大重要主题,其基本的哲学问题和言说方式根植于西方哲学。但是,在跨文化的语境下,万教授试图探讨早期中国哲学究竟存在何种样式的伦理学。这样的尝试是在现代语境下来反观中国古代哲学的现代价值。一方面,万教授将西方伦理学中两大重要概念引入到中国哲学的研究和探讨中,为中国哲学未来深度参与并最终成为世界哲学提供了契机。另一方面,他亦借此向西方的学者展示中国哲学的独特性,继而引发了更多的人来学习和研究中国哲学。例如,在探讨中国早期哲学是否是"美德伦理"的时候,万教授借用了"厚的"和"薄的"两种概念,区分出伦理学中非常重要的四个标准,并借此来研判中西是否都隶属于该哲学框架。这样的研究方法不仅避免了学者们陷入"中国哲学究竟是不是哲学"或者"中国哲学研究是否以西方为范本"的误区,同时也澄清了作者所使用概念的精准性。

本书的翻译依托于教育部哲学社会科学研究重大课题攻关项目"海外汉学中的中国哲学文献翻译与研究"。全书分为五个部分,外加一个附录。第一部分"导论",第二部分"孔子和儒家",第五部分"多元化的儒家"以及附录"不同的声音"由张丽丽博士译出,第三部分"墨子与早期墨家"和第四部分"孟子"由陈志伟教授译出,张丽丽博士还整理了"参考文献""名称与地址索引"和"地名索引",全书由陈志伟教授统稿。我们首先要感谢本书的作者万百安教授。他不仅治学严谨更不吝提携后学,译者张丽丽博士在读期间曾多次同万教授讨论跨文化语境下的伦理学、政治哲学、分析哲学以及语言哲学等问题。他对中国哲学有着非常浓厚的兴趣和研究热忱,这令人非常感动。同时他深厚的学养,使他能够敏锐地捕捉到中国哲学的独特性和优越性。在他的带动和努力下,海外有诸多学子都对中国哲学产生了研究兴趣并有了深深的敬意。能够将万百安教授的著作翻译成中文以飨国内的学者,我们觉得非常荣幸和激动,希望越来越多的国内学者能够了解海外最新的研究动态,并且能够听到中国哲学研究的"域外"的声音。我们也要感谢万百安教授惠赐中译本前言。同时,我们要感谢本书的编辑任洁老师和向霁老师以及西北大学出版社。感谢任老师和向老师在疫情期间，仍然兢兢业业，耐心细致地反复跟我们沟通翻译出版的各项细节。感谢西北大学出版社能够将此套丛书出版，为学界带来一场海外汉学的盛宴。

借万百安教授在书中所使用的词汇来说，翻译难免会有"词汇谬误"。囿于我们在学术背景、知识水平和翻译能力等各个方面的局限，这个译本错漏之处在所难免，还望方家不吝指正！

张丽丽　陈志伟

2022年6月23日